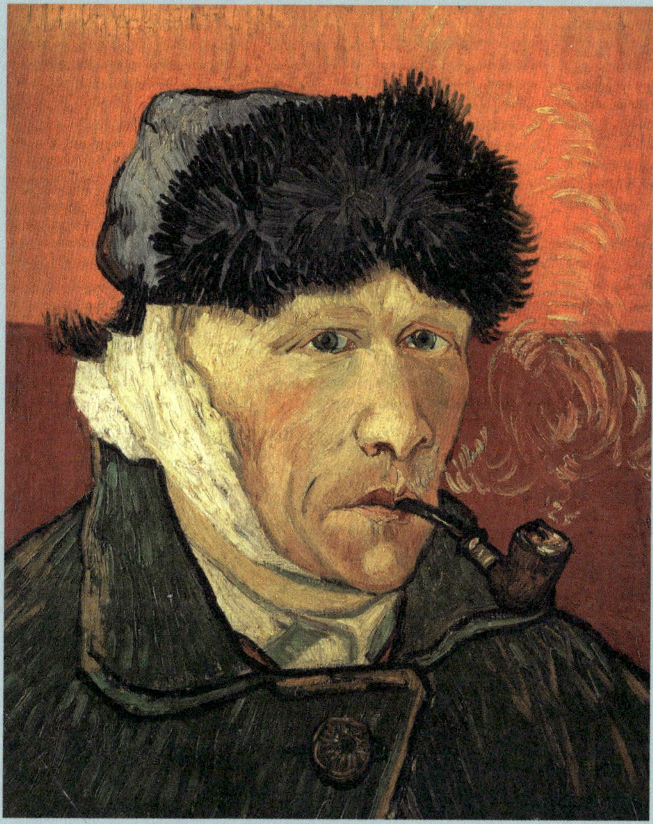

Dear Theo
亲爱的提奥

[荷]文森特·威廉·凡·高 著　平野 译

江苏凤凰文艺出版社

新流出品

目录

1　第一部
　　1873年6月—1881年12月

65　第二部
　　1881年12月—1883年9月

181　第三部
　　1883年9月—1886年3月

251　第四部
　　1886年3月—1890年7月

361　译者记

364　【附录】关于文森特·凡·高

385　《亲爱的提奥》后记

Dear Theo

亲爱的提奥

第一部

1873年6月—1881年12月

> *"谁要是真心热爱大自然，谁就能够随处发现美。"*

1873 年 6 月于伦敦

  我的好兄弟，要是你能到这里来看一看我的新住所，我会很高兴的。我现在已经有一个盼望已久的房间，它不再有倾斜的天花板，也没有带绿色边的蓝纸。我与一个十分有趣的家庭住在一起；他们办了一所给小男孩念书的小学校。

  我非常满意；我常常出去走走，我的住所附近一带很安静，空气清新，使人心情愉快；我能够找到这个地方，实在是我的好运气。

  我在这里不像在海牙那样忙碌，我平时从早上九点工作到下午六点，星期六下午四点就停止工作。有一个星期六，我与两个英国人在泰晤士河上划船。河上的风景十分美丽。

  这所房子不像海牙的那所房子那样有趣，但我住在这里或许会很好的；特别在以后，当卖画变得更加重要的时候，对我或许会有一些用处。近来我积累了许多油画与素描，我卖掉不少；但是仍然还不够，必须要有更大的耐心与坚强的意志。我相信在英国还是大有可为的。当然，第一件必需的事，就是要有好画，可这是十分困难的。

  我生活得很舒适。研究伦敦，研究英国人与他们的生活方式，对我来说是其乐无穷的；然后我才有精力搞艺术与诗。要是说这样还不满足的话，那么怎样才算满足呢？

  英国艺术对我来说不是十分有吸引力的；人们必须对它习惯起来。但是这里有杰出的画家，米莱斯就是其中的一个，他画过一幅《加尔维尼教徒》，他的作品很美；然后是布顿。在老画家中间有康斯太勃尔，他是一个风景画家，大约三十年前他还在世，他是很出色的，他的作品使我想起狄亚兹与杜比尼；还有雷诺兹与庚斯博罗（他专门画十分漂亮的妇女肖像）；然后还有透纳。

  我知道你对艺术十分热爱；这是一件好事，好兄弟。我为你喜欢米勒、雅克、席叶尔、弗朗斯·哈尔斯而感到高兴，因为正像毛威所说的："这些都是最优秀的画家。"米勒的画《晚钟》是一件好作品，是美，是诗。你要尽力地赞美它；大多数人都对它不够重视。

我读过一本凡·弗洛登写的谈艺术的书，我完全不赞成他的意见，这是本十分深奥的书。勃吉尔是更加平易近人的，他不论说什么都正确。

上个星期天，我与奥巴赫先生一起到乡下去，我的主要目的地是黄杨山。这是一座高山，离伦敦有六个小时的路程。山的一边是白垩质的，山上长满黄杨，山的另一边是长得很高的榭树林。你随处可以看到长着树木与灌木的漂亮的公园。但是我仍然没有忘掉荷兰，尤其是海牙与勃拉邦。我们在海牙度过了多么愉快的日子啊！我时常想起那一次我们在雷斯维克路上的散步，下过雨之后，我们一起在磨坊里喝牛奶。我想送给你一幅魏森勃鲁赫描绘那座磨坊的画；他的别号叫愉快的魏斯。雷斯维克那条路给我留下的，可能是我所有的回忆中最美的印象。

我知道你很喜欢赛撒·德·科克，这使我很高兴，他是能够从内心来理解我们亲爱的勃拉邦的为数不多的画家中的一个。去年，我在巴黎曾经碰见过他。

你一定要想尽办法去取得对绘画的丰富知识。你要尽可能地经常去参观博物馆；这也是熟悉古代画家的一个好办法。如果你有机会的话，读读有关艺术的书，特别是《艺术杂志》。

你要尽量多地出去走走，要保持你对大自然的爱，因为这是愈来愈深刻地理解艺术的正确道路。画家们理解大自然，热爱大自然，并且教导我们去欣赏大自然。谁要是真心热爱大自然，谁就能够随处发现美。

我正忙于园艺，已经在小花园里播下了满园的罂粟、麝香豌豆与木樨草。我必须等着看它们的成果。我近来重新拿起笔来画素描，但是没多久又停止了。或许将来有一天我会再开始画的。最近我读了许多书。我知道你已经读过米什莱的书，你对他的书有很好的体会，我很高兴。这本书教导我们，爱里面包含着比一般人所想象的更多的东西。

"爱神"对我来说，像一本福音书一样，是一次革命。"女人是不会老的"，这并不是说没有老女人，而是说在她爱着别人的时候与被人爱的时候，女人是不老的。女人与男人是完全不同的生物，是我们一直到现在还不理解的生物，至少可以说，只有表面上的理解——是的，我相信是这样。男人与妻子能够合在一起，这就是说，他们形成一个整体，而不是两个一半——是的，我也相信如此。

你必须把我给你的钱拿去买阿尔封斯·卡尔的《绕着我的花园旅行》。一定要去买。秋天来得很快，它使大自然变得更加严峻、更加宁静。

我们的画店现在已经布置好了，很美；我有一批出色的画：朱理·杜普列、米歇尔、杜比尼、马里斯、伊兹拉亚斯。我们将在四月里举办一次展览会。你知道阿莱·谢菲尔画的《喷泉旁的马尔格雷特》吗？这是一个比那个姑娘更加纯洁的人，"更可爱"！

不要介意你的生活太懒散；我的生活更懒散。我以为生命实在太长了，而死期也来得不慢，到时候上帝就要"把你裹起来，带你到你不愿意去的地方"。

在一本小书里夹着一首我送给你的诗，我抄了一首海涅的《米雷斯的尔》。我在不久前看到一幅泰斯·马里斯的画，这幅画使我想起一个古老的荷兰小城镇，那里有一排一排的红棕色的房子，这些房子有呈踏级状的山形墙，门口的阶石很高，有灰色的屋顶与白色或者黄色的门、窗框与檐板；运河上有船，有一架白色的大吊桥，一只有一个人在舵旁的驳船从桥下通过。到处是人：一个推着独轮车的搬运工人，一个靠在桥的栏杆上看河水的男人，一个戴白头巾穿黑衣服的女人。

我送给你一些素描。这些素描都是在上个星期天画的，我的女房东的小女孩在那天早上死了。这是斯特列塞姆公地，一片长着槲树与金雀花的大草地。正如你所看到的，这些速写画在爱德蒙·罗歇的《诗集》的扉页上。这些诗中有几首很好，肃穆而哀怨。我把它们抄给你。

啊，我的好兄弟，"我们说些什么好呢？"西爱姆叔叔与戴尔斯蒂格先生曾经到过这里，上星期六又走了。我以为他们到水晶宫去的次数太多，而别的地方他们是从来不去的。我想最好还是叫他们到我所住的地方来玩。我希望我不是像许多人现在对我所设想的那样；我们将会看到，隔些时候这种误解必定会过去的。

"重新看到画，实在是一件令人愉快的事。"

1876 年 4 月于雷姆斯盖特

在耶稣受难日离家的情形，我永远不会忘记。早上我到霍弗的教堂里去，接受圣餐式，神父对我说："动身吧，让我们离开这儿。"我们在下午动身，我透过车窗看到神父与小教友站在路上看车子过去。我看到荷兰的最后一样东西，是一个小小的、灰色的教堂的尖塔。

第二天早晨在从哈维契到伦敦的火车上，在黎明中看黑色的田野与有成群的绵羊与小羊羔的牧场，到处是长刺的小灌木丛，到处是长着黑色细枝与树身上覆满灰色苔藓的大槲树，真是美极了。朦胧发亮的蔚蓝色天空中，还留着少许星星，地平线上有一排灰色的云。在太阳出山之时，我甚至听到了云雀的啼鸣。

火车到达伦敦，要在两小时以后才开往雷姆斯盖特。在车上大约还要坐四个半小时。这是一条美丽的路；山脚下面盖着少量的草，山顶上是橡树林。这种风景使我回想起海岸上的沙丘。我们路过坎特伯雷，这是一个有很多中世纪建筑物的城市，有一座周围种植着榆树的大教堂，特别美。我经常看到画这个教堂的画。

你可以想象，在我到达雷姆斯盖特之前的很长一段时间，我都是透过火车的窗口欣赏雷姆斯盖特的。

我在一点钟到达斯托克斯先生家里。他的房子位于一个街区广场上（这是这里的普遍现象），广场四周所有的房子都是一个样子。广场的中间是一大片草地，草地周围圈着铁栏杆与紫丁香小树丛，小孩子们在那里玩耍。我寄宿的房子就在这样的广场上。

这里有二十四个从十岁到十四岁的小孩，所以这个学校的规模是不大的。从餐室的窗口可以看到海。午饭之后，我们出外散步。海岸上的房子都是用黄石头盖成的简单、普通的哥特式建筑，都带有满植着柏树与其他深色常绿树的花园。这里有一个停泊着很多船只的海港，船只被围在石堤的中间，人可以在堤上行走。

昨天是阴天，每一样东西都是灰色的。傍晚我与小孩们一起上教堂。小孩们八点钟睡觉，早上六点钟起床。奇怪的是，这间屋子的地板破破烂烂的，屋里摆着六个洗脸盆,孩子们就用这些洗脸盆洗脸;一道朦胧的光线从窗口流泻进来,把它的碎片投在脸盆架上,这实在是一幅凄凉的景象。这里另有一个十七岁的助教。他带四个小孩子,与我住在附近的一所房子里,我在那里有一个小房间,房间的墙上打算挂上几幅版画。

我们时常到海边的沙滩上去。今天早上,我帮助孩子们搭一座沙垒,正像我们在宗德尔花园里所干的那样。我教他们学习基础的法文;一个孩子已经开始学德文;然后学别的——例如,算术。我聆听他们背诵功课,并且口授让他们默写。到目前为止我还没遇到什么困难。当然,在课余的时候,我还要照顾他们;在周末的晚上,我要帮助六个小孩子洗澡。我也试着教他们阅读。我有一些非常适合儿童阅读的书,例如《广阔无垠的世界》。

我在这里所过的日子,实在是十分愉快的,但是这仍然是一种我不能完全信任的愉快与安宁。一个人是不容易满足的:如果他发现事情做起来很容易,那他又会不知足了。

今天是你的生日。我祝贺这个日子,愿我们的兄弟之谊与日俱增!我很高兴,我们有许多事是一致的,不仅对童年时代的回忆是一致的,而且你一直到现在为止,都在我工作过的同一所房子里工作;你知道许多我也知道的人与地方,并且也热爱大自然与艺术。

我把最近看到的一次大风暴告诉你好吗?海是黄色的,尤其在海岸附近,颜色更加黄;水平线那儿有一道亮光,上面是无边无际的深灰色云层,雨从那里斜着倾注下来。在远方的城镇,使我想起在阿尔布雷特·丢勒的铜版画上经常出现的一个城镇;这是一个有许多角楼、磨坊、石板屋顶与哥特式房子的城镇。

就在那个晚上,我从我的房间的窗口看房子的屋顶,看榆树的树梢,它们在夜晚的天空中显出一排黑影。在这些屋顶的上方,只有一颗孤独的星星,却是一颗美丽的、大的、没有敌意的星星。我们没有一个人会忘掉这番景象。

我把从学校的窗口所见到的景色,画了一幅素描;当孩子们的父母来看他们时,孩子们就在这个窗口向他们的父母告别。这是相当难受的事。除了一天三餐之外,他们没有什么可盼望的,没有什么能够帮助他们度过他们的日子。

斯托克斯先生说,他绝对不能给我任何一点薪金,因为他只能满足教员的食宿;这是实在的。但是对我来说,继续这样干下去行吗?恐怕不行。这件事要马上做出决定。

终有一日,我将要怀着一种惆怅的心情,回想起由于别的职业而得到的"埃及的极尽豪华的飨宴"，这就是巨额薪水与世人的推崇……我能预见到这件事。

但是，好兄弟，无论如何，我可以告诉你一件事，这几个月来，我被死死地囚禁在从校长到牧师的圈子里；从这个职业所得到的愉快，正好像是给针刺了一样的感觉。我十分怀疑，我能否在这些职业中的任何一种上取得巨大成就；在高比尔先生的公司里工作的六个年头，是否给我造成很大的障碍（我在这六年里本来应该使自己为现在这个职位做好准备）。

住在城市里的人，渴望着宗教。许多在工厂与商店里工作的工人，都有过一段敬神的童年时期。但是城市生活往往抹去了"早晨的最初的露水"。人们仍然想望"最最古老的故事"；不论是否出于诚心，他们是有这个要求的。我非常喜欢听"告诉我那个最最古老的故事"。我在巴黎的时候，一天晚上在一家小教堂里（我经常上这个教堂）第一次听到这句话。

乔治·艾略特在她的一本小说里，描写了工厂工人的生活，他们组成了一个共同生活的小团体，在兰登雅德的一个小教堂里一起做礼拜。看到这几千人集合在一起倾听那些传教士传教，实在使人感动。

我相信做一个伦敦的传教士，一定是一种奇怪的职业。他可以到工人与穷人那里进行访问，向他们讲解《圣经》，要是他有丰富的生活经历，在他与他们谈话之中，就可以发现那些谋求工作的外国人，或者别的有困难的人，并且设法去帮助他们。我曾经两三次去打听，我能不能成为他们之中的一员，因为我会说外国话，特别是在巴黎与伦敦，我与下层群众以及外国人混得很熟；我自己是一个外国人，我或许适于干这一行，并且可能愈干愈好。无论如何，一个人至少要到二十四岁才行，所以无论如何，我必须再等一年。

上星期一我从雷姆斯盖特到伦敦。这是一次长途的步行，我感到很热，并且始终是那样热，一直到晚上，在我到达坎特伯雷之后才凉快。在那天夜里，我仍然走了一段路，当我到达靠近一个小池塘、有几棵大山毛榉与榆树的地方，便停下来休息一会儿。清早三点半，鸟儿一见到东方发亮，马上就开始啼鸣，我又动身了。在那时候走路是很舒服的。

我在下午到达杏塞姆，人们在这里看向远处。在部分被洪水淹没的草地中间，生长着榆树，泰晤士河上满是船只；我相信这里一定经常是阴天。在杏塞姆，一辆二轮轻便马车载我走了几里路；但是后来车夫住了客栈，所以我只好继续走我的路。在黄昏的时候，到达我所熟悉的伦敦郊区，沿着漫长的道路步行进城。

我在伦敦待了两天，到处串门，去访问各种人，其中有一个是牧师，我给他写了一封信：

　　一个牧师的儿子，他为了谋事求生，没有时间与金钱上皇家学院学习，而且他的年龄比一般入学的人要稍大一些，他不顾这一点，很想在教会里找一个差事。

　　我的父亲是荷兰一个村子里的牧师。我十一岁上小学，一直上到十六岁。然后我想选择一种职业，但是不知道选择什么职业。由我的一个叔父介绍（他是高比尔公司的股东、艺术商人与版画出版商），我被安插在他在海牙的商店里。我在那里干了三年。我从那里去伦敦学习英文，两年之后，我离开伦敦，到了巴黎。

　　由于种种情况的逼迫，我离开了高比尔公司。我在雷姆斯盖特的斯托克斯先生的小学里当了两个月的教员。但是由于我的目的是找一个教会里的工作，我必须追求另外的东西；不过，我还没有受过做教会工作的训练。我的旅行，我在各个国家的经历，我与各个阶层的人，特别是与信教的以及不信教的穷人与富人，与各种不同职业的人，在他们做手工以及在上班的时候与他们的频繁接触；还有我能说各种外国话的长处，或许可以部分地弥补我没有进过专门学校学习的缺陷——我之所以向你推荐我自己，是由于我对教会以及与教会有关的每一件事的天生的爱，这种爱偶尔会酣睡过去，但是到一定的时候它又会重新苏醒过来；我或许也可以这样说，这是"上帝与人的爱"，虽然我觉得自己还是十分不够的。

上星期我到汉普顿宫，去看美丽的花园，同时也看看宫殿与图画。除了别的画以外，那里还有许多荷尔拜因画的肖像，这些肖像画得非常出色。

重新看到画，实在是一件令人愉快的事。

"我们多么盼望能够经常在一起。"

1876年7月于伊斯列瓦斯

我在课间休息的时候给你写信。在学校里，煤气灯的灯光闪烁着，人们听孩子们快乐地念书的声音；逐渐地，一个孩子开始哼起某一首赞美诗的调子，在我听来，有点像是《古老的信仰》。

上星期六，我又一次长途旅行到伦敦。我在早晨四点钟离开这里。公园里的榆树林荫道是昏沉的，穿过公园的道路是濡湿的，灰色的下雨的天空笼罩着整个公园。远方有一阵大雷雨。

我在伦敦看望了几个朋友，同时也到过高比尔先生公司的画店，我在那里看到凡·伊特逊带来的一些素描。再一次看见画中荷兰的城镇与牧场，心里很高兴。阿尔兹的《运河上的磨坊》，我认为画得极好。

我希望你能够看到夜幕刚落、华灯初上时的伦敦街道，那时候，每一个人都往家里走；每一件事物都显示出这是周末的夜晚，在这个杂乱的世界中出现了安宁；人们感到对星期日的需要，以及由于星期日即将到来的兴奋情绪。啊，那些星期日，对那些穷人居住的地区与人群拥挤的街道来说，在那些星期日所做的以及所完成的所有一切，是很大的安慰。

我在那里打听到一个在日后或许可以让我去干的工作。像利物浦与赫尔那样的海港的牧师，经常需要一些能够说几种外国话的助手，他们在海员与外国人中间做工作，慰问病人。这种工作是有一些薪水的。再出去旅行一趟，是令人开心的事。

学校里很少组织旅行。当我回想起去年我在巴黎时充满斗争的生活，把它与现在的生活加以比较（我在这里经常整天不出门），有时就想，什么时候我能够回到那另一个世界呢？如果我回到那里，可能找到与去年不一样的工作。但是我宁愿给大小孩讲《圣经》故事，一个人在这样做的时候，多少会感到心安理得。我没有一天不祷告上帝，没有一天不讲到上帝。现在关于上帝，我讲得不多，但是由于上帝的帮助与赐福，情况会变得更好的。

你问我是否仍然在教小孩。在平常的日子里，我教孩子一直教到下午一点钟；

一点钟以后，我就到琼斯先生家里去，有时候给琼斯的小孩上课，有时候给镇上的几个孩子上课。在晚上，我经常写忏悔录。

琼斯先生已经答应我，以后要减少我的教学工作，只是我必须在他的教区里多做些工作，比如访问居民，与他们谈话。

明天我将要第二次领到我的新工作的少量薪水，我将拿这笔钱去买一双新的长筒靴子与一顶帽子。当琼斯先生答应给我在他的教区里的新工作的时候，我的快乐的心情是没有法子向你表达的，因为我不久将要找到我所需要的东西。

冬天马上就要到来。我很高兴圣诞节在冬天。那时候上帝大概会让我们来一次愉快的会面。再一次看到妈妈，看到爸爸，与他们谈话，我会十分高兴的。尽管我们彼此见面的机会是那样少，尽管我们与父母见面的机会是那样少，但是我们的家庭观念与彼此之间的爱，却仍然是那样强烈，使我情不自禁地把眼睛转向上帝，并且向他祷告："主啊，不要让我离他们太远，不要太远。"

提奥，上个星期日，你的哥哥第一次在教堂里传教。关于教堂，《圣经》上是这样写的："在这个地方，我要赐给它安宁。"

这是一个晴朗的秋日，我从这里到里契蒙，沿着泰晤士河，做了一次愉快的旅行。长着许多黄叶的高大的栗子树与明净的蔚蓝色的天空，倒映在泰晤士河里。透过那些树梢，人们可以看到位于山上的里契蒙的一部分地方。

当我站在讲坛上传教的时候，我觉得好像是从黑暗的地下洞窟里出来，回到了充满友好气氛的白天。这是一种称心如意的思想，不管将来我在什么地方，我都要传布福音。要做好这项工作，一个人一定要对福音抱有诚心；上帝大概会把这种诚心赐给我的。

在我看来，这几个月我好像长了好几岁。

…………

不久前，勃拉阿特先生从多尔德特来看望文森特叔叔，他们谈起我，文森特叔叔问勃拉阿特先生，如果我需要，他能否在他的店里给我找一个位置。勃拉阿特先生也是这样想的，他说，我必须去同他商量。所以我在昨天清早就到那里。我们已经安排好，新年之后用一个星期的时间来办妥这件事；在那以后，我们就可以见面。许多原因使我想望这件事，回到荷兰靠近父母，也靠近你与所有其他人。而且薪水一定会比琼斯先生那里多一些；考虑这个问题是理所当然的，因为一个人在往后的生活中，需要更多的金钱。

我们多么盼望能够经常在一起。当生病的时候，或者忧虑的时候，彼此远离的感觉是多么可怕；然而，缺乏必需的金钱，或许是在需要碰面时的一种障碍。

至于宗教的工作，我仍然没有把它放弃。爸爸真是一个心胸宽大、考虑周到的人，我希望在任何情况下也能做到这样，他的这种气质多少会在我的身上显示出来的。以后的变化，是不再教小孩念书，我将在一家书店里工作。

所以，我到那里的可能性是很大的。

"让我们保持勇气，试着学会忍受与宽大。"

1877 年 1 月于多德列希特

  我在铺子里的日子过得很美，我很忙。我在早晨八点钟到那里，夜里一点钟离开那里，但是我以为这样很好。工作总是一件好事。

  有时候，我感到特别高兴，我们又在同样的土地上工作，并且说同样的语言。

  从我的房间的窗口望出去，是一座栽着松树与白杨的花园，古老的房子的后边覆盖着常春藤。狄更斯说："绿色的常春藤是一种奇怪的植物。"从我的窗口所看到的景象，可能是庄严的，并且多少有些阴沉，但是你应该在早晨太阳照着它的时候去看它；那时候，它的情况就不一样了。

  …………

  今天干了一大堆无谓的琐事，十分忙乱，但这些小事都是我责任范围以内的。要是一个人没有责任感，他能够心安理得吗？责任感使每一件事变得神圣，并且把各种事情联系在一起，许多小责任构成一种大责任。

  昨天夜里，我在一点钟的时候离开铺子；我绕着大教堂转了一圈，然后沿着运河，通过新教堂的旧门，回到家里。那时候已经下了雪，一切都很安静；只有一些房子上面的窗口闪现着依稀的灯光，守夜人的黑色的身影被雪衬托出来。那时正在涨潮，在雪的对比下，运河与船只的颜色看来十分暗。

  勃拉邦农民的生活是多么困难；他们将从什么地方得到力量呢？那些穷苦的妇女，依靠什么过日子呢？你有没有想到，这就是画家在他的画《世界之光（基督）》里所要表达的东西？

  你不知道，我多么皈依《圣经》。我每天都读《圣经》，我要从内心去体会它，严肃地、亲切地研究所有那些古老的故事，尤其是关于基督的事迹。

  在人的一生中可能出现这样的时候：他对一切事感到厌倦，认为一切所作所为都是错的。这里面可能有些道理——你是不是以为这是一种必须试着把它遗忘与摒弃的感情，或者这是"期待上帝"，使一个人不必害怕，而去考虑是否会给我们带来一些好处？是不是"期待上帝"带领我们进行一次我们从不懊悔的抉择？

让我们保持勇气，试着学会忍受与宽大。不要害怕离开正道，把善与恶分辨清楚。

早晨，我与柯尔叔叔一起到斯特莱克叔叔家里去，在那里谈了很久。我给家里写了一封信，告诉他们，我们在阿姆斯特丹做什么事，以及我们所商量的事。今天我收到一封爸爸的信。他在上星期日害了病。我相信他的心在燃烧，其中有某些东西促使我去继承他的职业；爸爸时常希望我能够继承他的衣钵。啊，也许这样的事情会发生，但愿上帝保佑能够如此。

…………

我今天送给你另一幅多列的木刻，与一幅勃里翁的木刻，供你收藏。把你的收藏继续下去，你迟早会成为一个出色的收藏家。请接受我的小小的赠品，把它们归入你的收藏。我老早就想通过这些小玩意与你保持接触。

你的信给我带来了愉快的情绪，正像妇女对找到她的小孩的人一定会表示感激一样。因为你告诉我，科斯姨妈的小写字台，在春季大扫除的时候给罗斯夫人找到了。我很高兴。等到我去阿姆斯特丹的时候，我就需要这个写字台。在我看来，这是一个新的证明与暗示——我后来曾经留心过许多现象——我的一切都会顺利，我将要在我所渴望的事业中取得成就；某种古老的信仰在我的心中成长，我的思想将要被肯定，我的灵魂将要得到更新。这将是一次对我的终身有极大影响的选择！

勃拉阿特先生已经找好接替我的位置的人，所以我在五月里大概能够着手我的新工作了。

我想，对一个"播种上帝的话的人"来说，正如我所设想的那样，好像在田里撒播种子的人，每天带着足够的魔鬼（地里长出许多荆棘与蓟）。让我们去继续进行相互间的帮助，寻求兄弟之谊吧。我们的前途将是十分光明的。让我们学会重复爸爸所说的话，"我永远不灰心"，以及杰恩叔叔所说的话，"魔鬼并不总是那么黑的，你可以看他的脸"。

时光如箭，日月如梭；我们能够成为具有充实、坚定的心灵与性格的人，成为坚信上帝的人，成为拥有生命的纯金的人，富有互爱精神，与富有"上帝与我同在，我并不孤独"的思想的人。

我在空闲的时候，根据斯特莱克叔叔的一本教会问答的书，来画基督的全部故事，并且抄写书中的文字，这些文字使我回想起伦勃朗与其他画家创作的许多画。

我认为并且相信，我对自己想成为一个基督徒与基督教的工作人员的选择，是不会后悔的。是的，所有过去时期的一切事，可以有助于这个问题的解决。像朱理·勃列东、米勒、雅克、伦勃朗、布斯布姆这些人，以及许多其他人，他们对工作与生活的知识，他们对工作与生活的爱，可能成为新思想的一种泉源。上帝的工作与生活跟这些人的工作与生活多么相似啊！可是照我权衡起来，上帝仍然要比他们高一些。

"我们在从事一件艰苦的工作，为一种美好而奋斗。"

1877年5月于阿姆斯特丹

"没有一天不写一点"；每天写作、读书、工作与练习，坚持不懈的精神将使我有一个好的收获。

我有许多工作要做，但是我仍然抱着成功的坚定信心。一定要抓住时机；所以柯罗说（不仅他，而且每一个人都这样说）："需要有四十年扎扎实实的艰苦的工作、学习与思考。"对像爸爸与斯特莱克叔叔那样的人来说，工作正好像学画一样，需要大量的钻研。

但是有时候一个人会对自己说：我毕竟会达到的！夜里我疲乏了，我不能按照自己所希望的那样早早地起床。有时候我的头很重，时常发烧，脑子很乱——在好动感情的年纪，要习惯于并且坚持很有规律的学习，到底是很不容易的。

当我回想起过去的日子——每当我展望摆着几乎不可克服的困难、充满着艰巨工作的未来的时候（这些工作，我不喜欢；我，或者宁肯说不走运的我，要逃避这些工作）；每当我想到那么多眼睛盯着我的时候——如果我失败了，他们就会知道我的过失在什么地方，他们会不会对我施加讨厌的责难？

但是由于他们受过各种正道的与美德的东西的试验与训练，他们就会说，并且在脸上做出这样的表情："我已经帮助过你，并且指点过你了；你老老实实地努力过没有？现在我们工作的报酬与成果是什么？"——瞧吧！当我想到这一切，想到苦恼、失望，想到失败的忧虑、耻辱的时候——然而我有我的打算——我想丢开这一切！

我要继续前进，但是要谨慎，要有抵抗那些家伙的力量。出于这个缘故，我懂得怎样去回击威胁着我的那些责难，并且相信，尽管有那些看来似乎与我作对的事物，我仍然要达到我为之奋斗的目标，要是上帝愿意，我将在我所爱的一些人，以及那些追随我的人的心目中受到欢迎。

…………

我们在从事一件艰苦的工作，为一种美好而奋斗，我们在进行一场正直的战争，这种努力的直接的报酬，是我们避免了许多灾祸。当我们的生活向前进的时候，它就变得愈来愈困难了；但是人们在与困难做斗争的时候，他们内心的力量得到了发展。生活确实是一场战斗，我们必须防卫与保护我们自己；为了得到进步，我们必须用愉快与勇敢的精神来安排计划。

这件事是很明白的——从现在到三十岁的中间，我们两个人都必须为生活而进行各种尝试，防止堕落。我们厕身于生活的海洋中，那么我们就一定要打一个漂亮仗，我们一定要成为有出息的人，我们两个中无论哪一个都还不是这种人——未来有着某种伟大的东西，我的心底里这样告诉自己；我们不如别人。

············

今天早晨四点三刻，这里有一阵可怕的大雷雨。我眺望着整个造船所与船坞，倾盆大雨往木头堆与船的甲板直泼下来，大地与造船所里的横木都给淋湿了，白杨与接骨木以及其他小灌木都给暴风雨压弯了。但是转眼之间，太阳冲破云层。由于升起的太阳的关系，倒映在池塘里的天空闪着金光。在第一批工人通过停放场的大门之后，只有很短的一段时间，我看到了一番奇妙的景象：大的与小的黑色人身的长线，首先出现在太阳刚照进来的狭窄的街道上，然后出现在停放场里。他们大约有三千人；他们的脚步声好像海啸。

在狄克斯岛上也有许多造船所。当我到达那里的时候，我仔细地观察他们；一个打算学习创作的人，一定要注意这些工人，如果他刚好要在工厂里画些习作，尤其应该如此。在码头上，美术家可以找到多少绘画的题材啊！

当写东西的时候，我经常情不自禁地在纸上画一些素描。今天早上，先知以利亚在荒野里，天上密布着乌云，前景中有一些荆棘小树丛；虽然没有什么特殊的东西，但是在我看来却如此动人。我想，在这种情况下，我会说出最热情的话。

············

我连续不断地工作，全是为了能通过考试；我事事与孟戴斯协商，按照他曾经做过的那样来安排我的学习，因为我愿意像他那样进行学习。学习拉丁文与希腊文非常困难，但是它们仍然使我感到愉快，我正在做我想做的事。我不再在夜里坐得太晚，叔叔严格禁止我夜间工作。我心里仍然想着伦勃朗的铜版画下面写着的一行字："在半夜里，蜡烛发射出它的光芒。"我有一盏小煤气灯，整夜燃着，光线微弱，我时常躺着看它，计划着我的下一天的工作。

我到斯特莱克叔叔家里，与他及婶婶进行了一次长谈，因为孟戴斯在几天前曾经来看过他们。（一个人不应该把天才讲得太轻松，即使他以为世界上的天才要比许多人所设想的来得多。但是孟戴斯肯定是一个十分杰出的人物，我始终抱着感激的心情与他接触。）我高兴地告诉你，他没有制造任何于我不利的汇报；但是叔叔问我，是不是我还没有发现这个工作很困难。我承认我老老实实地在干，我尽力用各种可能的方法勇敢地继续干下去。他告诉我，要大胆地干。我相信爸爸对我已经做过的事，一定会感到满意的。

但是我现在仍然存在着对几何与数学的恐惧；圣诞节之后，我还要去学习这两门功课。我在找一位几何教师，并且已经找到一位，他是孟戴斯的表兄弟，名字叫戴希拉·德·马托斯，在犹太贫民学校里教书。他给我一个希望，准备好应付将在明年十月前后举行的考试。如果我能够通过这次考试，那么我所完成的比我所期望的要来得快，因为当我开始学的时候，他们告诉过我，学完头四个科目需要两年。

现在我正在进行学习，虽然需要付出一些代价，但必须很好地完成；这是为我的生活而进行的竞赛与战斗，一点也不能马虎。不论任何人，只要通过这种课程的学习，并且坚持学习到底，他一生也不会把它忘掉；能够做到这一点，是值得珍贵的。每一个要在社会上得到地位的人，都一定要经历一个巨大的困难与努力的时期。成功是一点一滴地积累起来的。要是谁在考试时说错了一句话或者写错了一个字，这就可能成为他失败的原因。但愿上帝赐给我所需要的智慧，把我所热切盼望的东西赐给我；尽可能迅速地结束我的学习，并且授以教职，使我能够履行一个传教士的实际责任。

昨天我去做早礼拜，听到一次关于"我将永远与人一起斗争"的布道。在经过一段沮丧与悲伤的时期以后，我们生活中就会出现一个可能满足我们最殷切的期望的时期。你愿意听我在某一个小礼拜里布道吗？

另一个年头又过去了。在这一年内，在我这里曾经发生过许多事，我以感恩的心情回顾这一切。当我想起我在勃拉阿特所度过的时间，以及在这里学习的几个月，我确信它们是两件好事。

黄昏正来临，狄更斯称之为"幸福的黄昏"，他说得真对。幸福的黄昏，特别是当两三个知心朋友在一起的时候，就会像打开话匣子一样，从内心倾吐出种种旧的与新的心曲。伦勃朗对这一点深有体会。除了其他作品以外，从他的心灵的丰富的宝藏中，还产生了那些描绘贝萨尼的用乌贼黑、炭条、墨水画成的素描。

从我的窗口看造船的景色，真是漂亮极了。白杨林中有一条小径，白杨的苗条的树身带着纤细的枝丫，以优美的姿势出现于灰色的傍晚天空的背景之上。水中间是一座仓库的古老房子，寂静得好像以赛亚书中提到的"古老池塘中的不流动的水"；这座仓库靠河岸的一面墙壁久经风雨的侵蚀，呈现出浓重的绿色。再下去是一个小花园，四周围绕着玫瑰小树丛的篱垣。在造船所里到处是工人的黑色身影，还有小狗。

这样就使人很容易感到，他总还有一个兄弟，他活在这个世界上，并且在行动着；当一个人有许多事情要思考，有许多事情要做的时候，他往往就会有这样的感受：我在哪里？我干了什么？我往哪里去？他的脑袋眩晕了，但是一个如你们所熟悉的声音，或者说是一篇众所公认的文章，又使你的头脑清醒过来。

爸爸曾经到过这里，他的到来使我高兴。对他的来访的最愉快的回忆，是在我的小房间里一起度过的一个早晨，我们研究了一些工作，商谈了一些事情。你可以想象到，日子过得有多快。当我在车站送他回去的时候，我站在那里看火车，一直到列车甚至车头所冒的烟从我的视野里消失之后，我才回家；回到我的房间里，看到爸爸坐过的椅子仍然挨近小桌子摆着，桌子上还放着昨天爸爸看过的书籍与手抄本，虽然我知道，我们彼此很快又要见面，可我还是像小孩一样地哭了。

…………

爸爸曾经劝我交上几个朋友。前两天早晨，我起得很早，画一幅保罗旅行的简略地图，想把它送给尊敬的牧师加奈宾，因为我一再说，有可能就去看他；他是一个有学问的人，如果他发现我的愿望是真诚的，或许能够对我提出一些宝贵的意见。我时时想做那种事，我是否会成功，显然十分可疑；我所指的是通过所有各项考试。要是谁开始得早一些，谁就干得更加容易一些。这是确实的，我能够干得更加长久些，能够更好地聚精会神地干，许多别人所关心的事，对我不起作用，但是毕竟工作使我付出很大的力气。即使我失败了，也要在我的身后各处留下我的印记。

有一次，有一个人来到教堂里问道："我的热情欺骗了我，我曾经误入歧途，没有把它安排好，这是可能的吗？啊！要是我能够脱离这种半信半疑的状态，能够树立起坚定的信心，那么我将会克服一切障碍，在最后取得胜利！"然后一个声音回答他："要是你确实知道是那样，你为什么还要那样做？要是你确实知道，那么马上就行动起来，你是不会倒霉的。"后来这个人就勇往直前，充满信心，他重新进行他的工作，不再怀疑或者动摇。

所以我必须努力前进，因为站在原地不动，或者向后转，都肯定会使事情变得更加困难，到最后，一切不得不从头做起。

一个人有着太多的事情需要去了解，虽然他们设法叫我放心，但它始终使我感到十分焦急，没有什么补救的方法，只有重新投入工作。既然做这件事明显是我的责任，那就只有奋不顾身地去干。

我们谈了很多我们的责任，与如何才能达到正确的目标，我们得出了结论：第一步，我们必须为我们的目标找到一个可靠的地位与职业，我们能为这种地位与职业贡献出我们的全部力量。这样做是明智的，因为生命是短促的，而时间过得很快。要是一个人是一种方面的专家，并且很好地懂得一种事物，他同样也会洞悉与懂得许多事物。

一个人必须做到心中有个奋斗的目标。经过终生的工作与努力之后而得到的胜利，要比过早地得到的胜利来得好。凡是诚实地过日子，并且遭遇到许多麻烦与失败而不气馁的人，要比那种一帆风顺，只知道安逸的人来得有价值。一个人永远不要相信天下会有毫无困难的事。

对我来说，我一定要成为一个优秀的传教士，能够说一些正确的话，并且对社会有用处；我有一段相对比较长的准备时间，并且在我需要向别人去讲述信仰之前，让它更好地巩固下来，或许这会更好一些。如果我们只是诚实地生活着，虽然我们仍然免不了要经历实在的苦恼与大大的失望，并且也可能犯重大的过失与做错事，但信仰总还与我们在一起的，这是确凿的事实。勇敢总是好的，即使一个人犯了许多错误，也比心地狭窄与谨小慎微高明。爱许多事物，这很好，因为这里面存在着真正的力量。一个人爱得很多，做得很多，并且能够完成很多，但是只有怀着爱的心情去干，才算真干！

一个人要是对真正值得去爱的事物保持着忠实的爱，而不把自己的爱浪费在毫不重要的、没有价值、没有意义的事情上，他不久就会得到更多的智慧，而逐渐变得坚强。深入到社会中，与人们谈话，是很好的，有时候人们不得不这样做；但是有人宁愿孤独地干他的工作，只需要少数几个朋友，他也能平安无事地生活在这个社会上与人群里。甚至在上流社会中，以及在最好的条件与环境之下，一个人也一定要保持隐士的某种原始的性格，否则他就失去了自己的根基；一个人绝不可以让自己心灵里的火熄灭，而要让它不断地燃烧。谁要是为自己选择贫穷，并且安于贫穷，认为这是一宗了不起的财宝，他就会经常清晰地听见他的良心的声音；谁要是听到并且服从这个声音（这是上帝的最好的赏赐），他终会在其中找到一个朋友，永远不会孤独。

…………

今天，我到柯尔叔叔的家里。他告诉我杜比尼逝世了。我可以告诉你，当我听到这个消息的时候，我的心里很难受，就像我听到勃里翁逝世的消息时的心情一样（他的画《饭前祈祷》挂在我的房间里）；因为这样的人的作品，要是好好体会，要比一个人所知道的感受来得更加深刻。临死的时候知道自己已经完成一些真正的作品，并且知道通过这些作品，他将至少活在一些人的记忆里，作为后辈的好榜样而永垂不朽，不能说这不是一件好事。一件好的作品——它可能不是永垂不朽，但是在作品中所表达的思想是永恒的，作品本身必定会永远存在人们的心里；如果后来别的人起来了，他们最好是跟着那些先行者的脚步，用同样的方法画他们的作品。

> "那些用自己的心灵与智慧来进行创作的人,言行中充满着活力与生命力。"

1878 年 7 月于埃顿

  我在一盏小灯笼的灯光下写东西,蜡烛快要熄灭了。上星期爸爸与我到布鲁塞尔,去找伊斯列瓦斯的可尊敬的德·琼恩先生和荷兰传教士学校的校长波克马。在这个学校学习三年就可以毕业,而你知道,在荷兰,这种学习至少要有六年以上的时间。他们并不要求你在谋求一个传教士的位置之前,结束你的课程。传教士需要有向群众进行通俗的与动人的演讲的才能,宁肯短些、有趣些,也不要太长、太深奥;他们更多地考虑实际工作的适用原则,与发自人们内心的信仰。由于仍然存在许多需要克服的障碍,人们不能够一蹴而就,只有经过长时间的实践,才能锻炼出庄严地、动人地、流畅地、自在地向群众演说的能力;一个人演说要有意图与目的,并且要有些说服力,以便鼓动听众,使他们愿意把他们的信仰在真理中扎根。

  布鲁塞尔的这些先生要我到那里住三个月,交上一些朋友;但是那样做花费太大。为尽可能地避免浪费,我现在留在埃顿做一些准备工作。我要尽可能地写一些日后将证明对我有用的文章。昨天我写了一篇长达二十七页的关于芥子的寓言;我希望文章里有一些有益的东西。我现在写一篇关于在卢浮宫博物馆的伦勃朗的画《木匠家庭》的文章。

  那天傍晚我们从宗德尔坐马车回来以后,爸爸与我一起散了一会儿步。落照在松林后面映着红光,傍晚的天空倒映在池塘里,荒地与黄色的、白色的、灰色的沙充满着和谐与感情——看看吧,在生活中往往有这样的时候,那时每一件事,也包括我们的内心,充满着安宁的情绪,我们的全部生活,好像是一条通过荒地的小路,但并不全是这样的。

  这个时候田野显得很美丽,地里正在收割谷物,土豆快要成熟,它们的叶子开始枯萎,荞麦盛开着美丽的白色花朵。这里有许许多多、各种各样的工厂,特别在晚上有灯光的时候,看起来十分美。有普通工人与技术工人来看望我们,他们各有自己的活动范围与工作,他们用自己的方式说话,如果我们只听他们说话,他们就说:

"白天工作，夜里谁也不干活。"

现在正是扫街工人赶着衰老的白马拉着车子回家的时候。穿着满是尘土的肮脏衣服的赶车工人，看起来要比大画家德·格鲁在他的《穷人的长椅子》中所画的穷人的长队（或者说是成群的穷人）更加深陷于贫困之中。这件事经常使我感到震惊，这是非常奇特的。当我们看到不能以言语形容、说不出的凄凉的景象的时候——孤苦伶仃、贫穷与不幸，一切事物的结局，或者它们的终极——我们的心里就想起上帝。

另一天，我根据爱弥尔·勃列东的《一个星期天的早晨》，用钢笔、水墨与铅笔画了一幅小小的素描。我极其喜欢他的作品！你找到了满足精神生活的东西，我很高兴。伟大的艺术就是这样的，那些用自己的心灵与智慧来进行创作的人，言行中充满着活力与生命力。艺术是多么丰富啊！要是一个人能够回想起他所看到的东西，他就绝不会感到无聊或者真正的空虚，永远不会孤单。

我想把我在生活里所见到的一些事物，用粗糙的速写画下来，但是由于它可能使我从正式的工作中分身，因此最好还是不画。我已经画了一幅小速写《开采煤矿》，这实在是一幅不足为奇的作品。我画这幅速写的理由是，人们在这里能够看到许多在煤矿里工作的普通人，他们是一种特殊的人。这幢小房子设在离马路不远的地方，是一个附属于一间大煤棚的小客栈，工人们在午餐的时候到这里吃面包与喝啤酒。

当我在英国的时候，我想找一个在煤矿工人中间工作的传教士的位置，但是他们不考虑我的请求，并且说我只不过二十五岁。"在黑暗中升起黎明"，这不仅是福音书，而且是整部《圣经》的根本或基础之一。从黑暗到黎明。是的，谁最需要它呢？谁要听它呢？经验告诉我们，是那些在黑暗中行走的人，在地心里行走的人，像在黑色煤矿中的那些煤矿工人，他们深深地为福音书的话语所感动，十分相信它。

这里是比利时的南部，在蒙斯的近郊，靠近法国边境，一个叫作波里纳日的地方，这里住着很多在为数甚多的煤矿里工作的工人。我很愿意作为一个传教士到这里工作，向穷人们传播福音（他们十分需要这种东西，这非常适合他们）。一个星期以来，我都在教书。要是我能够平安无事地在这个地区干上三年左右，经常学习与观察，相信我从这里回去的时候，就会有一些值得一谈的事情了。我这样说不是自满，而是自信。我要为我的三十岁做好准备，那时候能够有特别的训练与经验，能够更精通我的工作，比现在更熟练。

可敬的德·琼恩先生与皮特生先生对我的三个月的试用期，已经过去了。我与可敬的德·琼恩先生、波克马校长面谈过；他们告诉我，我不能按照他们答应本地荷兰学生（他们都是身无分文的）的同样条件入学——所以为了待在这里，我必须要有比我曾经计划的更多的金钱。

所以我或许马上就要试行波里纳日的计划。

"鸟类脱换它们的羽毛的时候，是充满着灾难与不幸的，人们的困难时候也是如此。"

1878 年 12 月于波里纳日

在波里纳日看不到画；一般来说，人们甚至不知道什么叫作画。但是尽管如此，乡村还是十分美丽的，每一样东西都在说话，都充满着性格特征。近来大地已经盖上了雪；每一样东西使我想起别号"农民画家"的勃鲁盖尔的画中的一幅，以及许多其他画家的画，他们懂得怎样出色地表现红色与绿色、黑色与白色的特殊的效果。这里有中间凹下去的道路，遍地长满了荆棘小树丛，以及有着奇形怪状的树根的古老的长木瘤的树，它完全与丢勒的铜版画《死神与骑士》中的道路一样。

所以，在几天之前，看着煤矿工人们傍晚踏雪回家，真是一番奇妙的景色。这些人实在是黑。当他们从黑暗的煤矿里出来，进入白天，他们的样子看起来实在像打扫烟囱的工人。他们的住房很小，只能够称之为棚舍；它散布在那些中间凹下去的道路旁边、树林里与山坡上。人们到处可见长着青苔的屋顶，傍晚的时候，灯光透过小格子的窗户亲切地照射出来。

人们在周围一带地方，随处可以看到大烟囱，还有在煤矿矿坑入口地方摆着的大堆的煤山，就是所谓"夏姆泼内日"。布斯布姆画的大幅素描《肖德封登》，很好地表现了乡村的特点，只是在这里到处是煤，而在肖德封登则到处是铁。

正像我们勃拉邦有榭树的矮树丛，在荷兰有柳树一样，在这里可以看到围着花园、田地与牧场的黑荆棘。由于下了雪，就像是白纸上写的黑字。

我租了一幢小房子，想在这里安家，但是现在只有能用来作为工场或者学习的地方。爸爸说我最好与德尼一起住，我也这样想。我的墙上仍然挂着一些版画。

煤矿工人的话并不是很容易懂，但是他们可以听懂普通的法国话，只是要说得快些、流畅些，这是由于法国话与他们的土话很像，土话说得很快。

…………

这里的群众很是愚昧与缺乏教育，他们之中的多数人不识字，但同时他们却勤勉灵巧地干着艰苦的工作，勇敢而豪爽；他们身材短小，却长着一副方肩膀与深凹的眼睛。他们都是会干许多事的能手，干劲十足。他们具有神经过敏的气质；我的意思不是说他们柔弱，而是十分敏感。他们有一种天生的、根深蒂固的对每一个想要压在他们头上作威作福的人的憎恨与不信任。与烧炭工人在一起的人，必须具有烧炭工人的性格与气质，不能有虚夸的傲慢或者优越感，否则便永远不能与他们相处，或者赢得他们的信任。

我刚刚在一个烧炭工人的家里访问过一个小个子的老妈妈。她身患重病，但是富有忍耐力且充满信心。我向她朗读一章福音，并且为他们所有的人祈祷。这里的群众，与宗德尔及埃顿地方的勃拉邦人一样，颇有几分淳朴与和蔼的特性。人们在这里会感到像在自己的家里一样。出门的人想家；另一方面，想家的外国人应该学会习惯于在任何地方都有宾至如归的感觉。如果上帝保佑我，使我在这里得到一个永久性的职位，我会非常非常高兴的。

这里有许多患伤寒与恶性热病的人，他们称之为"可恶的寒热病"，这种病使他们做噩梦，发谵语。在一幢房子里的人全患热病，很少或者根本没有人来帮助他们，所以他们不得不自己来护理病人。

大多数煤矿工人由于热病而变得身体瘦弱，脸色苍白，形容憔悴，疲惫不堪，由于饱经风霜而使他们早衰，妇女们也都瘦骨嶙峋。煤矿矿山的周围，尽是工人们的小屋，房子的旁边有一些被烟熏黑的枯树、荆棘篱围、粪堆、垃圾堆，以及没有用的废煤堆。马里斯会把它画成一幅美丽的画。我马上要画一张小幅的速写。

不久之前，我做了一次有趣的旅行。我在一座煤矿矿坑里待了六个小时。这是附近的一个叫作马尔开塞的、年代久远且十分危险的矿坑。这个煤矿名声很坏，因为有许多人死在里面，他们或者是在上下矿井的时候死掉的，或者是给有毒的空气害死的，或者是瓦斯爆炸时被烧死的，或者是被地下水淹死的，或者是坑道塌陷被压死的。这是一个黑暗的地方，周围的一切事物呈现出一片凄惨荒凉的景象。我有一个很好的向导，他曾经在那里工作三十三年，他是一个和蔼的、有耐心的人，他把每一件事都做了很好的介绍，尽量使我能够明白。

我们一起下坑道，坑道有三百米深，我们探索了这个地下世界最隐秘的角落。曼特纳日与格列丁（煤矿工人在那里工作的洞窟）离进口很远，被称为"找不到的地方"。要是谁想画一幅曼特纳日的画，那一定会是新奇的与前所未有的，或者从来没有人见到过的。你可以设想，在狭窄低矮的、用粗糙的木料撑着的坑道里有着一排排洞窟，是一种什么景象。在每一个这样的洞窟里，都有一个煤矿工人，穿着一套肮脏的、黑色的下等粗麻布服装，依靠一盏小灯的微弱光线，紧张地在采煤。在一些这样的洞窟里，煤矿工人是站着的，在另一些洞窟里，他们是躺在地上的。这种安排，多少有点像一座地下监牢中阴暗的过道，或者像一排小织布机，或者不如说更像一排农民家里的烤炉。其中有一些洞窟是漏水的，在矿灯的灯光照耀之下，产生一种奇怪的效果，反射起来好像在水晶宫里一样。一些煤矿工人在曼特纳日工作；另一些把采下来的煤装进小车里，这是专门由童工来干的，有男孩也有女孩。这里也有一个下到地下七百米的固定的停车场，大约有七匹老马。

正好像在陆地上的海员想念海洋一样，尽管矿坑里有各种危险与麻烦威胁着他们，矿工们也想念着矿坑；他们宁肯在地底下，也不喜欢在地面上。这里的村庄一片冷落、死寂，已被遗弃，因为生活不是在地面上，而是在地底下进行着。人们可以在这里住上几年，但是如果他们不下矿坑，就不可能树立对这里的真实情况的正确观念。

我专心致志地工作，日子不知不觉地过去了，我没有思考问题的时间，对许多一向吸引着我的事物也不再感兴趣。

今天晚上，冰雪开始解冻了；我没法告诉你，这个丘陵起伏的乡村解冻时是多么美丽。现在雪正在融化，种着绿色谷物的田野重新露出它的面目。以一个外国人的眼光看来，这里的村庄是一座有着无数狭窄的街道与点缀着矿工小屋的山谷的迷宫。你可以把它拿来与类似什温宁根那样的村庄，尤其是那里破烂的街道做一个比较，或者把它拿来与我们在图画中见到的布列塔尼的村庄相比。

几天之前，在晚上七点钟左右，这里曾经有过一次很大的暴风雨。离我们的房子很近的一个地方，人们可以从那里俯瞰波里纳日的大部分地区，那些烟囱，那些煤堆，那些矿工的小屋，那些像窝里的蚂蚁似的成天匆忙来往的小小的黑色的人，那些远处黑色松林衬托出的小小的白色房子，一些教堂的塔尖，以及再远处的一座古老的磨坊。在平常的日子里，这里笼罩着一层朦胧的烟雾，有一种由冈峦所形成的明暗变化的奇异效果，使人想起一幅伦勃朗或者米歇尔、鲁伊斯达尔的图画。

而在那暴风雨的漆黑的夜里，雷电使每一件东西忽隐忽现，形成一种奇怪的效果。附近的马尔开塞煤矿幽暗的大建筑物，孤零零地竖立在宽敞的田野里，不禁使人联想到诺亚的巨大的方舟，想到它处在大洪水与可怕的倾盆大雨以及雷电闪光的昏暗之中的情形。在今天晚上讲解《圣经》的时候，我根据那次暴风雨的印象，叙述了一次沉船的故事。

近来我又到一家画室去学画，就是可敬的皮特生先生的画室。他的风格接近谢尔夫豪特，或者霍本勃鲁威尔，他对艺术有很好的见解。他向我要了一张画着一个矿工的速写。我经常画素描画到深夜，以便留下一些纪念品，把在这里偶然看到的各种事物的概念巩固下来。

即将降临的春天，就要带来新的画题。今天冬天伊兹拉亚斯画了一些什么？毛威与马里斯怎样？他们会在这时发现多少提供给他们画的材料！当白马拉着小车，从煤矿里载运一个负伤的矿工回家的时候，人们就会联想到伊兹拉亚斯画的《遭难》中所描绘的情形；所以这里有各种震撼人的画题。

毛威或者马里斯，或者伊兹拉亚斯，他们作的画中所叙述的，要比实际事物本身所说明的内容更加多，更加明白。"艺术是人对客观事物所做的注解"。自然、真实、正确——我们仍然找不到对艺术这个词的比它更好的定义；但是艺术家使艺术具有意义、概念、个性，他把这一切表现出来；他对这一切加以分析，加以澄清，使之明白易懂。

文学著作也是这样。这些日子，我经常阅读《汤姆叔叔的小屋》——在世界上仍然盛行着奴隶制度——艺术家在这本杰出的书中，用崭新的观点来分析问题，她以丰富的智慧，以及对被压迫的穷苦人的真正幸福的热诚与兴趣，来对待这个重要的问题。这本书使人百读不厌，并且每读一次就会在里面发现新的东西。

我感谢你来看我。我们在一起度过的时光，至少使我深信我们两个人仍然存在于这个世界上。当我再一次看到你，并且与你在一起散步的时候，我又有了那向来具有的感觉，似乎生活中存在着某种值得重视的、良好的、珍贵的东西；我感到我比任何时候都来得高兴与有精神，因为对我来说，生活已经逐渐变得没有价值、不足重视和可有可无，至少看起来是这样。

正好像别人一样，我感到需要交际与友情，好意与友谊；我不是石头与铁块，所以我不能毫无感觉地错过这些事物，正像每一个勤奋与诚实的人所做的那样。这是我迫切需要的。我把这些情况告诉你，是为了使你知道，你来看我对我起了多么好的作用。

现在我不那么想回去了，我很愿意留在这里。但这可能是我的过失，我没有能够充分地认识这个问题；所以事情或许只能是这样，不管我如何强烈反感，不管我所选择的这条道路如何艰苦。我将要到埃顿去几天。

当我愉快地回忆你的来访的时候，我当然也重新想到我们所讨论的计划。这些计划，我以前也经常听到过。计划的改变令人苦恼，然而还没有使我发怒，但是我有些害怕——因为我有时按照这些计划办事，却得不到好结果。我们曾经讨论过多少办不到的事情啊！

在阿姆斯特丹度过的日子，在我的记忆中留下了多么新鲜的印象！你自己曾经到过那里，所以你知道事情是怎样计划与讨论，争辩与考虑，以智慧与最好的心愿来商议的，然而结果却多么惨，整个计划多么可笑！这是我曾经历过的最倒霉的日子。与其他地方相较而言，这里是穷乡僻壤，是一个没有文明的环境，在困难的日子里，充满着忧愁，可是它已经变得多么令人遐想与富有吸引力！我害怕按照良好的愿望做出的明智的忠告，也会产生同样坏的效果。

这种经验实在太可怕了；危害、悲哀、苦恼实在太大，不要乱冒险，要从这种高价买来的经验中变得聪明。如果我们不从这里学，那么我们到什么地方去学呢？试着去"达到摆在你前面的目标"，正好像这个词句所说的那样；真的，这是一个我不再想望的目标，追求这种目标的雄心已经大大地减退，即使看起来与听起来还是那样好。现在，我已经用另一种观点来看这些事，虽然我们不被允许发表这样的意见，不许像传教士弗朗克那样，硬说可敬的约翰·安德里的说教，与一个罗马天主教牧师的说教同样相信福音。我以为这种说法是不可饶恕的。我宁可寿终天年而死，也不愿让学院来送我的命。就我看来，从一个刈草工人那里学来的一课，往往要比一堂希腊文课对自己更有用处。

改善我的生活——你是不是认为我迫切地想望这一点？我巴不得生活得比现在更好。但是正由于我盼望它，我害怕药方比疾病本身更坏。要是你以为，认真地遵从你的劝告，做一个刻制钞票与名片的工人，或者管账先生与木匠的学徒，否则就从事面包师的手艺——以及其他人劝我去干的许多同样的事（头绪太多，无法归纳），就可以使日子过得舒服些，你就大错特错了。可是你说：我不是叫你一定要认真地执行我的劝告，而是由于我怕你嗜好游手好闲地过日子，由于我以为你必须结束这种情况。

我可以说，这种"游手好闲"是一种奇特的游手好闲。在这个问题上，我要为自己辩护是有几分困难的，但是，如果你始终不能用另一种观点来看这个问题，我将会感到十分遗憾。我完全不明白，驳斥那种劝我做面包师的主张，是不是适当的。这确确实实是一种坚决的答复（人们往往设想，要学会做面包师、理发师、图书管理员，就像闪电那样快），但同时，这也是一个愚蠢的答复。这种做法多少与这样一种人的行为有些相似——当别人责备他骑驴是一种残酷行为的时候，他马上下来，把驴扛在他的肩膀上继续赶路。

现在，让我们把所有这些笑语搁到一边去。我实在以为，要是我们彼此之间的关系更加亲昵一些，情形就会更好一些。要是我一定要把自己设想成为你或者家里人的麻烦并对每个人都没有好处的话，要是我不得不把自己设想成一个捣乱分子或者一个被遗弃的流浪汉，那么最好还是让我死掉——如果我所设想的竟会是事实，我就要沉没在痛苦的海洋中，我就应该与悲观失望的情绪做斗争。这是一个我所不能容忍的思想。更其难以使人容忍的是，这种我们之间以及与我们家庭之间的不和、灾祸与麻烦，是由我引起的。这种思想以一种难以想象的力量压迫着我；然而经过很长一段时间之后，同时又产生了另一种思想；这仅仅是一个噩梦，而往后我们或许要学会从好的方面来理解与观察各种事物。

但这终究是不是事实呢？事情不是变好了而是变坏了吗？许多人无疑会认为，相信事情仍然在向好的方面转变，是愚蠢的与莫名其妙的。在冬天寒冷刺骨的日子里，有人说：实在太冷了。我怀疑跟着而来的是不是夏天。恶远胜过善。但是不管我们允许或者不允许，最后严寒终于结束，在某一个早晨，风向转变了，冰雪融解的季节来到了。把气候的情况与我们内心及我们所处环境的情况拿来做一个比较（正像气候一样是变化无穷的），我仍然还有一些变好的希望。

现在，要重新恢复整个家庭对我的信心，是一件十分困难甚至是几乎不可能的事，他们已经摆脱不了成见与那一套陋习（例如追求时尚与讲究名誉）。但是我还没有完全失望，因为我们之间可能要逐渐地、慢慢地，却是肯定地重新恢复真诚的互相了解。

鸟类脱换它们的羽毛的时候，是充满着灾难与不幸的，人们的困难时候也是如此。人们可以停留在换羽的痛苦中，也可以重新开始，但是无论如何不能公开地做，因为这是不愉快的事。对我来说，走为上策，保持着一个不远的距离，所以我不再与你住在一起。

我是一个性情急躁的人，容易做出多少有点愚蠢的事，可是后来我对这些事又或多或少感到后悔。当事情需要耐心地等待的时候，我往往说得与做得太快。我以为有时候别人也会做得同样轻率。是的，事实就是这样，这有什么办法呢？难道我一定要把自己设想为一个干不好任何事的危险人物吗？我并不认为是这样。问题在于要用各种方法，把这种热情用到好的方面去。例如，我多少有一些不可抑制的读书热情，正好像我要吃饭一样，我要连续不断地进行自我教育。当我处在有图画与其他艺术作品的环境中的时候，我就产生一种对艺术品的强烈的热情，达到热情的顶点。我对这种热情，并不表示后悔，即使在现在这种情形下，当我远离绘画之邦的时候，我仍然经常怀念着绘画。

我十分了解伦勃朗、米勒、朱理·杜普列、德拉克洛瓦、米莱斯与马里斯。可是——现在我不再有那种环境，然而那种被称为灵魂的东西（他们认为它是永远不会死的，是不朽的），却被艺术家们经常不断地、永远地继续进行探索。为了克服这种相思病，我对自己说：那种绘画之邦，或者艺术的祖国，是到处都存在的。为了克服悲观失望的情绪，我选择了积极的忧郁的态度。我宁可有着希望、期待与探求的忧郁，而不要逆境与灾祸中的悲观失望。所以我多少有几分严格地攻读我所能得到的图书，读着《圣经》，米什莱的《法国革命》，去年冬天读莎士比亚、维克多·雨果、狄更斯与哈立特·比却·斯图，近来读埃斯库罗斯；然后是其他几位作家的著作，古典的著作不多，都是一些伟大的"小大师"。

现在那些沉溺于此道的人，在别人看来，往往是不愉快的与令人吃惊的，他们不是出于本意地或多或少地违反某些体制、习俗与社会惯例。这是一种令人遗憾的事，无论如何，这是使人感到不愉快的。例如，你知道，我平常总是不修边幅；我承认这一点，并且承认这件事是使别人吃惊的。再来看一看你的情况，贫困再加上灰心丧气。然而有时候，这些会成为使一个人为了集中精力钻研某些使他入迷的东西而必须隐遁的好方法。

有五年以上的时间（我不知道实际上有多久），我没有找到一个正式的职业，到处游逛。你说："从某一个时期以来，你失败了，你堕落了，你没有干出什么名堂来。"真的是这样吗？

我时常凭自己的力量赚得面包皮；也时常有一个朋友施舍给我面包皮，这是事实。我终于活下来了。实际上我已经丧失了对许多事物的信心。我的经济情况很不好，前途很不乐观；甚至我的学习也处在一种相当悲惨与无望的情况，这也是事实。我应该干得漂亮些。正是为了求得温饱，我已经浪费了时间。而我需要的更多，需要比我已经占有的要多得多。难道这就是你所谓的失败吗？难道这就是你所谓的没有干出什么名堂来吗？或者你要说：但是你为什么不像他们要你去做的那样继续干下去呢？他们要你继续去念大学。我仅有的答复是：开销太大，况且，前途并不比现在摆在我面前的更好一些。

我必须告诉你，对传教士正好像对艺术家一样。这里有一家古老的专科学校，十分邪恶而暴虐，集恐怖之大成。他们是一些身穿甲胄的人，穿着一种偏见与因袭的铁甲；这些人，当他们处在领导地位的时候，就卖官鬻爵，他们企图通过一种循环的制度，在他们的位置上保护为他们所庇护的人，排斥异己。他们的上帝是那个好像莎士比亚笔下的酒鬼法尔斯塔夫的上帝，"在这里有一个教堂！"真的，一些像这样传教的老爷，发现他们自己由于一种奇怪的遭遇，而对宗教问题具有类似酒鬼的观点（要是他们还有人的感情，当他们发现自己是这样的时候，或许会感到有些吃惊）。

就我自己而言，我尊敬有学位的人，但是可以尊敬的人要比人们所设想的来得少。我已经有好几年没有做正式的工作了，我不谋求一个正式工作的理由之一，只是我有另一种单纯的想法，而不像那些老爷，他们之所以把职位给予那个人，是要他与自己一鼻孔出气。这并不是像他们伪善地责备我的那样，是一个简单的穿衣吃饭问题；我对你说，这是一个十分严重的问题。

你说："你有对宗教的不现实的想法，与良心上的孩子气的顾虑。"我以为一切合乎上帝的精神的人及他们的工作，在内心的道德与精神上全都是好的与美的，并且具有崇高的美；而不合乎上帝的精神的人及其工作，则全都是坏的与错误的，上帝不赞同他们。但是我总认为理解上帝的最好方法，是爱许多事物。爱朋友，爱妻子，爱你所喜欢的一些事物，但是你必须怀着高尚的与十分亲切的同情心，要全心全意、以心换心地去爱，你必须经常试着进行更深、更好与更多的理解。它引导你接近上帝；它引导你树立坚定不移的信仰。

有人爱伦勃朗，而且诚恳地爱——这个人了解上帝的存在，他一定相信这一点。有人研究法国革命的历史——他不愿意没有信仰，他在伟大的事件中，也看到它，这是一种统治欲的自我表现。有人或许有一个短时期曾经在伟大的苦难大学里听过课，他很注意他的眼睛见到的、耳朵听到的事物，而且对它们加以仔细考虑；他也终于要得到信仰，或许学得比他能够讲述的还要多一些。我们要试着去理解伟大的艺术家，严谨的艺术大师在他们的杰作中告诉我们事物的真实的意义，他们的作品引导我们接近上帝。一些人在书籍中论述这一点，另一些人则在图画中表现这一点。要多思，常动脑筋；只有这样才能不知不觉地把我们的理解力提高到一般水平之上。我们懂得怎样去理解——好吧，就让我们这样去理解吧！

当去年夏天你来看我的时候，当我们一起在靠近一个被废弃的地窖，他们称它为魔术师的地方散步的时候，你提醒我，那一次也是我们两个，在靠近雷斯维克的旧运河与磨坊那儿一起散步的情形。你说："那么，我们对许多问题的看法是不一致的了。"但是你又加了一句："自那时以来，你变得很厉害，你不再是原来那样了。"可是，这不是实在的情况。改变了的是我的生活中困难少了一些，我的前途似乎有了一线光明，至于我的内心，我观察事物的方法，与我思考问题的方法，并没有改变。要是说有什么改变的话，那么就是我现在的思考、信赖与爱，比过去更加严肃了。

所以，如果你仍然相信我现在对伦勃朗或者米勒、德拉克洛瓦，或者无论谁不太热心了，你便错了；相反的一面则是正确的。但是你要认识到许多应该信赖与爱的事物的存在。在莎士比亚的作品中含有伦勃朗的成分，在米什莱的作品中含有柯雷乔的成分，在维克多·雨果的作品中含有德拉克洛瓦的成分，在福音书中含有伦勃朗的成分，或者说在福音书中带着一些伦勃朗的成分，随便你怎样说都可以。在班扬的作品中含有米勒的成分，在哈立特·比却·斯图的作品中则含有阿莱·谢菲尔的成分。

如果你现在能够原谅一个诚恳地钻研绘画的人，并且承认对书籍的爱是与对伦勃朗的爱一样神圣的，那么我以为这两者是彼此相辅相成的。我很喜欢法勃里丘斯画的一幅男人肖像，有一天我在哈雷姆博物馆里站着看了好半天。当然，我也喜欢狄更斯的《双城记》里的西德奈·卡顿。我的上帝，莎士比亚的作品是多么美啊！谁会像他那样神秘呢？他的语言与风格，真可以同一个以狂热的激情使人震动的美术家的画笔相比。一个人应该学会读书，正好像一个人应该学会用眼睛欣赏艺术品，学会怎样生活一样。

所以你不应该认为我否定一切事物；虽然我不被人信任，可是我相信别人。虽然情况改变了，可是我仍然与以前一样。我只是担心：我怎样才能成为对社会有用的人？我能不能为某种目的服务，并且做一些好事？我怎样才能够多学习一些东西？你看，这些事始终在我的脑子里盘桓；然而我感到我是被贫困束缚住了，我没有机会参加工作，我得不到我所需要的东西。这是一个不能不使我忧心忡忡的理由。在我本应该得到友谊、强烈的与诚挚的好意的时候，却反而使我感到空虚，我感到一种可怕的灰心丧气地侵蚀着我的精神；命运似乎给好意的天性设下障碍，一股嫌恶的情绪使我透不过气来。人们喊着："天啊，日子真不好过！"

行了，我说什么好呢？我们内心的思想曾经暴露出来了吗？在我们的心里或许有一把旺火，可是谁也没有拿它来让自己暖和一下；从旁边经过的人只看到烟囱里冒出的一缕青烟，不去理会。现在让我看一看你，应该干什么呢？人们必须守护那把内心的火，要稳着点，耐心地等待着，有谁走来，挨近它坐下——大概会停下来吧？心里多么着急。

这个时候，我似乎很倒霉，在很长的时间里就是这样，将来暂时还会是这样；但是当我发现每一件事都好像糟糕透了的时候，或许会出现一个事情变好的时机。我并不依赖这一点，或许它根本不会出现；但是如果万一出现了一个往好的方向发展的变化，那么我就要说：这样的一天终于到来了！你看，毕竟有些收获。

如果你从我的身上能够看出，除了懒惰以外，还有一些什么东西的话，我将会感到高兴。因为有两种极不相同的懒惰。有人是由于游手好闲，由于缺乏性格，由于他的天性卑劣而成为懒汉。你或许以为我是这一种人。可是还有另一种懒汉，并非出于自愿的懒汉，他好像被监禁在牢笼里，被一种期待着行动的伟大愿望从内心来消灭他。被正当地或者不正当地败坏了名誉、贫困、不幸的遭遇、灾难——都会使人变为囚徒。监牢也可以被称为偏见、误解、对这件事或那件事的极度无知、不信任、虚伪的廉耻心。人们始终不能够告诉你，是什么东西把我们监禁起来；把我们监禁起来，就好像是把我们埋葬；虽然这样，人们仍然感到某种障碍，某种铁壁的存在。这样的人往往不能理解他能够干什么，可是他凭着本能感觉到：是的，我是一个有用的人，我的生活毕竟有一个目的，我知道我或许是一个完全与众不同的怪人！我的内心有某种东西，然而这是什么东西呢？

你是否知道，是什么使人们从这种监禁中解放出来？是种种十分真诚的好意，有朋友的爱，也有同伴的爱，它们以最高的权力，以某种魔力打开了监牢的门。在这里同情心得到复苏，生命得到重生。

但是我必须在我现在所选择的道理上继续前进，如果我什么事也不做，如果我不学习，如果我不再继续进行摸索，那么我就会完蛋。真使我伤心啊！这就是我的看法，一定要继续干下去，一定要继续干下去，这是十分必要的。可是你要问：你的明确的目的是什么？这个目的将要变得更加明确，将要缓慢地与实实在在地显露出来，正好像几根粗略的轮廓线变为一张草图，而草图又变为一张完整的图画一样，一点一滴地，经过严肃的劳动，经过反复的思考，一直到它完全肯定为止。

但是让我们来谈谈别的事吧。要是我走到穷途末路，而你反而飞黄腾达，要是我失去人们的同情，你反而赢得人们的同情，那么我一定会十分高兴。我诚心诚意地说这些话，我始终会持这种态度。

如果说我曾经为你做过一些事，对你有点用处的话，你要相信，我是听候你的使唤的。我们之间的距离很远，我们对一些问题的看法或许不一致；即使是这样，我们两个可能互相为对方服务的那一天，总会到来。

我正忙着临摹米勒的大幅素描，已经临摹完了《白天》与《播种的人》。你要是看到它们，一定不会完全不满意的。我已经有二十幅根据米勒的画刻制的版画；你可以想象到，如果你再送给我一些米勒的作品，我将会很高兴地把它们刻成版画，因为我想认真地研究这位艺术大师。我知道《铲土的人》的大幅铜版画是很罕见的，可是我的心里老是记挂着它，请你告诉我，买一幅要多少钱。等我卖掉几幅画着煤矿工人的素描，攒得几个钱以后，我就要买那幅铜版画。

我现在正怀着不小的，或者说是极大的热情来临摹《田间的劳动》。我画了十页速写。我本来还会画得更多一些的，但是我首先要临摹巴格的《炭笔习作》，这是戴尔斯蒂格先生爽快地借给我的。我几乎整整画了两个星期，每天从清早一直画到夜里，日子久了，我好像感觉到临摹使我的铅笔变得富有生气了。

我感到需要研究像米勒、勃列东、勃里翁或者布顿那样的艺术大师所画的人物素描。在勃列东的作品的照片里，有一幅是描绘拾穗的人的——人物的深色轮廓的后面，衬着带红色落照的天空。

我画了一幅煤矿工人，是男人与女人的速写，他们在下雪的早晨，沿着一边有荆棘篱垣的小路，走向罐笼；那条小道的影子在朦胧中隐约可见。在背景中，煤矿的巨大建筑物与成堆的煤渣，模糊地在天空前面显现出来。我将十分高兴地大量地画这个题材的画，比现在的画得还要像。画煤矿工人回家，是一个老题材了，但是这个题材并没有很好地表现出来；要画出背景上是斑驳的落照、略为受光的棕色人物的轮廓，是很困难的。

我按部就班地临摹巴格的《图画课》，我想在我着手干别的事之前，把它画完。这种练习使我的手与我的心一样，逐渐变得灵活与有劲。这种练习大有好处。我有时读一本解剖学的书，与另一本透视学的书，这些书也是戴尔斯蒂格借给我的。这种学习很枯燥，有时候这些书非常惹人生气，但是我还是想好好地进行学习。

在我顺利完成一幅大的乌贼墨画的素描之前，已经两次用水彩临摹提奥多·罗梭的《荒地里的炉灶》，我也很愿意临摹鲁伊斯达尔的《荆棘》；你知道这两幅风景画有同样的风格与情操。我已经用粗略线条勾下这两幅素描，没有很大进展，但是最近情况似乎变好了一些，我衷心希望工作仍然顺利地进行。特别是由于戴尔斯蒂格与你都曾经用好的画来供我参考，所以我认为目前还是应该临摹一些好画，这要比没有临摹的基础而去进行创作好得多。可我仍然不能够不画大幅的速写，画那幅描绘煤矿工人向罐笼走去的素描，只是画中人物的位置要稍为加以变动。我认为在我临摹过另外两套巴格的作品之后，如果能够有机会找到一个有性格的模特的话（这里有的是模特），我就能够把煤矿工人、男人与女人画得比较好一些。

你有没有印着根据米歇尔的画刻制成铜版画的书？我很想再看看那些风景画，因为现在我用与刚开始画画时不同的眼光来看作品。

这样一来，你便会知道，我正在狂热地工作。你不用替我担心了。只要能够继续工作下去，总有办法使我重新振作起来的。在现在这个时候，还不可能产生十分辉煌的效果。但是我相信，到了一定的时候，这些荆棘将会开出白色的花朵；这种奋斗就跟妇女生小孩一样，最初是痛苦，然后是快乐。我想你宁愿看到我做一些好的工作，而不愿看到我什么也不干；通过我的工作，或许可以恢复我们之间的互相关心，使我们能够互相帮助。

  我曾经进行一次徒步旅行。我对自己说，你一定要去看一看库里埃尔，看一看朱理·勃列东的画室。画室的外观是很令人丧气的，这是一幢按照美以美教派的规格新建的砖房，有一种冷淡的、使人激怒的样子。如果我只是看到画室的内部，我一定不可能设想它有这样一副外表。但是我不能够去看一眼，因为我缺乏走进这个画室并且介绍我自己的勇气。我在库里埃尔的其他地方去寻找朱理·勃列东，或者别的美术家的踪迹；我所能够发现的唯一的东西，是在一个摄影师家里的一幅勃列东的画，这是他临摹的挂在一家古老教堂黑暗角落的提香的《基督的埋葬》。这幅画果真是他临摹的吗？我不知道，什么签名我也识别不了。

  那里有一家名叫"美术咖啡馆"的咖啡馆，也是用新砖盖成的，样子同样是冷淡的；咖啡馆里装饰着描绘著名骑士堂吉诃德生平事迹的湿壁画，或者干壁画。在我看来，这些壁画是一种极其可怜的安慰，因为它的质量不怎么高。我不知道这些壁画是谁画的。

  但是我至少看到了库里埃尔周围的乡村风景，干草垛，棕色的土地或者几乎是咖啡色的泥土，到处是白点子，那里露出施肥用的泥灰土来，对我们这些习惯于看到黑泥土的人来说，这一点非同寻常。即使在库里埃尔也有夏姆波内日，或者煤矿的矿山。我看到在清早朦胧中日间的换班，但是看不到像在波里纳日那里的穿男人衣服的妇女，只有带着被煤灰弄黑的、疲乏的、不幸的面容的煤矿工人；他们穿着褴褛的煤矿工人的服装，其中有一个工人戴着一顶士兵的旧便帽。然而，对我来说，这次旅行几乎是个太重的负担，我从那里回来的时候，给疲劳搞垮了，脚痛，心情多少有点沉闷。我并不后悔，因为我已经看到一些有意思的事物，这次旅行使我学会了用不同的却是正确的观点，来看由贫穷造成的严重苦难。

  一路上，我用装在我的旅行手提包里的一些素描，换来一些面包皮。前几天的夜里，我都在户外度过，一次是在一个被废弃的车厢里，第二天早上它被霜染成白色——当然是一个糟糕的休息地方；一次是在一堆柴草上；另一次的情况稍为好一点，是在干草垛上，我在那里顺当地安排了一个相当舒服的铺位，但是一阵牛毛细雨破坏了我的安宁。

  即使在那样深为不幸的情况下，我仍然精神奋发，我对自己说：要不顾一切地重新振作起来；我要拿起我的铅笔（我曾经在灰心丧气的时候丢掉我的铅笔），我要继续画我的素描，到时候一切事物都要为我改变。现在我已经开始行动了，铅笔已经变得比较听话，而且一天比一天强。最长久、最严重的贫困，曾使我极度地意志消沉，使我什么事也干不成。

在这次旅行中我所见到的另一番景象，是纺织工人居住的一些村子。煤矿工人与纺织工人形成了一个与别的职工不同的社会，我对他们寄予很大的同情；如果有一天我能够画他们，我一定会感到极大的高兴，因为这样就可以把不为人所知的，或者很少有人了解的这些人的情形介绍给大家。生活在深渊的最底层的人——就是煤矿工人；另一些带着幻想的神态，有几分茫然的表情，几乎像是得了梦游病的人——就是纺织工人。我与他们一起生活过两年，我已经了解一点他们原来的性格，至少可以说我对煤矿工人是比较了解的。我在这些贫贱的工人身上，愈来愈频繁地发现一些动人的，几乎是凄惨的东西，所以说，最下层的等级是最被人看不起的；人们凭借着一种或许是活灵活现的，却是虚假的与不公平的设想，总是把他们看作一群罪犯与盗贼。

我稍为知道一些梅里恩的铜版画。你要不要看一件怪事？拿一幅他的轮廓正确、技巧熟练的素描，与维奥列-勒-丢克或者别的版画家的一些版画并排放在一起，你就会发现，梅里恩的作品特别够劲；因为别人的铜版画足以把他的作品衬托出来，或者与他的作品形成对比。那么，你接着会看到什么呢？这个梅里恩，即使是在描绘砖头或者花岗石、铁条，或者桥的栏杆的时候，他在他的铜版画里注入了某种人的灵魂，被一种我所不知道的内心的悲伤感动。有人说，梅里恩有一种像狄更斯小说中的西德奈·卡顿那样的爱的能力，他甚至会爱上某些地方的石头。

在米勒的作品中，在朱理·勃列东与约瑟夫·伊兹拉亚斯的作品中，也是这样。人们可以明显地发现，这种珍贵的珠宝——人的灵魂，是以一种崇高、优美的调子表现出来的；要是可以的话，我说他们的作品有救世主的福音的性质。你等着吧，总有一天，你或许会发现我也是一个艺术家，虽然我不能预先知道我能够干出什么名堂来。我希望我能够画出一些包含着人性的图画。但是我首先要临摹巴格的画，并且做一些比较困难的事。路是狭窄的，门是狭窄的，只有少数人才能找到这条路。

到巴黎去，确实是我最大的热切的愿望。由于我赚不到一分钱，我怎么能够去成呢？虽然我努力工作，但是在我能够达到可以考虑那样的事的程度之前，需要有一些时间。确实是这样，为了能够工作，我每个月至少需要一百法郎，这是必需的；人们能够以比这个数目少的钱来维持生活，但那是很困难的，甚至是办不到的。

住在这里，花钱比较省一些。但是可以肯定，我不能够长时间在我现在所住的小房间里待下去。这是一个很小的房间，可是里面却摆着两张床，一张是小孩子的，一张是我的。而我现在却在临摹巴格的大画，我无法告诉你，这种环境使我感到多么不方便。我不需要去打乱人家的家务安排，他们已经告诉过我，我绝对不可能在这幢房子里再要一个房间，因为女房东要留下那个房间给自己洗澡。

如果我有机会与某一位优秀的真正的艺术家交上朋友，对我会有很大的好处。但是我生怕到巴黎只是我库里埃尔之行的更大规模的重复，我原来想在那里寻找一个真正艺术家的活榜样，但是我什么也没有找到。对我来说，最要紧的是学好画画，熟练地使用铅笔、色粉笔或者油画笔；做到这一点之后，我就能够在任何地方画出好画，波里纳日与古城威尼斯及阿拉伯或者皮卡第一样美丽。

虽然困难重重，而每天又出现新的困难，但我还是重新开始画素描。我不能不告诉你，我是多么高兴。我老早就想画画，但是我经常考虑到这件事是不可能的，是我力所不及的。现在，虽然仍然感到身体衰弱及在许多事情上依靠别人的痛苦，但是我已经恢复了精神上的平衡，我的精力一天天增强。

如果你在现在或者以后有办法，能够找到机会的话，一定不要忘掉我。在这个时候，我要安心地留在煤矿工人的小屋里，我将在这里尽可能好地工作。

"好的绘画，是一场严重的、艰苦的斗争。"

1880 年 10 月于布鲁塞尔

你看到的这封信，是我在布鲁塞尔写的。我以为暂时改变一下我的住所是比较好的，其中的原因有好几个。首先，这是迫切需要，因为我所住的小房间实在太狭小了，光线太差了，在那里画画太不方便。我的好兄弟，要是我在库斯米斯待上个把月的话，我一定会害上穷病。你不要以为我在这里过的是阔日子，我的主要食品是不涂油的面包与一些土豆或者栗子，可是有一个比较好的房间，只要有钱，还可以随时在一家饭馆里吃上一顿比较好的饭。这些条件将使我重新振作起来。在差不多两年的时间里，我在比利时的"黑色国家"里受苦。近来我的身体不怎么好。但是只要有一天，我能够在学习画好我所要表现的东西这件事上取得成就，我就会忘掉这一切，而只记住好的一面；如果人们仔细观察的话，好的一面也还是有的。但是我仍然需要试着去恢复一下力气，因为我需要有饱满的精神。

爸爸写信告诉我，我暂时可以指望每个月从他那里经过别人的手转来六十法郎。这里的费用要比那里大一些，这是没有办法的。绘画的材料，学习临摹，比如解剖图，所有这些都要花钱；但是所有这些都是必需的，只有这样干下去，我才能获得一个美好的前途，不然的话，我永远不会成功。

不要责备我浪费金钱。实际上，如果不是这样，反而是我的错误；我花得愈多，我的成功便来得愈快，进步愈大。

生活上的费用，不论在什么地方，一个月至少要一百法郎；要是少于这个数目，就意味着不是生活物资的缺乏，就是必需的材料与工具的缺乏。经济问题不是使人们在社会上飞黄腾达，就是使人们穷愁潦倒。"贫困阻碍生长"，这是巴立塞的古老的谚语，这句话包含着一些道理，如果理解它的真实意义与它的奥妙，就会认为它是完全正确的。但是当我仔细思考这个问题的时候，我必须问：在我们这样的家庭里，这是不是正确的？我们家里有两个十分富裕的凡·高，两个人都干艺术工作：柯尔叔叔与我们的普林森海其的叔叔。年轻的一辈，你与我，在普林森海其选择了小范围不一样、大范围一样的工作。我问：这是不是很好？如果情况果真是这样，就不是用某种方法来计算每个月一百法郎的问题了，因为在我谋得一个像描图师那样的正式工作之前，时间的浪费是迫不得已的。三年前，我与西爱姆叔叔为一个别的问题吵起嘴来，可是这难道是西爱姆叔叔始终把我当作敌人的理由吗？我始终认为他从来不是我的敌人，我认为这是一个误会，我把这件事的过错完全归在自己身上，我不愿意辩论我要在这件事上实际负多少责任，因为我没有时间为这种事情去操心。

我非常清楚地理解到，不管一个人多么节省，或者多么寒酸，住在布鲁塞尔就一定要多费些钱。没有任何教育，我是不能成功的。我认为只要我努力工作，我这样做了，文森特叔叔或者柯尔叔叔可能会有所表示的，如果不帮助我的话，至少也会帮助爸爸。

这里有几位刚开始学画的青年人，他们也都一样不富裕。但是在这种环境中人们总不会是孤独的，应当与处在同样地位的其他人发生联系，只有这样才会使他有力量。我愿意与一个艺术家交朋友，这样我就能够在一家好画室里继续我的学习，因为我感到，有好的作品欣赏，并且看一个艺术家进行创作，是绝对必要的。那时候我便更能感到我缺乏什么，同时我可以学习怎样画得更好。

人们甚至可以从比较差的艺术家那里间接地学到很多东西；例如毛威从维尔修尔那里学到关于一张桌子与一个车厢的透视，一匹马的解剖，然而毛威在艺术上的成就超过维尔修尔多远啊！

自从我有机会饱览优秀的油画或者素描以来，已经有很长的一段时间了，在布鲁塞尔看到的一些好作品已经激起了我新的灵感，使我的手发痒。

我发现，能否从荷兰艺术家那里得到任何关于透视上的难点的明白指示，是十分令人怀疑的，而我现在正在攻透视关。与许多不会介绍自己的创作方法、给别人以必要的指导与教授的其他人比较起来，有些人，例如海耶达尔就要好一些（看来他似乎是一个面面俱到的人）。你提到海耶达尔的时候，把他看作一个为绘画摸索比例（这正是我所需要的东西）而煞费苦心的人。优秀的画家总是精通绘画的比例，或者美的线条，或者构图的特点，思想与诗意。

一个画家必须懂得比例、明暗、透视的规律，以便使自己画好东西；缺乏这些知识，便会白费力气，永远干不出什么名堂来。今年冬天，我想积累一些解剖学的资料；我不想把时间拖得太长，而结果却收效甚微，因为这件工作太费时间了。

我已经去看过罗埃洛夫先生，他对我说，他现在对我的意见是，要把主要的力量用来写生，这就是画石膏像或者模特，但是不可没有一个行家来进行指导。他与其他人都诚恳地劝我到美术学院去学习，我感到应该去申请一下，虽然我并不以为这件事一定会办成。在布鲁塞尔，教画是免费的，人们可以在一间温度合适、光线充足的房间里画画；这是一件好事，特别在冬天，就更需要这些条件。

我相信，你愈长久地仔细考虑这个问题，你就愈会发现我对于富于艺术气氛的环境的迫切需要，因为如果没有一个人来教我怎样画画，我怎么能够学会画画呢？一个人如果光有良好的愿望，而不同有成就的艺术家接触，是不可能成功的。如果没有某种发展的机会，光凭良好的愿望是不够的。你叫我不要跟平凡的艺术家去学画，关于这件事，我应该怎样说好呢？我将做我所能做的事，但是就平凡这个词的一般意义上来说，我并不对它表示轻视。一个人确实不能够由于看不起平凡的作品而超过那个水准。照我看来，一个人首先应该尊重平凡的作品，并且承认它总会有一些成就的；这种成就只有克服巨大的困难才会取得。

我又用钢笔临摹了一张米勒的《伐木者》。我认为如果以后要学铜版画，钢笔画是一种很好的预习。钢笔画对于铅笔画的技巧的提高也很有作用，但是人们不能够一下子在这方面取得成就。就目前来说，我的目标必须是尽可能快地学会画出一些可以拿出来给人看的和可以卖掉的素描，这样才会使我能够直接通过我的作品赚得一些钱。一旦我掌握了铅笔画或者水彩画及铜版画的技巧，我就可以回到煤矿工人与纺织工人所在的乡村里，通过直接写生来进行创作，这样就比我现在闭门造车的情形要好一些；可是，我首先必须更好地学习技术。

我近来忙于画一些素描，这使我要干许多工作，但是我仍然乐于去完成这些画；我用钢笔与水墨在五张安格尔牌的图画纸上画一个相当大的头骨。我想画这些画的念头，是由一本约翰编的《艺用解剖图》引起的。在这本书里，有好些在我看来是很好的，并且使我搞清楚手与脚的结构的图画。我现在正在做的工作，是画完肌肉的素描（躯干与腿部的肌肉），肌肉以及其他东西形成了整个人的身体。然后继续画人体的背部及旁侧，这样你便知道，我是有目的地循序渐进的。

我已经画成一打以上铅笔、钢笔与水墨的素描，或者不如说是速写，在我自己看来，这些画画得比较好。这些画有点像兰逊根据某些英国木刻画成的素描，只是更加笨拙和粗野。这些画描绘一个搬运工人、一个煤矿工人、一个铲雪的人、一个在雪中步行的人、一个老太太、一个富有特征的老爷爷。我完全明白这些画画得不好，但是它们已经开始露出一些苗头。

我几乎每天都有模特，一个年老的搬运工人，或者工厂里的一个工人，或者一个小孩来给我摆姿势。下星期天可能有两个士兵来给我当模特。我不久就要收集几件工人的服装，给模特穿着让我画素描。例如一件勃拉邦的蓝色的田间工作服，一套煤矿工人穿的灰色麻布工作服，以及他们的皮帽，然后是一顶草帽与一双木头鞋，一件渔民出海时穿的黄色雨衣与一顶暴风雨时戴的雨帽。一套黑色的或者棕色的厚棉布服装，一定也是十分入画和富有特点的；然后，是一件法兰绒的衬衫或者内衣。还要有一些妇女的服装，例如德坎姆本地方的妇女服装，安特卫普附近的带有勃拉邦女帽的妇女服装，勃拉肯堡的或者什温宁根的、卡特怀克的妇女服装。这是达到成功的唯一正确的道路：按照穿着所需服装的模特来画素描。

只有在经过这样一番对素描的刻苦钻研，经常试着真实地画下我所见到的东西之后，我才会取得成就，而后，尽管不可避免地要花费许多钱，但是终于可以靠画画谋生。如果我能够在这里找到一件永久性的工作，这当然是天大的好事了；但是我不敢相信这是可能的，因为我还有许多东西需要学习，并且主要的事是我要在画画方面取得进展。我的素描画得扎实，其他一切事情迟早总归会顺心。雇模特是费钱的，至少可以说是比较费钱的，如果我有足够的钱来经常雇模特的话，我一定能够画得更好。这样看来，一间画室是必不可少的。

我又画了一幅风景素描，画的是一片荒地，这是一幅搁了很久没有画完的作品。我非常喜欢风景画，但是在绝大多数情况下，我是从生活出发而喜欢风景画的，有时候是由于画家们卓越的写实功夫。卡瓦尔尼、亨利·莫尼埃、杜米埃、亨利·派尔、德·格鲁都画过出色的风景画。我一点也没有把自己跟这些艺术家做比较的意思，我仍然要继续画那些表现劳动人民的素描，我希望自己能够达到可以为报纸及书籍画插图的水平。尤其是当我有了更多的模特的时候（包括女模特），我就会有更大的进展。我感觉到这一点，我了解这一点。我大概也将要学习画肖像。

柯尔叔叔经常帮助别的画画的人，如果有朝一日，当我需要的时候，他也会对我表示他的好意，这不是很自然的道理吗？我说这句话的意思，并不是指从他那里得到一些经济上的援助。他能够用不是给钱的另外的方法来帮助我，例如，给我介绍一个朋友，我可以从那个人那里学到许多东西；或者帮我在某个杂志社里找一份永久性的工作。

我曾经跟爸爸商量过这个问题；我注意到有人在背地里说，在如此这般的一个家庭里，我竟会穷得那样，实在是难以使人相信的咄咄怪事。我回答他们，我认为这只是暂时的现象，有些时候情况就会变好。我始终认为，我与爸爸及你商量这件事是合适的。我曾经给戴尔斯蒂格先生写过一封信谈这个问题，但是他似乎误解了我的意思，可能以为我是想依靠叔叔恩赐金钱来维持生活（这大概是他的意见）；他写给我一封非常令人泄气的信，他说，我没有权利享受那样的条件。

41

像罗埃洛夫那样的人，不懂得对于处在这样一种受委屈的地位该作如何设想；不管是我的过失，还是别人的过失，他总以为我什么地方做得不合适。所以他对我抠得厉害，正当我十分需要劝导与帮助的时候，他对我不加理睬。

这样的遭遇使人很不愉快，问题在于我是否能够以坚忍不拔的精神工作下去而取得成就。

我以为，我能够办到。

对我来说，最好的办法是在埃顿度过这个夏天，我能够在那里找到足够的绘画题材。我愿意在服装与别的什么方面让步，以迎合他们。或者有一天会在那里碰到西爱姆叔叔。他们总是在家里或者在外边，用各种不同的观点来批评我，或者提起我，你将会听到对我的各种各样的意见。关于这件事，我不责备任何人，因为只有比较少数的人懂得，为什么一个艺术家要这样或者那样行动。但是一般来说，谁要是去发现美丽的地点与人物，琢磨别人不愿一顾的地方、角落与洞窟，谁就会被人加上许多他自己从来没有想到过的、莫须有的罪名。

一个农民看我画一根老树干，看我在那里坐上一个小时，他以为我发疯了，当然要嗤笑我。对穿着破烂肮脏服装的工人嗤之以鼻的年轻太太，当然不能懂得，为什么有人要访问波里纳日，并且下到煤矿的矿坑里去；她一定也会得出这样的结论，认为我是一个疯子。

当然，我并不介意他们的想法，只要你与戴尔斯蒂格先生、西爱姆叔叔与爸爸，以及与我有联系的其他人能够了解我，不责备我，而是说：你的工作要求这样做，我们了解为什么事情会是这样的。

这些日子，我在临摹雷巴德的画。雷巴德曾经画过一些优秀的写生习作，少数是他在美术学院里按照模特画的，这些习作画得很好。稍多的火气与热情对他没有坏处，稍多的自信与更多的勇气是必要的。他的钢笔加水墨的风景素描非常深刻与动人，在这些作品中也有一些热情与喜悦。

你长时期地给我钱，出乎我的意料，这样就帮助我有效地在绘画方面取得成就。请你接受我的衷心的谢意。我坚决地相信，你对这件事是不会感到后悔的；我在这方面学习一种手艺，虽然它肯定不能使我致富，但是无论如何我要赚来每月一百法郎。

好的绘画，是一场严重的、艰苦的斗争。

"我的感情就像锅炉中的蒸汽,如果不能宣泄出去,就要爆炸了。"

1881年4月于埃顿

我到达这里已经有几天了,这里的室外风景十分美丽。我预计能够暂时在这里安静地进行工作。我希望能够尽我所能地多画一些写生习作,因为习作是日后创作的素材。

天晴的时候,我每天到野外去,通常是到荒地上去。我画的是大幅的习作,所以我在荒地上盖了一个茅屋。在通向罗森达尔的路上有一间盖着草屋顶的仓库,这里的人称它为基督教新教的仓库。在右边的草地上有一家磨坊,墓地里种着榆树。一些伐木工人在一片开阔的土地上忙碌地工作着,那里有一棵大松树已经被砍倒。此外,我还试着去画农具,例如运货马车、耕犁、钉耙、独轮手推车。画着伐木工人的习作的效果很好,我相信你一定会喜欢这幅画的。

我买了一册卡萨奈的《论水彩画》,我现在正在研究这本书;即使我不画一幅水彩画,我大概也能够在这本书中找到许多有用的东西,例如,关于暗红墨水画与水墨画的知识。因为一直到现在为止,我只画用钢笔勾勒的铅笔画,有时候则用芦苇秆做的蘸水笔来勾,它可以画出较粗的笔道来。最近我所画的东西,需要我采取这种画法,因为可以入画的对象使我多画画,而且要采用透视法的画,例如,画这儿乡村里的一些工场,一家打铁铺,一家木匠铺与一家做木靴的铺子。

雷巴德告诉我,他将要买卡萨奈所编的一切书。他对透视伤透脑筋,我对这个毛病也没有药方;如果我能够完全治好这个毛病,至少我要感谢这些书。我把这些书里所包含的理论应用到实践中去。

还有另一件需要办的事。我的意思是指白色的安格尔牌的纸。但不是绝对的白色,宁肯要没有经过漂白的麻布颜色的,也不要太深的颜色。我从布鲁塞尔带来一些这种纸,在这种纸上画画真舒服,它很适宜于画钢笔画,尤其是用芦苇秆做的蘸水笔来画。

维列米安现在已经离开这里了,我感到很遗憾,她是一个很好的模特。我画了一张有她与另外一个住在这里的女孩子的素描。我在这幅素描中画上一架缝纫机。如今没有纺车了，对画家来说，这实在是一件十分令人遗憾的事，可是别的东西代替了它的位置，它们也一样可以入画。

我相信，我发现的这里的一个园艺工人皮埃特·考夫曼是一个很好的模特，但是我以为最好是让他手里拿着铲子或者犁，或者类似这样的东西；不要在我的房间里画，而要在院子里，或者在他自己的家里，或者在田野里。可是叫一个人懂得怎样来摆姿势，是一件多么艰难的工作啊！他们在这一方面表现得非常固执，要他们让步很困难；他们只肯穿没有皱褶的星期天穿的服装，既看不出膝，也看不出肘，既看不出肩胛，也看不出身体的任何一部分所形成的具有特点的凹凸。

我在利斯波希画了另一幅素描，现在那里已经很热了，白天坐在荒地上实在受不了，所以我只好在家里画画。我想起有一次你对我说过的话，我已经试着按照照片画了几张肖像，我认为这是一种很好的练习。

你再一次来到我这里，并且在一起长谈每一件事，很使我高兴。当然，我现在感到很好。你离开之后的第二天，我病在床上，我与凡根大夫谈了很久，他是一个聪明而有实际经验的人；并不是由于我认为这种无关紧要的小毛病值得请大夫，而是由于不管有没有病，我都喜欢经常找一个大夫聊聊，为的是想确认我的身心正常。谁要是随时听到一种有关健康的声音与实话，谁在不久之后就会获得关于健康的明确的概念。

另外我又用那种安格尔牌的图画纸画了炭笔练习。直接写生比临摹巴格的画帖更加使人兴奋，但是我仍然要让自己反复临摹巴格的画帖，现在正在进行最后的临摹。要是在写生的素描中，我画下了过多的细节而忽略了大体，这是不对的。我以为在我近来所画的素描中，这个毛病十分严重。因此我要一再学习巴格的画法（他只勾出主要的线条、形体，与简单的、轻淡的大体轮廓）。我将在秋天临完这些画，那是一个最适于画画的时节。

我希望所有的人都有我逐渐开始得到的东西：在短时间内没有困难地阅读一本书，并能够保持一种强烈的印象的能力。读书正好像看画一样，人们必须毫不怀疑与犹豫，心中有数地推崇美的东西。

我刚从海牙回来。我在星期二离开这里；现在是星期五的晚上。在海牙的时候，我去看戴尔斯蒂格先生、毛威与德·布克。戴尔斯蒂格先生对我很好，他认为我画画有进展。

我与毛威一起度过了一个下午与一部分晚上的时间，我在他的画室里看了许多好画。我画的素描似乎很使毛威发生兴趣。他对我做了很多指导，我很愉快地接受他的指导。我已经安排好在一个比较短的时间内再去看他，那时候我就会有一些新的写生习作。他给我看了他所画的一大批写生习作，并且向我解释这些画——它们不是为素描或者油画而作的草图，而是真正的写生画，这似乎并不重要。他认为我现在可以开始画油画了。

碰到德·布克很使我高兴。我在他的画室里看到他，他正在画一幅有海岸的沙丘的大画，画里有许多沙丘，这些沙丘画得很好。但是他应该学习画人物，我认为到那时他一定会画出更好的作品来的。我以为他有着一个真正艺术家的气质，我们还没有听到关于他的盖棺论定。他非常喜欢米勒与柯罗的作品，但这两个人不是刻苦地画人物吗？柯罗所画的人物不如他画的风景知名，可是不能说他没有画人物画。此外，柯罗在描绘与塑造每一根树干的时候，是那样地专心一志，那样地爱，好像把树干当作主人。柯罗所画的树与德·布克所画的树完全不是一回事。我所见到的德·布克所画的最好的作品之一，是柯罗的翻版。

最近我听到一些消息：有人说，我的素描有了改进（在技术上，以及在效果上）。毛威谈到我的一些作品的时候，也跟我说，我应该再去画活的模特。对炭笔练习的仔细研究，对那些画帖的反复临摹，使我对于画人物有了更好的知识。我已经学会测量与观察，以及抓主要的线条。感谢上帝！在我过去看来是不可能的事，现在已经逐渐变为可能的了。

我根据不同的姿势画一个拿锹的男人，已经画了五次以上（《铲土的人》）。两次画一个播种者，两次画一个拿扫帚的姑娘。后来画了一个戴白帽的妇女，她正在剥土豆的皮，一个牧羊人拄着牧杖，最后是一个坐在挨近炉子的椅子上的生病的老农，他的头埋在他的手里，他的肘搁在膝上。我当然不会停留在画这些题材上面；当一小部分羊过了桥的时候，整群羊就跟着都过去了。挖土的人、播种的人、犁地的人，男人与女人，我必须继续不断地画这些。我观察与描绘属于乡村生活中的每一件事物；正好像许多其他画家过去做过以及现在正在做的那样。

我不再像过去那样，在大自然面前束手无策。大自然在开始的时候总是要与艺术家进行抗拒的，但是谁要是认真地对待这个问题，不让自己被这种抗拒引入迷途，它就会成为争取胜利而进行的战斗的刺激。其实一个真正的艺术家与大自然是一致的。但是大自然确实是"不可捉摸的"，人们必须用坚强有力的手去抓住它。我的意思并不是说，我自己已经做到了这一点；没有人在这个问题上想得比我少些，但无论如何我在顺利地前进。

我愈来愈感觉到，画人物画是一件好事，它间接地对风景画的描绘产生良好的影响。如果谁在画一棵柳树的时候，把它看作一种有生命的东西，如果他把自己的全部注意集中在同一棵树上，一直到赋予它以某种生命的时候为止，不放松注意，那么他会真正画得富有生气，然后周围的事物也都跟着显得有生气了。我曾经对德·布克说过，如果他与我用整整一年的时间致力于画人物，那么到最后我们就会与现在的情况完全不一样；如果我们不努力，什么新的东西也不学习地混下去，那么我们甚至连止步不前都不可能，而是会退步。要是我们不画人物，或者不是当作画人物一样地来画树，我们就是没有脊椎骨的人，或者一个脆弱的人。他同意我的看法。

我当然要付钱给为我摆姿势的人。这个数目不大，但由于这是一笔每天都要付出的钱，因此只要我卖出图画的成功来得愈晚，这一项费用的支出也就愈大。一个人完全画失败了的情况比较少见，我以为模特的费用很快就可以得到报偿。在目前这个时候，谁要想学会把人物很好地画在纸上，谁就要付出一些代价。

布斯布姆在一次偶然的情况下看到了我所画的习作，他对我的习作提了一些意见。我只想得到更多的听取这种意见的机会。布斯布姆是一个具有一种把自己的知识分给别人，并且使别人明白地理解的才能的人。

我从海牙带来一些炭笔（好像铅笔一样），所以我现在经常用它来画画。我也开始用毛制的画笔与擦笔，用一点暗红墨水及印第安墨水，有时用一点颜色来润饰我的素描。事实上我近来所画的素描与我过去所画的很少有相似之处。

行了，正像毛威所说的那样，"机器正开足马力"。

这样我便到了海牙，大概这就是与毛威及其他人建立更加密切的关系的一个开端。

我的心里想着一些事。

今年夏天，我深深地爱上了我们的表姐，但是当我把这件事告诉她的时候，她回答我说，她在过去与未来都是一个独身的人，所以她永远不能够接受我的爱情。

怎么办呢，我的心里非常捉摸不定。我应该接受她的"不，永远永远不"，还是应该抱着一点希望而不把她放弃呢？我选择了后一条道路——我并不对这个决定表示后悔。当然，从那时以来，我曾经遇到许多"人生的小苦恼"；即使是爱情的小苦恼，也有一定的分量。人们有时候会悲观失望，有的时候，人们感到自己好像是在地狱里，但是爱情也会带来别的好事。

我的处境已经十分明白；我相信我与那些年长的人之间将会发生很大的纠纷，他们认为问题已经解决和结束，并且想要强迫我放弃我的打算。我相信他们现在要绞尽脑汁地对付我，用美好的诺言来拖延我的时间，一直等到十二月叔叔与婶婶举行银婚纪念仪式的时候为止。然后，他们便想办法把我打发掉。

表姐自己认为，她永远不愿意改变她已打定的主意；长辈们打算说服我，说她不出嫁的主意是不会改变的，他们都害怕这种改变。不是在表姐改变了她的主意的时候，而是在我变成一个每年至少赚一千法郎的人的时候，他们才会在这件事上改变态度。请原谅我画东西时的粗糙的线条。你或许听人说起我想竭力争取地位，以及类似的话，但是他们不知道，我的这种努力只是为了荒谬的恋爱，那种追逐地位的想法是绝对与我不能相容的。我希望能够与表姐见面，一起谈谈，互通书信，使我们彼此更加了解，并且通过这些方法，更深一层地认识我们两个人是否能够凑在一起，我相信这并不是一种不正当的与不合理的要求。

只有一个人，他友好地、秘密地告诉我，要是我努力工作，并且取得成就，机会确实是有的；这个人，我是一点也不能对他怀着希望的，他就是文森特叔叔。他但愿我接受表姐的"不，永远永远不"，把它当作儿戏，而不要过于认真地对待这个问题。现在，我愿意这样继续干下去，在这个时候，我要努力工作；自从我遇到她以来，我的工作有了很大的进展。

我不想失掉任何一个可以促进我与她之间的关系的机会，这就是我的意图。

始终爱着她

一直到她最后爱上我。

有许多人反对这个观点，这是非常可悲的，但是我不想在这上面表示出愁眉苦脸，丧失掉我的勇气。大可不必如此。

如果有一点在你的脑子里造成或多或少的奇怪的印象，我不会感到惊奇。但是我希望这个印象至少有助于了解整个情况中的一部分。我用炭条的长而直的线条，试着来表示比例与物体的面：当必需的辅助线找到以后，便用一条手绢或者一根羽毛掸去木炭，开始画更加正确的轮廓线。

首先我必须问你，这件事是否使你感到惊讶。至少这是一种真诚的与热情的爱，它的程度已经达到不会被许多"不，永远永远不"弄得灰心丧气。我以为绝不会使你感到惊讶的，这似乎是十分自然的与合理的。因为爱是一种积极的东西，它如此强烈，如此纯真，以至于要使一个人收回他的那种感情，正好像要他杀死自己一样是不可能的。

我确实不认为我是一个有那种倾向的人。对我来说,生活已经变得十分珍贵,我恋爱了,我很高兴。我的生活与爱情是一回事。我以为那"不,永远永远不"好像是一块冰,我把它按到我的心上,让它化掉。谁会赢得胜利呢?是寒冷的冰块,还是我的温暖的心?这是一个微妙的问题,我不希望别人"怀着最好的心愿与为了我的幸福"来谈这个问题,如果他们除了说"冰不会融化""愚蠢"以外,再也说不出更好的话。物理学教授给他们的冰不会化掉的理论,我无法理解。

表姐曾经爱过别的人,她对可能有新的恋爱的想法表现出谨慎的犹豫。我知道她经常回想过去,并且专心致志地把自己埋葬在过去的记忆里。然而我这样考虑:虽然我尊重这种感情,虽然她那严重的忧郁使我感动,但是我以为这里面有宿命论在作怪。所以不能让它摧毁我的心。我要想法子创造"某种新的东西",不是让它来代替旧的东西,而是让它自己获得存在的权利。

然后我就开始——最初是以粗野的,但仍然是坚决的口气说话,最后用这句话来结束:"表姐,我爱你好像爱我自己一样。"——然后她说:"不,永远永远不。"

当这件事在今年夏天发生的时候,最初对我的打击,可怕得好像是判处死刑,它一下子把我的心碎成齑粉。然后在这无法形容的精神的痛苦中,好像黑夜中的一线亮光一样,我的脑子里产生了一种思想:谁要是自愿退却的话,就让他这样办吧,但是谁要是有信心,就让他怀着信心吧!我打起精神来,不是退却,而是满怀信心。我已经坚决地决定不离开她,即使这件事可能在最初的时候使她不愉快,除了"一心一意只爱她"这个思想以外,我没有别的思想。这时候,我感觉到一种坚定的意志控制了我,对我来说一切事物都变为新鲜的,我的精力变得很旺盛。

凡是不知道说"一心一意只爱她"的人,他会懂得什么是爱情吗?当他们把这些话告诉我的时候,我就以我的心,以我的整个灵魂,以我的全副精神去感受"一心一意只爱她"。可能有些人会说:"当你说'一心一意只爱她'的时候,表明你是软弱的,对世界是无知的。另外去找一个对象,摆脱这个尴尬的处境吧。"去你的吧!我的这种软弱就是我的力量。我要从属于"这个世界上唯一的她";只要有可能,我不需要离她而独立。

所以我在整个过程中保持着镇静与自信,它影响着我的工作,在这个时期,工作对我比过去更加富有吸引力,这是由于我感觉到我将要成功。我并不以为事业的成功会使自己变为一个特殊的人,我始终是一个"普通的人",我只需利用普通的方法,就可以使我的作品被认为是正当而合理的,获得存在的权利,并达到某种目的。我以为没有别的东西,会像真正的爱情那样引起对生活的实在的感觉。凡是真正体会到生活的实在感觉的人，是不是都是走错了路的人呢？我以为不是。但对于这种特殊的感受，这种特殊的爱情的发现，我将拿什么来与它相比较呢？当你发现一个人……而且……如果你发现的正是你自己，不是面临着"是的，我同意"，而是"不，永远永远不"的时候，你大吃一惊，这是多么可怕的事。

你是不是考虑到对家里的影响，而暗示我，要我必须随时准备着，听到她已经接受一个富裕的求婚者的消息；如果我对她的关系超越"兄弟姐妹"关系的话，她会对我表示实实在在的讨厌。如果这个时候（！！！）我让一个好机会错过去的话（！！！）……这将会成为一件多么令人遗憾的事！

就在这个夏天，你曾对我说，你认为最好不要提起生活中的困难，而把这些事闷在自己的肚子里。这句话在我心里留下了深刻的印象，虽然我对这件事的确丝毫不表同情，并且心里十分明白，我对同情的需要，往往招致我去向那些不是使我变得坚强，而是使我变得软弱的人伸手。爸爸与妈妈的心地很好，但是对我内心的感情不太理解。他们全心全意地爱我，我也像你一样真心热爱他们，可惜他们不能够在许多情况下对我提出切实可行的意见。这不是我们的过失，也不是他们的过失，这是在年龄上的差别，观点上的分歧与处境……的不一样。我们的家过去是，现在仍然是我们的归宿；不管发生什么事，我们都要尊重它，并且从我们这方面来尊重这个家。我非常同意这一点，你或许并不希望我这样直率地宣告。无论如何，我们应该有一个比父母所在的家更好、更必需、更不可缺少的归宿，父母的家无论怎样好，无论怎样必需，无论怎样不可缺少，毕竟不是我们自己的家。

整天与银钱打交道的人，我现在对你讲的是一个爱情故事！你是不是认为它十分乏味、令人感伤？

自从我真正开始恋爱以来，我的素描画得更加写实，在我现在坐着给你写信的小房间里，围绕在我的周围的，是一大堆画着海克地方的男人、女人与儿童的素描。我现在开始感觉到，"我已经掌握了线描画家的技术"，我拥有这样一种技术（虽然它或许依然显得粗笨），使我很高兴。

如果你能够说服爸爸与妈妈，要他们少一些厌世的悲观主义，多一些勇气与做好事的行为，我将会非常高兴。我对爸爸与妈妈有些抱怨，但是，除了由于他们不能了解这件事的一点点消息，只能说我在这个夏天所干的事是"不合时宜的与不漂亮的"（一直到现在为止，我坚决地请求他们不要再用这种口气说话）外，他们对我很好，并且比以前更加和蔼，而我只要求他们能够更多地了解我的思想，以及我对许多事物的意见。他们有一套打退堂鼓的主张，可是我不能够听任他们来摆布。今年夏天要是妈妈对我说一句话，给我一个机会，就能使我对她说许多不能在大庭广众面前说的事。但是妈妈非常坚决地拒绝说那句话；她断送了我的每一个机会。

她对我表现出一种充满怜悯的面孔，并且对我讲了许多安慰的话，我相信她已经为我进行过一次动人的祈祷，我应该有勇气退让。但是一直到现在为止，那次祈祷并没有给听进去，相反地，我已经集中了行动的力量。

试着干与某些劝告恰好相反的事，往往是非常有意思的，并且使人感到满足。所以在许多情况下，征求别人的意见是很有好处的。无论如何，有些意见是可以按它本来的意思来利用的，而不要把它翻转或者颠倒。后一种意见是很罕见的，很使人羡慕的，因为它仍然具有一些特别的地方。第一种意见能够成百成千地到处找得到。

当这次恋爱开始的时候，我就感觉到，除非我没有任何限制地、全心全意地去干，否则不会有任何机会，正因如此，所以我的机会不多。但是对我来说，机会是少是多，于我又有什么关系呢？我的意思是，当我恋爱的时候，我一定要注意这个问题吗？不——没有盘算过，恋爱就是为了恋爱。然而我们保持着清醒的头脑，并没有晕头转向，也没有隐藏我们的感情，没有熄灭火与光，而只是简单地说："感谢上帝，我恋爱了。"

凡是过于自信的人，在他打过恋爱的灵魂的战斗之前，我重新说一次，在他在生与死之间，在公海上，在暴风雨中阅历过之前，他不知道诚实的女人的心是怎样的，这种心将由诚实的女人通过十分特殊的方法证明给他看。当我年轻的时候，我有一次半沉醉半清醒地坠入情网；这件事的结果，是许多年的羞耻的感觉。但愿所有这些羞耻的感觉不是徒然无益！我说这些话的时候，好像是一个遭受辛酸的经历与痛苦的教训而失败了的人。

提奥，如果你也纠缠在像我一样的恋爱中（好兄弟，为什么你必须是另一类的？），那么你就会在自己身上发现某种全新的东西。对像你与我这样的人来说，它好像一条规律，总是把人们联系在一起的；你是大规模地，我则是小范围地经营某种事业，然而我们的大多数工作都是凭我们的智力来做的——用手腕，用精打细算。但是现在开始了恋爱，瞧吧，你将会发现还有另外一种力量促使我们行动，这就是心，你一定会大吃一惊的。

我们有时候很喜欢嘲笑这件事，但是这件事的真实性是无法否认的，当人们在恋爱的时候，他说：我不是向我的头脑领受任务，而是向我的心。特别是在爸爸与妈妈的态度既不积极也不消极的情况下——现在的实际情况就是这样，这就是说，他们既不用行动公开地赞同，也不反对这件事。我不知道他们怎能坚持这种态度。这件事就好像既不冷也不暖，而这往往是一种不幸的事。

当我在今年夏天把这件事告诉爸爸的时候，他讲了一件趣事来打断我的话，他说一个人吃得太饱，而另一个则吃得太少；这实在是太不合时宜了。这是一个没头没尾的故事，所以我想：爸爸的错误是什么呢？这或许是由于神经质的关系，他没有预料到这件事，可是它竟在他的面前发生了。人家说，她与我整天整夜地在一起散步与谈心。用这种口气说话的那些人，是很有眼力的人吗？我想不是的。如果我犹豫，怀疑，三心二意，我或许会同意他们的态度。可是现在完全是另一种情况。这次恋爱使我变得坚决果断，我感到自己精力旺盛，这是一种新的、健康的力量，正像每一个真心恋爱着的人所感觉到的那样。我想说的只是，我坚决相信，任何人都不知道深深地潜藏在他内心的特别巨大的力量，只有当他或迟或早地碰到他可以说"一心一意只爱她"的人时，他这种力量才会被唤醒。

当我二十岁的时候，我会感到这是一种什么样的爱呢？这是不容易下判断的；我的肉体上的热情是非常淡漠的，这可能是几年来严重的贫困与辛苦工作的结果。但是我的精神上的热情却是强烈的，我的意思是指不要求报酬，我只给予，不要收入。愚蠢，失常，夸大，骄傲。当一个人恋爱的时候，他不仅必须给予，而且同时也取得，反过来说，他不仅应该取得，而且同时也要给予。《圣经》里写道："像爱你自己般爱你的邻人。"人们能够迷失正路，误入这边或者误入那边，但是两者都是不好的。只想收入不想给予，产生了社会中我们称为流氓、盗贼与放高利贷的那种人；只想给予而什么也不要，就产生了伪善的耶稣会教士与法利赛人，男人与女人，你要知道，他们都是无赖！凡是迷了路而误入这边或者那边的，就是堕落了的，是无可救药了的。所以我是堕落了的，但是这是一个不可思议的奇迹，我竟又重新站立起来。在恢复我的平衡中起最大作用的，是一些讨论生理上与道德上的毛病的书。我对自己的内心与别人的内心有了更深一层的认识。我逐渐地开始重新爱我的朋友，其中包括我自己在内，我的心灵也复活了；在一个时期中，由于各种巨大的不幸，曾经使我的心灵枯萎，凋谢，受伤。当我愈来愈面对现实，并且与普通人混在一起的时候，我就愈感到新的生命在我的身上复活，一直到最后我遇到她的时候为止。

如果谁的野心与贪财心胜于爱的话，按照我的意见，他有些不对头。野心与贪欲是我们心中的孪生兄弟，是爱的敌人。这两种力量从开始的时候就在我们的心中萌芽。后来，它们在生活的过程中有了发展，通常是按照不平衡的比例发展的，在一个人那里发展了爱，在另一个人那里发展了野心与贪欲！我的意见是，当爱发展着的时候，当它得到完满的发展的时候，产生了比与之相反的欲望——野心与交际更好的性格。如果一个人只知道爱而不懂得怎样赚钱的话，他也同样有些不对头。

如果我发现她已经爱上了另一个人，我就要远远地躲开她。如果我发现她爱上一个人，而她不是为了金钱而爱他的话，我便承认我的目光短浅而认输，我就要说：我把一幅勃罗查的画错认作了朱理·高比尔的画，把一幅画着时装人物的版画错认作了布顿、米莱斯或者蒂索画的人物。难道我的目光短浅得竟会像这样吗？我的眼力是经过很好的训练的，是有把握的。

"不，永远永远不"把我过去所不知道的事情教给我，首先，是我的惊人的无知，其次，是女人有她们自己特有的一个世界。并且那里还有一个固有的资产的问题。我应该仔细考虑别人的意见，如果人家说（正好像宪法中所说的那样："每一个人一直到他被证明是有罪的之前，都被认为是清白的。"）一直到相反的理由被证实之前，他们认为一个人要拥有某些固有的资产。他们或者说："这个人生存着——我看见他，他与我说话，他存在着的证明，是他热心于某一件事。在我看来，他的存在是清楚的与明白的，我将像接受一条自然而然的原理那样地接受下来：他的存在是由于他的某些固定的资产，他用各种方法获得这种资产，他为了这而工作。因此我不想怀疑他没有固有的资产。"但是人们并不这样地考虑问题。他们要看到资产，然后才相信人的存在。

我送给你一些素描，是由于我认为你可以从这些画中看到勃拉邦的一些事物。现在请你告诉我，为什么它们卖不出去？我怎样才能够使它们有人买？因为我想赚得一些买火车票的钱，以便去探访那个"不，永远永远不"。

但是你要知道，你不可能把我的这个意图告诉爱斯主教，因为要是我出其不意地来到，他可能来不及对付我，而装作没有看见这件事。当有人与他的女儿恋爱的时候，这样一个爱斯主教就会变为一个完全跟他平日的面目不一样的人。这时他就变成一个大妖怪，提出前所未闻的要求，打听我"在此种情况下"（主教就是这样称呼它的）有多少固有的资产，或者他宁愿不打听我的消息，因为他（艺术方面的一个庸俗不堪的人）认为根本不存在。如果事情就是这样的话，我只能够把一双"画画人的手"照着他的脑门晃几下，不是用手去打他，更不是威胁他。但是我要尽可能好地使用这双"画画人的手"。

但是它并没有改变这样的事实：如果谁爱上他的女儿，谁就不怕到他那里去，而是怕到不了他那里。一切有女儿的父亲都有一件叫作开门钥匙的玩意儿。这是一种好像圣徒彼得与保罗那能够启闭天国大门的钥匙一样的、非常吓人的武器。然而这种工具是不是也同样适合于各自的女儿的心呢？我想不是的，只有上帝与爱情才能启闭一个女人的心。

谁爱生活，谁凭工作过日子，谁工作谁就有饭吃。当她依靠她那双灵巧的手，我依靠我的"画画人的手"努力工作的时候，那么我们与我们的孩子便不愁没有饭吃了。

提奥，我必须再看到她的面孔，一次又一次地与她谈话。我没有去阿姆斯特丹的路费，一旦路费够数，我就要去。爸爸与妈妈已经答应我，如果我只是由于这件事而离开他们的话，他们不反对。弟弟，如果你供给我路费，我将从海克给你画一批素描，以及你所要的无论什么。如果"不，永远永远不"开始转变，他们将不会变得更加坏。

我的感情就像锅炉中的蒸汽，如果不能宣泄出去，就要爆炸了。

正像你所知道的，爸爸与妈妈站在一起，我站在另一边，对"不，永远永远不"应该怎么办，没有一致的意见。在一个短时期内，听到"下流的与不合时宜的"这种颇为难听的话语之后（请你想一想，如果你在恋爱，而他们说你的恋爱是下流的，那将会怎样呢），另一种怪话又出现了。他们现在说，我"破坏了家庭的团结"。我"写信"这件事才是使他们对我不满的真实原因。但是当他们坚持着要用异常冒失的与不瞻前顾后的拙劣言辞——"破坏了家庭的团结"——的时候，在一个短时期内，我没有对他们说一句话，不理他们。

他们当然要对我的行为表示惊奇的，当他们向我问起这件事的时候，我回答道："你们想一想吧，如果我们之间没有感情联系，可能吗？而值得庆幸的，是这种联系的存在，并不是可以那样容易地破坏掉的。可是我请求你们仔细想一想，'破坏了家庭的团结'这种说法是多么不好，以后切切不要再这样说了。"但是结果爸爸大发雷霆，诅咒要把我赶出房子；至少，听起来似乎是这样！当爸爸发起脾气来的时候，他习惯于叫每个人向他屈服，甚至对我也是这样，但是我现在下定决心让他发一次怒，自己跑到别的地方去；由于这是气话，所以我不把它当作一回事。

我在这里有我的模特与我的画室；住在别的地方花费太大，我的工作太困难，模特的费用太贵。但是如果爸爸与妈妈认真地对我说"走"的话，我当然应该走。这是不能令人容忍的事……

昨天我又画了一幅素描，在晨曦中的一个农村小孩，燃着的炉子上悬着一个锅子；还有一个老头子，他把点着的木柴放到炉子上去。我遗憾地对你说，我的素描仍然有点粗糙与简陋，可是我认为我一定会画得好一些的。当我注目四顾的时候，我看到整个墙上盖满了同样的画："勃拉邦人"的习作。这就是我已经着手的工作，如果我突然离开这个环境的话,我就不得不重新开始干别的事,而这里的工作就要半途而废!但愿不要发生这样的事!我从五月开始,就在这里工作;我开始了解与熟悉所要描绘的人们,我的工作有了成绩,可是为了取得现在这样的成绩,给我带来了不少麻烦。

为了那个理由而中止这项已经开始取得成就的工作,是不是太糟糕呢?是不是可笑呢?不行,不行,这是不行的!这是不合适的!

爸爸与妈妈的年岁都大了,他们有偏见与旧式的观念。当爸爸看见我阅读一本米什莱或者维克多·雨果著的法国书的时候,他就想到盗贼与暗杀者,或者想到"猥亵",可是这实在是太可笑了。我时常对爸爸说:"读着试试看,即使你只读过这些书的少数几页,你自己也会被这些书感动的。"但是爸爸顽固地拒绝这样做。我坦白地告诉他,如果我必须在两者之间选择我所要追随的人,我感到米什莱的意见比他的更加有价值。

我决不错过米什莱在这个世界上所写的一切书。《圣经》是永恒的与不朽的,这是实在的。可是米什莱供给我们直接适应于这种匆匆忙忙的与激烈变化的现代生活(你与我都在这种生活中)的非常实际与明白的指导,他帮助我们获得迅速的进步,我们不能没有他。米什莱与哈立特·比却·斯图并不告诉你,福音书不再具有任何价值了,但是他们教导我们,怎样才能把福音书应用到我们的时代、我们的这种生活中去。米什莱甚至把福音书中只用耳语告诉我们的原理,完美地大声说给我们听。

爸爸最近告诉我说:"我的良心永远不允许我施加影响使两个人结婚。"那么,就我自己来说,我的良心告诉我的恰好正是相反的话。幸亏米什莱永远没有这种良心的责备,不然的话,他的书就会永远写不出来了。为了表示我对米什莱的感激,我希望,当我以后比现在更多地与艺术家们(他们往往不直截了当)来往的时候,我将要尽我所能地使他们明白,他们必须结婚。我补充说一下,为了画商的利益——他们害怕"有家的"比没有家的花费更多的钱,实际上一个有妻子的艺术家花费的钱少,而所创作的作品要比一个有情妇而没有结婚的艺术家多。一个妻子要比一个情妇所花费的钱多吗?诸位画商,你去给情妇付钱去吧,无论如何,那些女人会在你背后嘲笑你。

后来他们介绍了一个受到法国思想影响的大叔的故事,他喜欢喝酒,他们暗示我将会与他有同样的下场。

男人与女人或许都挖空心思,想站在现代文明的前头,例如米什莱与哈立特·比却·斯图、卡利尔与乔治·埃立奥,以及许多其他人,他们大声对你说:

"喂，老兄，不论你是谁，不论是谁把一颗心装到你的胸膛里，你应当去发现实际的、永恒的、真实的东西，限制你自己干一种职业，并且只爱一个女人，使你有一个现代的职业，使你的妻子有一个自由的、现代的灵魂，把她从可怕的偏见中解放出来。"我们都是成年人，并且排到了我们这一代的行列里；我们不属于爸爸、妈妈与斯特莱克叔叔那一代。我们一定要更加忠于现代的东西，而不是旧的一套；留恋旧的一套是最糟糕的。如果老一辈的人不懂得这个道理，就不让他们使我们倒霉，我们一定要反对他们的意志，继续走我们的道路；将来我们会自愿地说："对的，毕竟你们还是对的。"

爸爸与妈妈在这方面对我很好，他们想尽办法使我满足。我当然对这一点十分感激，可是不能够否认，对一个人来说，光是有吃、喝与睡是不够的，他还要想望某种高尚的、崇高的东西；是的，他绝对不能没有这种东西。

我不能缺少的这种高尚的感情，是我对表姐的爱。我宁愿放弃我刚刚开始的工作与这个家庭的一切安慰，而不愿叫自己不给她或者她的父母写信。你一定担心我的工作，因为你是唯一的拿许多钱来帮助我成功的人。我正在前进，我受到了威胁。我所要求的不过是安静地工作，但是爸爸似乎要把我撵出房子，他在今天早上这样说过。

为了工作，为了成为艺术家，一个人需要爱。至少，谁要使他的产品不缺乏感情，他首先要自己感觉到这一点，并且要爱工作与爱生活。我以为她已经了解，我既不是盗贼也不是罪犯，相反地，我的内心比我的外貌更加温和与有理性。她在开始的时候并不了解这一点——她最初确实对我有一个不好的印象，可是现在，不知道是什么缘故，当天空笼罩着争吵与咒骂的阴霾的时候，光芒竟从她那边透露了出来。

但是爸爸与妈妈对于他们所谓的"生存的资产"这件事，像石头那样顽固不化。如果这是一个关于立刻结婚的问题，我一定同意他们的意见。可是这完全是另一回事，是一件有关爱情的事，她与我必须互相见面，互相通信，互相交谈；这是像大白天那样明显的、简单的与合理的事。

看在上帝的面上，请他们让一次步吧；如果一个年轻人为了一个老年人的偏见而去牺牲他的精力，这实在是太愚蠢了。爸爸与妈妈在这个问题上确实是有偏见的。

不努力奋斗、不辛勤劳动算是什么艺术家呢？除了努力奋斗与辛勤劳动以取得一个立足点而外，还有什么别的办法呢？从什么时候起，画画的人没有了赚钱谋生的机会？

我重新开始画一个忙着在地里挖土豆的男人的素描。我在画中稍微画上一点环境，在背景里面有一些小树丛与一抹天空。我对你说不出来，那片田野有多么美丽！等我将来赚到稍多的钱的时候，我就要多用一些钱去雇模特，我告诉你，我将要创造出面目一新的作品。画模特也是一件困难的工作，特别是由于我所雇的那些人都不是职业模特。不过，这样或许要好一些。

你对我的素描所表示的意见，要比我所理解的更加中肯。请你继续写信谈谈我的作品，不要怕批评会伤害我，我将接受这样的批评，我把它看作同情我的证据，这种批评要比阿谀奉承高一千倍。你把从实际中得到的经验告诉我，我一定要从你那里学会变得实际些，请你多给我讲些道理，因为我并不拒绝改变我自己，我十分需要改变。

如果你过去曾经有机会使一些人对我的作品发生兴趣，我想你现在能够怀着某种信心与别人谈起我。但是为了画出更好的作品，我将要花更多的钱雇模特。现在一天的模特费是二毛、二毛五分，或者三毛钱，但是我不能每天都雇，这实在是很不够；多花一些钱，我就会得到更快的进步。

你知道我不是一个随便拿什么事来使爸爸与妈妈伤心的人。当我必须反对他们的意志的时候，总是没有理由地使他们伤心，我自己对这一点感到非常抱歉。但是我并不认为最近发生的令人遗憾的事件，只是由于暴躁的脾气。在这以前，当我宣布我将不再在阿姆斯特丹学习下去，以及后来在波里纳日，当我拒绝那里的牧师要我去做的事的时候，爸爸讲过同样的话。由此可见，在爸爸与我之间，的确存在着一种日积月累的、根深蒂固的误解。我以为这件事是永远搞不清楚的。但是我们双方都能够互相尊重，因为我们虽然有时候发生分歧，甚至对某些问题的看法完全相反，但是在许多事情上我们的看法是一致的。

我以为，如果爸爸了解我的真实意图的话，我对他总会有好处的，我甚至要听取他的一些意见，因为我时常看到对一段圣经文字的各种完全不一样的解释。但是爸爸认为我的意见压根儿是错误的、胡扯的，并且始终如一地排斥它。

我从你那里拿到给我买火车票的十元金币时的心情，比我过去从你那里拿到钱的时候，并不感到特别愉快，我必须去而我又不能去的这种思想，使我实在受不了。我写了一封挂号信给爱斯叔叔，让他注意一些我怕他会忽略掉的情况。没有比牧师，特别是牧师的妻子（也有些例外）更无信仰、硬心肠、世俗的人了。但即使是一个牧师，有时候在三层铁甲里面也会有一颗人的心。

"贪欲"是一个非常不好的词，可是这个魔鬼不让任何人安静，如果它有一天不再诱惑你我，我才会感到奇怪，因此我们只好暂时说："金钱是统治者。"你或者我都没有向财神爷低头哈腰,侍候他,它却使你我受尽折磨,这是实在的:我,潦倒了许多年;你,是由于高额薪金。这两件事都一样,都是向金钱势力的诱惑屈膝。这个金钱魔鬼现在不能再欺诈我们,使你相信弄许多钱是罪恶,使我相信我的贫穷之中有美德。不,像我这样如此缓慢地赚几个钱的人,谈不上什么美德,我要改善这种情况,我希望,在我做这件事的时候,你能对我做许多有用的指点。

或许你会相信,我要凭自己的力量改变许多事情是十分困难的。我现在改善自己的经济情况的最好与最有效的办法,是努力工作。可是单凭一个人干是不够的。因为还有许多别的事情需要我去做。我曾经长期生活在"地下",看来这也许不是坏事。我是"一个潦倒的人"。我现在不需要重新掉入那个深渊。把灰心丧气一扫而光,对生活采取稍为开朗的与更加乐观的态度,在地面上行走,我以为这样比较合适;然后与别人有更多的往来,尽可能多地恢复老关系,交上新朋友,我也以为是对我有好处的。我将会到处被拒绝(这是可能的),但是为了使这件事做成功,我要奋斗到底。

我送了一幅画着一个男人在地里挖土豆的素描给毛威;我要给他看看我的生活中的某些样子。

我不知道到海牙去一趟是不是有可能并且合适,因为我经常考虑把这里的活动范围与勃拉邦人当作我的取材源泉。无论如何,我始终认为,我现在已经对这些地方的情况逐渐熟悉,我能够在这些地方不断地找到画画的题材。但是不断地努力描绘这些勃拉邦人,并不妨碍我到别的地方去找新的对象,甚至到别的地方去生活一个时期。一切大小艺术家都是这样做的。

我在海牙写这封信。我住在一家离毛威家很近的旅店里。我对毛威说:"毛威,你听我说,你想到埃顿去,把色彩画的秘诀传授给我,但是我以为这不是寥寥几天可以办成的事,所以我到你这里来;如果你同意的话,我将在这里待上四个或者六个星期,孰多孰少由你决定。经过这么一段时间的学习以后,我将克服画油画的第一个'小麻烦',然后我就回到埃顿去。我很放肆地向你提出这么多问题,可是你知道,'我是佩在腰间的剑'。"毛威说:"你带些什么来了吗?""是的,一些习作。"后来他夸大其词地夸奖了这些习作,可是同时他提出了一些意见,只是说得太少了。

毛威说:"我总是把你当作一个傻瓜,但是我现在知道事实并不如此。"我可以跟你说,毛威的这句简单的话,要比伪君子大量的恭维话更加使我高兴。于是,他立刻给我摆了有一双旧木鞋的静物,还有一些别的东西,他对我说:"这便是掌握色彩画的方法。"晚上我仍然到他那里去画画。

我说不清这些日子毛威与杰特对我有多么和气与友好。毛威指示与嘱咐我的事，我当然不能马上做到，但是我将一步一步地把它们贯彻到实践中去。我一定要非常努力地工作。

这期间，我曾经到过阿姆斯特丹。爱斯叔叔很生我的气，虽然他是用比"该死"较为有礼貌的言辞说出来的。现在该怎么办呢？

你知道，我回来的时候比我去的时候更加爱她了，可是这并不是由于她鼓励了我；相反地，她使我一时，或者说是二十四小时心里都十分难受。

我也去看了戴尔斯蒂格先生与几位画家：（性格开朗的）魏森勃鲁赫、朱理·贝克惠生与德·布克。

我现在已经画了五幅油画习作与两幅水彩画，当然还有一些速写。油画习作画的是静物；水彩画画的是模特，是什温宁根的一个女孩子。

我到这里来已经快有一个月了，我已经花了很多的钱。毛威给了我一些东西，还有油画等等，我自己又买了很多，我需要一双鞋，我也给模特付了几天的钱。因此我的支出已经超过了二百法郎的限额，仅仅这次旅程的费用就花掉整整九十个荷兰金币。爸爸认为我过于浪费。但这不是乱花，因为每一样东西都很贵。可是我不喜欢向爸爸报告我所花的每分钱，因为他要夸大了向每一个人去宣传的。

我愿意在这里多住一些日子，甚至在这里租下一间房子，还打算在什温宁根住上几个月，但是照目前的情况看来，我最好还是返回埃顿。

无论如何，我通过毛威已经打听到油画与水彩的秘密。这是对我这次旅程中花掉九十个荷兰金币的报酬。

毛威说太阳正为我升起，但是它仍然藏在云层后边。我对于这件事还没有意见可以发表。我深信，我在一个较短的时期之内，就能够画出一些可以卖出去的作品。我甚至以为这两幅画在必要的情况下就可以卖出去，尤其是毛威曾经在上面画了几笔的一幅。但是我还是宁愿让它们在我这里保存一个时期，这样就可以更好地回忆创作这些画的过程。

水彩画是表现大气与距离的多么漂亮的手段，因为人给空气包围着，好像能够在里面呼吸。我已经学得一些关于色彩与运笔的实际知识，我相信我将取得较大的成就。

海牙之行给我留下了深刻的印象。当我到毛威那里去的时候，我有些心跳，我问自己：他会不会用好听的诺言来敷衍我，或者我将在那里受到不同的待遇？我发现他想尽办法、实事求是地、善意地帮助我，鼓励我。无论如何，他不是夸奖我所做与所说的一切，而是相反。当他对我说"这样或者那样是不对的"的时候，总要补充一句："可是你要用这种或者那种方法去试试看。"这与那种纯粹为批评而批评的做法比较起来，完全是另外一回事。

所以当我离开他的时候，我有了一些油画习作与一些水彩画。这些画当然并不是艺术杰作，可是我相信，在这些画中所包含的某些可靠的真理，至少要比我过去所作的画要多一些。因此我以为，这是我创作重要的作品的一个开端。我现在有了一些听我支配的油画与水彩画技术，所有的事物在我看来都觉得新鲜。

可是我们一定要把这些技术应用到实践中去。当毛威看到我所画的习作的时候，他马上说："你坐的位置离模特太近了。"在许多情况下，它使我几乎不能够进行必要的对比例的测量，所以这确实是头一件我必须注意的事。我一定要想办法在某处租一个大房间，或者一间住房，或者一间仓库。此外，我一定要用比较好的颜料与比较好的图画纸来作画。安格尔牌的图画纸画习作与速写是很好的，用这种纸来制成各种大小不同的速写本，要比买现成的便宜得多。

提奥，调子与色彩是多么重要啊！凡是没有学会感受调子与色彩的人，离开真实的生活多么远啊！毛威教我观察我以前看不到的许多事物。你无法想象，当毛威与我说起赚钱的事的时候，我松了一口气。

我刚才回想起，几年来我是怎样为谋求一个违背自己志向的位置而拼死拼活的，现在终于露出了一线曙光。我希望你能看到我带来的两幅水彩画。你会看到它们是与别的水彩画一样的水彩画。这些水彩画可能有许多缺点，我首先承认，我自己对它们很不满意；但它们与我过去的作品还是有极大区别的，看起来更加明快。我这样说的意思，并不是认为将来的作品不会变得更加明快；人们不能够一下子想干什么就干什么，事情总要慢慢来。

虽然毛威跟我说，经过几个月的努力奋斗之后，再到他那里去（说是三月），那时候我就能够画出卖得出去的素描了，可是我现在仍然处在一个非常困难的时候。为雇模特、租画室、买画素描与油画的材料所花的费用逐渐增加，我还是与过去一样赚不到一文钱。

爸爸已经说过，我不要担心必需的费用，这是实在的；爸爸听了毛威对他所说的话，看到我带回去的习作与素描，心里非常高兴；但是当我想到他必须为这件事出钱的时候，我的心里实在难受。因为自从我到这里以后，爸爸没有得到我的任何一点好处，可是他却不止一次地给我带东西，例如一件外套或者一条裤子；这些东西虽然是我所需要的，可是我宁可没有它们而要感到好一些，再加上这些衣裤不合我的身材，对我很少有用处，或者没有用处。我现在知道，爸爸自己那时候也很困难。唉，这又是人生的一种小悲剧。

除此以外，我恨自己还不能独立生活。爸爸是一个我所不能理解的人，不像我对你或对毛威那样。他不能够同情我与理解我，我不能听从他那一套——它压迫着我，它会把我闷死的。我经常地反复地阅读《圣经》，可是我在《圣经》里看到的与爸爸所看到的完全不同，我在《圣经》中找不到那些爸爸拿来为自己的守旧思想辩护的东西。我之所以看书（我实在看得很少，只看过少数几个作家的著作），是因为作家们用那种比我宽广、适度与更加可爱的眼光来观察事物，而且，他们对生活理解得比较深刻，因此我可以向他们学习；但是关于善与恶、道德与不道德的胡扯，我很少注意。因为要经常去理解什么是好的，什么是坏的，什么是道德的，什么是不道德的，确实是不可能的。道德或者不道德，不由自主地把我带回到表姐那里去。

有一天傍晚，我沿着凯采斯格拉希特散步，找她的房子，找到了。我按了门铃，被请进去。除了表姐以外，他们都在家。爱斯叔叔像牧师与神父那样地打开话匣子，他说他刚好打算寄给我一封信，他将要高声地朗读那封信。但是我问他："表姐在哪里？"（因为我知道她在城里）爱斯叔叔说："当她听说你在这里的时候，她就出去了。"行了，我对她还是有几分了解的，可是我要声明一下，我那时不理解她，她那冷冰冰的与粗暴无礼的态度是好的还是坏的征兆，我现在也还不能够确切地理解。有一点我很明白：我始终没有看到她对别人像对我那样，如此明显地或者认真地表示冷淡、鲁莽与粗暴无礼。

我说："让我听你读这封信，或者不让我听，我都不怎么感兴趣。"

这个文件写得毕恭毕敬又很有教养，除了请求我停止通信以外，实际上没有别的内容。他劝我竭力克制自己，不要再去想这件事。我离开那里以后，觉得刚才好像是在教堂里听到一个牧师在神气地踱着方步之后，用他的嗓音说："阿门！"他的冷漠留在我的脑子里的印象，好像是例常的传道讲经。后来，我尽量用镇定的与有礼貌的口气说：是的，我以前曾经听到过这种意见，可是现在，还有什么别的可说？后来爱斯叔叔眼睛看着天。看来，我不十分相信人的感觉与思想能力已经达到极限，这让他颇为惊讶。据他说，不可能有别的话了。我有些发火，并且控制不住我的怒气。爱斯叔叔也发起脾气来，但是还没有忘掉自己的牧师身份。

但是你知道，我是爱爸爸与爱斯叔叔的，因此我稍稍地让了步。天快黑的时候，他们对我说，如果我愿意的话，可以在他们那里过夜。我说："我非常感谢，但是如果当我来的时候，表姐就离开家的话，我以为在这里过夜并不合适。"他们问我：

"你在哪里过夜?"我说:"我还不知道在哪里。"后来叔叔与婶婶坚持着要给我找一个价钱便宜的好地方。天啊,这两个老人跟我一起穿过寒冷的、弥漫着浓雾的、泥泞的街道,他们真的指给我一家很好、很便宜的旅店。

你看,这件事表现出他们还是有一些好心肠,这件事使我压下了怒火。我以后又与爱斯叔叔谈过几次话,但是没有见到一次表姐。我告诉他们,要他们很好地理解,虽然他们希望我考虑,这个问题结束了;可是从我这一方面来说,是不能这样算数的。于是他们坚决地回答我:"咱们走着瞧吧。"

我们都是想尽办法谋求生活的人,为什么我们不能够生活得更加好一些?当我那三天在阿姆斯特丹的时候,我感到寂寞与孤单;我感到非常不幸,叔叔与婶婶的那种好心肠,以及所有那些交谈都令人伤心。到最后,我感到非常压抑。于是我问自己:"你会不会又变得意志消沉呢?"我在一个星期天的早晨,最后一次去看爱斯叔叔,我对他说:"尊敬的叔叔,请你仔细听着,如果表姐是一个天使,那么我就攀不上她,我无法设想我能够与一个天使恋爱。如果她是一个魔鬼,那么我就没有必要转她的念头。在目前情况下,我看到她是一个具有女人的感情与女人的风度的纯粹的女人,我十分爱她,实际的情况就是这样,我对这种情况感到高兴。"爱斯叔叔没有回答我多少话,只是叽里咕噜地唠叨了一些关于女人的感情的事。我记不清他是怎样谈这个问题的,他说过话以后就到教堂里去了。

我一直到现在还感到浑身发抖,好像是面对着教堂里冷冰冰的、坚硬的、刷了白灰的墙站得太久一样。我不需要被这种情况气得不省人事。做一个现实主义者是有几分冒险的,可是,提奥,请你容忍我的现实主义吧。我告诉你的一些关于我的秘密,没有什么秘密可言。我不收回那些话,你怎样想象我,听你的便,你赞成或者不赞成我的所作所为,这并不重要……

然后我想,我要去找一个女人,我不能够活着而没有爱情,没有女人。如果生活中没有某些无限的、某些深刻的、某些真实的东西的话,我就不会留恋生活。于是我便对自己说:"你说,'世界上只有她',而你现在又要去找另一个女人;这是不合理的,这是违反逻辑的。"我对这个问题的答复是:谁是主人,是逻辑还是我?是逻辑为我而存在呢,还是我为逻辑而存在?在我的不合理与缺乏理智之中,真的没有理性与理智吗?

我快要到三十岁了;你以为我从来没有感到爱情的需要吗?表姐的年纪比我大,她也有恋爱的经验,可正是因为这个,我才更加爱她。如果她只靠旧的爱情过日子,而拒绝新的爱情的话,那是她自己的事;如果她继续坚持这种态度,并且躲避我的话，我不能为了她而抑制我的精力与心力。不，我不能那样做。我爱她，但是我不愿使自己意志沮丧或者神经衰弱。我们需要刺激与火花，那就是爱情，而不是纯粹的精神恋爱。我只不过是一个普通的人，一个有感情的人；我一定要去追求女人，不然的话，我便会僵化或者转变为石头，或者闷死……那堵该死的墙对我实在太冷酷了。但是在这样的环境中，我自己的内心有一场激烈的战斗，在这次战斗中仍然胜利地保留着一些东西，这些东西我是凭物理学与卫生学而知道的，并且是通过惨痛的经历而学会的。人们不能够长时间地没有女人而平安无事地生活下去。我并不以为那个有些人称之为神，一些人称之为至高的存在，而另一些人称之为造物者的上帝，是没有理性的与没有同情心的。

我没有费尽心思地去寻找。我发现一个女人，年纪不轻，也不漂亮。她的个子颇高，身段扎实；她没有表姐那样一双女人的手，她的一只手由于干活干得太多而变得粗糙，可是她不是一个粗俗的或者寻常的人，她具有某些非常女人气概的成分。她使我想起夏尔丹或者弗列尔，或者杨·斯丁所画的某些稀奇的人物，就是法国人称之为"玉内乌弗里埃尔"的女工。她曾经阅历过许多忧患，人们可以看出来，她的生活十分困苦，她不是一个突出的、特别的、非凡的人。

提奥，对我来说，在这种脆弱的凋萎之中，在生命已经逝去的某种事物之中，有一种不可思议的诱惑力。我不止一次地不能抵抗爱情，常常是对那些被牧师在教坛上加以指摘的，认为是有罪的与被卑视的女人充满着爱。

这个女人没有欺骗我——把所有这类女人都看成骗子的那些人，是多么错误，他们暴露出自己懂得多么少！这个女人对我非常好，非常体贴。

她住在一个朴素的小房间里；墙上的素底壁纸使房间带着一种宁静的、灰色的调子，像夏尔丹的画那样给人以亲切的感觉；地板上铺着一片席子与一块深红色的地毯，房间里有一个烧饭做菜用的炉子，一个带抽屉的柜子，一架大而朴素的床，总而言之，这是一个真正的女工的住房。第二天她站在洗衣盆旁边，我们无所不谈，谈她的生活，她的忧患，她的不幸，她的健康情况。与她交谈，举个例子说，要比与非常有教养的、像教授一样的表姐交谈更加有味道。

现在我把这些事告诉你，为的是希望你知道，虽然我有些伤感，但是我不需要把自己伤心成一个傻子，我要保持着几分活力，保持着一颗清醒的头脑与健康的身体，使我能够继续工作。

爱斯叔叔称我们为从罪恶中怀孕与诞生出来的罪人，这真是骇人听闻的胡言乱语！恋爱，求爱，生活之中不能没有爱情，这是罪恶吗？我以为没有爱情的生活才是一种罪恶,才是不道德的。假如我有什么后悔的话,那就是当我受到神秘的与神学的思想蛊惑的时候,我过着太过于与世隔绝的生活。我逐渐改变了我的思想。当你早晨醒来的时候,发现你自己不是单独一个人,在朦胧之中,你在你的身旁看到一个同伴,这使周围世界看来更加友好。

常常当我穷得身无分文,非常孤单地、像生了病似的在街上漫步的时候,我注意着她们,并且对那些与她们一起走的男人感到嫉妒;我感到这些穷姑娘,就她们所处的环境与她们的遭遇而论,是我的姐妹。你明白,这是我的一种老感觉,它是根深蒂固的。当我还是一个小孩的时候,我时常用无限同情,甚至是尊敬的眼光,仰望着衰老的妇女的面孔,在这种面孔上好像写着:实际的生活在这儿留下了痕迹。

爱斯叔叔的上帝,在我看来是像木头一样没有感情的。但是否由此就证明我是一个无神论者呢?爱斯叔叔认为我是一个无神论者——就让它这样吧;可是我恋爱,如果我不活着,我怎么能恋爱呢?如果别人都不活着,而我们活着,那么这里面就有些怪了。人们现在称它为上帝,或者造物主,或者你所愿意称呼的任何名字,虽然它是活灵活现的与十分真实的,并且知道那是上帝,或者善良如上帝,但是我对它仍然不能全盘肯定。对我来说,信仰上帝,是相信有一个上帝,它不是死的,或者是骗人的,而是活的,它以无法抵抗的力量催促我们"不断地爱";这就是我的见解。

所以,我曾经从生活的热情的需要出发去行动。我把这一点告诉你,也是为了使你不再设想我陷入了忧郁或沉闷的心境。恰巧相反,我总是不仅在考虑,而且在进行着油画、水彩画的创作,并且要找一间画室。

我有时希望,在我可以再到毛威那里去的前三个月,能够快点度过。他们将给我带来他们自己的一些好东西!毛威曾经送给我一个带颜料、画笔、调色板、调色刀、调色油、松节油,总之,带有画油画所必需的一切的油画箱。现在万事齐备,我就要开始画油画了,事情进行得这样顺利,真使我高兴。

近来我画了很多素描,尤其是人物的习作。如果你现在看到这些素描的话,你就会明白我在向什么方向发展,当然,我现在等着听取毛威对这些画的意见。有一天我也画了一些小孩的素描,我自己非常喜欢这些画。

这时候是调子与色彩都很美的时节,当我在油画方面取得一些成就的时候,我将在随后的日子里画一些风景。但是我们一定要坚持我们的观点,现在我已经开始画人物的素描,我将要继续画下去,一直到我更加提高了的时候。当我在外光中作画的时候,就把树木当作活人来看,对树木进行写生。我的意思尤其是指树木的轮廓、比例与结构,这是人们必须首先考虑的东西。然后接着来的是形体的塑造,色彩与周围环境的描绘。关于这些方面，我都需要听取毛威的意见。

　　提奥，我很满意这个油画箱，在我单画素描画了至少有一年时间之后，我以为现在拥有油画箱，要比没有打下素描底子就开始画油画好一些。

　　在这里，在荷兰，我更加感到是在自己的家里，是的，我想我将要再一次变成一个地道的荷兰人，不论在性格上，还是在我的素描与油画的风格上都是这样。

　　所以我将在三月再一次到海牙与阿姆斯特丹去。

　　提奥，从事油画，我的真正的事业开始了。我这样考虑这个问题，你以为对吗？

第二部

1881年12月—1883年9月

"好兄弟，我现在有了一间真正的画室。"

1881 年 12 月于海牙

那些充满在我的脑子里与我的心里的东西，一定要在我的素描或者油画中表现出来。一年之后我的作品将会是什么样子呢？

圣诞节那天，我与爸爸发生了一场激烈的争吵，爸爸甚至对我说，叫我最好还是离开家。他说话的态度非常坚决，我在当天就真的走了。争吵的原因是我不到教堂里去，并且我说，如果我被迫去的话，我就永远不再去了，像我在埃顿的时候那样；我认为他们的宗教的全部清规戒律实在太可怕了。正当我处在伤脑筋的生活中的时候，我又纠缠在这些问题里面，我不愿意再去想它们了。可是在这些问题的背后，实际上有很多东西，其中也包括今年夏天表姐与我之间发生的全部故事。

我回到毛威那里，对他说："毛威，你听我说，我不能再待在埃顿了，我一定要到别的地方去，住在别的地方，最好就在这里。"毛威说："那么就住下吧。"这样我便租了一间画室（这是一间住房带一个套间，适宜做画室），在郊外的兴克威格，离毛威家只有十分钟的路程。一个月的租金只有七个荷兰金币。窗子朝南，又高又大，我相信，过些日子这个房间将会变得很有趣。你可以想象，我是多么兴奋。

我现在被牵涉进去了，事情已经决定了。但是有朝一日我将要独自经营。我说什么好呢？这是一个不合宜的时刻，但是不管有什么样的激动，我仍然感到一定程度的平静。在危险之中有平安。如果我们没有勇气去进行各种尝试的话，那么生活算是什么呢？这对我来说是费劲的事，潮水涨得很高，几乎到了嘴边，或许还要往上涨，我怎么能够知道呢？但是我将坚持战斗，要使我的生命消耗得很有价值，要在这场战争中争取胜利。

好兄弟，我现在有了一间真正的画室，我很高兴。我不敢希望胜利马上就来到。毛威正忙于画他的一幅大油画，画的是几匹马拉着一只渔船，把它往沙岸上拖。我相信在海牙是令人愉快的，这里有许多美丽的东西。我一定要画一些。

我们已经商量好，我将要经常画模特；这是一条最费钱的，然而是最值得走的道路。最糟糕的是，一直要到我的口袋里重新有了一些钱的时候，我才能画模特。天气很坏，我曾经试了几次到野外作画，可是不行，所以我干不了什么事。最近几天我因为无事可做而感到纳闷。我曾经出去找模特，我已经找到几个模特，但是我不能把他们雇下来。我必须对毛威掩饰这件事。毛威确实画了不少画。他答应我，立刻把我提名为"泼奇里"的特别会员，这样的话，我就可以一星期在那里画两次模特，并且与画家们更加密切地来往。

与德·布克无法建立更深一层的友谊，他相当缺乏刚强的毅力；谁要是讲一些起码的常识，他就要冒火。他对风景颇有几分感情，他知道怎样使风景画得迷人，但是人们对他难以捉摸。这种感受是非常模糊与非常淡薄的。

我今天怀着绝望的心情到高比尔公司去，因为我想用上帝的名义向戴尔斯蒂格借一些钱。在我应该收到你的信之前，他曾经借给我二十五个法郎。如果把我们的协议与戴尔斯蒂格先生一起做个安排，或许会好一些。因为你知道，提奥，我一定要确实地了解我能盼得到什么，我一定要预先估计与计算好，并且一定要知道我能不能做这件事或者那件事。如果他不信任我，他可以控制这些钱的使用。但是，如果我不能够像这三个星期那样继续工作的话，结果就很可怕。

对你与对我来说，这是一个斗争的时刻，我认为我们会取得胜利的。

你说："现在是毛威暂时把你吸引住，因此你把他吹嘘一番，不喜欢他的任何人，就不合你的胃口，因为你在每一个人的身上寻找同样的品质。"

我又写了一封信给爸爸，在形式上把我们之间的关系调整一下，我在信里告诉他，我租了一间画室，并且向他恭贺新年，我希望在新的一年里，我们永远不要再吵架。我不能再有更多的表示，我不需要有更多的表示。

你说："有朝一日你对这件事要大大地后悔的。"我的亲爱的兄弟，我想，在这件事之前，我曾经有过很多这样的后悔。我看见它来，我想躲过它，然而没有成功，过去的事已经过去了。我是不是还要有更多的后悔呢？不，我实在没有时间后悔了。绘画愈来愈变成我的热情，这是一种类似海员对于海一样的热情。

如果我在埃顿过这个冬天，就好了，这也是很容易办到的，特别是出于经济上的原因，如果我开始考虑与担心的话，那么它便要再一次使我灰心丧气。我一旦来到这里，就一定要设法在这里待下去。我在这里全心全意从事我的工作，我所要说的是，埃顿是没有希望的了，但是我想在海克碰一碰运气。

至于提到毛威——自然，我确实很喜欢毛威，并且同情他。我喜欢他的作品，我以为能够有机会向他学习，是很幸福的。不过只有毛威本人才能使我受到理论体系的约束。除了毛威与毛威的作品以外，我也同样喜欢风格完全跟他不一样的其他画家的作品。我自己以及我的作品，或许也有与他类似的地方，但是肯定会有一些自己的特点。当我喜欢什么人或者什么事的时候，我的态度是非常严肃的，有时候则是怀着满腔的热情，可是我并不一口咬定只有少数几个人是十全十美的，而所有其他的人都没有价值——绝对不是这样。

我的画室现在看来还不差，我希望你在什么时候来看一看。我把我所画的全部习作都挂在墙上。请把你所保存着的我的习作都还给我，因为这些习作可能对我有用处。它们可能卖不出去，我愿意承认它们的一切缺点，但是这些习作中包含着一些真实自然的东西，因为它们是凭着热情画出来的。

…………

毛威最近教给我一种描绘事物的新方法，就是画水彩画。我被水彩画迷住了，涂了一阵，把它洗掉，洗了又涂。我开始同时画几幅比较小的水彩画，也画了一幅大的。但是，提奥，我要告诉你，当我第一次带着我所画的钢笔素描去找毛威的时候，毛威说："你现在必须用炭条、粉笔、毛笔与铅笔来画素描。"我现在用这些新工具作画，惹来一大堆麻烦。我已经耐下性子，可是看来仍然无济于事，有时候我变得很不耐烦，扔掉炭条，非常丧气。过些时候，我要送给你一幅用粉笔与炭条以及毛笔画的素描。我要带一整批这种素描再去找毛威，他看了这些画，当然会找些岔子，并且议论一番，这样一来我倒是可以前进一步了。

现在我又处在忍耐与不耐烦的时期里。毛威本人说，在我懂得自如地掌握毛笔之前，至少要糟蹋十张纸。但是如果从另一个角度看来，这样做却大有前途，因此我总是尽量做到平心静气，即使走了弯路也不失掉信心。

另一件糟糕的事是天气不好，因此对我来说，今年冬天生活很不容易。但是我仍然感到满意，尤其是我已经有了自己的画室这件事，使我心里无法表达地高兴。

他们告诉我，今天有人来找我。我猜大概是戴尔斯蒂格先生。我希望是他，因为我愿意与他谈几件事，他将在今天早上回来。

…………

提奥，找模特的事把我烦透了。我找到了他们，可是要叫他们到画室里来却不容易。今天早晨，那个铁匠的小孩没有来，因为他的父亲要我每一个小时付给他一块荷兰金币。就我而言，我向你保证，我要尽可能地努力工作；至于模特，举个例说，往往要由我的口袋里有没有钱来决定，我能否画得快或者画得慢，或者根本不能画，也是由它来决定的。你当然了解，我是最喜欢开足马力的，但是——得啦，你理解我的意思。在得到比较自由的天地之前，我必须控制自己。

我现在在这里安居下来，小小的费用每天在增长。虽然一百法郎够我自己花一个月，可我不乱花钱，尽可能按照最低的生活水平过日子（我在穷人施汤所里吃饭）；当我每天必须给模特付钱与给他们饭吃的时候，就完全是另一回事了……然而我希望你不要反对我继续这样干下去。

一个星期又过去了。每天从早到晚，我保持着有一个模特，这个模特是合乎理想的。我已经开始画水彩画，对它的兴趣愈来愈大。明天一个老太太还要来做模特。

同时，我想继续画那些小幅的钢笔素描，在画法上要与今年夏天所画的那幅大的素描不一样，会画得较为粗糙，较为朴素。当我出门的时候，我经常在穷人施汤所与三等候车室这样一些地方画速写。但是外边天气太冷，这一点对像我这样不如老手画得快的人来说，尤其不利。我要多画下一些对我有一点用处的细节。

现在你就知道，我并不是个懒汉，而是想在这里扎下根子。毛威来看过我，戴尔斯蒂格先生也来过，我对他们的来访感到很高兴。我已经有了进步，我将要学会画水彩画，不需要花太长的时间，我就可以出售我的作品。戴尔斯蒂格先生主动地谈到这个问题，当这些小画中有一些好画的时候，他可能会买下。我把曾经送给你的那张小老太太的速写画成素描，已经画得更加完整了，这幅画总有一天会卖掉的。

请你相信，我从早到晚刻苦钻研，我愉快地这样干着，如果我不能继续努力地或者更加努力地工作，我就会失掉勇气。关于素描的大小与题材的问题，我愿意听取戴尔斯蒂格先生与毛威的建议。我最近开始画一些大幅的素描。昨天晚上毛威对我说："这些画看来像是水彩画了。"行啦，要是我取得很大成就的话，我总算没有白费时间与金钱。现在我已经练习用笔作画，试一试颜色在大面积的画上的力量，我可以再冒险画一些小画。

提奥，我感到我的内心存在着一种力量，我要干下去，要使这种力量能够发挥出来，解放出来。要你为我的每一样东西付钱，这是够糟的，但是事情还没有糟到像去年冬天那样的地步。我将会努力工作，等到我能够掌握毛笔的时候，我将工作得比现在还起劲。如果我们现在精力饱满地前进，那么不再要你给我送钱的时候就不远了。

"毕竟，天底下还有使生命值得活下去的事。"

    我所害怕的事终于发生了。我生病了。当我躺在床上的时候，我感到非常不幸。我时常有头痛与牙痛的病，由于过度烦恼而身体发烧，因此这个星期我害怕极了，我不知道怎样渡过这一关。后来我就起床，可是又躺下了。因为发烧，在床上躺了差不多三天，心里烦得不行。我明显地感觉到，我所缺乏的不是我的热情，或者我的勇气，而是我的力量。

    每天少量的费用凑在一起，给我带来一大堆苦恼。我只有很少的绘画材料了，有一些还有毛病，例如，这个星期我的画板扭曲得像一个桶似的，因为它太薄了；我的画架在搬运的时候弄坏了。我的服装时常需要修补，毛威为这件事已经对我做过几次暗示。你记得我的服装多半是你的旧东西改的，少数是买的孬料子做的现成货，所以这些服装的样子很寒酸，再加上溅上去颜料，要使它们保持庄重的样子，就更加困难了；长筒靴的情况也是如此。我的内衣也开始破烂。你知道，我长期没有收入了。

    我应该画一次户外的模特，我已经与毛威为这件事做了安排，可是我身上没有一分钱，毛威将会认为我是不敢画户外的模特，我相信我的这种想法不是捕风捉影。有时候往往会发生这样的事，人们不知不觉地纳闷起来，这种情况可能只是一刹那的，往往恰好就在你正高兴的时候发生；当你感到孤立无助的时候，就是最不幸的时候。

    要是我只是继续努力工作，用我的作品去挣钱的日子便不会遥远了，但是在那个日子到来之前，我必须去考虑太多违背我的意志的事，这一点始终是我前进道路上的最大障碍；当我站在我的模特面前的时候，我不晓得我能不能付给他钱，第二天能不能继续画下去。为了工作，我必须平心静气；无论如何，这是件难办的事。我认为一幅素描的成败，在很大的程度上，也决定于画家的心情。因此我在想办法使自己保持着愉快的心情与清醒的头脑。但是有的时候，例如现在，一阵沉重的沮丧把我打败了。真是见鬼。在这种时候唯一可做的事，是继续工作；毛威与伊兹拉亚斯及许多别的画家，是我们这些人的榜样，他们懂得从每一种心情中得到好处。

    毛威已经来看过我，我们又一次商定要永远保持着勇气。但是我对自己很生气，因为我不能够做我想做的事。在这种时候，人们感到自己似乎被人把手脚捆着，躺在深不可测的、黑暗的井底，没有一点办法。

我现在好了一些，昨天傍晚，我又起床了，把整理过的东西仔细翻了一下；今天早晨，女模特自愿来了。我与毛威让她摆好姿势，我想画一张小幅的，但是我不能画，整个傍晚，我都感到没有力气。如果稍微休息几天的话，我的体力就可以恢复，如果我小心一点，我就不必害怕病魔马上回到我的身上来。总的来说，我感到自己不如几年前那样健壮了；然而整天趴在床上不起来的事，是永远不会发生的。

唉，我的青春一去不复返了；我不是指我对生命的爱恋，或者我的精力，而是指人们感到轻松愉快、无忧无虑的时候。老实说，毕竟还有不少好事。

我怀抱着某种希望，一等到我重新完全地恢复健康，事情一定进行得比现在好。毛威说这种想法很好，但是我画的所有那些水彩画，不怎么能卖出去。当我的素描变得又厚、又脏、又黑、又笨的时候，毛威来安慰我，他说："要是你的作品明快，这只不过是一种漂亮的风格，在以后可能会变得厚重。你现在要努力练画，画得厚重，以后很快地便会明快起来。"如果事情真是这样，我无话可说。你马上可以从我寄给你的一幅小画中看到这种情况，这幅画从头到尾只画了一刻钟，但是只在我画一幅大的之后，它才变得过分地厚重，恰好是由于我在这幅大画上用劲太大，当模特偶然又采取那个姿势的时候，我能够在一片小纸上画速写，这是从一张瓦特曼图画纸上裁下来的。但是试画水彩画是相当大的浪费——纸、颜料、笔、模特与时间。

我仍然认为最经济的办法是继续维持下去，因为这个困难的时期必须度过。今年夏天，当你在埃顿的时候，你曾经谈到我画水彩画的问题，可是那时候我甚至还不知道怎样画呢。

我的工作愈来愈引起我的兴趣，只有狠下心才舍得丢下画笔来写一封信，或者，如果有必要的话，去找别人。当我去见戴尔斯蒂格的时候，我随身带着几幅素描，他说这些画比他所见到的别的那些画要好一些。他叫我再画一些小画。我现在正忙着画小画。我画了一幅一个坐着打毛线衣的老太婆的新的钢笔画。他对这些素描表示了几分好感，这使我很高兴。好吧，我开始更加习惯于我的模特，为了这个缘故，我必须继续画她。在最后画的两幅习作中，我很好地抓住了人物的性格；每一个看到这些画的人都这样说。

几天前我写了一封信给西爱姆叔叔，告诉他我已经在这里设了一个画室，我希望他能够告诉我，他什么时候来海牙，到我家里来看我。桑特叔叔今年夏天也与我说过，当我画完一幅比夏天画的那些还要小一点的素描（如果是一幅水彩就更好了）以后，我一定要把这幅画送到他那里去，他要买下来。

如果你知道哪一类画为画店所需要，你一定要告诉我。我以为他们可以利用民间风格的钢笔素描，我很愿意画一些适于复制的画。

最近我有时与一个青年画家勃雷奈一起出去作画。他画得很好，他的画的风格完全与我的不一样，我们时常在穷人施汤所里，或者在候车室里画速写。他经常到我的画室里来看木刻，我也去看他。

毛威昨天教我画手与脸，使颜色保持明快。我必须忘掉我自学得来的一些东西，学习用完全不一样的方法去观察事物。这对一个已经习惯于用固定的眼光观察事物的比例的人来说，是一件大伤脑筋的事。我认为，在我近来所画的素描中，比例画得比以前正确得多；一直到现在为止，比例不正确始终是我的素描最严重的缺点；感谢老天爷，这个缺点终于改正了，我现在什么也不害怕了。

与毛威好好地相处，对我来说是不容易的；对他来说也是一样。我以为，我们两个都是神经过敏的人，出于这个原因，他指导我的时候，就要费很大的劲，我尽力去体会他的意思，并且把他所提的意见应用到创作实践中去。但是我以为，我们两个已经开始互相了解，我们的感情比表面上的同情较为深入了。他现在正忙着画一幅大画。这是一幅出色的画。他还忙于画一幅冬天的风景，与一些精致的素描。我认为他在每一幅油画与每一幅素描中，都灌注了他的生命的某一小部分。有的时候他累得要死。他近来对人说：ّ"我似乎没有一点进展。"凡是看见他当时的情形的人，都不能够一下子忘掉他脸上的表情。

今天是二月十八号。戴尔斯蒂格先生用十个法郎买了我的一幅小画，我用这些钱对付这一星期的生活。可是他所需要的，只是小幅的水彩画。我可以再一次告诉你，我努力工作，在创作容易卖出去的作品方面（这就是水彩画）有了进步，但是一下子精通是不可能的。如果我在画水彩画方面不久就有成就的话，以我学习的时间之短来说，进步实在是相当快了。就目前的情况看来，至少已经有一只羊过了桥。

除了戴尔斯蒂格先生买走的那一幅以外，我在这星期还画了三幅习作。我感到我的素描有了改进，我很高兴，进步使我增加了勇气。不管他们说什么，素描是基本的功夫，而且是最难练的功夫。出于这个缘故，我敢说，一年之内，我就可以画出能够卖掉的画。弟弟，你与我都必须继续努力，我们总有一天会吃到成功的果实的。

…………

你在二月十八日的信中说：ّ"当戴尔斯蒂格在这里的时候，我们当然要谈起你，他对我说，如果你需要什么东西，可以随时去找他。"但是这是怎么一回事呢？当我在几天前向他要十个法郎的时候，他给了我，但同时对我说了许多责难的话，差一点使我冒火。要是这些钱是供我自己花的话，我会把这十个法郎往他的脸上摔去，可是这些钱是付给模特的，这是一个有病的穷女人，我不可以拖欠她的钱，所以我压下了心头的火；但是半年之内，我不再到戴尔斯蒂格那里去同他说话，或者把我的作品给他看。

亲爱的提奥，你可能要说："你仍然必须与戴尔斯蒂格保持友好的关系；他几乎像是我们的兄长。"可是，我的亲兄弟，他可能对你是和气的，而几年来在我面前所表现出来的只是他的敌意的、苛刻的一面。

在我离开高比尔公司并开始作画（我没有在当时马上开始画画，我承认这是一个错误）的中间几年，我没有友谊、没有人帮助地流落外国，遭受莫大的不幸（以致在伦敦的时候，我时常睡在露天底下，在波里纳日的时候，接连三天睡在露天底下），那时候他曾经给过我一片面包吗？他曾经鼓励过我吗？我认为他没有。为了向他借巴格的画，我简直向他恳求了四次。当我送给他我初画的一些素描时，他送给我一个油画箱。我心里明白这些初画的素描不值钱，但是你知道，像戴尔斯蒂格那样的人可能会争辩，他会说："我老早就认识他，我会帮助他取得成功的。"他可能已经知道，为了生活，我很需要金钱。

"我想在海牙工作一段时间，与画家们有些来往，有没有可能？"——我从布鲁塞尔写信给他，他推脱了我的要求，回信说："不要来，一定不要来；你的头脑发晕了。"我最好还是去教英文与法文，或者去临摹斯米顿与提莱的作品，虽然提莱并不住在附近，而且在布鲁塞尔，几个石版画家已经拒绝我干这件事；那里没有工作，情况不妙，结果就是如此。

今年夏天，我又请他看我的素描，他说："真出乎我的意料。"但是他没有收回他以前说过的话。当我到底没有征求他的意见来到海牙时，他竭力把我推开。他笑我想做画家。我知道毛威认为我是一个没有经验的生手，当他发现我并不像他所听别人形容过的那个样子的时候，他大吃一惊。我不向毛威要钱，但是他自己主动地说："你需要钱；我愿意帮助你赚钱——你要知道，现在你的困难年代已经过去，胜利已经在向你招手，你必须努力工作，以争取胜利的到来，并且应该得到它。"毛威所做的第一件事，是帮助我住下来。

如果我不工作的话，戴尔斯蒂格有权利责备我，因为我在实际上是一个奴仆，或者是一头会画画的公牛（因为我画到这种程度，他认为是轻而易举的，关于这一点，他也是彻底错误的）。但是对于那些辛辛苦苦地劳动，孜孜不倦地干着艰难的工作的人，用下面这样的话去责备他，是不公平的：

"有一件事,我可以肯定,那就是你不是艺术家。"

"我最不同意的是你开始得太晚了。"

"你必须赚得你自己的生活费用。"

于是我就说:"住嘴,好好考虑考虑你所说的话。"

你一定了解,如果对这样的事置之不理,未免太傻了;他们使我苦恼,我认为现在必须结束这种情况了。

当我经济上陷入极度困难的时候,我忘掉了自己,心里想,我要努力画一些有某种面貌的作品,但是结果是使人丧气的,毛威生我的气合情合理,他说:"这样做不是办法,把那些画扔到废纸篓里去。"可是戴尔斯蒂格先生却大发雷霆,看不到我的素描中的优点,立刻要一些"卖得出去的"作品。行啦,你从这一点上马上就可以看出毛威与戴尔斯蒂格是不一样的。

一直到现在为止,毛威的话中最重要的是这些:"文森特,当你画素描的时候,你就是画家。"因此我天天画素描,研究比例,研究透视。戴尔斯蒂格对素描是看不上眼的,他所谈的只是"卖不出去的东西"。我愿意听取画家们对他的见解的看法。"画画的时候少用模特为妙,因为这毫无价值。"经过长期的研究之后,人们找到了模特,这不能算是过分的浪费。寻找模特,把他们请来让我画,都是不容易的事。这件事使大多数画家灰心丧气。特别是当画家必须节省伙食、饮料与服装的钱来付给模特的时候,情况更是如此。没有模特画,是人物画家失败的根本原因。

戴尔斯蒂格甚至说,我的素描"是一种麻醉药,你用它来止痛,使你不能画水彩画"。这句话说得很微妙,但既无意义又肤浅,更没有抓住问题的实质。我不能画水彩画的主要原因,是我必须更加严格地画素描,更加重视比例与透视。

我以为戴尔斯蒂格应该过上一个星期我这样的生活,应该做一做我所做过的事,那时候他才会知道,我并没有什么幻想与盘算,或者用麻醉药的问题,而是必须奋起与困难做斗争。要是人们知道一无所有并没有什么了不起的,身无分文的时候是最艰苦与最困难的时候,我想,他们便不会嫉妒我从你那里收到的、在这些困难的日子里维持我的生活的一点钱,不会因为我接受你的钱而来责备我,使我丧失勇气。难道我不配花这些使我得以工作的钱吗?弟弟,我只希望你快点来这里,请你自己来看一看,我是不是在欺骗你。

够了,不谈这些了。他认为我的素描不好,而这些素描有很多优点,我不指望从他的口里能说出什么好话来。至于他买不买我的画,我以为这完全是另一回事,这与对某些问题的争论或者看法上的分歧是完全不一样的;我以为他买不买我的画,不取决于我，而取决于我的作品。让他买我的作品（当我取得更大的进步的时候）或者不买我的作品，取决于他是否喜欢这些作品。他可能为他自己或者为别的爱美术的人买这些作品，但是如果让个人的恶感来影响自己的评判，或者相反，由于对某艺术家有好感而宽恕其作品的缺点，都是绝对不公平的。

要是我对着模特画出严整的习作来，那么要比他关于是否能卖出去的空谈实际得多；对于这件事，我不需要他在销售我的水彩与素描的买卖中所提出的那种教训。

尤其是在被戴尔斯蒂格责难的我近来所画的素描与习作中，我自己的个性开始显露出来了。所以我宁愿失掉他的友谊，也不愿在这个问题上向他屈服。你或许会以为我这些话说得刺耳，可是我不能收回我的话，我要与你说明白，我并不是跟他作对，或者对他心怀敌意，当我们之间产生了一种不友好的感情的时候，我心里也很苦恼。不扯它了，戴尔斯蒂格是戴尔斯蒂格，我是我。

现在已经是两点钟了，我还有一些事要做。虽然有的时候，我感到自己被忧心淹没了，可是我仍然平心静气，我的平心静气是以严谨的工作方法与认真的思考作为基础的。虽然我因为性格暴躁而容易发怒，可是我还是心平气和。在艺术上，人们不能够有太多的忍耐——忍耐这个词是与艺术不协调的。

相信我吧，在艺术问题上，下面这句话是实在的：老老实实是最好的办法，宁肯不嫌麻烦地严肃钻研，也不要投机取巧，哗众取宠。有时候我心中苦恼，我曾想走某种捷径，但是经过细想之后，我说："啊，不行，我不能欺骗自己，我要用一种粗犷的风格，来表现严肃的、粗鲁的、却是真实的事物。"

或许有一天，甚至就在目前，我在画一幅水彩画上得到了成功，要是拼命努力，这幅画就能卖掉。这就要让水彩画在暖房中促成生长。戴尔斯蒂格与你一定要等待合适的机会。我对他说：在合适的时候，你一定可以得到你的水彩画；现在你还不能（仍然还没有到时候），你要抓紧机会。这就是我所说过的话。我不会跟着玩弄画的人或者画商跑，让他们自己来找我吧。如果我们不灰心的话，到合适的时候，我们将会有所收获！

从戴尔斯蒂格来看过我之后，我画了一张描绘一个从奥发内治来的穷小孩的素描。这幅画是由一只不坚决服从我的意志的手画出来的，可是画中仍然保存着这个小孩的模样。虽然我的手可能不听指挥，但它将学会按照我的脑子所希望的来办事，为了这个目的，我也画了一幅画室的速写，画中有炉子、烟囱、画架、踏脚凳、桌子；当然，这幅画绝对没有人买，但是对于练习透视很有用处。

我盼望你来看我。我相信你会以同情与信任的态度来鉴赏我的作品。当你来的时候，不要忘掉把安格尔牌图画纸带来。这是我喜欢使用的一种特别的厚纸，我想，这种纸一定也适于画水彩画。

提奥，这真有点不可思议！！！

西爱姆叔叔要我替他画十二幅小的钢笔素描，海牙风景，其中有一些已经画好了。

看来西爱姆叔叔在到我家里之前，曾经与戴尔斯蒂格谈过话；因为他开始讲关于"自己赚饭吃"这样的话了。我马上回答他，我说："赚饭吃，你的意思是怎样？赚饭吃，或者，应该得到饭——某人不应该得到饭，这就是说，他不值得享受饭。这实在是一种罪恶，因为每一个诚实的人都值得享受饭；虽然是应该得到的，但是可惜没有机会赚到饭，这是不幸。因此，如果你对我说，'你不值得享受饭'，你就是侮辱我；可是如果你只是非难我不能经常赚得饭钱（因为我有时身无分文），那么，事情或许就是这样。但是非难有什么用处呢？如果你光说这些话，并不会使我的情况变得好一些。"从那时以后，西爱姆叔叔不再提"赚饭吃"了。

太平的日子并不长，有一次，我谈到艺术表现时，偶然提到了德·格鲁的名字，西爱姆叔叔突然说："德·格鲁在私生活上名誉很坏，你知道吗？"他谈着勇敢的父亲德·格鲁的时候，我控制不住自己激动的心情。我回答道："在我看来，当一个艺术家把他的作品公之于世的时候，他有权保持他自己的私生活的内心斗争（它与创作艺术作品所包含的特殊的困难，直接地与必然地联系在一起）。当一个人的作品无懈可击的时候，用检查他的私生活来责备他，这是很不正常的。德·格鲁像米勒一样，是一位艺术大师。"

我担心西爱姆叔叔要生气，可是幸而事情有了转机。我把我的夹着小幅习作与速写的画夹打开来给他看。开头他什么也不讲，一直到我们翻到一幅小的素描——这是有一次我与勃雷奈出去散步，在夜里十二点钟所画的速写，由泥炭市场望巴德莫斯（新教堂附近的犹太人广场），第二天早晨，我又用钢笔在上面画成的一幅素描——这时候，西爱姆叔叔问我："你可以多画一些这样的城市风景吗？"我回答说："可以，当我有时候画模特画得累了，我便画画风景；这是弗里尔斯蒂格的吉斯特鱼市场。""那么，你就给我画十二幅吧。""好的。"我说，"可这是一桩生意，所以我们要讲一下价钱。我已经为这样大的小幅素描定下了价钱，不论是铅笔画还是钢笔画，二法郎五十生丁——你以为这个价钱合理吗？"

"可以，不过当这些画被证明是好的作品的时候，我要请你画十二幅阿姆斯特丹的风景；但是那时候我要自己来定价钱，那样你就可以从这些画中得到一些收益。"

他说。

　　这一次多少有几分使我害怕的会面，我以为结果还是不坏的。我将尽力画好这些小幅的素描，我要努力使这些画带有某种特点。好兄弟，我以为有更多的这种生意可以做。有了一些经验以后，我可以每天画一张。瞧吧，要是这些画被证明是好画，它们就可以使我得到一点面包皮，为每天的模特赚到一个荷兰金币。漫长的夏天快要来临。我画我的"汤票"——这是指在早上与晚上为了赚饭钱与模特费而作的素描。我在白天一心一意地画模特。

　　我将在明天早晨出去为素描找题材。

　　我也刚好碰到毛威，他高兴地谈起他的大油画，他答应马上来看我。

　　另外有一件事使我深深地、深深地感动：我告诉模特，叫她今天不要来；尽管我这样吩咐了，可这个可怜的女人还是来了。我拒绝了她。"你的确说过，可我不是来摆姿势的；我只是来看一看，你有没有一点吃的东西。"——她给我带来一盆蚕豆与土豆。

　　毕竟，天底下还有使生命值得活下去的事。

　　啊，提奥，我说，米勒是一个多么伟大的人啊！我向德·布克借来申西尔的伟大的著作；这本书使我发生极大的兴趣，它使我夜里醒来，点起灯，坐起来看这本书，因为白天我必须作画。

　　我刚巧在昨天读到米勒所说的话："艺术便是战斗。"

"寻找主题，在劳动人民中间生活。"

近来我作画非常努力，从早到晚忙个不停。我已经画完给西爱姆叔叔的十二幅素描。我相信他马上会付给我钱的。这些素描肯定要比他所看过的样品好。

....

毛威有一幅想要送到沙龙中去展览的大油画，画着一条拖到沙丘上去的渔船。这是一幅杰作。除了毛威的这幅画与米勒的作品以外，我从来没有听到过一次劝人忍耐的好说教，我也不能设想出一幅那样动人的作品。

这是忍耐，是真正的忍耐，不是牧师的忍耐。这些瘦马，这些可怜的、被虐待的老马，黑的、白的、棕色的马；它们忍耐地、柔顺地、心甘情愿地、从容自在地站着。它们还是把沉重的渔船拉上最后一小段路；工作快要结束，它们稍停一会儿。它们喘气，它们汗流浃背，可是它们不发怨言，它们没有提出抗议，它们没有提出控诉，什么也不说。它们把痛苦忘得一干二净。它们苟且地活着与劳动着，如果要它们明天去屠宰场的话，那么，就听其如此，它们已经准备好了。我在这幅画中发现一种深刻的、实际的、无言的哲学。它似乎说："学会忍耐，不要自怜，这是唯一实际的事，这是伟大的学问，必修的功课，解答生活的问题的好办法。"我以为毛威的这幅画，是为米勒所称赞的那种少有的绘画作品。米勒会在这种画前面长久地站着，嘴里喃喃地自言自语："画得很有感情，这才是画家。"

我现在正处在使以前辛苦的劳动变成更多的愉快的时期。每个星期我都要画出一些我过去画不出来的东西，这好像是返老还童。我觉得，除了疾病以外，没有任何东西能够毁灭我现在开始发展的力。观察一样东西，欣赏一样东西，这是一件了不起的事；经过一番考虑之后，我就说：我要把它画下来，用心地画，一直到把它完全画到纸上为止。

唉，提奥，我的好兄弟，你为什么不放弃一切工作，去做一个画家？只要你愿意，你就能够成为一个画家。我的心里时常猜想，你有潜在的优秀风景画家的才能。我认为你一定可以把桦树林画得很漂亮，画田野中的犁沟，画雪与天空。

提奥，一直到现在为止，你都是随自己的兴趣来任意行事的，要是你以前与高比尔先生的公司搭上伙的话，你的全部生活就会受到他们公司的限制，你就不再是一个自由人了。我以为,一个人的生活中出现那种自己被限制而感到后悔的情况,是完全可能的。你无疑地要说:当一个人后悔自己成为一个画家的时候,这个机会就出现了。谁要是对别人感到没有味道的东西(这就是研究解剖、透视与比例)发生兴趣,忠实于它,并且爱它,谁就会缓慢地却肯定地存在下去,并且成熟起来。我很尊重你现在的画商地位,除非你有一番真手艺,能够用自己的手创作出什么来,不然的话,我担心你的地位是不会巩固的。例如,我认为查阿普·马里斯的社会地位就比戴尔斯蒂格来得更加稳当,更加不依赖别人。

老天啊,为什么我要害怕?我对戴尔斯蒂格的"卖不出去的画"或者"不讨人喜欢的画"何必老是记挂在心里呢?当我感到丧气的时候,我看着米勒的画《铲土的人》与德·格鲁的《贫民窟》,于是戴尔斯蒂格就变得十分渺小了,微不足道了;他所说的所有那些话,都变得毫无价值;我的精神振作起来,点起我的烟斗,我又坐下来画画。

提奥,你会问,这些作品是不是对我也合适。我的回答是:"提奥,谁给我饭吃,谁帮助我?这件事对你的确是不合适的。"但是有的时候,我的脑子里出现这样的想法:为什么提奥不是一个画家?"文明"终于把提奥变得讨厌了吗?

至于戴尔斯蒂格,我已经了解他的生活中的一个非常特别的时期,那时候,像他所说的那样,正在"使自己发迹"。这样,他就给我留下一个很深的印象——他是一个讲求实利的人,绝顶聪明,心地爽朗,不论干大小事情,都是精力充沛的。当我对他产生这样一种尊敬的感觉时,我就对他保持着一种距离,认为他是比我高一等的人。从那时以来,我就开始怀疑——怀疑愈来愈大,但是我始终没有勇气用解剖刀把他切开,加以研究。我向来认为他是一个爱把自己装作实业家或者讲实利的人——在他的铁面具后面,装着很丰富的感情与一颗热烈的心。但是我发觉他的甲胄很厚,厚得使我不能够肯定说,这个人是不是一大块金属;或者在这块铁的极深的地方,在一个小角落里,是不是还有一颗人的心在跳动。

当我听他说"讨人喜欢"与"卖得出去"的时候,我只是想:谁要是继续不断地努力作画,谁要是努力使画带上相当的性格与感情,那么他的画就既不会不吸引人,也不会卖不出去。提奥,不要变得像戴尔斯蒂格那样唯利是图。

现在我们碰上了一种多么好的气候!到处是一番春天的样子。我不能不画人物,这是我的头等任务,但是有的时候,我还是要到外面去画风景。

…………

西爱姆叔叔已经把钱付给我,并且又交给我一件新的订货,但这是一个很困难的任务：六幅描绘这个城镇的特别细致的风景画。无论如何，我一定要努力画这些画，因为要是我推测正确的话，我画这六幅画，将会得到与第一次的十二幅画一样多的报酬。

绘画是一种能够谋生的职业。无论如何，一个艺术家与一个靠他的收入维持生活的人是绝对相反的；如果要做一个比较的话，在一个艺术家与一个铁匠或者医生之间有很多相似的地方。我非常清楚地记得，你曾经谈到过我什么时候能成为一个画家；我认为这是很不切合实际的问题，我不愿意听它。在我读过一本明白易懂的透视学的书——卡萨奈的《素描之门》之后，我不再迟疑了。一个星期以后，我画了一幅有炉子、椅子、桌子与窗子（各就各位）的厨房的室内景。好像是魔术，或者是由于纯粹的偶然，这幅画中表现了空间的深度与正确的透视。你一旦把一件东西画正确了，你一定会感到一种想画一千件其他东西的、不可抗拒的欲望。我必须继续画一年素描，或者至少要再画上几个月，一直到我的手变得十分稳，我的眼睛变得十分准，那时候我就不会再把大量生产卖得出去的作品的障碍放在眼里。这几个月的时间是我所必需的，我不能够比这个时候更好地前进。稍为有耐心一点，我就可以画出好的作品来。如果我使我的画夹里装满写生习作，它们便会在以后的日子里用金钱来酬答我。我宁愿学好我的专业，不急于要人可怜我而卖掉一幅小画。

…………

我知道这几天妈妈病了，并且还知道许多咱们家里的与别人那里的不幸的事。对于这些事，我并非无动于衷，要是我对这些事不感动，我是不可能画出《悲哀》这样的画的。但是从夏天以来，我已经逐渐清楚地了解，爸爸、妈妈与我之间的不和，已经成为一种慢性病，因为我们之间在长时间内存在着误会与隔阂。现在双方的裂痕愈来愈大，以致我们都因此而感到痛苦。

我以为我们彼此之间应该更好地相互帮助。长时间以来，我们双方都在努力使彼此融洽相处与分担祸福，经常牢记着父母与孩子是一体的。我们不是存心要制造误会，那些误会的造成，多半应该归咎于困难的处境与忙碌的生活的不可抗拒的力量。

值得快慰的是，爸爸与妈妈在他们的工作中找到了乐趣，我也如此。在人与工作之间有一种吸引力，但是这种吸引力到底是什么，就很难解释，对这个问题的许多判断都是非常错误的。弟弟，尽管有很多的小不幸，我仍然生龙活虎地画画。

今天我画了另一幅跪着的裸体妇女的习作，昨天画的是一个打毛线的小姑娘，也是裸体的。我画成了另一幅与《悲哀》相似的妇女的素描，但是比那一幅大，我以为比第一幅好；我画了一幅街道的素描，他们在挖沟渠，或者安装水管——《沟中挖土的人》。这是在吉斯特画的，那天下着雨，我站在污泥里面，周围是一片喧哗与混乱。我的速写本证明我在努力抓住转瞬即逝的印象。这是给西爱姆叔叔画的。

我也画了几幅素描风景，例如有一张画的是此地熊克威格山上的一个苗圃。提奥，我肯定不是一块风景画家的材料；当有几个人物在里面的时候，我才画风景。

今天我寄给你一幅素描，画的是拉安·凡·米尔台伏特山上的菜园。虽然这是一幅"只有黑色与白色的""卖不出去的"与"不讨人喜欢的"画，但是我仍然希望在这幅画里会有我的某些特点。我很愿意知道，什么时候他们能够强迫或者试着强迫一个艺术家去改变他的技术，或者他的观点！我以为干那样的事的想法是最无聊的。人们不必指望自己的素描卖出去，但是他要使素描有价值，而且创作的态度要严肃，这是他的责任；即使在环境的压迫下意志消沉的时候，人们也不可以变得马马虎虎，不把它当一回事。

天气很冷，刮着风，这使我十分苦恼，因为我不能够为西爱姆叔叔继续画这个城市的风景了，但是好天气肯定还会再来的。

有的时候我想：如果我的生活稍为宽裕一点的话，我就能够画得更多，画得更好。我努力作画，正像你一定会从我最近送给你的素描中注意到的，我开始见到一丝亮光；有了这种希望，将会战胜一切困难。可是你知道，除了画画要费力气以外，几乎没有一天不出现一些令人难以忍受的困难；特别在那些我以为可以从他们那里得到同情的人，像毛威与戴尔斯蒂格，变得冷淡或者心怀敌意与憎恨的时候，这些困难使我非常伤脑筋。在一月份结束的时候，毛威对我的态度忽然大变，对我很不友好。我把这件事归咎于他对我的作品不满，我被这件事弄得焦急与苦恼，心乱如麻，并且生病了。

当时毛威来到我家里，他再次向我保证，一切将要变好，并且对我做了一番鼓励。可是后来，在不久之后的一个傍晚，他又用一种完全不同的口气跟我谈话，在我面前的仿佛是截然不同的另一个人。我想：我亲爱的朋友，似乎他们已经用诽谤毒化了你的耳朵；但是我却蹲在黑暗里，毒风从那边刮过来。在另一种情况下，毛威模仿我的口气与态度说："你的脸像这个……你说话的神气像那个。"完全出于恶意；他对这些事很有一套，我应该说，他假装我的样子装得很像，不过他是从憎恨的角度来装的。我回答道："我亲爱的朋友，如果你曾经在伦敦街上被雨淋过几夜，或者在波里纳日冻过几夜，经历过饥饿、绝望、身体发烧，你的脸上或许也会有丑陋的线条，你也会变成一个破嗓子。"

他说了一些只有戴尔斯蒂格才经常说的那些事。我问他："毛威，你近来看到戴尔斯蒂格了吗?"毛威说:"没有。"我们交谈起来,可是过了大约十分钟的样子,他偶然提起戴尔斯蒂格那天曾到过他那里。我想:我亲爱的戴尔斯蒂格,原来都是你搞的鬼,这真是我意想不到的。

我偶尔也去看毛威,他看上去闷闷不乐,相当冷淡。有几次看门的对我说,他不在家。我更少去他那里了,他则永远不再到我的家里。

毛威在他的谈吐中(要是可以这样说的话)表现出他向来那个土头土脑的样子,并且变得心胸狭窄。我曾经画过石膏像,他说这是基本的东西。我不喜欢画石膏像,但在我的画室里挂着几个手脚的模型。有一次,他用一个最坏的学院里的教员也不会有的口气对我说话,我控制住自己的感情,回家以后,我气得把那些可怜的石膏模型都扔到煤箱里,摔成碎片。我心里想:等到不再有活人的手脚的时候,我才去画石膏模型。于是我对毛威说:"老兄,不要再与我谈石膏像了,我受不了。"

随后毛威就向我表示,他将有两个月对我置之不理。但是我那时候并没有偷懒,虽然我没有画石膏像,但我可以告诉你,也必须说明,当我感到自由了的时候,我画得更加兴奋,更加认真。在这两个月快要过去的时候,我就给他写信,祝贺他画完他的大油画。

现在这两个月老早过去了,可是他还没有来找我。从那时候起,戴尔斯蒂格就在中间制造麻烦,使我不得不给毛威写信,我在信中说:"让我们和解吧,不要怀恨在心,互相攻击了;但是要你来指导我,实在太困难了,要我接受你的指导也太困难——如果你要我'绝对服从'你所说的一切。所以这种指导与被指导都要结束了,但是这并没有改变我对你的感激之情。"

毛威没有回我的信,一直到现在我都没有看到过他。

促使我向毛威说明我们必须分道扬镳的,是戴尔斯蒂格确实影响了毛威这一明显的事实。当戴尔斯蒂格对我说,他将要尽力使你停止给我送钱,"毛威与我将竭力使这件事结束……"于是我不再怀疑,而且确实感到:他要陷害我。因为我知道毛威对你给我钱这件事的意见。要是至少能再支援我一年,就实在太好了。

提奥,我是一个有过失与错误且脾气不好的人,可是我从不曾想去抢别人的饭碗或者别人的朋友。我有时候也与人吵嘴;但是由于意见不一致而谋害别人的生命,却不是一个诚实的人应该干的事,至少那是一种不正当的手段。一个人丢开另一个人,并且想方设法使他难以生存,这是欠考虑的、鲁莽的行为,是最恶劣的作风,是不人道的。我是什么样的人呢?我不是别的,只是一个有困难的、努力工作的人。为了工作,我需要平静的环境与人们的同情,要不然,就不可能。

我在今年冬天尽最大的努力拼命奋斗。但是你是否知道，因为（你是知道的）我敬仰毛威，他所带给我的欢乐一下子化为乌有，使我很难受。这对我是一个打击，有时候我的心好像要破碎了。

戴尔斯蒂格对我说："你以前失败了，现在还要失败；说来说去，你终究是成不了事的。"去你的吧——不，现在的情况已经完全不一样了，那种推论只不过是诡辩而已。我不适合做生意，不适合正规的学习，归根结底这并不证明我不适合成为画家。相反地，要是我能够成为牧师或者画商，那么，或许我就不适合画素描与油画，我既不会像做伙计时那样被辞退，也不会被开除。

…………

假如现在把戴尔斯蒂格摆在吉斯特的沙坑前面，工人在那里忙着运水或者搬煤气管，我很想看一看他的脸上会有什么表情，他会画出什么样的速写来。在码头上，在胡同里与大街上散步，在房子里、候车室里，甚至在展览会里来来往往——并不是愉快的消遣，除非他是一个艺术家。所以人们宁愿待在有东西可以画的最脏的地方，而不喜欢与漂亮的太太在茶会上鬼混——除非他需要画太太。

我要讲的是：寻找主题，在劳动人民中间生活，对着自然景物写生，是艰苦的工作，有时候甚至是肮脏的工作。说实话，店员的风度与服装对我确实是最不合适的，或者说对一个不曾与游手好闲的太太以及有钱的绅士谈过话，并且把高价的作品卖给他们赚钱，而只是在吉斯特的沙坑里画挖土的人的画家，是最不合适的。要是我能够做戴尔斯蒂格所能做的事，要是我迁就它，我就不能满足我的作品；我的作品是最好的，我自己是什么样子，在画中也就表现出来那个样子。

我是一个在堂皇的商店里穿着华丽的外套不会感到舒服的人，我现在尤其不会去干那种事；像我这样的人一定会被人讨厌，并且招人讨厌；当我在吉斯特或者在荒地上，或者在沙丘上作画的时候，我就完全是另一个人了。那时候，我的丑陋的脸与破烂的外衣，与周围环境非常协调，我自由自在，画得很高兴。当我穿着华丽的外套的时候，我请来做模特的工人就怕我，对我不信任，或者向我要更高的价钱。

…………

当我去看毛威或者戴尔斯蒂格的时候，我不能够像我所希望的那样表达自己的意见。你现在要以我的名义去告诉他们，事情怎样了；要用超出我能力的话语，用尽量优雅的风度去跟他们说话，告诉他们，他们给我造成了多少苦恼。要使他们认识到这一点，他们不了解这件事的后果，他们认为我是没有感情的与冷若冰霜的。你这样去做了，便是帮了我一个大忙。我只希望他们像原来那样接受我。毛威曾经仁慈地对待我，并且曾经严格地与良好地帮助过我；但是，可惜只有两个星期，实在太短了。

我有些事情要告诉你，是关于我未来的计划，关于我打算怎样继续进行工作的。但是首先你必须到这里来。

今天我碰见毛威——这是在海边的沙丘上。我跟他进行了一次非常痛苦的交谈，这次交谈使我清楚地知道，他与我永远不可能再凑在一起了。他已经走得那么远，现在要返回来是不可能的了。我要他到我那里去看我的作品，然后把事情讲个明白。他直截了当地表示拒绝："我绝不会再到你那里去了，一切全完了。"

他最后说："你的性格坏透了。"

我转过身来就走，一个人回家了。

毛威曾经对我说的"我是艺术家"这件事进行攻击，我不想收回这句话，因为所谓艺术家，当然包含无止境地探索的意思。据我了解，艺术家这个词的意思是，"我探索，我奋斗，我无条件地献身艺术事业"，与"我已经了解它，我已经找到它"的说法恰巧相反。

提奥，我的头上长着耳朵。如果有人说，"你的性格坏透了"，这时候我该怎么办呢？

他们对我有某种猜疑（真是无中生有），怀疑我隐瞒了什么。凡·高隐瞒了某种见不得人的东西！

"我要尝一尝家庭生活的苦乐，以便按照我自己的经验去画它。"

得啦，先生们，你们是一些自视为有漂亮风度与良好教养的人，你们认为抛弃一个女人，或者援助一个被遗弃的人，哪一种更加优雅，更加高尚，更加有大丈夫气概？我所做的事，是十分单纯的与自然的，我以为我可以保留我的看法。我认为每一个有价值的人，在同样的情况下，也会这样做的。

今年冬天，我碰到一个怀孕的女人，她被一个使她怀孕的男人遗弃了。一个怀孕的女人，在冬天的街上来来去去地讨饭，你明白是什么样的滋味。我雇这个女人做模特，整个冬天都画她。我不能够付给她做模特的全部的工资，可是还是替她付了房租，并且，谢天谢地，一直到现在为止，我能够保护她与她的孩子，使她们不挨饿，不挨冻——我把自己的饭分给她们吃。

我开始了一种新的生活，不是有意的，但是因为有一个重新开始的机会，我愿意这样做。

我坚决地说"一心一意只爱她"来表达我对表姐的感情。她的"不，永远永远不"不足以使我放弃我对她的追求。我仍然没有灰心，我的爱情仍然没有死去。但是我的心不能平静下来。它变为使人受不了的一种压力，因为她总是保持沉默，我得不到她一个字的答复。后来我到阿姆斯特丹去了。在那里，他们告诉我："对于你的'一心一意只爱她'，她的答复是'他，我决不同意'；你的执拗是叫人讨厌的。"我把我的手插进灯的火焰里，说："我要看到她，我的手在火焰中能够保持多久就等待多久。"（戴尔斯蒂格后来注意到我的手，这是不足为怪的。）后来他们把灯灭掉了，说："你看不到她了。"他们这样太过分了，我感到对他们所说的乱七八糟的情况没有答辩的必要，我的"一心一意只爱她"已经给断送了。

于是，不是立刻，而是比立刻还要快，我感到我的爱情已经在我的心里死去。一种空虚，一种无边无际的空虚代替了原来的爱情。你知道我是相信上帝的，我并不怀疑爱情的力量，可是我却感到某种"天啊，天啊，你为什么要抛弃我？"，而且一切都使人感到茫然。我想：我曾经欺骗了自己吗？……"啊，天啊，你太不公平了！"我内心的空虚，说不尽的苦痛，使我产生了这样的思想：对啦，我能够懂得那些投河自尽的人为什么要那样干了。但是我绝对不赞成那种行为，我在圣米莱有丈夫气的话里找到了力量，他说："我始终认为，自杀是不正当的行为。"

毛威使我起了变化，使我有了劲。我让自己埋头于工作。然而，在我被他一脚踢开以后，曾经病了几天；在一月底，我遇到克丽丝蒂娜。当我从阿姆斯特丹回来的时候，我感到我的爱情（十分真实，十分忠诚与强烈的爱情）已经给彻底扼杀了——但是它将死而复生。

在短时期中，这个女人变得像一只被驯养的鸽子那样温柔，这种变化确实不是由于我的暴力，而是因为她认识到我不是一个粗鲁的人。这个人已经了解到这一点，她对我说："我知道你没有很多钱，可是即使你只有很少的钱，要是你只跟我在一起，并且让我跟着你的话，我愿意忍受一切；我很爱你，我不能够再单独生活了。"如果有谁对我说这些话，不光说说而已，还有实际行动，从每一件事上表现出来——无疑地，她就是这种人。当时，我在她的面前脱下了我长时间保持着缄默与几乎有点粗鲁的面具。

现在事情发展到这个地步，是这个女人的不好呢，还是我的不好呢？我惊异地看到她一天比一天快乐，更加高兴；她发生这样大的变化，以至于我在今年冬天遇见的那样一个生病的、苍白的女人，变成了好像完全不同的另一个人了。然而我对她的帮助还很少，我只是对她说：做这件事，或者做那件事，你会重新恢复健康的。她没有把我的话当作耳边风，当我看到她并没有那样做的时候，我甚至尽力去帮助她。今年冬天，当我遇到这个女人的时候，她那生病的样子引起了我的注意，她的身体非常衰弱。现在，由于吃简单的食物，由于经常在户外散步，由于经常洗澡，她已经变得健康而结实。可是怀孕时期的日子总是不好过的。

你还记得在宗德尔我们的保姆李恩·维尔曼吗？她就是那种人。她头的样子，她侧面的轮廓线，像是兰德尔的画《耶稣受难的天使》，所以与一般人不一样，她是高贵的，但她往往不是马上引人注目的。当然，她并不完全像这样，我讲这些不过是使你能够设想她面孔的线条。她脸上有轻微的麻点，所以她不再是美丽的了，可是她身体的线条是朴素而优美的。如果你看到过弗兰克·霍尔的大幅素描《被遗弃的人》，我可以说，她的样子就像那幅画里的女人。

我尊重她，是因为她不对我卖弄风情，安静地干自己的事；是因为她勤俭，在使自己适应环境时所表现的良好愿望；是因为她愿意学习，因此在许多方面可以帮助我工作。

或许我对她的了解比对别人的了解来得透彻，因为她有一些使别人讨厌的地方。首先是她说话的腔调很不好听，这是她生病的结果；她常常在读什么的时候，以及运用词汇的时候，由于她所受教养的关系，而跟我们不一样，举个例子说，我们的姐姐威列明就不会像她那样。但是我宁愿她说话说得差一些，这要比嘴上花言巧语、心里无情的人好；事情正是如此，她的心地很好。然而由于神经质，她的脾气发作起来的时候，就会使大多数人受不了。

我了解这些情况，这些事并不使我讨厌，一直到现在为止，我能够处理这些事。她也了解我的脾气。我在作画的时候，由于她所摆的姿势或者别的什么事而使我发脾气，她知道怎样应付，于是问题就解决了。另一方面，当我烦恼的时候，或者处理事情不顺心的时候，她往往懂得怎样使我的心平静下来，而这一点是我自己所做不到的。好像我们之间有了默契一样，我们彼此不找对方的岔子。

她不再是漂亮的，不再是年轻的，不再是风流的，不再是傻丫头——就是由于这些条件，她才是我所需要的人。她不找我麻烦，不碍我的事，她与我一起工作。她不想要这要那，当我们除了面包与咖啡以外，什么都没有的时候，她忍耐着而不叫苦。摆姿势让我画，已经非常困难，可是也还是每天学着做，学得很好，这一点对我来说是很重要的。由于我有一个好的模特，我的素描有了进步。我送几幅素描给你，你看过之后就可以知道，她摆姿势给了我多么大的帮助。画中那个包头巾的女人是她的母亲。这些习作要求有一种相当枯燥无味的技术，我已经为了观察它的效果而这样画，这种画法对我以后没有什么用处。

要是说，我告诉你的关于她的情况，听起来相当沉闷的话，我要说明，这是由于从这件事一开始，我就不是站在种着玫瑰的花园里，而是站在现实中；这是由于我要预先对爸爸与妈妈必定会提出的使人丧气的意见，提出抗议。

关于恋爱问题，我不知道你是不是学习过它的入门书，你是不是以为我太自负？我的意思是，当谁挨着病床坐着，而常常是身无分文的时候，谁对爱情的感受就最深刻。采草莓的时节，不是在春天，而多半是在阴暗的月份。但是人们在阴暗的日子里学得了某些新东西。

提奥，我想娶这个女人，我爱她，她爱我。我要尝一尝家庭生活的苦乐，以便按照我自己的经验去画它。认识了人世间的各种偏见之后，我懂得了，我必须做的事，是脱离我自己的阶级，这个阶级在很早之前就已经下决心要把我排挤出去。但是他们所能够做的就只有这些了。采取这一个步骤，将会造成一个陷阱，我要坚决地"降低"我自己，正像他们所说的那样，可是这样说并没有错，因为世界上就是这样称呼它的。我的生活，好像一个工人；做一个工人，置身于工人阶级，我感到好像是在自己家里一样。我以前就想要这样做，但是那时候不能使它实现。

我很钦佩你有一次所说的："在阶级问题上，世上的人总是偏心眼的，或者是有成见的，他们给上层阶级以无限制的特权。"可是世上的人并不这样争论，并不在人的身上看到"人性"，或者尊重这种"人性"，而只看到他的财产的巨大的价值，他只能在坟墓的这一边时带着它。在坟墓的另一边，世上的人是丝毫不加考虑的。所以世上的人只是尽可能地向上爬。我自己则相反，我把人当作人来同情与嫌恶，至于他的生活条件，我是不怎么去注意的。

如果我不娶克丽丝蒂娜，我最好是不让她独自一个人生活；这是帮助她的唯一的办法。当她独自一个人生活的时候，灾难就要使她退回到她的旧路上去——这条路的尽头是一块悬岩。一个女人在社会上，在我们所生存的时代，绝不可以孤独地一个人生活；这个社会不会不对弱者加以伤害，把他们踩在脚下的。因为我见到过许多弱者给踩扁了，我对许多被称为进步与文明的东西的真实性，产生了极大的怀疑。我相信文明，但是我只相信以真实的人性为基础的那种文明。而牺牲人命的文明，我认为是残忍的，我不尊重这种文明。

我总是不斤斤计较，我心里想，我不制造是非，免得惹人家发脾气。但是对于一些重要的事，人们不应该随大流，也不应该凭自己的意气行事。人们必须遵守作为每一种道德基础的起码的东西；做事要对得住天地良心。克丽丝蒂娜第一个孩子的父亲，对她是很好的；但是他甚至在她怀了小孩以后，也没有与她正式结婚，他说，这是由于他的阶级与他的家庭不允许。克丽丝蒂娜当时还年轻，她还不懂得她现在所懂得的事。那个男人的行为，在上帝面前是有罪的，可在世人的眼中，他是可以被原谅的——"他已经给了她钱"。

现在就在这个世界上，出现了与他的那种性格相反的性格，例如像我这样的。我很少注意世人的见解，正像那个人很少关心他所干的事正当不正当一样。对他来说，只要表现得合适便够了；我认为最重要的，是不欺骗与不抛弃一个女人。

我喜欢克丽丝蒂娜，虽然并不想立刻与她结婚，但是当我更好地了解她以后，问题就愈来愈明白，如果我要帮助她，就一定要严肃地对待这件事。然后我就坦白地对她说："我对问题的看法如此这般，我是如此这般地了解你的处境与我的处境。我是穷人，但是我不是一个专门勾引女人的骗子，你以为你能够与我合得来吗？不然的话，就不要勉强了。"于是她说："虽然你总是那么穷，可是我要与你在一起。"

我现在要给自己开出一条直路来。只要我们能够结婚，她与我都要节省些，尽可能有些积蓄。日子久了，我就可以赚得足够这个女人与我一起维持生活的钱。要是我能够像任何工人那样每一个星期有固定工资，那该多好，我将要为这份工资而拼命工作。我是三十岁，她是三十二岁，因此我们都不再是小孩子了。至于她的小孩，则把她的一切污点都抹掉了。我尊重做母亲的女人。

我谅解她过去的经历，她也谅解我的过去。并不是任何人都适宜做画家的妻子的，她愿意干，每天学着做。从我这一方面来说，只能结一次婚，除了跟她结婚以外，我还能对她做什么更好的事呢？

但是你将会发现，我对于要我去做的任何事，只要不是对克丽丝蒂娜不忠实，都是非常听从的。如果有人反对我住在海牙的话，我是不会死赖在海牙的。我可以找到你所喜欢的任何一个活动的地方，不论是乡村或者城镇。眼前的人物与景色的改变，往往引起我尽力去画他们的强烈兴趣。但是保持对克丽丝蒂娜的忠实，却是一个问题，关于这个问题，我以为"我不可以破坏婚约"。

要是表姐在去年夏天听我的话，她或许不会在阿姆斯特丹那样粗暴地不理我，那么事情的发展就会完全不一样了。现在乱糟糟的生活逼着我前进，如果我要在猛烈的斗争中争取优越的地位，我就要坚决地抓住工作，看到与发现新的东西。过去我只是消极等待。自从我决定了我的工作与我的职业以后，我现在所做的，是积极行动与保持机警。

在生活中正好像在作画时一样：人们必须时时刻刻行动迅速而果断，集中精力办一件事，像电光那样快地抓住事情的大体轮廓。这不是犹豫或者怀疑的时候，手不可以发抖，眼不可以游移，而一定要死死盯住面前的东西。人们必须专心致志地画。在很短的时间内，纸上就会出现那里以前所没有的东西，因此后来的人很不容易了解这幅画是怎样推敲出来的。

行动迅速，是一个在他能够那样做之前就经历过许多事情的人的机能。领航的人，有时候成功地利用大风暴，船不仅没有被击沉，反而完成了前进的任务。这不是我曾经追求的东西，可是它在我的道路上出现，我已经把它抓住了。

每一天，我愈来愈清楚地看到我所取得的进步，在描绘与研究模特方面开辟了一个意味深长的天地。在评论我的时候，也必须考虑到这一点。我的职业允许我这样结婚，如果我处在另一种社会地位，则是不可能的。

没有人关心她与要她，她是孤独的与被遗弃的；我已经收容了她，已经尽我所能对她表示了爱情、温存与关心；她已经感到了这一点，她已经复活了，或者不如说，她正在复活。

我只知道干一样事——画画，她只干一样事——做模特。她知道贫穷的味道，我也知道。贫穷有好处，也有坏处，然而我们却不把它放在眼里。渔民们知道海是危险的，风暴是可怕的，可是他们从来不拿这些危险作为充分的理由，让自己留在岸上。他们把这种哲学留给那些喜欢研究它的人。让暴风雨过来吧，让夜幕降下来吧；危险与怕危险，到底哪一样更坏呢？在我看来，我喜欢现实，喜欢危险本身。

我在夜深的时候写这封信。克丽丝蒂娜身体不好，她到莱登（那里有一个产院）的日子逼近了。

现在危机已经来临。我对克丽丝蒂娜说："姑娘，在你到莱登之前，我能够帮助你。在你从莱登回来以后，将发现我有饭吃，或者没有饭吃，但是我要把我所有的东西分给你与孩子。"第一年中，至少我与她的伙食费要依靠你的供给，所以我每天都生活在无名的恐怖之中。我还是天天作画，不敢订购更多画素描与油画的材料，怕付不起钱，不敢跑得太快。

提奥，这些事情会改变你我之间的关系，会使我们之间产生裂痕吗？如果不会的话，如果我们将继续手拉着手，而不管"世人"反对这些事的话，如果你仍然给我帮助的话，那么就是一种意想不到的、求之不得的安慰，是天大的好事，就要使我高兴得不得了；我尽力撇开这种思想，甚至当我写这些字的时候，我的手也是坚定的，而不显出我的软弱。

要是不幸，这件事在你对我的感情上引起变化，我希望你在撤销你的帮助之前，先给我警告，你要经常把你的想法坦白地、公开地告诉我。

我曾想到"提奥可能会撤销对我的帮助"，这种想法或许是不必要的。可是，提奥，这样的事我见得太多了，因此如果你这样做，并不会减弱我对你的尊敬，因为我将会这样想：他对情况了解得不够；这是由于考虑不周，而不是心怀恶意。

这个冬天毛威态度的转变，对我是一次很好的教训。我死啃住毛威开头所说的话，或者忽然设想，戴尔斯蒂格会考虑到我有过太多不幸的遭遇；我这种想法是错误的，缺乏远见的。我相信，毛威不肯来找我的真正原因是：当谁穷得身无分文的时候，他当然就是分文不值的。在目前这个时代，金钱原是强者的权利。如果你反对某人，对方并不还手，而是让你挨上一拳，也就是说，以"我不再买你的画"或者"我不再帮助你"的方式给你一拳，这是吃不消的。

假如事情是这样的话，我可以拿我的头打赌，我不会反对你；我的生活依靠你的帮助；我的画在你的手里，因为你知道我努力作画，我有某种画素描的能力，我想也有某种画油画的能力，它们自己将会逐渐表现出来的。我处于进退两难的地步：如果我回答"我放弃克丽丝娜"，那么就是让自己干一件卑劣的事；然而我认为隐瞒情况是卑鄙的行为。要是这种可怕的命运一定要降到我的身上，就让它来吧，"斩掉我的头"。但是我宁可不失去我的头,我非常需要我的脑子来画画。

我希望那些对我心存善良的人能够了解,我的行动是从深刻的感情与爱情的需要出发的;轻率行事、妄自尊大与漠然无动于衷,不是开动机器的发条;当我采用这个步骤的时候,证明我是深深植根在地里的。我并不以为我要追求一个很高的地位,或者努力改变我的性格,以求成功。我觉得我的作品藏在人民的心里,我一定要深深地抓住生活。

我不能有别的办法;我不要别的办法;我不懂得别的办法。如果我能够使你了解我,那么克丽丝蒂娜、她的孩子与我自己都会平安无事。

> "我相信自己能成功挣到钱，不求奢侈，只愿辛劳后能有口饭吃。"

一百法郎收到了，我非常感谢你。我渴望着一封你的信。你自己或许迟早总会知道，当你与一个有孩子的女人在一起的时候，一天看来像是一星期，而一星期比一个月还长，如果我对你的了解是正确的，那么我唯一该做的事是安心作画，不要像前些日子那样过多地顾虑这个问题。如果我对这件事想得过多，我便会产生你所说的那种感觉——一个没有研究过透视学的人，在他的风景画中追随难以捉摸的线条，并且想要说明它们的道理，因而产生头晕脑涨的感觉。

为了忘掉这件事，我躺在沙地上的一株老树干旁边，画了一幅树干的素描——我穿着麻布工作服，叼着烟斗，望着蓝色的深远天空，或者望着沼泽与草地，这样我的心便安静下来了。当克丽丝蒂娜或者她妈妈为我摆模特的时候，我也感到同样的平静，我测量比例，试着揣想黑衣服的皱褶下面掩着的长波动线条的身体。这样一来，我就完全安下心来了。

我已经画好两幅素描：第一幅是《悲哀》，画得比上次的大，只有人物，没有一点背衬的东西。模特的姿势有些改变，落在肩上的头发，有一部分绞成辫子，人物画得比较仔细。另一幅是《树根》，画的是沙地上的一些树根。我想在这幅画中表现像那幅人物画一样的感情。树根痉挛地、愤怒地攀在地上，已经被风暴从地里拔出一半来。在那个面无血色、瘦弱的女人身上，也像黑色的多病的树根一样，我想要表现为了生活而进行的斗争；或者宁愿说，我是在不使之哲理化的情况下，按照我所看见的样子，忠实地画下来的——在这两种情况下，某种伟大的斗争就不自觉地显示出来了。虽然《树根》只是一幅铅笔画，但是我用铅笔擦上一层底子，又把它抠掉，看起来有油画的味道。

如果你喜欢这两幅画，它们或许适合你的新房间，我是为你的生日而画的。

我不是说这一点来催你的，而是想，把我的这些素描挂出来没有坏处（像你所担心的那样），我以为这对到你房间里的人是合适的，可能成为卖出这些画的开端。当那里有同一个人画的许多不同的画摆在一起的时候，它们看起来最有效果，每一幅画对别的画都起着解释与补充的作用。我认为最好用灰色的衬纸托起来。这样一来，你便逐渐有了一个小小的收藏了。我认为最值得珍贵的，是你的知音；如果我能够赢得这一着的话，跟着画就卖得出去了。但是这种知音不能够由你或者我强加于人。如果你说，这些画还不够成熟，那么我就继续画，而不把它们送给你。我必须有很多经验，必须更好地学习，问题在于需要时间与坚持到底的精神；可是我想，你应该开始每一个月收下几张素描。过些日子，我就可以画上五幅这样的画；但是人们可以设想，在二十幅画中，只有一幅是成功的，每一星期有一幅我认为是"好的"作品。我做我所能够做的。

魏森勃鲁赫已经看到我那幅大的《悲哀》，告诉我一些使我高兴的事。因此我像敢于画这些画那样，敢于发表我的意见。他们全都批评画法，但是他们说的全是老一套的东西，例如关于英国素描。首先，我也不了解英国素描，可是我正在不嫌麻烦地去熟悉它们。从我的眼光看来，英国艺术往往是艺术的一种最崇高表现，例如米莱斯、赫可麦与弗兰克·霍尔。

对我来说，别人的"指点与教导"根本无从说起，我是自己教自己。从表面上看起来，我的画法与别人不一样，这是不足为奇的，但是这不能成为我的作品仍然卖不掉的原因。在我面前放着一幅画着一个穿黑色麦利奴服的女人的素描，我知道，如果你看它几天，就会对这种画法习惯起来，而不希望用别的画法来画这幅画。我确实感到，大幅的《悲哀》《吉斯特的老太太》与《老人》等画，往后总有一天会找到买主的。当别人不帮助我的时候，你开始不计成效地帮助我，如果帮助的结果使你可以对那些认为这是件傻事的人说，你对我的帮助并没有白费，那么我就会感到高兴了。这种想法鼓励我更加努力地工作。

提奥，因为有人对我说，"你已经误入迷途了"，那么是我所走的路不够正确吗？西爱姆叔叔经常谈起正确道路的问题，戴尔斯蒂格与牧师也是这样的。但是西爱姆叔叔说德·格鲁也是一个坏家伙。我心里想，如果他们不用谈论我的"道路"来麻烦我，而是给我的素描打打气，他们便做了一件大好事。你可能要说，西爱姆叔叔鼓励过我，可是让我问你，他为什么不兑现他所许下的诺言呢？

毛威对我说："你的叔叔给你订了那次货，是因为他到你的画室去过一次；你必须了解，这件事并不说明什么问题。这是第一次订货，也是最后一次订货；然后，谁也不注意你了。"提奥，你必须知道，我忍受不了这样的事；特别由于西爱姆叔叔已经说过关于订货的一些话，我的手好像瘫痪了一样地垂下来。我已经为三十法郎而替他画好十二幅素描。实际上这些画所费的劳动价值，不止三十法郎，我并不以为我应该把这些钱当作对我的施舍。我为新的几幅画伤透了脑筋，我没有偷懒，我已经为这些画画了一些习作，现在把它搁下来了。

画家之间应该有一种比较好的感情，现在却彼此吞噬。有一些大人物，他们有别墅与飞黄腾达的计划。我宁愿留在吉斯特，或者在任何阴暗的、简陋的、肮脏的胡同里，我在这里永远不会感到烦恼；但是我在那些好房子里却感到不自在，感到讨厌。那时我就要说："那不是我住的地方。我不再到那里去了。"

我不了解毛威；永远不再与我发生联系，对他来说是称心如意的。

感谢老天爷，我要干我的工作；但是我的作品赚不了钱，我需要金钱，才能够进行创作，困难就在这里。我以为在我的作品里并没有表现出我将要失败的征兆。我不是一个工作得慢条斯理的人。画画变成我热烈的希望，我愈来愈狂热地使自己一心一意画画。我对自己的前途没有一个伟大的计划，要是我的心里一下子燃起了追求没有忧虑的生活、追求一帆风顺的欲望，我每一次总是心甘情愿地返回麻烦与忧虑的、充满艰苦的生活中来的，而且我心里想：这样才好，我从艰苦的环境中学到很多的东西，有了进步。这不是一条使人毁灭的道路。我只是希望这些麻烦与忧虑不要变得无法忍受下去，我相信自己能成功挣到钱，不求奢侈，只愿辛劳后能有口饭吃。

半月来我的身体不好。我有好几夜发烧与神经衰弱，睡不着觉；但是我强制自己出去走走与作画，因为这不是躺倒生病的时候。克丽丝蒂娜与她的妈妈搬进了一间较小的房子里，因为当克丽丝蒂娜从莱登回来之后，无论我在什么地方，她将与我住在一起。这是一幢带着一个院子的小屋，我想在这个星期画上一张素描。

三月那个时候，医生未能明确地说明，她将在什么时候分娩；可是他现在说，可能在六月底。他这时向她提出许多关于她跟谁一起生活的问题，从他所说的话看来，我确信我的猜想是正确的：如果她继续在街上走的话，她将丢掉她的命，当我在这个冬天遇见她的时候，正及时地给了她所需要的帮助。她感到她自己比三月那时候要好一些；孩子的衣服已经准备好了——当然是最简单的。

我不是生活在空中楼阁里，而是在平凡的现实里，人们在这里一定要凭坚定的意志行动。如果我今年每个月能够有一百五十法郎的收入，那么我便可以有更好的精神从事创作了。如果我明确地知道你要取消对我的帮助，那么这便很不幸。这样做对你或者别的什么人会有什么好处呢？那时候我便要受到打击，克丽丝蒂娜便要吃苦头。

连着三个夜里都是狂风暴雨。上星期六晚上，我画室的窗子给弄坏了（我所住的房子裂缝严重），四块大的窗玻璃都打碎了，框子也扯散了。风穿过草地猛袭而来，我的窗子首当其冲——墙上的画被扯了下来，画架翻了，楼下的栏杆也给推倒了。在邻居的协助下，我终于用绳子把窗子捆上了，破洞至少有三平方米，我钉上了一条毯子。为了把窗子安上，我费了很大的劲，因为那是星期天。房东是一个穷鬼，他给了我玻璃，我付了安装费。

我希望搞到挨着这座房子的另一座房子。那座房子的确够大，因为它的阁楼可以弄成一间寝室，画室宽大，光线亮，比现在的这座好得多了。房主人愿意把它租给我，他已经与我谈过一次。房租是十二个法郎五十生丁一个月，那是一座结实的、盖得很好的房子，租金之所以这样便宜，是因为这是冷门货，房主人所盼望的有钱人不肯住在那个地方。但是你一定知道，我不会向你要什么东西，我只希望你仍然像原来那样对待我。

这半个月的日子，对我来说是不好过的。现在是五月中旬，我给面包店付了钱之后，就只剩下三个法郎了；除了不涂油的黑面包与一点咖啡以外，我就没有别的东西可吃了，西恩也是这样，因为我已经给孩子买了一些东西，她已经到莱登去了。六月一日，我将要付房租，我将不剩下一个子儿，确确实实地没有一个子儿。房东不允许我延期付款，但是他可以马上卖给我拍卖的家具。我说，让我们无论如何也不要招惹公然的诽谤了。

我接到爸爸与妈妈寄来的一封仁慈的信，要是我能够相信这种感情将继续维持下去的话，我就会非常高兴。在他们了解所有这一切情况之后，他们仍然还会这样和蔼地对我说话吗？我怀疑他们判断道德问题的能力。他们的不承认，一定会使我伤心，可是它无法使我停止，或者阻挠我的行动。

十分感谢你的信，与信中附来的东西。你把你对西恩的想法坦白地告诉了我，我感到高兴。你说，她是搞通奸，而我则是让自己给她摆弄。我能够理解，你假设那样一件事，因为那样的事是常有的。你说，在克丽丝蒂娜与我之间已经发生过的事，使我娶她已经没有必要了。我们对这个问题的想法是这样的：我们俩盼望过家庭生活，我们俩彼此都需要每天在一起工作，每天生活在一起。如果我们不结婚，别人就会风言风语；如果我们结了婚，我们很穷，又放弃了虚伪的功名富贵，可是我们的行为是正直诚实的。

我与西恩的情况是，我真心爱她，她对我也一样。我对她的感情要比去年我对表姐的感情差一些，可是像对西恩那样的爱，是我唯一还能够胜任的事。她与我是两个不幸的人，她跟我待在一起，分担我们的忧患，这样一来，苦事变为乐事，无法忍受的变为可以忍受的了。她的妈妈是一个小个子的老太太，完全像弗列尔所画的那些老太太一样。她精力充沛，多年来支持着一个有八个孩子的家庭。她不愿意依赖别人，她使自己像打杂的女工那样过日子。

现在你已经十分明白，要是家里人不计较的话，只要我仍然对她忠实，我是不太关心结婚形式的。可是，我很明白，爸爸是很重视这件事的，虽然他不同意我与她结婚，如果我与她不结婚而同居，他会认为更加糟糕。他们会说："你这样结婚有失你的身份，你太不体面了。"我的回答是，如果我过着上等人的生活，结果就要更坏。但是由于我的生活方式是非常朴素的，两个人一起生活比一个人生活还要省钱，是办得到的。

爸爸的意见只好搁在一边了。我已是一个三十岁的人了，我的额头和脸上已经有了不少皱纹，看起来好像有四十岁了；我双手的皮皱得更厉害，可是爸爸以他自己的眼光来看我，把我当作一个小孩子。在一年半之前，他在给我的信中说："你还没有成年。"

他时常对我说，我学习的费用比谁花得都大。在这种情况下，我肯定不能向他要钱。西恩与我有起码必需的东西。我在卖不出画的情况下，我们唯一不可缺少的，是你给我付房租、买粮食、鞋子、绘画材料等日常开销的一百五十法郎。我所要求的只有一件事：答应我，让我去爱并去照顾我可怜的、有病的、被虐待的小个子的妻子；不要让父母，也不要让贫穷拆散我们、妨碍我们与伤害我们。

我告诉你，我时常想家，可是，唉，没有机会；我不把想家这件事透露给爸爸与妈妈。我们首先要努力把事情着手干起来。我认为他们不是艺术的行家，他们对画得四平八稳的作品非常喜爱，至于粗糙的速写（如果你在这里，就会知道）则使他们头痛（至少可以这样说）。他们是否会平心静气地接受这一点，主要看你对他们说些什么而定。

你提到预测一宗遗产的问题，这是行不通的，理由是，据我所知，那里没有可让我继承的东西；我以为家里的确没有什么钱。唯一能够让我继承遗产的人（他的情况完全不一样）是文森特叔叔，因为我采用了他的名字，可是几年来我与他的关系弄得坏极了。

我的好兄弟，我不希望发生"戏剧性的"场面，那些具有某种不合时宜智慧的人，不会对我与她共同生活进行干涉。归根结底，要是在我对克丽丝蒂娜的行为中有什么优点的话，这主要都是你的光荣，因为我过去与现在都只是一个不能独立生活的人，如果没有你的帮助，我是无能为力的。

如果现在你要说："凡·高，你最好考虑一下前途与《晾鱼的仓库》。"我便要这样答复："我的亲兄弟，你说得对。"正是因为这个，我才画素描，你马上就会认为这是一个证据，证明了我最喜欢沉醉在自然与艺术里。

当然，只要你告诉我这件事没有什么不对，那么我就要坚决完成西爱姆叔叔的订画。为了画出六幅好画来，我除了已经画成的那些之外，还要画六幅以上的画。我不知道从这些画上可以赚到多少钱，但是我将尽力把它们画好，我想在六月拿到钱。

西恩与我连续几天在海岸的沙丘上，从早到晚过着真正吉卜赛人的露营生活。我们带着面包与一小袋咖啡，并且从什温宁根开小店的女人那里弄到一些开水。那个女人与她的小店美丽如画，非笔墨所能形容。我到那里的时候，是在清早五点钟，那时候街道清洁工人正在那里喝咖啡。我的好兄弟，这是一个多么好的绘画题材！！！要叫所有这些人摆姿势让我画，将要花很多钱，可是我很喜欢画这个题材。

我现在早上四点钟就在室外作画；白天由于行人与小孩的关系，很难在街上画画。那时候正当万物显现，是观察伟大线条的最好时刻。我今天寄给你两幅素描。什温宁根沙丘上"晾鱼的仓库"，与从我画室的窗子看到的"木工的工房与洗衣房"。

…………

如果你的衣橱里有你不要的但适合于我的一件外衣与一条裤子，如果能够给我的话，我会很高兴的。因为当我买衣服的时候，我尽可能买那些适于在沙丘上或者在家里工作的，我上街穿的衣服已经破烂不堪了。当我工作的时候，穿着平常的服装出去，并不害臊；穿着寒酸的、高雅样式的绅士服装，我才真会感到害臊。我的工作服之所以没有彻底完蛋，只是由于西恩对这些衣服的照顾，她做了一些必要的小缝补。

我长时间地观察西恩给你造成的印象。她没有一点惊人之处，她只是一个普通的平民妇女，她与我比较起来，有些高尚的性质；谁要是爱上一个平凡的人，而且被她所爱，尽管生活苦些，却是幸福的。

要是我没有遇上西恩的话，或许我已经变成一个冷淡的、对什么事情都抱怀疑态度的人了，但是我的工作与她，使我保持着积极进取的精神。我必须补充一点：由于她忍受得了画家的生活所带来的麻烦与苦恼，并且愿意给我做模特，我认为我跟她在一起，要比娶表姐更能使我成为一个优秀的艺术家。

我已经知道，我的少数几张素描有卖掉的可能。西爱姆叔叔所订的画，快要完成了。

星期六那天，拉帕来看我：他在这里，我很高兴。他是一个理解我抱负的人，他洞察一切困难。他在一堆画中看到我为西爱姆叔叔所画的素描，这些素描似乎引起了他的兴趣，特别是画着西恩的妈妈所住院子的那一幅。我希望你也能够看到那一幅素描，以及另一幅画着木工房与忙碌工作着的人的画。我从他那里收到二法郎五十五生丁，因为他在我的一幅素描上看到一条裂缝时，对我说："你应该把它补一补。"我说："实在该补，可是我没有钱。"于是他毫不犹豫地答道，他愿意把补画所要的钱给我；他还要给我更多的钱，但是我不肯要，我送给他很多木刻与一幅素描作为交换。

那幅弄破了的素描是为西爱姆叔叔画的，这是为他画的那些素描中最好的一幅，所以补这幅画的钱等于雪中送炭。这幅素描在以后或许要卖到五十五法郎上下。

我希望最好能够有一些别的人，使我可以按照像我与西爱姆叔叔所订的同样条件画一些画。我尤其希望西爱姆叔叔能够继续向我订画，因为这批素描画得比以前的好，不久我会画得更好。按照那个价钱，他的确是买了便宜货。

现在海耶达尔已经看过我的《悲哀》，但是我很想让一个像亨利·派尔那样的画家看到我最近画的三幅素描。我很想知道，这些画是否会使他感动，这些画是否会引起他的共鸣。

…………

今天西爱姆叔叔那里来了消息，我收到了他一张二十法郎的邮局汇票，但是没有信。所以我无法知道他是否喜欢这些画，他是否还向我要一次新的订货。把这次的钱与第一次所付的三十法郎相比较，仅就这一点而论，这一次要来得更有用些；我以为西爱姆叔叔在收到画的时候心情不佳，或者是为了别的什么原因，他对我不高兴。我毫不犹豫地承认，对只习惯欣赏水彩画的眼睛来说，用钢笔涂出来的，用橡皮擦出亮地方的，或者用不透明色盖上去的素描，一定会感到有些粗率。但是有人不害怕这种粗率，正好像有人认为对一个健康的人来说，在暴风雨中出去散步常常使人愉快，并且鼓励精神一样。例如，魏森勃鲁赫就不以为这两幅素描不舒服或者没有味道。

我没有想到，西爱姆叔叔对这些画竟比以前那一次少给我十个法郎。但是，如果他同意我为他画另外六幅或者十二幅素描，我一定会画的，因为我决不错过任何一个卖画的机会。我将尽力讨他的欢喜，只要有钱可以付房租，使我的情况稍为变得好一些，这将是值得的。

近来我时常想起你，也想起很久以前，有一次你到海牙来看我的时候，我们一起沿着雷斯维克大路散步，在那个磨坊里喝牛奶的情形。当我画这些素描的时候，这件事不知怎么影响了我，我曾经想尽量把画中的事物画得自然些，真的像是在我跟前所看到的那样。

回顾一下在磨坊的那些日子，我时常感到是多么激动人心啊！要把所看到的与所感到的东西画在纸上，对我来说是不可能的。可是我以为，时间所带来的变化并没有改变我心中的感情，这些感情只不过是在另一种形式中发展而已。我生活不如以前那样欢乐，但是我不愿意吃回头草，因为经历了那种非常苦恼与不幸的逆境之后，我已经看见一线曙光，换句话说，就是把那种感受表现出来。

"我的面前摆着一条康庄大道。"

当你来看我的时候（或许在六月底），我希望你将发现我重新开始工作了。但是我暂时得住在医院里，我打算在这里只住两个星期。三个星期以来，我患了失眠症，略微发烧，膀胱有病，因此我必须在此卧床静养，必须服许多奎宁丸，并且必须时常打针，不是蒸馏水就是明矾水。我的情况丝毫不严重，但是你知道这种情况是不可忽视的，应该马上就注意这些病，因为忽视将会使事情更糟。我请求你不要与别人谈这件事，因为人们往往要夸大事实，搬弄是非。我只把我的不幸老实告诉你，如果有谁直接向你问起我的情况时，你不必为此保守秘密。无论如何，你不要为这件事着急。

西恩在医院允许看望病人的日子来看我，她看管我的画室。她准备到莱登去，因为我认为她现在最好住在医院里。但是她为了我而留在这里，我没有答应她。我时常想念她——我希望她平安地渡过难关。

我已经尽我所能地与疾病进行斗争，继续工作，可是最后我感到需要马上去请医生。我已经预付了住院两个星期所需的全部费用十法郎五十五生丁。一个病房里有十个病人，我可以告诉你，医院对我们的各方面都照顾得非常好。总之我不感到烦心，绝对有效的药物治疗使我解除了痛苦。

在我刚到这里的时候，爸爸来看过我。这是一次匆忙的短时间会见，我没有机会与他长谈。我宁愿他在别的时候来看我。病倒在这里这件事，是非常奇怪的，我以为有点像是做梦。最近从家里听到几桩事，使我很高兴；有一件事使我对于他们对我的感觉放下心来。他们送给我一整包的东西，有衬衫与外衣，有雪茄烟，还有十个法郎。我说不出多么感动，这件事完全出乎我的意料。但是他们还是什么都不知道。我虚弱无力，提奥，为了恢复健康，我需要绝对的休息，因此一切有助于安宁的事都是值得欢迎的。

但是在我来到这里以前，我想得比我现在的情形还要糟糕。今天早上医生又告诉我，我很快就会好的。

在我动身之前，我收到西爱姆叔叔的一封信，他写了一大堆他对我所感到的"好奇心"，他说戴尔斯蒂格先生对我也有这种好奇心，但是他不赞同由于戴尔斯蒂格的好奇心而引起的我对他的不高兴的态度。我很平心静气地躺在这里，但是我可以告诉你，提奥，如果再有什么人怀着那种戴尔斯蒂格在某种场合对我表示过的好奇心来看我，我肯定要发火。

…………

从病房窗口看到的风景非常漂亮：运河上的船坞，装着土豆的船，背景是一些被工人拆毁的房子，花园的一部分，远处是成排的树木与路灯，一个与花园连接的很复杂的小院子，最后尽是屋顶。这一切形成一幅鸟瞰图，特别在傍晚与清晨，透过光线，效果是神秘的，好像鲁伊斯达尔或者凡·德·威尔画的风景画。我不能把它画出来，因为我被禁止离开床位，但是我无法抑制自己在每天傍晚起来看风景。

休息对我有好处，使我静心，使那种近来搞得我心绪不宁的神经衰弱消失了。病房里有趣的程度至少不次于三等候车室。

我可以告诉你，我长期梦想看一看树木花草与呼吸一下新鲜的空气。我在这里已经有两个多星期了，我又预付了下两个星期的住院费用，但是如果诸事都顺利的话，我可能在八天或者十天之内离开这里。我并不如医生所期望的那样快地恢复健康。今天早上我问他，是不是由于并发症的关系而使病情恶化。他说不是，但是休息与留院是必要的。

我可以读书，但是我的书不多。对我来说，不能做一点事，眼看着光阴虚度，是一种非常奇怪的感觉。

西恩在莱登。我一想到她必须离开，就变得紧张不安，这件事使我旧病复发；当我心绪不宁的时候，危机便产生了。她在那里很孤单，我很想去看她，她的日子太不好过了。我们男人有什么痛苦可以与妇女生小孩时可怕的痛苦相比呢？她们在忍受痛苦这一点上是我们的老师。一直到昨天为止，她定期来看我，带给我一些熏牛肉与糖或者面包；我现在已经不需要她这样做，这件事使我很气闷。我很遗憾，我不能到莱登去，带给她一些她可能需要的礼物，因为人们在这里所得到的食品并不特别好。

除了西恩、她的母亲与父亲以外，我没有见到别的人，这实在是件好事。戴尔斯蒂格先生曾经出乎意料地来看过我，虽然我们没有谈什么特别的东西，但是这次会见使我大大地开心。几天过后，伊特生也来了，但是我没有把这件事放在心里；后来扬·凡·高也来了。我时常不自觉地想起，现在的情况与去年冬天我初次到毛威家里去时的情况比较，显得多么寒碜。这件事刺伤我的心，使我苦恼，虽然我试着把全部思想像从船上扔出压舱的石头一样从脑子里扔出去。

我曾收到雷巴德的一封信。当然，我马上还给他二法郎五十五生丁；以后他又回我一封信，并且重复着说他说过的关于我素描的意见：他喜欢这些素描，并且为这些素描所感动，这是由于这些素描的风格、情趣与个人特点的关系；他还提议，只要我画出一些来，就寄给他，他认为他可以找到买主。这件事使我开心；当谁听不到有人说这幅画或者那幅画是好的、充满情趣与个人特点的时候，他是会灰心丧气的。

这几天我初次从床上下来。要是我恢复健康，那该多好！要是我能够在这里工作，我多么愿意在病房里画一些写生习作啊！这里有一个长得好像庄严的圣徒哲罗姆一样的老人：一具瘦长的、肌肉发达的、棕色的、皮肤起皱的身体，有特别的、明显的关节骨，没有办法要他给我当模特，使我感到伤心。医生长得正如我所想的那个样子：他的头好像伦勃朗画中一些人的头——一个光亮的脑门，与一种有同情心的表情。我想向他学习，将来做到像他掌握病人那样掌握我的模特。他多么清楚地懂得怎样打消他们的顾虑，并且像他所希望的那样正确地了解他们！我相信，这个病房里的医生比高级病房里的医生的脾气要稍为暴躁一些。或者他们在这里比较不怕稍许伤一点病人的感情。我想，这样反而要好些。

我去看了西恩。这是一次特许的情况，因为我请求医生，是否可以允许我短期离开，以代替在花园里的散步。现在我刚回到我的画室。我无法告诉你，我的身体重新变好，我是多么高兴；我也无法告诉你，在我从医院回来的路上所见到的一切是多么美丽——光线似乎更加明亮了，空间更加无穷无尽了，每一种事物与每个人都更加重要了。但是在完全恢复健康以后，我感到最高兴的是我对绘画的爱好，以及我对周围事物的感觉又复活了——这种感觉在长时间内几乎绝灭，并且留下极大的空虚寂寞。我几乎有一个月没有抽一口烟，现在好像重新找到了老朋友。我无法告诉你，在我从周围摆着尿罐的环境中出来，坐在这个画室里的时候，心中有多么高兴；虽然医院也美，很美，特别是花园，那里有那些逐渐恢复健康的人，男人、妇女与儿童。

但是我的身体仍然还有麻烦，下星期二我还要到医生那里去，把我的感觉告诉他；他曾经告诫我，我应该在医院里再住两个星期。算了，这只是人生的一件小不幸。无论如何，只要不返回医院就算是好运道了。

我去过莱登。西恩的母亲与小女孩跟我一起去。你可以设想，我们没有听见我们所要知道的事多么着急；而当我们听见了"昨天夜里生了小孩……但是你不可以与她长谈"的时候，我们是多么高兴。我永远忘不了那句"你可以与她谈话"，因为它可能是"你将永远不再与她谈话"。当我看见她的时候，我多么高兴。她睡在窗旁，在窗口可以俯视充满阳光与绿荫的花园。她看到我们也很高兴，她有一会儿是清醒的。我们正好在她产后十二小时到达，难道这不是很碰巧吗？每一星期只有一个小时允许会见来访的人。小孩，一个很有趣的小家伙，以一种老于世故的神气躺在摇篮里。

她吃了大苦头，情况曾经十分危险。这些医生多么能干啊！但是当她见到我们的时候，她忘掉了一切，她甚至告诉我，我应该马上重新开始画画。我没有仔细考虑，她的预言是否会完满地应验。由于我自己也吃过一些苦头，所以我不感到遗憾，这要比我是一个完全健康的人站在这里好得多，因为在那种情况下，痛苦就分担得太不公平了。这已经是不幸中的大幸了。但是暗影仍然吓人地笼罩着我们，大画家阿尔布雷特·丢勒在那幅美丽的铜版画中把死神放在年轻夫妇的后面，证明他对这一点是有充分理解的。

提奥，如果没有你的帮助，西恩可能活不下来了。由于多年来的忧烦劳顿，她的身体已经垮了；但是现在，当她不再过那种日子的时候，情况就会变化。当她摆脱了所有那些不幸的时候，在她的生活中将要出现一个崭新的时期；虽然她的青春不复返，那些日子过得索然无味，但是她的年轻时代还是比较值得骄傲的。你知道仲夏的时候，酷暑过去了，树林是怎样更新的，新的嫩芽长出来——一批新的嫩绿的枝叶，代替了老的、因气候变化而凋谢的枝叶。

…………

我并不想像去年那样征求爸爸与妈妈的意见。提奥，你知道爸爸与妈妈并不是了解我的人——不论是对我的错误，或是对我的优点。他们不能体会我的感情。我有一个愿望：我希望好好地搞，以便下个月能够积下十个或者十五个荷兰金币，然后我就请爸爸用我的钱再来这里，与我一起住几天。我希望爸爸能够对我的前途有一个新的、明白的印象，或许我会由此而获得足够的勇气，使他深信不疑我对他的感情。提奥，你瞧，我知道能迅速、实际而有效地使我们互相了解的，最合适、最正确的道路或者方法。

我要让他看看西恩与她的小孩（这个小孩是他不希望有的），以及整洁的房子与摆满了我正在画的作品的画室。总之一句话，我将要告诉他，今年冬天在她怀孕的时候，西恩与我是怎样挨过那段艰苦时间的，你是怎样真诚地帮助我们的，她对我是如何重要，首先是由于环境在我们之间安排的爱与感情，其次是由于她怀着好意与平常的感觉尽力在工作中帮助我。因此她与我衷心地希望爸爸赞成我娶她为妻。

除说"娶她"之外，我不能说别的话；因为结婚仪式不是使她成为我妻子的关键，我们由相爱的带子结实地连接在一起。我曾经对你说过，我要与西恩结婚，这件事要尽快地进行。关于这个问题，你说：不要与她结婚。你以为西恩在愚弄我。我不想直截了当地反驳你，因为我曾经相信，我现在仍然相信，日子久了，你会逐渐喜欢西恩的。我只是再三说明：她与我之间有着婚约，我不希望你把她看成情妇，或者是一个我不计后果而与她私通的人。这个婚约是双重的：第一，照俗约举行的结婚；第二，同时通过平均负担每件事来做到互相帮助。按照家里人的看法，目前最重要的大概是照俗约举行婚礼；但是对她与我来说，这是次要的。

我计划把整个照俗约举行婚礼的问题无限期地搁置起来，或者等到我依靠出售了的作品每月收入一百五十法郎，而不再需要你帮助的时候。我向你，并且只能向你提出请求，我将暂时不按照俗约举行婚礼。提奥，我只希望，我告诉你的事情将能向你表明，在每件事情上我都不需要自作主张，我要尽量服从你的意志。我所需要的，是挽救西恩的生命，与她两个孩子的生命。我不愿她陷入我初见她时那种贫病交加的可怕境况。我不愿她始终感到自己是被抛弃的与孤苦伶仃的。我已经负起这个责任，我还要继续负起这个责任。

当我与西恩在一起的时候，我有一种家庭的温暖感觉，一种她给了我一个家的感觉，我们的命运是交织在一起的。这是一种真心诚意的深厚感情，严肃，而且带着一种她与我以往悲惨日子的暗影，好像有一个鬼在恐吓我们，我们终生要跟它做斗争。同时对于她，我的思想上感到非常平静、开朗而欢畅，我的面前摆着一条康庄大道。

唉，要我像爸爸与妈妈那样，把我去年的恋爱设想为一种幻象，是困难的，非常困难，但是我说："即便它永远不会成真，但它曾经存在过。"它不是幻象。但是我们的观点不一样。我只希望能够知道表姐为什么那样行动，我的父母与她的父母那样断然地与凶狠地反对究竟是怎么回事，他们说得虽然不多，但是完全没有温暖与强烈的同情心。现在的情况就是这样，这已经成为一条愈合拢却愈深刻的伤痕。

那么，今年冬天我能不能够马上感到一种新的"爱"呢？确实不可能。但是，我内心的这种人的感情是不会熄灭的，我的忧伤唤醒了一种同情别人的需要，这是错误的吗？所以在我看来，西恩首先是一个像我一样孤独而不幸的同病相怜的人。无论如何，只要我自己还有一点心，我是能够给她一些实际有效的支持的；这一点，也是使我还没有沉沦下去的一种刺激。

可是不久，我们的感情逐渐转变为一种相互的需要，这样一来我们就受不了离散之苦——这便是爱情。西恩与我之间的感情是真实的，这不是梦，这是现实。当你来的时候，你将会发现我不是灰心丧气的或者忧愁悲伤的，你将进入一种合乎你心意的氛围——一间新的画室，一个新兴的家，一个神秘、奥妙却生根于现实生活的画室，一间有一个摇篮与一个婴用高椅子的画室，这里没有死气沉沉，这里的每一件东西都鼓舞人积极行动。我已经付了我应该付的钱，即使在这种情况下，我也不能没有你的帮助，而你的钱并没有被浪费掉。你的钱使我画出愈来愈多的画。

　　短期住院后，我又重新投入工作，抱着婴儿的妇女便是我的模特。在我看来，这是很明白的，如果谁要想表现那种使人感到亲切的家庭生活（一个抱婴儿的母亲，一个洗衣女工，一个女裁缝，或者不论她是什么人），那么他就必须生活在现实的家庭里，通过不断的实践，学会让这种感受在家里体现出来。试图扼杀这种感觉，无异于自杀。画室与家庭混在一起是没有坏处的，对一个画人物的画家来说，尤其是这样。我丝毫不差地记得奥斯塔德所画的小幅钢笔素描画室内景，大概就是他自己房子的一些角落，这些画充分地表明，他的画室好像是人们在那里找得到东方武器与花瓶以及波斯地毯的小房间。因此我说："前进"。尽管有黑影、忧虑、困难——天哪，往往都是由七嘴八舌惹起的。

　　不要认为，我自以为是十全十美的，或者认为，我自以为没有许多人把我看作讨厌的人的那种特点。我时常会陷入可怕的忧郁、烦躁，渴求同情——而当我得不到的时候，我就会态度冷淡，说话刺耳；我甚至经常火上浇油。我不喜欢交朋友，要我与别人混在一道，与他们说话，往往是痛苦的与困难的。但是不晓得你是不是知道原因——全部的或者大部分的原因？只不过是由于神经过敏；我在肉体上与精神上都极其敏感，在使我的健康受到损害的这些不幸的年代中，我变得神经质了。如果去问一个医生，他马上会懂得，在那些渴望得到食物而消磨在寒冷街道上的夜晚，因失业而引起的连续紧张，与朋友及家里人之间关系的疏远，至少是造成我怪脾气的四分之三的原因，那时讨人厌的怪脾气与意志消沉的时期都要归咎于这一点。可是我还有好的一面，他们能不能够由于我好的一面而信任我呢？

　　这是我返回医院之前的一个夜晚。时间已经不早了；画室里静悄悄的，但是外面是暴风雨，它使室内显得更加寂静了。好兄弟，在这个寂寞的时刻，我多么盼望你能够与我在一起啊！我将有多少话对你诉说啊！

　　好兄弟，这些日子我经常极其频繁地想念着你。首先，这是由于我所拥有的一切，我实实在在有了的一切，都是属于你的，甚至我自己的精力与对生活的爱，也是你所赐的；由于你的帮助使我现在能够前进，我感到工作的力量正在我身上滋长。但是我时常想念你却还有另外一个原因。我懂得，只是在一个很短的时间之前，我所进入的房子还不是一个真正的家。这里没有妻子，也没有小孩。我不知道，你是否有这种情绪，当人孤单的时候，常常被迫发出呻吟或者叹息：上帝啊，我的妻子在哪里？上帝啊，我的小孩在哪里？孤身一人是值得的吗？

这里没有上帝,这可能是事实,但是在不远的地方一定会有一个,在那种时候人们会感到他在场;当人们说(我毫不犹豫地发表这项真挚忠诚的宣言)"我信仰上帝,男人不可孤身一人,而要有妻子与小孩,这一切才是正常的,这是上帝的意志"的时候,情况便是这样。

我希望你将会了解我已经做过的事,把它看成理所当然的。好兄弟,人们在西恩身上所看到的只是一个母亲,与一个普通的家庭主妇,此外再也没有什么了。她正好就是这样的,我感到她自己对这一点很明白,因为她了解问题的另一面。

我信任你,我知道,尽管我的神经过敏,在我们的性格中有一种稳静的共同点,所以我们都是不快乐的;这种稳静是由我们对自己的职业与工作的真心诚意的爱所引起的,艺术在我们的心里占有一个很大的位置,使我们的生活变得有趣。

我最后购买的东西,是几样碟子、叉子、匙子与刀子,我想另备一套给你与爸爸来看望我的时候用。因此你在窗边的位置,你在桌子旁的位置都已经安排好了。你一定会来的,对吗?

好兄弟,如果你来到一个充满着生气与活力的家庭,知道你是为这个家庭捐助基金的人,会不会给你造成一种满意的特殊感觉呢?你了解,我的生活不经常是快乐的,现在由于你的帮助,我的青春又回来了,我真正的"我"得到发展。我只希望你记住这次巨大的变化,即使人们仍然认为你帮助我是在干傻事,也要记住它。我希望,你将继续在我目前所画的画中看到一些萌芽。

我已经在医院里见到医生,他告诉我不要再回医院了。今天下午我送给他一张水彩画,表示我的谢意。画中是一个正在打毛线的什温宁根姑娘,是我在毛威的画室里画的;这是我所画的最好的一幅水彩画,特别是由于毛威曾经在画上加了几笔,他曾经瞧着我画这幅画,要我注意某些要点。

…………

好兄弟,你身上有着某种特殊的艺术气质,要培养它,使它生根,然后便会长出枝叶来;不要把它给予每一个人,而应该为你自己严格地保存着。此外还有一件事,在你简短的描写之中有着"色彩",这是我明显感觉到的,虽然你并没有贯穿你的印象,一直到使它采取一种更加粗犷的形式,并且可以被每一个人明显地辨别出来。在你描写所到之处,真正的痛苦与烦恼就开始产生;但是你所具有的如何创作的知识,是非常丰富的。你知道吗?用语言来画,也是一种艺术,有时候它会泄露一种睡着的潜力,正好像小片蓝色的或者灰色的烟云指出了灌木丛生的荒地中的一堆火一样。

西恩回家了，她现在就在这里，在熊克威格，全家都平安，她与孩子都好，她有奶喂小孩，小孩不闹。我担心，她或许要放大饭量，但是她的定量真是人们所能够设想的最节约的了。所以我确实认为，我们可以靠每月一百五十法郎过日子。

幸亏这是非常暖和的好天气；这实在是一次愉快的团圆，西恩对每一件事都表示高兴。但是她特别喜欢一再去看她的小女孩。我临时给了她一双高筒靴，她看起来很漂亮。

我多么希望你今天能够看到西恩！我告诉你，自从今年冬天以来，她的外貌发生了很大的变化；这是一次惊人的巨变。这件事主要应该归功于照料她的那个医生。但是他没有估计到我们俩深切的爱慕在她身上所产生的效果。女人在她爱上别人与被别人爱着的时候，是会变样的；当没有人去关心她的时候，她精神颓丧，风姿消失。爱情把她内心所含有的东西引了出来，她的发展无疑是依靠这一点的。天地万物一定都有它自主的规律，一定按照它们正常的路线运转；女人所需要的，是与一个男人在一起，永远与他在一起。这件事并不经常是可能的，但是当它不是那样的时候，它便是违反自然的。因此她现在完全是另一种表情了：她的眼睛不一样了，她的目光是安静的，在她的脸上有一种幸福的表情，一种安宁的表情，因为她当然还是苦恼的，所以就有更多的接触了。她的内心有着更多的血气与敏感；人们可以看到她受过痛苦与艰难日子的磨炼。

你将要从医生与护士长对她的特殊照顾中了解到，她是一个为正经人所同情的人；他们那样关心她，的确是非常了不起的。我希望你对跟她见面不要抱有任何顾虑。

现在这里有一种"家"的气氛，"属于自己的窝"的气氛。我能够理解米什莱所说的"女人，这是一种宗教"。

当我更加果断地谈论着艺术的时候，我有时感到一种重新开始画画的强烈欲望。画室比较大，光线比较好。我现在想与西恩一起住，不再继续分住两个房间；从直到现在为止用在购买绘画材料上所费的钱看来，我每月的开销将超过一百五十法郎。一等到我的身体复原了，不再有毛病复发的危险时，我马上就可以出去坐在室外；我想开始画画，勉强干起来。等到西恩完全恢复健康，她就要重新开始认真地给我当模特；我告诉你，她的体形很好。一等到她有可能的时候，我就想继续画裸体习作，因为人们可以从裸体习作学到很多东西。即使暂时不能继续露天画画，无论如何我也要在家里找到足够的题材来画，决不闲坐着。

…………

戴尔斯蒂格今天早晨来到这里,见到了西恩与孩子。我心里想,他会对一个刚生过孩子的年轻母亲表示出一种和善的面貌的,但是这种要求过高了。亲爱的提奥,他用一种你或许能够想象到的语气与我说话:

"这个女人与这个孩子是什么意思?

"你怎么会想与一个廉价的女人及孩子住在一起的?

"这不恰像赶着一人驾驭的四马马车通过城市一样使人发笑吗?"

是我疯了吗?可这实在是从一个具有不健全心灵与气质的人嘴里问出来的问题。

我告诉他,我刚刚收到来自比他更有权威的人士、医院里的医生最可靠的报告,我身体状况与智力都还可以。因此他便从一件事扯到另一件事,开始聊我们的爸爸——你想想看怪不怪——他甚至把我们的普林森海其的叔叔也聊进去了!

他注意到了这件事。他要写信。

我问他:假如我家里人收到一封来自你的愤怒的信,而不久之后他们又将收到我善意的邀请,用我的钱到我这里来,以便讨论同样的问题,这不是很可笑吗?这并非没有效果。他说:你是不是想自己来写信?我说:"这还用问吗?"嘿!后来他当然就不打算写了。

我想把他的注意力吸引到画上去,但是他马马虎虎地环顾一下,说:"呵!这些都是旧画。"他便走掉了。这里有一些新作品,但是他似乎没有注意到。你是知道的,你那里有我的大部分新作品,此外西爱姆叔叔也有一些。

亲爱的提奥,我以为戴尔斯蒂格会通过不合时宜的干涉,如家中与普林森海其(普林森海其在这方面没有什么,绝对没有什么可以做的)偶然发生的纠纷与麻烦,惹起各种不幸。这种事能不能停止呢?现在我与父母保持着良好的关系,谁知道他为什么还要在每一件事上捣乱。我认为这是卑鄙的,可是他并不感到如此,对他来说始终只有一样东西,那便是金钱;看来他只知道崇拜财神爷。我自己现在还不能像别的时候那样,强得足以捍卫自己。我实在再也受不了像今天早上的这种访问。

我的好兄弟,如果所有这一切会成为使你与我团结得更坚强的手段,成为使我们彼此更加了解与信任的手段,而不为戴尔斯蒂格或者任何其他人的干涉所拆散,那么我就不会对今天早上的事情感到遗憾了。

我重复说一遍,我不想保持我的社会地位,或者舒舒服服地过日子;为西恩所需要的开支,是唯一所需要的金钱,这些钱的偿付不应该是接受别人更多的钱,而是靠我们自己的节省。由于我们之间的爱情,这种节省对于我们不是一种障碍,而是一种愉快。恢复健康的感觉使她精神振奋,正像我由于期待重新投入工作并专心致志地画画而精神振奋一样。这是我们从医院回来一直到现在为止，西恩与我最初经历的痛苦时刻。西恩变得像是树上的一片叶子，当她听到戴尔斯蒂格跟我说话，并且听明白了几句话的时候，她的脸上出现了一种难堪的痛苦样子，或者说不出什么来的样子。

与西恩住在一起的时候，我便有足够的勇气，我断定：你给我的钱将会使我成为一个优秀的画家。西恩已经成为一个小母亲，非常动人，好像是费因·泼林的一幅铜版画、素描或油画中的人。我期待着她摆模特，重新画她。我盼望她与我恢复健康，盼望平静与安宁。

今年冬天，你从海耶达尔那里会听到关于我的工作比戴尔斯蒂格所设想得要好的情况。我想在今年秋天取得进步的良好愿望，使我现在多少有些重获新生的兴奋情绪。在圣诞节前后，当一年结束的时候，或许我会送给你一些小幅水彩画，最近所画的带着一些棕色、红色与灰色笔道的小幅画，就是那些小幅水彩画的开端。我时常感到一种画水彩画的强烈欲望，一种非常强烈的欲望与雄心。

我再一次表明，我非常盼望你来，因为我有那种得到同情与爱怜的需要。我很愿意与你再在一起散步，虽然这里没有雷斯维克的磨坊。

我的好兄弟，对我来说，虽然磨坊已经不在了，时间与我的青春已经不可挽回地消逝了，我的内心深处却重新产生了生活中有某种好东西的感情，当人们尽量努力使生活认真起来的时候，这是值得的。或者说得更确实些，它的根扎得比原来（当我还缺乏生活经验的时候）要坚实得多。现在的问题是，要在我的画中表达那时候的诗意。

"感受与热爱自然，迟早总会从人民那里找到反应的。"

我确信我的病（更确切些说是后遗症）是不存在的。艺术是嫉妒的；它不要我们丢开它而去选择疾病，所以我做它所希望做的事。充裕的时间已经白费掉；我的双手已经变得苍白了。像我这样的人，可以说是不允许生病的，所以每天从早到晚不断地认真作画。我不需要谁再对我说："呵！这些都是旧画。"

我愈来愈对其他事情不感兴趣。我近来很少与别的画家谈话。虽然这样，我却一点也不在乎；人们所要谛听的是自然的语言，而不是画家的语言。我现在比我在六个月之前能够更好地理解毛威为什么说："不要对我谈杜普列了；还不如谈谈那条沟渠的堤岸，或者其他同类的东西。"这句话听来有些粗鲁，但是这是千真万确的：对事物本身的感觉，对实际的感觉，要比对画的感觉更加重要，至少是更加丰富与更加生动的。

因为我现在对艺术，对生活本身，有一种宽广的感情，从这个观点看来，艺术是本体，那些想用意见来压迫我的人的声音，是讨厌的与虚伪的。我的要求与目标很难达到；但是我并不以为我的目标定得太高。

我要画使人感动的画。《悲哀》是一次朴素的开端，或许像《米尔德沃特大道》《雷斯维克牧场》与《晾鱼的仓库》那样的小幅风景画也是一个小小的开端。在这些画中，至少有着某些直接发自我内心的东西。

我通过人物或者风景，想要表达的不是伤感，而是庄严的悲哀。简单地说，我要做到使人们看了我的作品后说：他是深深地感受的，他是亲切地感受的——尽管它粗糙，或许正是由于这一点，才表现了我的感受。

现在看来这样说似乎是自命不凡，可这就是我要排除困难全力以赴的动机。在大多数人的眼里我是什么呢？一个无用的人，一个反常的与讨厌的人，一个没有社会地位，而且永远也不会有社会地位的人。好极了，即使这是实在的，我也要以我的作品来表明，这样一个反常的人，这样一个毫不足取的人的内心是怎样的。

这是我的雄心，它的主要基础是爱而不是恨，是冷静而不是热情。我时常陷入极大的痛苦，这是实在的，但是我的内心仍然是安静的，是纯粹的和谐与音乐，在最寒碜的小屋里，在最肮脏的角落里，我发现了图画。我的心怀着不可抗拒的力量靠拢这些事物。请你相信我，我时常尽情发笑，这是由于人们以各种各样的、恶毒与荒唐的事情来怀疑我，在这些事情中，我的头发没有一根是有罪的——我不是别的什么，而只是一个自然的朋友，研究的朋友，工作的朋友，尤其是普通人的朋友。

…………

我已经说过关于我对某些人所具有的人性的爱。我没有想要帮助每个人的人道主义者的计划或者方案，但是我有脸皮说（虽然我十分清楚地懂得，人道主义这个词的名声不好），就我自己而言，我经常感到，并且以后还会感到，有爱某些同类的需要。有一次，我曾经照料一个被煤气烧伤的不幸的煤矿工人六个星期，或者说两个月。我曾经在一整个冬天与一个可怜的老人分享我的食品。天晓得还有多少人需要帮助！现在则是西恩与我分享我的食品。我并不认为所有这一切都是傻事或者错误。我认为这是那样自然与那样正确，以至于我不懂得人普遍的本性会那样冷淡。我必须补充说明一下，如果我这样做是错误的话，那么你那样忠实地帮助我，也就是错误的了——认为那是错误的，未免太过于荒谬了。

好兄弟，你还记得去年冬天我与你说的，在一年之内，你就要得到你所要的水彩画吗？

我已经画了三幅什温宁根的水彩画，也画了《晾鱼的仓库》——画得很细致。当我再画晾鱼仓库的时候，在前景那些装满沙土的竹篓中，一种非常嫩的芜菁或者可榨油的种子已长出芽来，这种东西是用来防止沙土流失的。两个月之前，除了花园中的草地以外，每一样东西都是赤裸裸的；现在，这种粗野、繁茂的生长，在与其他东西的对比之下，形成了一种很漂亮的效果。我希望你会喜欢这幅画；遥远的地平线，有小教堂尖塔与村庄屋顶的景色，都很美。我无法对你说，我是怀着多么大的喜悦画这幅画的。

我已经动手画一棵没顶的老柳树，我相信这是最好的一幅水彩画——一幅阴天的风景画，那棵死树靠近长满芦苇的池塘，一节火车从雷恩铁路上驰过，那里火车的轨道相互交错；天空中飘着带光亮白边的灰色云朵，蓝色的深处，云朵在那儿分裂成块。我要把它画成好像穿着工作服的信号手，他的手里拿着一面小红旗，当他想着"今天是阴天"的时候，他就要看一看与摸一摸小红旗。

我还画了第二幅雷斯维克的牧场，由于观察点的改变，同样的题材画成完全不同的样子；也画了另一幅什温宁根的漂白工场，直接写生，一次画成，几乎没有打稿子，画在一块粗布（没有漂白过的麻布）上。

这些都是一些有着复杂透视的风景，很难画；但是正是这个缘故，才有一种地道的荷兰性格与情趣，这些画与我上次送给你的那些画一样，但是这些画上了颜色——草地柔和的绿色与屋顶的红瓦形成对比，天空中的亮光与前景中阴沉的调子（满堆着湿木头与沙的场子），形成更加强烈的对比。

你将要看到，我不怕画一片明亮的绿色，或者一片柔和的蓝色，以及各种不同色调的灰色，因为几乎没有什么颜色没有灰调子——红灰，黄灰，绿灰，蓝灰。

就我所了解，我们当然完全同意自然界中的黑色。绝对的黑色并不真正存在。但是正像白色一样，几乎每一种颜色中都有它的存在，并且形成各种灰色——调子与强度不同；所以人们在自然中真正看到的只是这些调子或者阴影。有的只是三原色，红、黄与蓝；"混合色"是橙、绿与紫；加入黑色与一些白色，人们便可以得到无限多样的灰色；要说出例如有多少种绿灰色，是不可能的。

但是全部颜料的化学并不比那几条简单的规律更复杂。对这一点有一个明确的概念，比七十种不同的绘画颜色还要有价值，因为人们根据这三种基本色与黑色及白色，能够调配出比七十种更多的不同色调。色彩家就是这样一种人，当他在自然中看到一种色彩的时候，他懂得马上去分析它，并且说出例如绿灰是黄加黑，几乎没有蓝色。换句话说，他知道在自己的调色板上找到自然中的各种灰色。

我现在所讲的这些话，只是向你表明，一旦研究了素描、正确的透视与比例，就能够同时使我在水彩画方面取得进步。在经过六个月专心一意地画素描之后，我现在画水彩画是为了试验，其次是想了解对于造型艺术基础的素描，我需要在哪一方面加以努力。

你当然会在我的水彩画中发现一些不正确的东西，那些错误将会随着时间的推移而得到纠正。但是另一些人认为我没有墨守一种规则，或者被一种规则限制。这样的事存在于戴尔斯蒂格的想象之中，而要比现实中更加多一些。当我看到我所知道的这里的几个画家，怎样为他们的水彩画与油画大伤脑筋的时候，我经常想：朋友，毛病出在你的素描上。

…………

提奥，你要知道，我以为画色彩画并不比画黑白画困难，或者正好相反。据我所知，一幅水彩画的四分之三要依靠最初的素描稿，素描的质量几乎决定整幅水彩画的质量。只搞到差不多的效果是不够的，把素描提高到更高的水平，是我过去与现在所追求的目标。在《晾鱼的仓库》这幅黑白画中，已经可以看出这种倾向。我以为你可以在这幅画里了解每一样东西，并且研究整幅画的结构。

好弟弟，你要相信，我已经重新变成过去的我了。在画室里画画真是称心的事。

新画室比旧画室有了很大的改进；新的画室使工作得到方便，尤其是最适宜于摆模特，因为我可以从很远的地方画。我知道，付出更多的房租要由好的作品来补偿。

某一天，当天下雨而我不能出去画画的时候，我一定要用水彩画一幅摇篮。除此而外，当你来的时候，我要让你看我所画的水彩风景。我想在我到这里一年之后，在这个冬天画水彩人物。我首先要多画裸体人物，我也要多画黑白画。

…………

好兄弟，你要来，我很高兴。我以为，如果我不与你一起去看戴尔斯蒂格或者毛威的话，有几点理由可以证明对我们俩是有好处的。因为我很习惯于我的工作服，穿了这身衣服，我可以随意躺在或坐在沙地上，以及草地上（因为我在沙丘上从来不用椅子，有时只用一个破旧的鱼篓代替椅子），结果我的衣服就有点像鲁宾孙的那样，不能与你一起出去访友。但是另一方面，你将会了解，我渴望着你每次可以匀出的半个小时。

那时我们将要一起走过牧场吗？那太妙了。那海，那沙滩，还有那古老的什温宁根，多么讨人喜欢。我知道通过牧场几条美丽的小径，那里是那样静谧，我相信你会喜欢它的。我在那里发现了旧的与新的工人的小房与其他房子，那些房子很有特色，有水道的小花园，美极了。那是一条穿过熊克威格的牧场的道路。

戴尔斯蒂格在评判我与我的行为时，总是从一个固定的观念出发，认为我什么也干不了，我是无用的。我从他的嘴里听到这一点："嗯，你的画将要与你自己所干的其他事一样，终成泡影。"如果我跟着他跑的话，我就未免太傻了。我对他说："戴先生啊，戴先生！不管你说些什么，我与其他画家一样，是一个真正的画家。"

不！正是由于在我的骨子里真正有艺术的判断力，因此我以为最好是安心在牧场或者沙丘的野地里画画，或者在画室里画模特。

你一定要想一想我的情形，我尽早地在早上四点钟就坐在我阁楼的窗子前面，用我的透视工具画牧场与院子。那时候，他们在自己的小房子里点起火来煮咖啡，那时候第一个工人懒洋洋地走进院子，在屋顶的红瓦上面，一群白鸽在黑色的烟囱中间飞翔，而在这一切的后边，是广阔伸展开来的一片柔和、嫩绿，望不到边，它的上面是一抹灰色的天空，安谧平静得好像柯罗或者凡·戈因画中的天空。这种清早的景色，这些生活与睡醒的最初的标记，飞鸟、冒烟的烟囱、远在院子那边懒洋洋地行走的人——这些形成了我水彩画的题材。

将来能否成功，多半依靠我的工作，而不是别的什么——依靠我从我的窗口静观自然中的事物，忠实地与亲切地把它们画下来。

关于我要给你看的画，我只想到这一点：我希望这些画将会向你证明，我的创作并不停留在不进不退的阶段，而是往合乎道理的方向发展，有了进步。至于我作品的金钱价值，我不想什么，但是如果我的作品到时候不像其他人的作品那样卖得出去，那就要使我大吃一惊。我不能够告诉你，现在或者今后是否会发生这样的事，但是我以为最可靠的、不会失败的方法，是孜孜不倦地进行写生。感受与热爱自然，迟早总会从人民那里找到反应的。完全为自然所吸引，把自己的全部智慧用在作品中表达感情，使作品为其他人所易于理解，这是画家的责任。照我看来，为市场而创作，这未必是正路；相反地，它欺骗了艺术爱好者。真正的画家不那样做，但是由于他们真诚，他们迟早要得到同情。我所能知道的便是这些，我并不以为我需要懂得更多的东西。

要想找到喜欢你作品、爱好你作品的人，当然是另外一回事。你知道，我要尽量努力很快地卖掉我的画，就是出于这个缘故，我不想滥用你的好意。好兄弟，我希望在不长的几年内，或许更快些，你将会逐渐看到使你比较满意的作品，它们足以报答你为我所做的牺牲。

我将要越来越专心于艺术。虽然某些人会永远不变地骂我，我的职业与我的工作将要为我打开新的关系，在事物的本性上有使人精神振奋的东西，它们不会冻结、硬化，不会被顽固的偏见阉割。

我要一再说明，每一个以爱与智慧从事创作的人，在他热爱自然与艺术的真心诚意中，会发现一种抵挡别人攻击的防护工具。自然是严峻的，也就是说冷酷的，但是它永远不会欺骗我们，并且始终帮助我们前进。所有这些东西使我感到心情开朗，精神振奋。

提奥，我的水彩画一会儿工夫就干燥了，我要把它画完。屋顶的线条向远方射出，好像箭从弓上发出来一样，它们都是我毫不踌躇地画出来的。

亲爱的弟弟，我还是很想你来这里。我时常抑制自己画油画的欲望；多亏你的赠予，我的前途已经出现了新的希望；由于你已经为我清除了那么多的障碍，我以为我是高于千百个其他人而享有特权的。许多画家由于没有钱而不能够继续画画；我无法用言语向你表达，我是如何地感谢你。我学画比别人开始得晚一些，为了要弥补那一段损失的时间，我必须加倍努力工作；虽然我很热心，但如果不是由于你，我就会干不下去。我认为能够全年无忧无虑地画画，是最开心的事。

我第一次买了一个装十二块或者十二管颜料的大型水彩画箱，这个箱子有两个盖子，一个盖子可以用作调色板，箱里还有一个放六支画笔的地方。这是一件在室外作画极有用处的东西，实在是绝对必需的，但是价钱很贵，我总是拖着没有去买一个，而用散装在碟子里的颜料作画。在我置备一套水彩颜料的同时，我换了一次我的旧画笔。

至于油画，我已经有了绝对必需的各种工具，也有了一套油画颜料，大的锡管装的（比小的便宜得多）；但是你可以想到，不论在水彩画方面，还是在油画方面，我都把自己限制在使用简单的几种颜色上；赭石类颜料（红—黄—棕）、钴类颜料与普鲁士蓝、那波里黄、赭土、黑与白，再配以一些小管的洋红、乌贼棕、朱砂、群青、藤黄；我尽量不选必须自己调配的颜料。我相信这是一个有着健康色彩、切合实际的调色板。当确实有需要的时候，就加上群青、洋红或者其他同类的颜料。这个水彩画箱可以作为我的油画箱，因此我可以在一个箱子里带着画水彩与油画所需的各种东西。

…………

我以为你可以想象到，用这个工具对着海，对着绿色的牧场，对着冬天积雪的田野，或者对着秋天树枝与树身而构成奇怪的细密的网，或者对着暴风雨的天空操作的时候，是一件多么开心的事。我们在什温宁根一起看见的（沙滩、海与天空），是我迟早要表现的东西。

昨天下午，我在兰恩的斯莫尔德批发纸店的阁楼上。我在那里发现了叫作粗面水彩画纸的双料安格尔牌图画纸；它有着一种粗得像帆布一样的纸面。那里有一批这种纸，旧得发黄，很好，很便宜，是由于一次没有履行订单而留下来的。这种纸很适于画木炭画，它是大张的。

我当然没有把你给我的钱一下子花光，然而我一定要说明这一点：各种东西的价钱都比我所想的要贵得多，实际上我们需要比最初所设想的更多的东西。

我已经买了一条结实而暖和的裤子，在你恰好要来到之前，我也买了一双结实的鞋子，我现在已经准备好对付狂风暴雨。下星期一我就要开始用新的工具来画木炭画，并且开始画小幅的油画习作。我在正月里曾经做过试验，但是必须停止，因为我的素描太差了。现在已经过了六个月，在这个时期我十分专心地在画素描。

…………

提奥，我很喜欢油画，只是由于费用太大，我将要约束自己而不是督促自己画油画。如果在经济上没有画油画的条件，画油画就显得太浪费；但是，我的好兄弟，我有了那么多新的与好的绘画器材，实在太高兴了，我要一再向你表示感谢，我一定要小心，使你永远不会对你的慷慨感到后悔。

今天早晨我步行到海滩上去，现在刚从那里转来，带回了一幅画着沙滩、海与天空、几条渔船，与海滩上两个男人的比较大的油画习作，画上还粘着一些沙丘上的沙土。

上个星期六晚上，我着手画一幅我长期梦想着要画的作品。这是一幅有着一些干草堆的绿色牧场风景。牧场被一条沿着水沟的煤渣路贯穿，画中央的地平线上是一轮火红的太阳。这纯粹是一个色彩与调子的问题，天空的颜色五彩缤纷——首先是一层紫罗兰色的迷雾，红日在雾中被镶着灿烂而漂亮的红边的一片深紫色的云遮住一半；太阳附近是朱砂色的反光，但是它的上面是一溜黄色的云霞，它变为绿色，后来又变为蓝色，即所谓天蓝色；紫罗兰色与灰色的云朵到处接受来自太阳的反映色。大地好像是一条绿色、灰色与棕色的地毯，但是充满光的颤动——在色彩美丽的地里，沟中的水闪着亮光。这好比是爱弥尔·勃列东常画的景色。

我相信，没有人能够说这两幅画（小海景与土豆地）是我的处女作。老实说，这件事使我自己也吃了一惊。我曾经以为，处女作将会是失败的作品，虽然我自己这样说，这些画却并不尽是那样坏。你不要以为我是自满，因为我相信，你已经可以在这些处女作中看到某种开端，它证明我热爱自然，证明我有一颗画家的心。

自从我买了油画颜料与油画笔以来，我拼命地画七幅油画习作，把我累坏了。这些画中的一幅，画着一个人，一个带小孩的母亲，她在一棵大树的阴影里，与沙丘的调子形成对比，沙丘上照耀着夏天的阳光——几乎是一种意大利的效果。我简直不能约束自己，或者撒手不干，或者同意自己休息。我以为一个人绝不可以在艰难的时候求舒服。如果跟着到来一个精疲力竭的短时期，那是马上要过去的；人们如果像农民收割庄稼似的致力于他的绘画习作，他就可以得到很多的东西。

格拉菲克画会在这里举行一次展览会。展览中有一幅毛威的素描——在纺织机旁工作的一个妇女，大概是在德仑塞，我以为这是一幅很好的作品。展览会上有一些伊兹拉亚斯画的出色的作品——其中有一幅画的是嘴里衔着烟斗、手里拿着调色板的魏森勃鲁赫的肖像。魏森勃鲁赫本人也有一些漂亮的作品，一些风景画，也有一幅海景。展览会上有一幅马里斯画的很大的素描，一幅漂亮的城市风景。看到这样的作品是很大的刺激，因为这样一来，我就发觉还有多少东西需要学习啊！

但是到目前为止，我要告诉你，当我画油画的时候，我感到我以前所没有的一种色彩的力，一种雄浑遒劲的感觉。它使我有充分发挥的机会，它使我可能理解以前不能达到的效果——毕竟最吸引我注意的正是这些效果。将来在自然中有什么最使我感动的东西，我就有更多的手段去表现它了。所有这些事集中在一起，使我大为高兴。

从我在波里纳日开始画画以来，到现在为止，恰好有两年了。

"他们大概认为我是一个疯子。"

  整个星期老是刮风、下雨，我有几次到什温宁根去画油画。我从那里带回两幅小海景。有一幅画上撒上了一点沙土；但是另一幅却是正当一次风暴的时候画的，当时海水迫近沙丘，所以画就盖上了一层厚厚的沙土。风刮得那样厉害，几乎使我站不稳脚；刮起来的沙土使我很不容易看清东西。我为了要把油画画成，就到沙丘后边的一家小客店里去，在那里把沙丘刮去以后，我马上重新画过，并且常常回到海滩上去感受一下新鲜的印象。

  海在风暴之前，比它在狂怒的时候甚至更能给人深刻的印象。人们在风暴中看不清波浪，那时候所见到的效果还不如满是沟畦的田野。这是一次猛烈的风暴，如果人们长久注视着的话，愈是猛烈，就愈使人留下深刻的印象，因为它没有产生出吵闹的声响。海水呈肮脏的肥皂水颜色。

  我也在森林中画了一些比较大的油画习作，我想把它们画完，而且要完成得比原来所画的还要多一些。我以为画得最好的一幅，画中只有一片翻过的土地——倾盆大雨过后白色的、黑色的与棕色的沙土。我仍然留在我的工作岗位上，尽可能地在一棵枝叶茂密的大树后边找到一个避雨的地方。当雨终于停下来，而乌鸦开始飞翔的时候，我对于我的等待并不遗憾，因为雨使土地变成美丽的深色调。

  由于我在下雨之前是跪着以低的地平线开始画这幅画的，所以我当时就跪在烂泥里画。正是因为有这些情况，所以我主张最好是穿一身普通的工人服装，那就不容易弄坏。这次出来的成绩，是我能够把一幅画着土地的画带回画室——有一次谈到一幅毛威的习作时，他说，要画那一块块的泥土，并且表现出透视来，这是一件困难的事。所以我现在只不过是把正月间毛威告诉我的事付诸实践而已。

  另一幅描绘森林的习作，画的是在一片盖着干树叶的地上几棵大的绿色山毛榉的树身，与一个穿白衣的小姑娘。我感到要保持画面的清晰，在各种不同距离的树身之间画出空气（这些树身的位置与相对的尺寸随着透视而改变），画得使人能够在里面呼吸并且绕着它走，以及闻到树木的芳香，是很困难的。我很喜欢，非常喜欢黄叶的效果，绿色山毛榉的树身在它的衬托之下显得很突出，小姑娘的身体也一样。

  我期待着秋天。我在那时一定要画出一批油画与其他作品。

我画这些习作的时候，心里非常愉快。我在什温宁根看到的景象也是使人开心的——早晨，雨后沙丘上的一大片园子，草稍稍发绿，黑色的渔网在草地上撒成一个个大圆圈，使土地变成红黑色与绿灰色的调子。在这种不鲜明的底子上，戴着白帽的妇女们，铺网与补网的男人们，或者坐着，或者站着，或者像难以理解的、奇怪的魔鬼那样绕着圈圈；在风景的上面是一片纯灰色的天空，地平线上有一道光。尽管下着阵雨，我在一张上了油的粗布上画一幅描绘这个景色的习作。

当一切东西都被雨淋湿的时候，室外的景色多么美！我不应该放过即使一次阵雨。这是大自然中最震撼我的景象。

所以我终于有了一些纪念物。但是我又患了感冒，疾病强迫我留在家里休息几天。

…………

当你在这里的时候，你谈到要我改天寄给你一些那种所谓"卖得出去的"小幅画。我已经画了一幅有一群孤儿与他们精神上的指导者的水彩画，这幅画将要向你表明，我有时并不反对选取可爱的或者讨人喜欢的题材，因为这种题材的作品比之沉闷伤感题材的作品，更加容易投合收藏者的心意。

如果我与毛威仍然保持着良好的关系，我相信当我画出这样一幅水彩画的时候，他将会向我指出使我的画卖得出去的某些改变，这种改变将要造成一种完全不同的局面。许多画家画出水彩画与油画，别的画家也许会跟着他们跑——有时甚至完全改变他们。我经常感到，在各种问题上希望与需要有人提供意见；但是自从有了毛威的教训以后，就不再那样了。我不与画家们谈自己的作品。有些人可能非常聪明，当他谈论与他的创作方法不一样的方法时，对我有什么用处呢？我希望毛威告诉我使用不透明色的方法，而不是说："你绝对不必用不透明色。"（然而他自己与其他画家经常使用不透明色，并且收到良好的效果。）

这就是我所错过的机会——虽然我认为对自力更生来说，这并不真是一种不幸。对于画画正好像对于写字一样：当一个孩子学习写字的时候，要他不断地反复练习，在他看来几乎是不可能的，然而每一个孩子到时候总要学习。我确实相信，谁要是决心学画画，画画就与写字一样容易。啊，我的好兄弟，如果我能够正确地做我所要做的，那么我就要开始画规模更大的油画，尤其是有更多模特的油画。

今天我到常规的星期一市场去了几次，想在他们拆摊子的时候，试画一些速写；由于人太多，在那里画油画是不可能的；我希望人们能够自由地进入房子，然后坐在窗子里面。这件事是非常奇怪的，但是可以作为海牙人对画家的礼貌的一个例子：忽然有一个人从我的后边,或者是从一个窗里,把一口烟吐在我的纸上。人们有时候要碰到很多麻烦。但是人们不需要把这种事看得太严重;这些人并不坏,可是他们对画画一点也不了解,当他们看见我带着一些大钩画画的时候,他们一点也不知道这是为什么,他们大概认为我是一个疯子。

我已经画了一幅北城土豆市场的小速写。挤在船上吵吵闹闹的工人与提着篮子的妇女们看起来非常奇怪。所有的穷人都是从吉斯特、列迪格埃尔夫与附近的地方来的。我们时常在那里看到这样的场面——某个时候这是一艘装运泥炭的船,然后是一艘装鱼的船,然后是一艘装煤的船。

这些就是我喜欢精力饱满地用素描与油画去描绘的东西——在这样的场面中的生活与活动,以及各种类型的人。为了画这些,需要具有画人的一般知识,我想在画大幅的人物习作中获得这种知识。

…………

我们这里现在有着非常美丽的坏天气——下雨、刮风、打雷,但是有着壮丽的效果;这就是我喜欢它的原因,但是另一方面,这是相当寒冷的天气。在室外画画的时间就要结束,重要的是在冬天来临之前尽可能多地利用这段时间。

在冬天将到的时候,我要整顿画室——就是说,我将从墙上把习作取下来,并且搬走每一件碍事的东西,以便我有更大的地方可以画模特。画油画人物很投合我的心意,但是这一定要很熟悉才行;我一定要很好地精通技术——即人们通常称之为"艺术的烹调术"的东西。在开始的时候,我将会制造出许多废品,并且经常要重新开始干,但我觉得我会从这里面学到东西。

当你再寄钱来的时候,我要去买一些好的貂毛画笔,正如我所发现的,这是画一只手或者人的内轮廓的上等水彩画笔。狮牌细画笔不管多么好,画出来的笔道或者笔触都太粗。画优美的树枝的时候,貂毛画笔是绝对必要的。

我相信我需要画大量人物习作。谁要是多画各种各样的人物习作,谁在以后画正式的创作油画或者素描就更容易。总而言之,我把写生习作看作种子,谁要是把种子撒得更多的话,谁就可以希望收获得更多。

夜已深。这几天夜里我都没有睡好觉。我以为,如果我不经常在室外作画,并且在我的油画中找不到乐趣,我马上就会变得忧郁。只有在露天热情奋发地作画,才是更新与保持我力量与合乎我需要的良好条件。只有在我过分疲劳的时候,我才彻底感到不幸;而在其他时候,我相信会恢复我的健康的。

我早就想画美丽的秋景,想从中得到好处。我希望当时间到来的时候,我能够睡着觉。

爸爸突然来看我，这是一次非常愉快的会面；我认为这要比他通过其他人听到我的情况好几百倍。我看到他并且与他交谈，实在使我非常高兴。我们一起在雷斯维克大路上走了一阵；一路上的景色美极了。我又一次听到一大堆关于奈宁，关于有古旧的十字架墓地的事。我不能够把这些事赶出我的脑子；我希望在什么时候能够去画。我愿意画竖着木头十字架的墓地的雪景——一个农民的葬礼或者其他类似的题材，简单地说，一种效果。

"出头的日子总会到来，即使到处碰壁，也不要灰心丧气。"

　　最近几天我埋头画水彩画。你还记得斯宾斯塔阿特顶上的莫尔蒙国家彩票局吗？我在一个下雨的早上经过那里，当时有一群人站在那里等着取他们的彩票。他们大部分是老太太，是一些人们无法说出他们是干什么的以及怎样过日子的人。粗浅点说，这些对"今日抽奖"发生那样大兴趣的人，在你与我看来是多么可笑；但是这一小堆人（他们等待在那里的表情）引起我的注意，我当时就画了速写，这个场面给我留下一个很深的印象。

　　人们在这个场面中看到：贫穷与金钱。当人们把贫困、可怜的人的不幸，与他们拿应该用来买食物的最后几分钱去买彩票来拯救自己的疯狂努力对比之时，他们对彩票的幻想就变得严重了。几乎所有的人都是这样的：在人们懂得它的全部意义之前，必须常常仔细地考虑它。

　　我画了一幅表现这个场面的大幅水彩画。我也画了一幅有一条教堂长凳的水彩，我在吉斯特的小教堂里看见这条凳子，济贫院的人到那里做礼拜（他们在那里非常生动地称自己为"大孤儿"）。我相信你一定喜欢穿星期日服装与日常服装的老人们的这个收藏所。

　　正当我谈着大孤儿的时候，我的模特的到来把我打断了，我画这个模特一直画到天黑。他穿着一件宽大的大衣，他穿的这件衣服使他变为一个奇怪的庞然大物。我也画他坐着抽烟斗。他是一个聋子；他长着一个奇怪的光脑袋，一对大耳朵，与白色的络腮胡子。

　　我相信你将会喜欢我现在正在画的作品。同我一样，你马上注意到的，将是我需要画一批人物习作；因此我正在全力以赴地画人物，几乎每天都有一个模特。我越来越注意到，使习作与模特近似是多么有益与必需；画这些习作的人将在这些习作中重新发现模特，这些习作将会清楚地使他想起他在写生时所遇到的各种困难。这个星期我还想雇一个济贫院里的妇女当模特，但是我很需要钱。我已经买了一些瓦特曼图画纸与油画笔。你无法相信一个人经常需要多少东西。

　　这些日子，大自然美极了，我一定要把一些景色画在纸上。这是地地道道的秋天的气候，老是下雨并且寒冷，但是充满着情趣，特别是人们突然出现在倒映着天空的濡湿街道的背景上时，看来尤其漂亮。

我完全赞同你的意见，有时候我们对大自然来说好像是一个聋子，或者那时候大自然好像不再跟我们说话。我也经常有这种感觉。有的时候人们束手无策，而只是等待，一直到它溜过去，但是许多时候，我通过改变题材来赶走这种麻木的感觉。然而，我对人物愈来愈有兴趣。

我记得在以前，一些光线的效果或者风景的情趣表现得好的油画或者素描，使我很受感动。一般来说，对于人物画家，与其说是凭一种温暖的同情，不如说是凭冷淡的尊敬而引起我的注意。我非常清楚地记得，有一幅杜米埃的素描，画着在爱丽舍宫的栗树下面的一个老人（为巴尔扎克的小说所画的插图）。虽然这幅素描不是一件重要作品，但是我记得，那时候我被杜米埃的构思中某种非常强有力的与雄伟的东西深深感动，我想，它一定是依照这种方法去思考与感觉的：为了把注意力集中在表达思想上，放弃了许多其他的东西。这幅人物画，要比牧场与云朵更能感动人。

我也为英国画家与英国作家笔下的人物深深感动，这是由于他们好像星期一早晨一样地清醒，有意地简练，真实地分析。我在它们之中感到某种坚强的东西，当我们感到衰弱的时候，它们能够给我们力量。在法国作家中，巴尔扎克与左拉的作品也是如此。

能够买到杜米埃便宜的版画吗？如果有更多的与我最近所见到的他的版画《一个酒徒的第五纪》，或者像那个老人的形象一样美丽的作品该多好，他比我所设想的要伟大得多。记得去年到普林森海其的路上，我们曾经谈到这件事，那时候你说，你喜欢杜米埃胜过卡瓦尔尼。我开始感觉到，我现在所知道的只是他很少的一部分作品，我所不知道的那一部分，将是最使我发生兴趣的作品。

刚才我在画室的窗口看到一种美丽的效果。有尖塔与屋顶以及烟囱的城市，在光亮的地平线上衬托出黑色的轮廓。但是这种光只是一条阔道道，光的上面悬着一堆乌云，它与底部连接起来；乌云的顶上被秋风大片地扯散，被风吹跑了，然而那一条光使屋顶在城市的黑团团里到处闪亮。

我要把它画下来，更加确切地说，是画着试试看，如果我不是整个下午画搬运泥炭的人的素描的话；我的心里实在给它们塞得满满的了，不能给别的新题材留个地方。

我老是想念着你。你告诉我的巴黎的某些艺术家的品格——他们寄居在女人们的家里，他们的器量并不比别人小，或许拼命想要维持年青的风度——我以为你观察得非常细致。不论什么地方都有这样的人。在那里，要在人们的家庭生活中保持着某种振作的精神，或许甚至比这里更加困难，因为那里的生活更像是逆水行舟。多少人在巴黎变得自暴自弃——平心静气的、理性的、合乎逻辑的与正当的自暴自弃！

我相信，出头的日子总会到来，即使到处碰壁，也不要灰心丧气；即使有时候感到好像要垮台，虽然事与愿违，也必须重新鼓起勇气来，因为伟大的事业不是凭一下子的冲击而成功，而是由一系列的小事积聚起来的。伟大的事业不是什么偶然的东西，而必定是下决心努力的结果。什么是素描？人们怎样学素描？这是穿过竖在人们所感觉到的与人们所能够做的中间的一道看不见的铁墙的工作。

我们俩都喜欢看戏院的后台，换句话说，我们爱分析事情。我相信，这正是画画的人所需要的品质——在画油画或者画素描的时候，人们一定要发挥这种能力。造物主或许给了我们一点这样的才能；或许我们应该感谢在勃拉邦的童年时代，应该感谢周围环境，它最大的贡献是经常训练我们去思考，可是通过创作而得到发展与成熟的艺术的感受，则是更加晚的事了。

我在明天可以画上几个小时的模特，一个拿着铲子的小孩；他是一个运煤斗的工人，是一个奇怪的人，扁平的鼻子，厚嘴唇，有很粗很直的头发——但是不论什么时候，只要他动作，他的体态都是优美的，至少是有风度与有性格的。

我试着画得快些，因为这是合乎需要的。在什温宁根，在海滩上，有一个小孩或者大人为我站了一会儿（正像他们所说的）；结果往往是在我的心里产生了要他们摆一个长时间的姿势的渴望，只是静站着一个人或者一匹马，已经不能使我满足了。画一幅有一点用处的习作，至少要求摆半个钟头的姿势。

我了解除了根据模特来画以外，没有别的办法。在我的心里，有两件事仍然是实在的与互相补足的：人们不能压制人们的想象力，但是想象力是由眼光敏锐的人造成的，并且通过不断写生与以全副精力研究描绘对象而变得更加正确。狄更斯说："朋友，你的模特不是你最终的目的，而只是使你的思想与灵感赋有形式与力量的手段。"

我以为今年冬天我将要有几个好模特；工场的主人已经同意把到他们那里找工作（在淡季里这种情况经常有）的人送到我这里来。我情愿一个下午或者一个早晨给他几毛钱，因为这正是我所需要的。

又是一个星期天，像往常一样，仍然下着雨。我们这里本星期也有过一次暴风雨，树上只剩下几片树叶了。但是风景还是很美，例如莱茵车站便是如此。车站的上方略带黄色，但基本上仍然是灰色的天空低悬着，很冷，天上一阵一阵地下着雨，许多饥饿的乌鸦在那里上下翻飞。我可以告诉你，炉子装上了，我很高兴，因为冷气甚至透入房间，当人们点起烟斗的时候，它看起来好像是毛毛雨所造成的雾。

这是一个人们愿意去看朋友的日子；当人们无处可去并且无人来找的时候，便有一种空虚的感觉。正是在这个时候，我感到我要干什么，怎样使生活有意思，暂时不管别人的赞成或者反对；在不那样做就要使人苦恼的日子里，人们乐意有一个目标。我以为谁要画人物，谁就必须有一种温暖的感情，就像《笨拙》漫画杂志在他们的贺年片中所说的："对一切人友好。"——它的意思就是，人们必须真正地爱他的同类。我要尽可能地努力使自己具有这样的心情。正是出于这个缘故，我对自己没有与画家们来往感到遗憾；也对我们在像今天这样的一个下雨天，不能围着炉子舒服地坐在一起欣赏素描或者版画，并且互相鼓励而感到遗憾。

在外面画画的时候已经过去了——我的意思是指安稳地坐在野外画画。我以愉快的心情展望着冬天，这是人们可以有规律地工作的前提。我有一种想法，我将会有很好的进步。但是我们真正拥有的春天与夏天的时间实在太短了！有时候，我以为在去年秋天与今年秋天之间的这段时间，好像没有什么时间似的，这或许是我的病插在中间的缘故。除了过于疲倦的时候以外，我现在感到很正常。正常的身体使我现在能够长途步行，到什温宁根或者别的什么地方去。

你想一想奇怪不奇怪，这个星期大大地出乎我的意料，竟收到一个由家里寄来的包裹，里面包括一件冬大衣，一条棉裤，与一件女人的棉外套。这件事使我非常感动。

我同意你对那幅画着海滩的小水彩的意见，你认为它的画法太老式。我是有几分故意这样画的。不管我多么欣赏许多油画与素描，它们无疑是用一种优雅、和谐的灰色与物体的固有色画成的，可是我相信，许多艺术家很少致力于这种所谓的老式画法，因为他们的风格具有并且将保持着自己存在的理由。

老实对你说，我既不放弃老式画法，也不放弃新式画法。有了大量用这两种方法画成的美丽作品，我便有充分的条件喜欢这一种而不喜欢另一种。当代艺术中所发生的变化，并不是在每一个方面都是好的，并不是每一件事都有进步意义，不论对作品或者对艺术家本人来说都是如此。我总认为他们之中的许多人，看不到他们的出发点与他们的目标。人们不得不承认那许多作品，在那些作品中，人们首先是寻找新的特点，并且用事实来证明它们不及旧的作品好，因此自然就出现了让更强的人来纠正那些作品的必要。

我终于读了维克多·雨果的小说《九三年》。它好像是由德康普或者朱理·杜普列画出来的画。这本书所写的情趣已经愈来愈少见，在新的作品中间，我的确找不到一点高尚的东西。

梅斯达格在他不想购买海耶达尔以牟里洛或者伦勃朗的风格画成的某幅油画时说："哦，这是老式的画；我们不再要这种画了！"这样一句话说起来很容易，可是如果要创作出一幅同等水平的画，更不必说超过它的水平的画，就很难了。既然许多人在这些日子都按照梅斯达格那样的方式进行议论，我们对这件事就不必想得太多；如果别人谴责我们在这个世界上用破坏来代替建设的话，它是伤害不到我们的。"我们不再要这种画了！"这句话——说得那么容易，这是一句多么愚蠢、多么讨厌的话！我以为，安徒生在他的童话中，不会让它从一个人的嘴里说出来，而要让它从一头老猪的嘴里说出来。

跳舞的人必须付钱给拉琴的人。提奥，我担心，那些为了新事物而牺牲旧事物的许多人，最后将会因为这件事而大大地后悔，在艺术方面的情况尤其是这样。总之一句话，有一些画家、作家、艺术家已经团结起来，尽管他们之间存在着分歧，但是他们是一股力量。他们不在黑暗中瞎闯，只是因为他们有这样一盏灯：他们明确地了解他们所需要的，从而不怀疑。我所说的是柯罗、米勒、杜比尼、雅克、勃列东的青年时代；在荷兰则是伊兹拉亚斯、毛威、马里斯。

一些人支持另一些人，这便是力量之所在。那时候，画店的力量是比较小的；与现在比较之下，那时的画室里或许汇集着一股巨流。那些拥挤的画室，那些小商店的窗户，但最重要的是艺术家坚强的信心，他们的温暖，他们的火焰，他们的热情；他们多么崇高啊！

你与我都没有亲眼见到这一点，但是我们对那个时期的爱，使我们相互接近；让我们不要忘掉这一点。

如果我能够比较经常地看到你，能够对你谈谈我的工作，那么我将要画更多的作品，我相信那些作品会从我现有习作的水平提高一步。我最近画了大约十二幅水彩画，我相信我能画出更多的水彩画，如果我能够经常与你商量的话，我会把它们画得更加有直接的效用。无论如何，我在这些日子画得很高兴，我相信最终总要画出一些使你满意的作品。

我在这个星期接到一封雷巴德写来的信，他也对这里许多画家的行为感到惊奇，他们画画的时候很少参考模特。他的油画在艺术展览会上落了选。我问你，是不是就只有他与我才是最没有出息的？

好兄弟，在你下次到来之前，有一件事我可以向你保证：除了水彩画与油画习作以外，我将要求你不嫌麻烦地从头到尾看一看装着一百幅素描的画夹。我在今天早晨偶然整理我的素描——从你来这里以后所画的模特的习作（不包括旧的习作，或者那些画在我的速写本里的画）——的时候，我计算了一下，大约有一百幅。我不知道是不是所有的画家，甚至那些小看我的作品，认为我的作品不值一顾的画家，都画得比我多。

....

"什么才是最好的命运呢?"

我在今天与昨天画一个老人的两个形象;老人的肘支在膝上,头埋在手里。很久以前,修特梅克给我当模特,我始终保留着这幅素描,因为我要在以后画一幅好一些的。这样一个穿着打补丁的粗棉布衣服、大脑袋的老工人,多么美啊!今天早晨我画了一幅犹太书商勃洛克的肖像,他是拥护宾南霍夫的一个小角色。我很喜欢勃洛克;他使我想起许多年以前的情况。

我经常期待着再到伦敦。我很愿意更多地去了解印刷与木刻。我感到我有一种必须发展的力量,一种我不愿意让它熄灭,而必须保持着燃烧的火,虽然我不知道它将把我引向什么样的结果,但不应该疑心它是不是没有希望的。在这样的时候,人们应该希望什么呢?比较起来,什么才是最好的命运呢?

我曾经忙着画锄地的人,我希望能够搞出点名堂来。这里有一家民办的画报,叫作《燕子》,是由鹿特丹的埃尔塞维尔出版的;最近我怀疑他们是否会采用那幅画着一个锄地的人的画。这家画报每个月出一张。为这件事我将要到鹿特丹去一趟,我很担心,我可能会带着生意冷清的消息回到家里。我要再画一些时日,一直到我积累了一大批作品为止。由于我经常手头紧,我常常想赚些钱。学什么呢?我以为过一个比较短的时期后,这里可能比现在需要更多的插图画家。

这五六天我身上没有一个钱。我尽我的资力所及雇模特作画。如果我的画夹里充满了模特习作的话,我就能够有把握,或者抓得住,我将有一点本钱,希望可以靠这点本钱找到工作。人们要像莫林、雷瑙、朱理·费拉特那样接连着画插图,就需要一大批本钱。

当我在布鲁塞尔的时候,我想在某个石印画商人那里找点工作,却到处遭到拒绝。西蒙诺与福维的态度还比较好一点,他们说,他们所教的青年人使他们感到稍为满意,现在生意清淡,他们的雇员的名额已经满了。我谈到德·格鲁克斯与罗普斯的石版画,他们说,是的,可是那样的黑白画家不复存在了。我在那里以及别的石印公司所得到的印象是,石版画显然已经没有发展的前途。但是,这个新发现也证明了他们想要使石版画复活。我以前不了解这个情况,实在很遗憾。

我不知道我是不是了解得正确,这个新的石印画报是这样的:当某一个画家在这个画报上画一幅画的时候，这幅画不需要经过别的黑白画家、版画家或者石版画家之手，就能够照原样翻到石版或者活字版上去，能把一期不定期的画页画出来，后者便是原画的翻版。你在信中所写的关于《现代生活》画报，或者更正确地说，关于布霍已经答应你的这种画报，使我发生很大的兴趣。

最近突然有一个画家来看我，他便是凡·德·威尔，他在街上把我拦住了；我也去看过他。这个家伙的画室里有许多好作品。他叫我把许多老人的习作组成一幅构图，但是我感到我还没有准备好。

这里的气候已经非常冷了，下了霜，也下了雪；现在天很黑，阴沉沉的，使自然万物都显出一种不修边幅的粗野样子。

今天我在重画我在埃顿所画的素描，因为我在田野中看到剪掉树梢的柳树又呈现着同样没有树叶的景象，它使我回想起去年所见到的情形。我有时候长时间地画一幅风景画，恰如我渴求一次长途散步来恢复我的精神；我在自然中看到它的面貌与精神的本来面目。一列剪掉树梢的柳树，有时看起来好像是济贫所前面排队等待施舍的人。新生出来的玉米，带着某种无法形容的纯洁与温柔，它使人激起一种类似睡着的婴儿的感觉。路旁被人践踏过的草，看起来是那样疲乏而肮脏，好像是贫民窟里的穷人。几天前，刚下过雨，我看到一片上了霜的卷心菜，冻得发僵地种在地里，使我想起在清晨看到的、站在咖啡摊子旁边的一群穿着单薄短褂与围脖儿的女人。

当人们心情忧郁的时候，到光溜溜的海滩上去散散步，去看看有着长长白条波浪的灰绿色的海，该是多么好啊！但是如果人们感到需要感受某种宏大的、无限的、使人感知到上帝的东西，那么他不需要到远处去找它。我以为我在婴儿的眼睛里，看到了比海洋还要深、还要无限、还要不朽的某种东西；早晨，由于看到阳光照到他的摇篮里，他醒过来，呱呱地哼着或者笑着。

我希望在我的心里始终能够保持着勃拉邦的田野与灌木丛的某种印象，这种印象没有被多年的城市生活抹去，更少被艺术补充与加强。

我在印刷工人斯莫尔德斯的帮助之下，制作了一幅画着这个老人的石版画。如果人们从这幅石版画中，想起兴旺时期老式石版画的印象，我将要感到十分满意。这幅石版画，是我把你在信中向我提到的那个画报告诉斯莫尔德斯，以及他说他已经有一些那个画报的进货以后，有感而作的。

我将愿意——举个例来说——制作一套大约三十个人物的石版画。如果我们自己花钱展览三十来幅石版画（不是闹着玩儿，而是真干），那么我们在画报经理人的眼里便会有更大的威信。对于我现在除了画素描以外还要采取的任何其他步骤，你不要担心。在我进一步进行石版画的试验以前，我一定要等待，一直到我有了一些现钱。但是我认为这里面有些苗头。如果有了成绩，这岂不是一件大快人心的事吗！

从兰安的其他铺子里来的工人，看见了描绘这个老人的石版画，并且问这个印刷工人，他们是否可以拿到一幅复制品挂在墙上；我告诉你这件事，你会不会认为我自满？没有什么比普通劳动人民把这样的版画挂在他们的房间里或者工场里更使我感到高兴的了。为他们（普通人民）而创作才是真正的创作，这是海尔柯麦的至理名言。当然，一幅画一定要有艺术价值，但是我以为，要求艺术价值并不排斥普通人在画中找到他们所需要的东西。

行了，一直到现在为止，这幅版画的第一幅印出的成品，还无法估计其成败。

上星期我对于怎样揭开印版画的纸进行了另外几次试验。你将从邮局里收到《伤心》这幅版画的第一幅印出的成品。你也将收到石版画《一个锄地的人》与《一个喝咖啡的人》的第一次印样。这些画的原作很好。我花了很大的力气来画这些画，但是当它们被翻到石版上，并且印出来的时候，就都走了一些样。对于这些印出来的石版画，我所考虑的是，这些画中包含着我所需要的某种粗糙的与不落俗套的东西，这一点部分地弥补了它所失去的、素描原稿中的某些东西。素描原稿不单用石印墨笔画，而且还用石印墨水修改过。

我可以告诉你，如果我能够成功地制作出一套精美的石版画的话，我会很高兴的。

又是一个星期天。今天早晨我在雷斯维克公路上散步；部分草地给水泡上了，因此便产生出一种柔和的绿色与银色，同前景中被风吹歪的老树树身与树枝粗野的黑色、灰色与绿色的对比效果，小村庄与村子里背衬在明朗天空上的塔尖的轮廓的对比效果；在背景里的这儿那儿有一个门，或者有一个鸦群在上面啄食的粪堆。你将会喜欢这样一种景色！

今天早晨风景特别美，这种景色促使我做了一次长途步行；由于画素描与搞石版画，这个星期我很少外出。至于石版画，我希望它将有一个好结果。

"但是为了要画出这样的作品，我必须看不起别的作品。"

今天早晨我到印刷工场里去。我现在已经亲眼看到石版画的全部印刷过程：把画稿翻在石版上，石版的准备工作与印刷。我愿意学习印刷工作本身。我总以为印刷工作是一个奇迹，正像一颗谷粒的小芽长成一搭穗那样的奇迹一样，是一种每天发生的奇迹；正因为是每天发生的奇迹，所以它是更加伟大的奇迹。一幅画像一颗种子一样撒在石版上或者腐蚀版上，人们就从版子上得到收获。

人们经常说，我们不能够在荷兰制作给普通人看的版画。我永远不会相信这一点；我现在已经发现这种版画是能够制作的。整个事是由你的几句话开始的，你说："我碰到布霍了，他懂得一种制作石版画的方法。你应该在他将要送给你的纸上做一些试验。"

现在，像那样一种整套的（比如说三十幅工人的形象）素描稿与版画，一个人是否负担得了？画素描稿，准备石版，印刷，上纸，都是很费钱的，但是相对来说，这些都算不了什么。举例说，我送给你最近制作的那些石版画，以及我在昨天夜里制作成的新的一幅，我以为完全适于普遍发行，尤其在荷兰，这是非常非常需要的。

如果我是一个有钱的人，我一定马上做出决定。我一定不让自己省这笔钱。我坚决认为这件事肯定是有益的与有用的。我已经长时间地与雷巴德讨论过供给普通人版画的问题，他与我一样，对这个问题有很大的兴趣；他出于自愿地对我说："我将向你伸出一只援助的手。"但是谁愿意在一种希望不大的事业中与需要帮助的人牵扯在一起呢？

因为荷兰的画要画出来，印出来，散布出去，指定给工人家里与农民家里贴用，是有益的与必需的，应该有几个人凑在一起，为这个目的贡献出全部力量。需要组织一个团体的理由在于，如果黑白画家单独挺身为这个目的奋斗，他们就要负担每一件工作与每一种费用；那么在目标完成一半之前，事业就会垮台。所以负担一定要均摊。

这个团体应该尽可能有效地发挥作用。版画的定价一般不要超过一毛钱，至多一毛五分；当三十幅一套的画画出来并且印出来，当石版的钱、工作人员的工资与纸的钱付清以后，画册就开始发行。这三十幅画将成集出售，但是也可以零卖；这些画将形成一个整体，有一个短标题的麻布封面。出售画册所得的利润，首先付还给出钱办团体的人，其次付给每一个画家。

这些事情安排好之后，余下的事便是要为新的出版物继续进行工作。开始做这个工作的人应当认为这是一种责任，为自己赚钱并不是他们的目的。

出不起钱的成员拿出最初的一批画。如果没有别的人的话，全部画都由我来负担。第一批三十幅画拿给那些能够画得比我所希望的更好的艺术家看，他们或许能够被吸引来参加这个团体。可是与其由我自己，不如由那些优秀的艺术家来担负这个责任更加好些。

为普通人画来自普通人的工人画，以普及出版物的形式把这些画散布出去的理想，整个说来是一件义举，一种责任——对于这种理想，我相信，即使它不能马上成功的话，人们也得承认："这是一件昨天应该做的，今天应该做的，明天还应该做的事。"

我曾经考虑过，这个责任首先放到我的肩上，是要我尽力画好素描，因此我现在已经画了一些新的作品。首先画的是一个播种的人——一个大个儿的老人，他高大的深色轮廓在深色背景上显示出来。这是一个公鸡型的男人，刮得光光的脸，有点成锐角的鼻子与下巴，小眼睛，与瘪进去的嘴。然后是第二个播种的人，他穿着浅棕色的粗棉布夹克与裤子，因此这个人物以浅的颜色从黑色田野的背景中衬托出来；一列剪去树梢的柳树在田野的黑色上画出了一个框框。这是一个与前一个人完全不一样的人，他有一嘴修剪过的胡子，宽肩膀，矮胖个儿，有点像公牛，他的整个身躯是由田间劳动塑造成功的。然后是一幅画着一个在草地上拿着大镰刀的割草人。然后是一幅画着人们在沙丘上经常遇到的那些穿短夹克、戴又旧又高的大礼帽的小个子老人中的一个；他把一篮装得满满的泥炭送回家去。

这些人都在活动中，我以为，从前在选择题材的时候，必须特别把这个事实记在心里。你知道静止中的许多人体有多么美，画静止中的人往往要比画活动中的人多。画静止中的人往往是非常诱惑人的；表现动作是很困难的，在许多人的眼里，前者的效果比别的更加"讨人喜欢"。但是这种"讨人喜欢"的样子必须无损于真实，真实的情况是，在生活中艰苦的劳动比静止的休息更多。

哈泼出版社为迎接圣诞节出版了一本由许多画家画上图画的杂志，这些画家自称为"高顶帽俱乐部"。这本杂志中画得最好的，是阿贝的画；这些画中的大部分是画过去的生活实况，那是荷兰人用新阿姆斯特丹的名字来建设纽约的时候。布顿也是这个俱乐部的成员，或者说是名誉会员，我以为他比所有其他会员更加恳切，不那样大摆臭架子。但是阿贝的画是很美的。他有自己独特的风格,这是一件好事。我在信中提到这件事的目的在于,我相信你将会同意我的看法,并不是所有的美国人都是不好的;在美国正好像在其他地方一样,也存在着两种极不一致的现象,除了那些最讨厌的与最使人受不了的吹牛大王以及画得乱七八糟的画家以外,还有在荆棘丛中种出百合花或者雪莲花的画家。我一定要把这些画家的画与《现代生活》画报中的画拿来做一个比较。

我在昨天偶然读到一本勃吉尔写的《嗜饮的人》。这本书带着吉卜赛人时代的香味,出于这个缘故,我很喜欢这本书,但是我以为这本书缺乏独特精神与真挚的感情。可是作家们似乎总是写不好他们所写的画家的形象,其中包括巴尔扎克(他所写的画家有些乏味)与左拉;虽然左拉的克劳德·兰梯尔是写得真实的,但是人们愿意看到他所描写的与兰梯尔不一样的另一类画家,兰梯尔似乎是根据生活中实在的情况写的,我以为他的模特是印象画派的某一个画家。这些画家不是构成艺术团体中心的那些人。

我经常考虑到,要是我能够有更多的时间去画真实的风景,那该有多好啊!我经常见到我以为是很漂亮的作品,它们使我禁不住要说:我从来没有看到过像这样画的作品。但是为了要画出这样的作品,我必须看不起别的作品。

许多风景画家缺乏对自然发自内心的认识,这种认识是从小就看惯田野的人所具有的。许多风景画家(虽然我们像对艺术家那样重视他们)好像是给予人家某种既不使你满意,也不使我满意的东西的人。你可能会说,每一个人都是从小就看到风景与人物的。问题就在于:每一个人都是像小孩子那样反映的吗?每一个看到风景的人也都爱灌木丛、田野、草地、森林,以及雪、雨与风暴吗?并不是每一个人都像你与我这样做的;这是一种特殊的环境,它一定给出这种自然的认识;这也是一种特殊的气质与性格,它一定有助于根深蒂固地树立这种认识。

在风景画的领域中确实已经开始出现一些大缺点,我在这里引用海尔柯麦的一句话:让解释者的聪明去损害他们称号的尊严。我相信公众会说:把我们从艺术的一团糟中救出来,把朴素的田野还给我们。当人们看到一幅罗梭的美丽的风景画的时候,那是多么幸福啊!他在自己的作品中努力保持着真实与诚挚。真正的作品不是对自然的绝对的抄袭,而是很好地了解自然,是有生气的与真诚的;这正是许多人的作品所缺乏的。

你知不知道,这是诚实的人保存在艺术中的最最必需的东西?然而并不是谁都懂得,美好作品的秘密主要在于有真实与诚挚的感情。我自己不知道"漂亮"(正好像他们在这里称它的,这个词用得很普遍)的真正意义,我发现他们把这个词用到很不好的作品上——"漂亮",这是拯救艺术所必需的东西吗?

有一幅我所喜爱的米勒的自画像——除了戴着一顶牧羊人的便帽的头部以外,没有别的东西,只有半闭着眼的眼神,画家热情的目光,多么美啊!那种锐利的眼光好像是公鸡的眼睛一样——如果我可以这样说的话。

卡利尔说得对,"已经发现自己作品的人是幸福的"。我以为画家是幸福的,因为一等到他能够表现一点他所看到的东西,他就与自然保持着和谐。这是一件非常重要的事。人们懂得他必须去做的事;题材多得很。如果这种作品(像米勒的作品那样)力求带来安宁的话,那么这是加倍的鼓舞——那时候他也就不太孤独了,因为他心里想:我孤独地坐在这里,这是实在的,但是当我坐在这里,并且保持静默的时候,我的作品或许要对我的朋友说话,凡是见到它的人都不会怀疑我是意志消沉的。

可是我告诉你,对坏作品的不满,作品的失败,技术上的困难,使人感到非常不好受。我可以对你说,当我想起米勒、德·格鲁克斯、勃列东、杜普列与许多其他画家的时候,我便会严重地灰心丧气;当人们自己从事创作的时候,人们就会知道这些画家是了不起的。于是咽下了悲观失望,他忍受下去不是为了坐下来休息,而是为了继续奋斗,尽管有千百种缺点与错误,克服这些缺点与困难的可能性又很小——所有这些又都是证明画家不幸的理由。

跟自己斗争,为了事业的成功而进行的努力,恢复自己的精力——所有这些都被物质的困难搞得复杂了。杜米埃所画的油画一定是很美的。然而不可思议,为什么一件说得那样明白的作品,不为人所理解?情况至少是这样的:即使价钱很低,你也没有信心为它找到一个买主。这种情况对许多画家来说,也都是令人难以容忍的。

谁要做一个诚实的人,谁就要努力工作;但是人们始终不能够做到两头兼顾。人们必须放弃工作。天下没有不花力气而捡便宜的事。人们产生了一种不足与失信的感觉。人们害怕交朋友;像一个麻风病人,故意在远处跟人打招呼:不要太靠近我,因为与我来往会给你带来不幸与死亡。人们不能够像一个计划一桩好买卖的人,或者像一个将有一番大利可图的人那样,出现在大庭广众面前。相反,人们将以亏空来结束,但是仍然感到心里有一种力量在汹涌,这是明明白白的;人们有工作做,就一定要把它做完。人们必须带着一种平静的、日常的面目从事工作,过通常的生活,与模特,与来收房租的人,总之,与一切人和睦相处。

你务必不要替我担心。举个例说,画波里纳日煤矿将会有某些困难,甚至比较危险。可是,如果能够的话,我愿意担负这件危险的工作;这就是说,如果我像现在这样不能切实了解费用将超过我的财力的话。如果我能够找到对这样的事业发生兴趣的人，我就要冒一冒险。正因为你现在是唯一真正关心我所做的事的人，事情就给搁在一边了。但是我并不放弃这一工作而去偷懒。

我开始愈来愈清楚地看到，各种杂志都随着潮流的表面走，我以为他们不想把杂志办得像应该的那样好。不，要用既不费时又不麻烦的作品去充实杂志，不时地弄一幅好作品，同时要用廉价的、机械的方法把它印出来；更进一步，尽可能多地赚钱——这是他们所采取的办法，我并不认为这是一种聪明的办法。我相信这种做法会使他们破产。同时，那些自愿成为杂志社工作人员的人，从来不是在困难的日子，而是在顺利的日子被吸收进去的。这就是左拉所说的"平庸的人的胜利"。势利人、一无可取的人代替了工人、思想家、艺术家，甚至这一件事也没有被注意到。

一方面公众不满，另一方面物质的伟大受到赞扬。《格拉菲克》画报，正像这本计划书中所说的，将要出版"典型美人"（女人的大头像），也许是用来代替海尔柯麦、斯莫尔与莱德列所画的普通人民的头像。我重视各种作品；我既不蔑视奥巴赫，也不蔑视梅斯达格，但是我认为还有一些比他们能力高得多的人。我要某种更加简练的、更加严肃的东西。我要更多的感情，更多的爱，更多的同情心。

现在是结合在一起大肆说话的时候吗？在许多人已经睡着，不愿意醒来，而有人却努力坚持一个人单独干的情况下，一个人单独干是有义务与责任，因此那些睡着的人可以继续睡——或许这是比较好的情况吧！

你可以相信，我不会大声呼喊，去反对这种情况，去讨厌它。但是它使我心烦意乱，我完全不知道该怎么办才好。经常使我伤心的是，从前当我开始画画的时候，我时常想：如果我只是取得这么多的进步，我就会在这里的某个地方得到一席之地，我将要一帆风顺，找到谋生之道。可是现在另一种情况出现了，我并不希望得到地位（地位是一种监狱）。我希望这样的作品——不错，在你的作品中有些东西是比较好的，可是你知道，我们不需要这样的作品，我们要描绘实际情况的画（《格拉菲克》画报；我们星期六刊出星期四所发生的事）。描绘实际情况的画——如果他们指的是类似献给皇帝生日的手抄本书籍的插图，我将不重视这些东西；但是如果画报的经理先生们同意接受真正描绘实际情况的画，描绘普通人民日常生活的画，我将乐意尽我的最大努力。

…………

去年夏天的疾病总算挨过了，但是我现在害着严重的牙痛病，经常影响我的右眼与右耳；或者这也是与神经过敏有关。如果谁患了牙痛病，谁便会对许多事不发生兴趣，但是却也有怪事，举个例说，杜米埃的素描却是那样吸引人，这些画几乎使人忘掉了牙痛病。

今天我到凡·德·威尔家里去；他对我所画的用双手蒙着自己脸的小个子老人的画相当满意。在这幅版画中，我想表现我以为是"天上的某种东西"存在的最有力证据中的一种；但是我不能够像真实情况那样，把他表现得那么好，那么动人，这幅画只不过是在看不清楚的镜子里照出来的一个模糊影子而已。米勒相信这种"天上的某种东西"，换句话说，便是上帝与来世的存在。这样一个小个子的老人，当他安静地坐在炉边角落里的时候，他那无限动人的表情（关于这一点，他自己或许没有感觉到）中有着某种高尚的东西，伟大的东西；这些东西，命运注定是不让小人物享有的。

《汤姆叔叔的小屋》这本书中最美的，或许是描写可怜的奴隶知道他一定要死的时候，回想着下面这些话的那一节：

让忧愁像一次狂暴的洪水那样到来，
让苦恼的风暴降落。
只要我可以平安地回到我的家里，
我的上帝，我的天，我的一切。

这绝不是神学，而是一种简单的事实：在灌木丛生的荒地上的伐木者或者矿工富有感情与灵感，他们会预感到一个快要临近的永恒的家。伊兹拉亚斯把这种场面画得非常美。

我现在有两幅新的素描，一幅画的是读《圣经》的男人，另一幅画的是一个在做饭前祈祷的男人，这两幅画都竖在桌子上。这两幅画确实都是以你所谓的老式格调画的。我以为《饭前祈祷》是更加好的，可是它们各有所长。有一幅画的是透过窗户见到积雪的田野的景色。我在这两幅画中，有意表现圣诞节与新年的特别的情趣。这两个节日在荷兰与英国，在布列塔尼与亚尔萨斯，都是带有一些宗教色彩的。现在，人们不需要赞同那种宗教感情的形式，但是如果这是一种真挚感情的话，人们就一定要尊重它。我自己完全赞同这种形式，也赞同对上帝的信仰，虽然形式可能改变——这是一种类似春天必须更新树叶的改变。如果说画中有一点感情或者感情的表现，只是由于这是我自己感觉到的。

我多么希望我们在这两天的圣诞节期间可以在一起——我多么想在画室里再见到

你。我近来画得很起劲，因为我心中充满着这种圣诞节的感情，也因为感受不够充分；人们一定要在他的作品中把它表现出来。

我现在正在画一个从工场里来的老人的两幅大张头像；他的胡子乱糟糟，戴着旧式的大礼帽。老人有一副起皱纹的、智者的脸孔，人们喜欢在舒适的圣诞节的炉火旁边，有一个这样的老人。我现在画大脑袋，是由于我感到需要对头骨的构造以及脸部的描绘进行更加详细的研究。这个工作很使我发生兴趣，我最近发现了一点我长期探索而不曾得到的东西。

行了，我希望你在这些日子里腾出一点时间去欣赏大自然，或者看看短暂冬天白天的景色，或者观察冬天的特殊风貌。

在快要过节的时候，我感到我应该再一次谢谢你的帮助与友谊。今年我还没有在画出一幅卖得出去的作品方面取得成就，我觉得遗憾。我实在不知道毛病究竟在哪里。

我会在新的一年中，在绘制卖得掉的画方面，或者在为某一个画报画出一些作品方面有更好的成就吗？我怎么能够知道我是否会达到某一个目的——我怎么能够事先知道会不会克服困难呢？如果一个希望消失了，或许另一个希望会自己出现——总会有某种希望的，即使我们不知道希望在什么地方；前途也是这样。一直坚持下去，总会有一点好处的。良心是一个人的指南针，虽然指针有的时候会出现偏差，虽然人们经常发觉用指南针来指导他的方向的时候会出现不正常的现象，但是人们仍然努力按照指南针所指的方向前进。有一点是肯定的：不断顽强地写生，是不无好处的，虽然我不知道结果怎样，但是一定会有成绩的。

我希望你能够再到我的画室里来，特别是由于我非常担心你会认为我没有进步。你将发现我的工作正在缓步前进，我的志向是远大的。好兄弟，我感谢你无私的友谊，在这一整年中，这种友谊一再支持着我。我希望从我这方面也能够给你一些愉快。有朝一日我将会在这一点上做出成绩来。

"那些以为爱情使人头脑不清的人是错误的。"

现在女人与小孩都与我坐在一起。我回想去年这里的情形，与今年完全不一样。女人长得更加健壮了，情绪已经不那么容易激动了；小孩子是一个最可爱的、最健康的、最有趣的小家伙，你可以想象到的；可怜的小女孩——你从我的画中看得到，她以前深深的不幸还没有从她的身上根除，我经常替她着急，然而她还是比去年好得多。可是她的情况还是很糟；她现在看起来已经活泼一些了。

一个女人，不管她的天性善良或者高贵，如果她没有财产，或者受不到她的家庭保护的话，在目前的社会里，就立刻会碰上陷入卖淫泥坑的巨大危险。还有什么事比保护这样一个女人更加理所当然呢？我们的生活依靠我们与女人们的关系——当然，相反地，女人靠我们的照料，也是实在的——我以为人们永远不可以轻看她们。

天下存在着我们感到好的与真的事物，虽然在理性与预测的冷光之下，许多事物仍然是无法理解的与黑暗的，虽然我们生活在其中的这个社会认为那样的行为是轻率的，或者鲁莽的，或者我所不知道的另外什么的；同情与爱的潜在力量一旦在我们心中觉醒，我们能够说什么呢？社会常常用来对付那些让自己听任感情指使与凭冲动行事的人的理论，虽然我们多半不能反对，但是人们几乎会断定，某些人某些有感觉的神经，特别是那些被称为良心的东西，已经麻木了。行了，我可怜那些人；我认为他们的生活是没有目标的。

如果谁有那样一种遭遇的话，这是意料中的事，它将要使他陷入矛盾之中，特别是陷入与他自己的矛盾，因为人们有时候简直不知道干什么好。但是难道这种斗争甚至错误，不能使人得到好处吗？如果我们抛开感情的话，斗争与错误不是会对我们有更大的启发吗？我相信，感情使许多人变成所谓意志坚强，而实际上是意志薄弱的人。救人一命是一件伟大的与美的事；给无家可归的人弄一个家，无疑也是一件好事；不管世上的人怎样说，这件事是不会错的。

情况虽然不完全正常，但是比我去年所设想的要好得多。我心里老想着你；我刚才画一幅素描，西恩做模特。

可以告诉你，我今年的体会是，尽管有一些顶顶操心的事与困难，但是与老婆、孩子在一起生活，比没有她们的时候要好得多。首先要学会彼此了解，这是更加敏感的与更加细致的；如果事情安排好了的话，我就会一样干，因为这是一件好事。当爱情成熟了，因此结婚成为完全次要的事的时候，这样便没有危险，不伤害任何人；除了我这里以外，她没有别的家。可是，人们得仔细考虑情况。

生命是多么神秘。爱情是神秘之中的神秘。米什莱非常奇怪地说，"最初，爱情脆弱得好像蜘蛛网，可是它会逐渐变得强如巨缆；但是只有在忠于爱情的情况下才会这样"。谁想发生这种变化，谁一定要忠实。谁想认识许多女人，谁一定要忠实于一个女人；与一个人恋爱，有许多不同的情况或者变化。

与我同居的女人既不识字也不懂艺术，这件事使我经常感到遗憾。虽然她是肯定不能够做到那样了，但是我仍然非常爱她——这不是我们之间的某种真心诚意的证据吗？她以后或许会学习，这样便会加深我们之间的关系，但是现在她带着孩子，没有空。她特别是通过孩子与现实接触，不知不觉地学习起来。书本、现实与艺术对于我都是一样的。站在现实生活之外的人将使我感到讨厌。处于现实生活之中的人，自然会了解与感觉现实生活。

如果我不在现实中寻找艺术，我大概会发现她是傻子。我希望情况宁可不是那样，但是我毕竟还是满足于事物的本来面目。如果女人们始终不在她们的思想中显出男人们那种努力沉思与分析的精力与韧性的话，我们不能责备她们，至少我的意见如此。一般来说，在遭受痛苦方面，她们比我们消耗掉更多的力量。她们吃的苦头比我们多；她们是更加敏感的。虽然她们始终不了解我们的思想，但是当人们对她们好的时候，她们往往就能够领会了。情况不总是如此，但是"心灵便是意志"，女人们往往有一种奇怪的善心。

我最近常到吉斯特去走走，那些街道与胡同是我与西恩在早先的时候常去的。那里的不论什么都与以前同样美。当我回家的时候，我对西恩说："一切与去年一样。"你谈到关于失掉魅力的问题，不，不，不是事实。爱情也与自然界一样，有枯萎的时候与发芽的时候，但是绝不会死亡。海水有涨落，但是海还是海。在爱的方面，不论是对女人的爱还是对艺术的爱，都有疲劳与无力的时候。我认为爱情与友谊一样，不仅是一种感情，而且是一种行动，因此它要求努力与主动性，结果则带来疲劳与急躁。

我认为那些以为爱情使人头脑不清的人是错误的，因为那时候人们的头脑非常清楚，比以前更加活跃。一个人在恋爱之前与恋爱之后的区别，正好像一盏还没有点着的灯与一盏点着的灯之间的区别一样。现在灯已经摆在那里，而且是一盏好灯，也发光了，这是它真正的功能。爱情使人们采取更加沉着的态度对待许多事情，所以人们对自己的工作就更加满足了。

  我不知道别人，举个例说海耶达尔，会不会在与我同居的女人的日常生活中发现什么可以入画的东西。

"我大概会在今天夜里梦见戴着渔民的雨帽、穿着油布雨衣的人。"

  这几天这里有着很大的风暴，特别是昨夜，更加厉害。在海上风暴一定更猛烈。我多么想跟你谈谈心啊！我现在正处在创作停顿的阶段。我应当找一个同情我的人，与我可以谈得上的人谈谈心。这里没有一个我可以信任的人。我的意思并不是说这里没有一个值得信任的人，绝没有那种事，而是说我没有机会与他们接触。

  我现在正在进行画明暗的练习。我想首先用木工的铅笔画一幅素描，然后用石板画笔画出并且印出。我用这种方法画了一个老人的素描。他坐在那里阅读，光线落在他的大脑袋上，落在他的手上与书上。这样搞有某些方便，使人们可以画同一个人的十种不同姿态，如果画水彩或者油画，人们就只能画一种姿态。

  所谓画明暗，事实上就是用黑色画——在黑白画中画出深度的效果，画出油画中一定要有的丰富的调子。每一个色彩画家都有他自己独特的用色范围。在素描上也是这样；人们一定要掌握从高光到最深的阴影，在素描上只需要一些简单的要素。一些艺术家有一只画素描的敏感的手，他们的技术具有一把小提琴的特殊音响，例如兰逊、列莫德、杜米埃便是这样。卡瓦尔尼与布德梅尔使人更多地想起钢琴的演奏，米勒或许是一架庄严的风琴。

  我往往不喜欢英国人的作品，但是他们画的插图，以及狄更斯的小说，完全弥补了他们的缺陷。并不是我对现在的什么都不满意，绝对不是这样，但是我仍然认为，某种应该保存下来的优秀的时代精神，已经丧失了——在艺术方面尤其如此。生活本身也是这样。我不能够明确地了解这是什么，但是不只是黑白画改变了它的方向，背离了健康、崇高的本质。相当普遍地存在着一种怀疑、旁观、冷淡的精神，虽然一切看起来都很活跃。

  …………

  今年我没有画出卖得出去的画，希望你不要为这件事苦恼。你有一次曾经对我说过同样的话，我现在这样说，是由于我看到未来有一些我以前不曾见到的，并且为我的能力所及的东西。你非常了解，我是多么不善于应付画商与有钱的艺术爱好者，这与我的天性是多么不相容。如果我始终能够像现在这样干下去，我就很满意了。但是我经常成为你的负担，这件事往往使我难受。我多么想把我极其简陋的生活加以改变。当我的房子里有面包，我的口袋里有雇模特的钱的时候，我怎么可以要求更多的东西呢？我从我工作的进步中得到愉快，我对工作愈来愈发生兴趣。可是往后，为了要画更多的作品，我也不得不花更多的钱。我认为我要经常有一个模特作画——永远要有模特。可是谁知道到时候不会出现这样的事：你能够看到某些对我的作品发生兴趣的人，他们将要放下你在最困难的时期扛在自己肩膀上的重荷。

你认为老人的头像是很有特点的，我听了很高兴——我可以告诉你，这个模特确实是一个很有特点的人。我在这个星期仍然忙于画头像，特别是妇女的头像。我的意图是把许多这样的作品集成一套，使它配得上"普通人民的头像"这个标题。我自己喜欢写生习作，虽然它们不是很完整的，其中许多东西给省略掉了。我根据习作画成完整的画，因为习作使我想起对描绘对象本身的更加生动的印象。在真正的习作中存在着某种栩栩如生的精神。画习作的人不考虑自己，而只考虑被描绘的对象。与事后画的画比较起来，我以为还是习作好，除非它是根据许多习作归纳起来，最后形成一幅完全不一样的作品，也就是说，由许多个别集中成的典型，这是艺术中最高的东西，在这样的作品中，艺术往往高出自然之上。例如米勒的《播种的人》，它比一个在地里的普通播种人更加典型。

我今天为画这幅头像搞到一顶风暴中戴的雨帽。画老年的与年轻渔民的头像，这是我长期向往的，我已经画了一些，但是后来我搞不到一顶这样的雨帽。现在我将有一顶属于我自己的雨帽，一顶经历过许多风浪的旧帽。我怀疑你是否会在我所画的渔民的头像中发现一些好的作品。这个星期我所画的最后一幅头像，是一个有一抹修剪过的白胡子的人。今天我用石版画笔画了一幅头像。后来我把一桶水泼在画上，再用笔在弄湿的纸上画。这是一种可能搞坏的危险方法，可是如果画成功，效果一定很好，美妙的黑调子很像铜版画。

我寄给你一卷五幅头像。当你看过以后，我想你会在这些画中发现跟上次寄给你的头两幅中一样的东西，因为在这些画中必定会有某种真实的成分，我是费了很大的力气进行写生的，从头到尾都是对着模特画的。

当我到这个城市里来的时候，最使我激动的是吉斯特与它周围的风景。我逐渐画出一点轮廓来——但是要把这样一幅作品画成，要费多大的力气啊！我想通过拼命工作画出一些好的作品来，可是在拼命创作中我又欠了一笔债，在我接到钱的时候，必须马上拿半数以上还债。我不能够比现在更节省地过日子了，我已经尽力节省，可是画得多了，特别是这几个星期，我不再能够控制这种情况了，这就是说，随之而来的便是花钱。

这里刚开始化雪，却又下起雪来。这种融雪的天气，风景是非常美的。我透过窗子看到院子。我们的四周到处充满诗意，一切事物都有一种说不出的模样，使人们总想把它们画在纸上。但是，天啊，把它们画下来，可没有眼睛看看容易。现在已经是典型的冬天的气候，这是一种使人回想往事的天气，这种天气使最平常的东西也让人想起一辆四马大马车与邮递马车时代的样子。雪与奇怪的天空非常美。整个大自然具有"黑白画"的无法形容的美。

今天，雪正在融解，人们感到春天的来临，好像它是从远方到来的，在百灵鸟重新在草地唱歌之前，不久，春天就要开始了。我盼望春风把我因为在室内工作太久而造成的身体虚弱刮跑。我将要休息几个星期，要尽可能多地在户外活动，以换换我的脑子。我要用我的习作去换取水彩画颜料，但是现在还卖不出去。

我最近感到身体很不好。这可能是由于我着了凉，但是我担心我已经劳动过度。曾经有过显著的预兆，我必须小心——我的眼睛有时候感到很疲劳，可是我一点也不去注意它。昨天夜里我的泪液分泌得非常厉害，眼睫毛都黏在一起了，我的视力已经迟钝了，眼睛看不清东西。我的眼睛与脸孔看来好像我曾经痛痛快快地喝过一次酒，当然，是没有那样的事的——恰巧相反。但是，如果我在街上碰见什么人，谁知道他会不会批评我在街上瞎胡闹？从十二月中旬以来我不停地辛苦工作，特别是画那些头像。我将要洗洗澡，并且经常用冷水洗头。

劳动所留下的那些"渣滓"，过度努力之后的消沉，是多么不幸！那时候生活带着洗盆子留下的脏水的颜色；生活好像变成一堆灰。人们在那样的时候将愿意交上一个朋友，友谊往往能够驱除沉闷的迷雾。不管这一些了，我已画了一幅水彩，是一幅速写，画的又是铲土的人，或者不如说是熊克威格的修路工人，但是毕竟还不是一幅好画。我也用炭精条画了一些人物，整幅作品用海绵打湿，阴影变得柔和了，亮的部分经过润色，我以为这幅作品比较好。

你是不是知道我想些什么？在一个画家生活的最初阶段，由于感到不能够熟练地掌握创作，由于不能肯定自己究竟是否会掌握它，由于要求进步的雄心，因而不自觉地把事情弄得非常艰苦。人们不能够排除某种激动的感情，人们鞭策自己，虽然人们不愿意被别人鞭策。这是没有办法的，这是一个人们必须经历的时期。

人们在习作中，会感到一种显然与人们所努力争取的平稳、阔大笔触相反的胆怯与枯燥无味的笔触。但是，如果人们太专心于取得笔触阔大的效果，是不会搞出好画的。人们在开头所遇到的麻烦给画习作带来困难。但是我不以为这是一种挫折，因为我已经在别人那里注意到这一点,他们后来很容易地就摆脱了这层障碍。人们往往在他的一生之中继续着这种痛苦的摸索,可是成绩小得与刚开始的时候一样。

我有时候想,我要做一种试验,试着用完全不同的方法作画,这要有更大的胆量,更多的冒险。我以为我一定要首先多画人物,直接写生。

我寄给爸爸一幅素描,我是根据他对第一幅老人的石版画速写的意见来画的。这并不是说,我认为爸爸的意见完全正确,而是因为我想:现在我知道你多么想得到我的画,我要尽力给你画这样的画。但是我担心我不会成功。虽然人们拼命努力,取悦别人却不一定成功。

这里的春天来得真快。我们已经过了几天真正的春日,例如上星期一,我尽情地享受了一天。我相信穷人与画家对气候与季节的变化,都同样会有这种感觉。在附近的像吉斯特那样的地方,在所谓济贫院的院子里,冬天始终是一种困惑的、忧虑的与沉闷的季节,春天则是一种解放。如果人们注意到这一点的话,他就可以发现,初春日子的到来实在是一种福音。

看到那么多面黄肌瘦的脸孔来到户外,不是干什么特殊的事,而好像是叫自己相信春天就在这里,这是很使人感动的。所以各种人都聚集在市场里,围着有一个男人在那里卖番红花、火星花与其他球根花的地方。我常常看到一个官厅里的书记,虽然是与杰塞兰同一类的人,穿着一件旧的露线的黑外衣,领子上尽是油腻,他对雪花的反应却是很独特的。当然,每一个人都对春天有感受,可是对富裕的中产阶级来说,春天不是那样重要的,因为春天对他们的心境起不了大变化。我想起一个挖掘工人所说的精辟的话:"地里长的庄稼怕霜冻,冬天的寒冷也使我难受。"

日落西山的时候,乌云中装着银色的衬里,分外好看——沿着贝崔登豪特,或者沿着森林的边沿散步的时候,都可以欣赏到这个景色。你可以从遥远的记忆里回想这种情况。从画室的窗子望出去,也是很美的。人们常常感到空气里带着一种芳香。即使这个理由如此诱人,我也不能休息。

草地的颜色常常使我想起米歇尔;土地是黄棕色的,枯萎了的草原上有一条满是水坑的泥泞道路,黑色的树干,一片灰白色的天空,房屋在一定的距离之内形成各种不同的色调,但是屋顶的红色很少有色彩的感觉。这时候蒙马特尔也会有这种奇异的景色,米歇尔曾经画过这种风景。这种景色非常动人,米歇尔的秘密(正好像魏森勃鲁赫的一样)在于采用特殊的表现深远空间的方法,找出衬着背景的前景的适当比例,摸索到了正确地表现透视关系的画面中线条的处理。

这一点看来似乎很简单,实际上它包含着一种很复杂的科学的方法,甚至像杜米埃的那样外表更加简单的作品，情况也是这样。这些作品不是碰运气搞出来的，我相信米歇尔在他成功之前，由于事情不顺当，一定有过为难与失望的时候。

如果我的眼睛不好转，我就要用茶来洗。由于现在正在好转，所以我就不去理它，而它也不再像以前那样使我麻烦了。近来眼睛的确比最初的时候好了一些，画画的时候不再疲劳——只有一次，在夏天我牙痛的时候例外，所以我相信这只不过是工作过度的结果。我希望这个星期能够重新正常地工作。

我在几个星期之前读了弗里契·留特的《从我的监狱里来》，这本书描写弗里契·留特与其他人被幽禁在一个城堡里，他们怎样以最聪明的办法，使他们的生活尽可能过得舒服，从主管的长官那里得到一些特权。这本书启发我和我的房东斗争，要他改善我们的居住条件。

画室里有三个窗户，即使我用硬纸板把窗子蒙起来，光线还是太强，我考虑了很长一个时期，打算改善这种情况。但是房东置之不理，除非我给他钱。当我和他进行了新一轮争辩之后，现在得到了六个百叶窗与五六块长条板子。六个百叶窗已经坏了，只有上下能够关闭，光线只能从上面与下面进来或者被挡住。板子是放在墙上凹进去的大壁橱里用的，壁橱是藏素描、版画与图书，挂各种裤子与短外衣、旧大衣、围巾、帽子，以及那顶渔夫在暴风雨时戴的帽子的。当我得到这顶帽子的时候，那上面还粘着鱼鳞。

现代的房子盖得多么糟糕！如果建筑师尽量把它们弄得稍舒适一点的话，情况或许会好一些。这种房子已经愈来愈失掉它的魅力，代替这种吸引力的是某种呆板的整齐与枯燥无味。当我看到一个妇女在一个小房间里翻箱倒箧的时候，我发现她的身上有着某种典型的与神秘的东西。当这个女人在我的画室里的时候，却失掉了这种东西，这件事常常使我失望。在黑暗的过道里所见到的老人，也比在我的画室里所见到的有一种更加美的效果。这真叫人生气。

现在我可以得到一种完全不同的光的效果。第一号窗的下面关着，其他部分照原来的那样——就像济贫院里小房间的门那样；第二号窗的上面关着，像一个前面坐着一些人的窗子那样；左边的背景是暗的，因为第三号窗完全关死了。只要想一想如果没有这些百叶窗，从三个窗子透进来的自然光与现在的光之间的区别，你就会了解，我可以非常好地进行工作了。此外，这里还有一种过度的反光，在这种反光之下，一切效果都消失了。现在当我在别的什么房子里看到一个人物的形象时，我能够很容易地在我的家里找回这个形象。然而我已经比我所设想的花了更多的钱，因为旧百叶窗经过了一番大改装。我知道你会明白我的画室已经大为改观，我对这件事非常满意，因为无法改善画室，曾经使我伤透脑筋。

  我相信我大概会在今天夜里梦见戴着渔民的雨帽、穿着油布雨衣的人，光线射在他的身上，而且形成强烈的亮光，它强调了形体的立体感。

"工作愈来愈使人振奋。"

　　昨天下午我寄给你一幅很粗糙的水彩速写。我在几个月之前就着手画这幅画了。从那时以来，我已经画了许多人物的习作，特别是头像。那些习作所取的场面，正是这幅速写所要表现的，在完成的画里，头、手、脚都有了性格的特点与应用的效果。我把这幅画寄给你，为的是使你在这幅画里，比在我所画的别的作品里更加清楚地看到，我对色彩有很强的感受力——透过一层灰色的迷雾，我看到了鲜明的色彩。尽管这幅画可能不完整与有缺点，它却是我所要表现的吉斯特或者犹太区街道的一个小场面。我能够把我所见到的一切场面像这样画出来，而获得色彩与调子比较强的效果。

　　那些大幅的头像习作一定适用于用来组织这样的构图，可是我还会遭到许多次失败，因为我相信，水彩画非常需要灵巧与迅速的笔触。为了得到和谐的效果，人们必须在水彩干之前画，那时人们没有很多的时间来进行仔细考虑。所以主要问题不是每一幅习作的即时完成，而是逐渐把它提高到知识与能力的更高水平。人们必须把这二三十个头像一个跟着一个很快地画下来。惠斯勒说过："是的，我用两个小时画成这幅画，可是我为了要使自己能够这样画，已经研究了好几年。"

　　我还没有正式画水彩画，但是我爱水彩画爱得入了迷。在画了一个月以后，我已经有了一些水彩画，我时常考虑我的技术水平。每一回我都发现我已经克服了一些障碍。由于画室环境的改善，我现在能够更好地研究明暗法，我将愈来愈多地画水彩，甚至在素描中，用灰调子的颜色、乌贼黑、印度墨水与卡塞尔土色刷在暗部，用中国白来点出亮部。但是春天来了，我愿意再拿起笔来画油画。可是油画颜料已经用完，由于一些比较大的开销，我真的身无分文了。

　　你记不记得去年夏天带给我的一支硬的炭精笔？这支炭精笔有灵魂与生命——我以为炭精笔是死的。两把提琴从外表上看来可能是一个样子的，但是在演奏它们的时候，人们往往在一把提琴上发现另一把提琴所没有的美的音调。

　　今天我用那截剩下来的炭精笔画了另一幅速写，最后用乌贼黑涂了一次。如果这些小画不符合你的意思的话（虽然我记得当我画这些画的时候你对我所做的暗示），不要让它们使你灰心丧气。我以为我在炭精笔上发现了使它成为最好的写生工具的各种性质。我在今天早晨到郊外散步，在崔布登格后边的草地里——马里斯最初就住在那儿。那里是大家倾倒垃圾的地方——我在那里站了很久，看着一行我过去曾经见过的最富于曲折变化的、多瘤的、可怜相的、剪去树梢的柳树。这些树栽在一块新挖掉的菜园的边上，它们的倒影映在一条肮脏的小沟里——非常肮脏，但是在那里某些青草的叶子已经闪闪发亮。可是那粗糙的棕色树皮，那新铲过的土地（人们能够从这种泥土中看出丰饶来）——在这一切中，有着某种深色的、非常丰富的调子，使我又一次想起炭精笔来。因此一等到我有了更多炭精笔的时候，我就想用它来画画风景。

虽然我不再多谈关于制作一套工人形象石版画的计划，但是我的心里仍然存在着这个计划。我近来与斯莫尔德斯谈起石版画。我在街上碰见他，他问我是不是想再搞一些石版画——这正是我所愿意做的事。可是我一定要与雷巴德谈一谈这件事。他已经答应来看我，我希望能够与他安排好画一套画，要是这套画画得够好的话，我们就把它搞成石版画。但是他一定要先看一下我的习作。我有一幅播种的人，一幅收割的人，一幅在洗衣盆旁的妇女，一幅女矿工，一幅女裁缝，一幅济贫院里的男人们，一幅推着满装肥料的手推车的人。但是这些素描并没有使人对自己的工作感到满意。相反，人们说：不错，就是那么一回事，可是还要好一些，还要更加严谨些。

爱弥尔·维尔尼尔根据米勒、柯罗与杜比尼的画制作的石版画，有着让我高度评价的品质。人们多么愿意与一个在某种程度上精通他的业务的人谈谈话啊！不是抱着复制油画的目的，而是为了更好地了解石版画本身的技术。

我正在阅读维克多·雨果的《悲惨世界》。勃里翁所作的插图很好，很合适。重读这样一本书是有益的，为的是使某种感情与理想保持下去，尤其是对人的爱，信仰与意识到某种更高的东西——简言之，天上的某种东西。人们可以想象，对每一个人来说，万物的基础是对人的爱，可是有些人却欺骗说，还有一些更好的东西。我听到这种话，不感到奇怪。千百年来已经证实是正确的那个旧基础，我认为是够充分的了。

今天下午我有几个小时都沉醉于这本书，到太阳已经落山的时候我才走进画室。从窗口望出去，是一片宽阔的、黑暗的前景——翻过的菜园与田地很深的黑土，一条黄沙小道斜穿而过，周围有绿草与细长的白杨树。它的后面是有着车站的圆屋顶与尖塔及烟囱的城市的灰色轮廓，它的右上方，几乎在地平线上，是红色的太阳。这实在像是一页雨果的著作。

昨天早上我在凡·德·威尔那里。他正在画一幅有一些铲土的人、马与装沙的车子的油画。这是一幅调子与色彩都很美的画，画的是一片灰色的晨雾，素描与构图都很好，画中有风格与个性——这是我所见到的他最好的作品。

你知道是什么使我高兴？你记得凡·德·威尔今年冬天曾来看过我吗？那时候我正在画铲土的人的习作。他看到了那些习作，看样子并没有使他发生兴趣——肯定没有。但是他在画他的大油画的时候，曾经叫铲土的人给他摆模特，曾经在他们工作的时候去观察他们。实际上，他已经通过写生仔细地研究了铲土的人。现在，在看我的习作的时候，我们走到铲土的人这幅画的前面，他以与他几个月以前完全不同的口气来谈这些画。我开始愈来愈注意到，与其他人一样，我一个人在考虑这样或者那样"不对"的时候，往往要犯错误。一个人总以为他很懂得某一点，可是如果他足够诚实的话，他就一定得摆脱这种想法。

绘画的伟大气派与统一性在习作中是找不出来的。我的习作中人物并不突出，而且摆的地位不适当，周围的环境被忽视了。我希望你在看到我的习作的时候，会把这一点记在心里。我的意思是说，不要以为我是以与凡·德·威尔（举个例说）不同的注意空间的视角来观察自然的。真的，情况不是最困难的，如果我的习作画好的话，我对其他便会很有信心了。空间、气氛、宽广的感觉，你不要认为是我所忽视的问题，但是人们不可能一开始就有这些。首先是打基础，然后到一定的时候再盖屋顶。

感谢你对我生日的祝愿。这一天由于我刚好找到一个装作挖地者的很好的模特，因此意想不到地成为一个非常愉快的日子。我有时不能相信我只有三十岁。当我想到认识我的大多数人都认为我是一个失败者，当某些情况不转好而我真的可能失败的时候，我就感到我的年纪太大了。当我想到事情可能如此的时候，我清清楚楚地感到，它使我心中闷闷不乐，好像真的就是这样似的。在正常的与平静的心情之下，我有时对于这三十年内终于学会一点有发展前途的本领感到高兴。我对未来的三十年（如果我能够活到那样长的话）感到浑身是劲，在我的想象中，我看到我的前面摆着艰巨的工作，后三十年要比前三十年过得愉快。怎样实现这个愿望，不仅依靠我自己，社会与环境也应该出点力气。

三十岁对一个工作的人来说，只不过是一个比较稳定时期的开始，因此人们感到精神旺盛与充满力量。但同时生命的一个时期已经过去，一想到某些事将一去不复返，真使人伤心。感到后悔，并不是愚蠢的感伤主义。但是人们不可能指望从生活中得到他已经明知道不能得到的东西，而且人们开始愈来愈明白地看到，生命只不过是一种播种的季节，收获不在此地。或许这便是人们有时候对社会上的意见漠然、无动于衷的原因。

有一件事是可以叫你放心的：工作愈来愈使人振奋，可以说它给了我更多的活力。我有着某种积极性，即使在没有正确目标的情况下，有着某种积极性的人还是可以努力工作的，如果他为自己的工作找到一个目标的话，它便会加倍地对他起一种鼓舞的作用。你在信中写道："有时候我不知道怎样去克服困难。"我也常常有这种感觉，在许多方面，不仅在经济方面，而且在艺术本身，在一般生活问题上也是这样。你是不是以为这是某种特别的东西？你是不是以为有一点胆量与能力的人都有这样的时候？伤心的、烦恼的、痛苦的时候？这是每一个有意识的人生活的一种情况。似乎某些人是没有自觉的意识的，但是有自觉意识的人并不认为是不幸的，而且对他们来说也不是什么特别的事。

亲爱的弟弟，你知道，对由于你无私援助而欠下的偌大的债务，我的感触是多么深刻啊！要表达出我对这件事的感想，是很困难的。我的素描还没有达到我自己所要求的水平，这仍然是使我灰心丧气的经常起作用的因素。但是对于一个必须把许多根线理好并且编织起来的纺织工人来说，他没有时间从哲理上去推究这个问题，他更多的是弄清楚情况怎样，而不能够去解释它。虽然你与我一起商量，也订不出一个明确的计划来，也许我们应该互相加强在我们内心正酝酿成熟的那种感情。

我接到爸爸一封非常诚恳与爽快的信，信中附来二十五个荷兰金币。他的信中写道，他收到了一些他已经不指望得到的钱，他要分给我一点。我的心中不知不觉地产生了一种想法：爸爸是不是从谁那里打听到我很缺钱？我希望这不是他给我钱的动机，因为我认为这个关于我境况的想法并不正确。

我以为我常常富得有如克罗索斯，不是在金钱上，而是我在工作中找到了我能够全心全意献身的东西，它使生活有了鼓舞与兴趣。当然，我的心境是多变的，但是我有一种普通的沉着态度。我有一种对艺术的忠诚，一种信心，这是一股把一个人冲进海港的巨流，虽然他自己也一定要尽一分力量。我或许处于比较大的困难之中，我的生活中有着阴暗的时候，可是当一个人已经找到了他的工作，我以为这便是一种无上的幸福，我不能把自己列入不幸者之中。我不能够做我勇于去担负起来的每一件事，从模特、食物与住房开始，到颜料与画笔为止，费用实在太大——这种情况也与织布机一样，各种不同的线都要分开。但是与别的许多人比起来，我有着优越的条件。

我们都必须去忍受同一情况——正是由于每一个画画的人都必须忍受它。如果单干几乎使人沉于它下面的话，为什么更多的画家不应该携起手来一起工作，像队列里的士兵那样？为什么特别是那些花钱最少的艺术受到那样大的轻视？伊兹拉亚斯所作的那两幅大的铜版画多么美！一个点烟斗的男人，与一个工人家的室内景。我认为伊兹拉亚斯继续搞铜版画是值得赞扬的，尤其是因为其他画家都不再搞它了。可尊敬的伊兹拉亚斯，尽管他的头发已经灰白，可是他仍然精力充沛得足以取得进步，而且是巨大的进步——我称这种现象为真正的青春，不朽的精力。如果别的画家都这样做的话，将会有多么美的荷兰铜版画贡献给世界啊！

我打算拿这二十五块荷兰金币去买样子好的水彩画工具。我最近曾经用印刷油墨画画，我用松节油把油墨掺淡，用毛笔蘸着画。它具有很深的黑色调。兑进一些中国白，便成为很好的灰色。加进一点松节油，甚至可以很薄地涂抹。我时常感到，油画材料的价钱可怕地上涨，致使许多人无法画油画。我也要付清刘尔斯的债务，我将能够在我的画室里安排各种家具，这样一来就使画室变得更为实用。我好像海员爱他们的船那样爱我的画室。

我用你送来的炭精笔画了一幅大的素描，与石印墨配合着画。这是一个铲土的人——我的模特是济贫院里一个小个儿的老头。他那向黑色土地低着的秃头，我以为充满着一种深长的意义，例如，"多流汗水，你才能吃上面包"。拿着铲子的妇女与这个铲土人的素描，使人们不会去考虑它们是用某种错综复杂的方法画出来的，甚至根本不去考虑它们是怎样画出来的。由于某种灰色的调子，由于黑色之中某种说不出的丰富与力量，人们避免了普通炭粉笔的那种呆滞的与闪亮的金属效果。我认为对这些小问题，值得花力气从炭精笔与石印墨这样的工具上进行探究。

今天早晨一个画家看到了这两幅素描，他是奈根，他不是特地来找我的。他敲了我的门，以为凡·德文特住在这里，可是德文特住在另一条街上。我把地点告诉他，并且问他是不是愿意进来看看我的画室，他答应了。我正在画铲土的人，这是他在画架上所看到的第一幅画，他说："这画画得很好，画得很认真。"这些话是完全可以相信的。不管怎样，这些话使我开心，因为我以为，奈根这个人绝不会在他认为人物画得不好的时候说画得好的。

凡·德·威尔又来看我。他也许要我跟皮埃·凡·德·维尔登来往，我以为你会从他所画的农民与渔民形象的画中知道这个人的。我见过一次凡·德·维尔登。他带着一些粗野的味道（与麻袋布一样粗），这一点很投合我的心意，这是一个显然不在外表上装成有教养的样子的人，但是他的内心比大多数人都要远为充实。他使我想起乔治·埃立奥所画的急进党人费利克斯·荷特的形象。他是一个真正的艺术家，我希望我能与他相识，因为我信任他，我知道我会从他那里学到一些东西。

…………

为了祝贺你的生日,我也送给你几句话。愿你这一年幸福,愿你万事如意。你离开这里几乎快一年了。哎,我多么盼望你来。我有这一整年的作品给你看;我们一定要联系到前途来谈谈这些作品。你的信中提到,有一天某些艺术爱好者可能会买我的作品,虽然这些作品不会成为畅销货。我确实也相信会这样。如果我能够做到把某些热情与爱注入我的作品中,这些作品将会找到它们的朋友。关键在于不断地工作。

习作的数量始终在增加。但是从这些习作中必须搞出一些新的作品来。我能够有更多的精力用来画画的时间已经到来。我现在正闭门画少数几个模特,可是我的理想是画愈来愈多的模特,一大帮穷人。对他们来说,画室是一种冬天的避难所,或者当他们失业的时候,他们知道这里有火,有吃的与喝的,可以赚一点钱。现在的规模是太小了。

为了实行我的计划,我应该有比我已经花掉的更多的钱。不管我怎样巧妙安排,我不能够省下一些钱,如果我开始那样做,我一定会半途而废。如果必须说"要不是因为太费钱的话,我能够画出如此这般的作品来",那就太惨了。我的精力充沛,我愿意用掉这种精力,而不把它压制下去。但是我不需要发牢骚——我说这一点是为了进一步取得谅解,为了安下我的心。英国人说"时间就是金钱",我有时看到时间浪费掉了,心里实在难过,如果我有画画的材料,那些时间是可以画成一些画的。

我愿意在购置油画器材方面多花些钱。即使我的习作一幅也卖不出去,我也认为我花在它们上面的金钱并不冤枉。画室已经搞得非常好,使用起来更加方便;但是我只有足够开"半速"的蒸汽,却要"全速"前进。你的负担也超过了你的力量。不过,我们一定要尽力而为,不能凭力气搬动的东西,一定要用耐心去对付。

还有另一种情况在鞭策着我。这便是:雷巴德正以前所未有的热情努力工作,我不能落后于他,因为这样我们才能使彼此得到更多好处。他画的油画比我多得多,并且画过长时期的素描,我们俩却是同一水平的。我并不想与作为油画家的他来相比,但是我不会让他在素描上胜过我。他正寄一幅大油画给阿姆斯特丹的展览会,画的是围着桌子的四个描瓷砖的画工。我间接听到许多人赞美这幅画。我现在虽然不想为展览会画大油画,但是我不喜欢比雷巴德差的作品。我甚至对于一些人以一种倾向搞创作,而另一些人则以另一种倾向搞创作的想法,找到了一些令人鼓舞的东西,即使如此,每一个人还是与其他人有共同点。因嫉妒而引起的竞争,与为了互相尊重而尽力使工作做得好,根本是两回事。我看不出嫉妒有什么益处,我也看不起那种不要求使双方保持同样水平而一起努力的友谊。

现在我只用毛笔与印刷油墨作画。老实告诉你,我的生活很困难。雷巴德在信中说要到我这里来，可是他没有来，很使我失望。如果我请求他垫给我一些钱的话，我相信他一定不会拒绝的，因为他自己在今年冬天曾经提出过，但是那时他生了病。我记得他父亲的信中是这样写的："我的儿子病了，但如果你有困难的话，我也愿意垫给你钱。"我想，雷巴德的父亲是那样好，如果我在那时接受了他的提议就很不好。因此我在给他的回信中写道："谢谢你，等到你儿子身体好了以后再说。"

今天早晨当你的钱寄到的时候，我已经有一个星期左右身无分文了，而且我画素描的所有材料都已经用完。我跟斯莫尔德斯商量，拿来一批素描纸，虽然这项费用现在对我来说是完全不合适的。我也很需要图画纸，以及版画家用的油墨与石印墨。为了买几件家里用的东西与储备粮食，以及雇模特（为了能够继续工作，我一直到现在都雇模特），我已经付了钱。

我现在一定要把几幅画画完。如果你另外再寄给我十个法郎，这个星期就可以没有障碍地过去。不然的话，就要造成不愉快的损失。但是你不要生我的气，这是几种非要不可的费用凑在一起，我是不能不花的。如果你不能够寄这些钱——无论如何，也不会使我们活不下去。小事情上的困难，加上少数几个钱的困难，经常使我伤透脑筋。情况就是这样。

我与凡·德·威尔约好下星期一到沙丘上画油画，他将要让我看一些我以前还没有见过的作品。我们要在沙丘上画上几天画，但是我盼望一个模特，不然的话，我就不能继续画下去了。

西恩可能有些问题。我相当着急。

米什莱说得对："女人是病人。"她们多变化，提奥，她们好像天气一样多变。有眼睛的人都可以在各种天气中发现某种美好的东西。他看出雪的美，燃烧的太阳的美；看出风暴的美，风平浪静的天气的美；喜欢冷，也喜欢热；爱每一个季节，不愿意让一年之中溜走一天。事情只要按它原来的样子进行，他就感到满足，但是即使他知道天气与季节是这样变化的，女人的脾气也是这样变化的，相信这是一种无法解释的道理，而安心听命于他无法理解的东西；即使他能够这样考虑问题，他的性格与见解同爱人的性格与见解还不可能和谐一致。他不是感到忧虑与不满，就是产生猜忌与怀疑，尽管他可能有勇气、诚意与沉着的意志。

分娩的时候照看她的那个医生告诉我，她要完全恢复健康，需要好几年时间。这就是说，神经系统仍然非常敏感。最大的危险在于她将要重新犯她以前的毛病。这件事事实一直叫我发愁。她的脾气时常坏得几乎使人忍受不了，甚至我也无法忍受——暴躁，胡闹。我可以告诉你，我经常陷于失望。她一再来，经常跟我说："我不知道我自己在那时候所干的是什么。"

　　有时候要出现危机，特别是当我冒险去批评曾经眼见她的某一错误的时候——例如在修补与缝制小孩子衣服的问题上。结果是，她在这一方面，正像在其他许多方面一样，有很大的改进。但是在她性格中的这些毛病一定要改正：稀里糊涂、满不在乎的习惯，缺乏能动性与办事的能力。唉，毛病不少。这些毛病的根源是不好的教育，多年来对生活极其错误的看法，坏朋友有害的影响。还能够有别的原因吗？

　　你要知道，我是把这件事暗中告诉你的；不是由于灰心丧气，只是要你了解，对我来说生活不是安乐，而是像星期一早晨那样平凡的东西。我自己也必须改变许多东西，她一定可以在我的身上发现一个努力与忍耐的榜样。我的好兄弟，要使自己的行动能够间接地成为别人的榜样，这是很大的困难，我有时也失败了。我必须把自己的道德境界提得更高一些，以便对她进行新的刺激。

　　我相信这样说是合适的："如果谁要结婚的话，他所娶的不仅是女人本人，而且还要加上整个家庭。"当他们搭配得不好的时候，往往就会很麻烦、很不幸了。这实在是一种可恶的设想，像母女之间关系这样的事，可能有它的黑暗面，因此一个爱好光明与追求光明的男人，可能出于这种缘故而遭到惨败。一个母亲的影响与跟朋友们的谈话，往往比任何其他东西更加容易使妇女造成一种妨碍思想与行为改善（这种改善往往是迫切需要的）的堕落。

　　我可以告诉你，我与西恩之间所存在的困难，十之八九是由那里发端的。可是那些母亲并不真是坏蛋，她们简直不了解她们干的是什么。五十五岁左右的妇女往往有很重的疑心病。我不知道是不是一切妇女在年纪大了的时候都要管制她们的女儿，而且她们所用的全是错误的办法。在某些情况下，她们的办法可能有某种存在的理由，可是不应该把它作为一种原则固定下来，认为所有的男人都是骗子与傻子，因此女人必须欺哄他们，并且认为她们对什么事都在行。如果这种母亲的办法不幸应用到一个老实的男人身上，那他就要倒霉。

　　每一个人都尊崇理性（作良心解）的时代还没有到来。在促进这一个时期的到来中出一把力，是一种应尽的义务。在判断一个人的品性的时候，人们所要求的最重要事情之一，是考虑到现代社会的情况。许多人注意家庭生活的外表胜于注意它的内部，他们以为这样做是正确的。岳母在某些情况下是一个好管闲事的、好诽谤与激怒的家庭的代表，因此这无疑是有害的与有敌意的，虽然她本人或许并不那样坏。

　　我宁愿纠缠在西恩与她母亲的关系中（在我所处的情况下，这件事的影响极不好），她的母亲已经跟我们住在一起。她住在我的房子里，比住在她家庭的其他成员的房子里情况要好一些，她在那里经常被人残忍地欺骗，卷入阴谋。今年冬天，当她的母亲穷得没有办法的时候，提出了这个建议，我说："如果你想念我们的话，就来跟我们住在一起好了。"她自己虽然很困难，可是我相信她不以为我们平常的生活方式是够好的。我对生活的要求非常简单，环境逼我如此。

这个小家伙毕竟是一个生命的奇迹，看来似乎他自己已经与一切社会惯例及习俗相对立。就我所知，所有的婴孩都是用一种麦片粥喂大的，可是他很倔强地拒绝吃这种东西。虽然他还没有长出牙齿，他却不肯罢休地啃着一片面包。他高兴地笑着、呀呀地嚷着把各种食品吞下去，但是一看见麦片粥就把嘴闭得紧紧的。他时常跟我一道坐在地板的一个角落上，那里搁着几个袋子。他对着图画哇哇地嚷，并且时常静静地待在画室里看墙上挂的作品。嘿，他是一个多么可爱的小家伙！

雷巴德来过这里，我向他借了二十五个荷兰金币，答应在秋天偿还他。我见了他很高兴，我们以整天的时间来看习作与素描。我明天到他那里去看他的作品与画室。这是一个非常愉快的日子。我个人在现在比过去更加喜欢他了。他的气派变大了，我认为他对许多问题的看法也更宽广了。现在他的油画已经在阿姆斯特丹打开市场。

他借给我的钱使我可以购买我迫切需要的许多东西。我订制了几块野外写生用的大画板，其中一块是供画水彩画用的。我马上试着画了一幅水彩——沙丘上的一幢农舍，前景中有一辆手推车，背景里有一个铲土的小人。啊，提奥，总有一天我会找到画水彩的窍门。

爸爸的一次极其短促的来访，也使我感到意外。我以为他相当像在我手头的一幅画中那些工人的形象。

我怀着很大的兴趣翻看了1883年的一期《沙龙》画报——用新方法复制的第一套插图。我不管所有其他费用，订了这个画报，为的是我现在正用油墨与石墨画画。我坚信我的一些作品适宜于用这种方法进行复制。

沙龙已经开幕了。我猜想这些日子里，戴尔斯蒂格与西爱姆叔叔一定去看过你。自从我与戴尔斯蒂格不和以后，到现在几乎有一年了。他可能以为我很少想到曾经发生过的事。可是那件事对我来说是相当不愉快的，由于跟戴尔斯蒂格的那一次吵嘴，我必须经常小心地回避高比尔画店。从去年五月份算起，提奥，这一年对我来说并不是真正舒服的与没有忧虑的，你说是不是？但是这算不了什么。你所给予我的不是少了，而是多了。可是要继续画画，并且在创作中取得进步，还要维持生活费用，对西恩与我来说，却不是件容易的事。有时候因为那种不自然的关系，我必须回避那些由于我的工作而应该直接或者间接跟他们接触的人，这是令人难以忍受的事。当然，我暂时还不能够改变这种情况。

我刚从乌德勒支回来，我到那里去看雷巴德。我们对新的计划谈了很多。我很想动手也画几幅有人物的大幅木炭画。听到雷巴德喜欢我所画的几件作品，我很高兴。我现在看到了他的作品是什么样的，我的一些作品为他所喜爱，更叫我开心。雷巴德有一间很好的画室，很舒适。我又一次懂得，运用好的材料，经常利用模特作画，多么重要。我经常担心没有很多的工作，我认为我还能够画得更好，这便是我的目标——有时候画得如痴如醉。

我自己不能够判断，是不是我的一些习作完整得足以保存在什么地方，而不只是留在我的画室里。然而，我从雷巴德那里回来之后，心里充满了计划，充满了希望，因为我在那里看到了他画写生习作的成果，这就是说，把各个不同的人物组合在一些更加有意义的构图里。这也就是我所希望的东西。让我们鼓起勇气刻苦钻研吧。

明天清早我要与凡·德·威尔一起出去。

"我多么希望经过整个这一时期的艰苦努力，我的手会锻炼得更加灵巧。"

今天是星期日。我已经兴奋地画过画，现在静坐下来给你写信。

你还记得吗？几乎在我开始画画的时候，我送给你一些速写（《冬天的故事》《影子过去了》）。当时你说，人物的动作表现得不够好。几年来我只是在人物画方面下苦功，为的是抓住人物的动作与熟悉人体的结构。创作一个人物，是非常困难的，正好像打铁一样——人们画模特，连着画下去，起初看不出成绩来，最后成熟了，人们看出了形象，像铁一样，当他烧热了的时候便有了属性，然后人们必须继续在上面加工。由于这些非常艰苦的工作，我不知怎么的，竟丧失了把这些习作组成构图，以及让想象来进行工作的推动力。但是当我与雷巴德在一起时，他用一种恳切的口气对我说："你那些最初画的素描很好，你应该用那种方法再画一些。"我的欲望便燃起来了。

我在这个星期曾经努力画一幅大素描。我相信你会在这幅画中重新发现那种早期的热情，并且还有更多的情节。这是一些在沙丘上挖泥炭的人。这是自然中一角壮丽的景色，人们对这个题材可以画出许多画。近来我经常到那里去，已经画了这个场面的各种各样的习作。雷巴德见过这些画，但是当他在这里的时候，我还不知道怎样把这些习作拼成一幅画。从那以后我已经找到了实现这幅构图的方法。我一旦发现了这种方法，工作就进行得非常顺利。早上四点钟我便在简陋的画室里工作了，现在这幅素描几近完工。我首先用炭条勾轮廓，然后用毛笔与油墨在上面画，所以看上去还有点意思。当你画到这里的时候，你一定要看一看，为第一幅草稿中的人物所画的习作是多么挖空心思。我在户外，在一个苗圃的沙堆上画这些习作。我想，当你第二次看这幅素描的时候，你将要比第一次发现更多的东西。我非常需要画出一些有刺激性的东西，能发人深思的作品。我希望在完成这幅画以后，能够使你相信，有一天你带去给那些做画报生意的人看的时候，这幅画要比我单纯的习作更加中他们的意。

我想在以后着手画创作构图时，再画这种画。我与凡·德·威尔到过狄克沙丘，我们在那里看到铲沙的场面。从那时开始，我常到那里去，并且每天有一个模特，现在第二幅素描也已经画完。这幅画中画着一些推手推车的人与一些铲沙的人。我很愿意把这些画制成版画。这两幅素描曾经在我的心中酝酿了很久,我没有钱把它画出来,现在由于雷巴德的钱使画有了眉目。我也愿意画森林中的伐木工人,垃圾倾倒车与清除垃圾的工人,沙丘上挖土豆的人。

我为这件事做了准备工作,订制了一些内框与一个大的木制外框。这些大画难免要花些钱,如果人们以严肃的态度来处理它们的话。这种画一定要完全根据模特来画,即使人们利用习作,他仍然需要根据模特重新加以校正。如果我能够有更多的模特,我就有可能使作品画得更好。我的好兄弟,所以你寄来的钱,一直到我找到工作为止,对我来说都是绝不可少的。我现在是量入为出地花钱。

我面前摆着两张画新画时用的空白画纸,我必须开始画。我还要每天雇一个模特,艰苦奋斗,一直到把他们画下来为止。虽然我将要动手画,但是你必须了解,过不了几天我又要囊空如洗,那时跟着来的将是束手等待的、可怕的、漫长的八天,等待下个月的十号。

唉,好兄弟,如果我们能够找一个愿意买我画的人该有多好!对我来说,工作是绝对需要的,我不能够扔下工作,我不想别的什么。这就是说,我现在已经停止了别的享受,当我不能够继续干我的工作的时候,我心里难受极了,这时我的感觉就好像纺织工人发现他的线打了结,织布机上的花样遭到破坏,所有他的努力与盘算都落了空一样。

…………

你对我说,与画家们来往太多没有好处,我认为这话是很正确的,可是有些来往,肯定是有益的。与一个了解他手艺的人商谈自己的作品,是人们常常盼望的,确实是这样。特别是,如果两个人以同样的精神从事创作与进行探索,他们便能够相互得到勉励。人不能够经常离开他的祖国,他的祖国不单是自然环境,而且那里也一定有追求与感受相同东西的人们的心。只有这样理解,祖国的概念才是完整的,人们才会对它产生亲切感。为了这个缘故,我对凡·德·威尔的到来感到高兴。可是我与雷巴德是最合得来的。

有一天我去什温宁根,在那里看到一个很美的场面:一些男人与一辆装满渔网的车子,那些渔网原来是晾在沙丘上的。我的什温宁根便帽是一件了不起的财产。我希望得到一件有着竖领子和短袖的渔民短外套,与一顶妇女的便帽。描绘什温宁根的画,一定要在很短的时间内画出来。

养老院的事碰了钉子,他们不同意我在那里画画——他们说那里没有这种先例,此外,他们就要举行一次春季大扫除,收容室里将要铺上新的地板。算了,没有什么，济贫院有的是，但是在那个养老院里我认识一个经常给我当模特的人。

前些日子我曾经在信中写道："我坐在两张空白画纸的前面，不知道该在纸上画什么！"从那时以后，我在其中的一张纸上画了垃圾倾倒车。最近几天我的第二幅稿子有了良好的进步。在这幅稿子中，必须画上我在画室窗口看到的莱茵车站空地上的煤堆。那里有一堆堆的煤，有一些男人在煤堆上工作，还有一些推着小型手推车来买煤的人，那几天来买煤的人很多。特别是在去年冬天下雪的时候，这个景色真是奇妙。我曾经长期考虑这个画面，这个景色实在太吸引人了。因此在一个傍晚，我画下了速写。有一个男人给我摆模特，他爬到煤堆上，站在不同的各个地方，使我可以看到在不同位置上人的大小比例。

在我画这些习作的时候，画一幅更大素描的计划，也就是说，画一幅挖土豆的人的计划，已经在我的心里落了实。我以为你可以在这幅画中找到某种可取的东西。我很想在这几天动手画这幅素描。我可以把大幅习作中的人物给你看。有空的时候，我将要去选一片长好的土豆地，画下一些习作，作为画中的风景。到了秋天，当他们挖土豆的时候，素描也该画成，我只要加上最后几笔就行了。我认为，人物应该画得符合生活真实，而不只是对服装做研究。

去年我在这里看到挖土豆的情形，前年在勃拉邦也看到这种场面，那是很精彩的，再早一年是在波里纳日，那里挖土豆的是矿工。由此可见，我的心中已经实实在在地充满了关于它的印象。一排挖土豆的人必须是一排深颜色的形体，只在远处看到，但是在人物的动作与样子上，必须经过仔细推敲，互不雷同，举个例子说，一个天真的年轻小伙子挨着一个典型的什温宁根老头，后者穿着一身白色与棕色的打了补丁的衣服，戴着一顶暗黑色的旧礼帽，一个矮壮结实的妇女，穿着一身朴素的黑色衣服，她接近一个穿着白色裤子、浅蓝色外衣、戴着草帽的割草人。

近来我以极大的热情从事工作，相对来说，不感到疲倦，因为我对画这幅画的兴趣实在太大了。长期以来我没有让自己画创作的构图，可是一次革命已经在我这里发生，因为革命的时机已经成熟。我现在能够更加自由地呼吸，我捆在自己身上的绳子已经解下来。说到底，我还是相信这是一幅好作品，因为我在画习作中长时间地花过很大力气。我由此想起毛威的一句名言，他指出，尽管他有丰富的创作经验，但是他"有时候不知道该在画中的什么地方加进一头牛"。

大约去年这个时候，我住在医院里。我发现去年夏天的油画习作画得不好。我想起这件事，是由于我刚才查看了一幅画这些煤堆的油画习作，看一看我那时是怎样画的。我现在感到那些习作画得太潦草了。从那以后，我已经重新集中力量画人物素描，只是非常间接地想到画油画。

事情正与我去年所说的一样，那时有人告诉我："油画是上了颜色的素描。"我对这句话的答复是："确实如此，黑色与白色画的素描，实际上就是黑色与白色画的油画。"他们说："油画就是素描。"我说："素描就是油画。"但是我那时的技术太差，所以除了用语言表达我的意思以外，不能用别的什么来表达这种说法。现在我更少地用语言，而更多地用我的作品，无声地发表我的意见。

我接到雷巴德的一封富有特色的信。我曾把画一幅挖土豆的人的大素描的计划告诉他。我在接到回信的同一天开始画这幅素描，纯粹是由于雷巴德的信给了我鼓励。素描把我吸引住了，因此昨天夜里我几乎整夜都在工作。这幅画的构思已经成熟，我要把它画成功。这是我画的素描之中最好的一幅。我曾经责备过某些英国艺术家的风格，但是大概由于在自然中我被同样的东西吸引了，虽然没有想模仿他们，但我与他们之间竟有了相类似的风格。

我在如此短促的时间画了这样多的素描，你不必感到惊奇。为一幅素描起稿比为一幅油画起稿，思想与意志的集中似乎更重要，正像我现在画画这样，我画第一幅素描构图的时候，用了一整天与半个夜间的辛勤劳动，就得到了良好的成绩。当一个人感到被工作强烈地吸引住的时候，他便撒不了手，一直到垮下去为止。

我经常想起我第一次见到布丹的油画（他的一幅晚期作品）所给予我的强烈印象。我记得那是一幅叫《码头》的画：妇女们期待着在一个暴风雨之夜进港的船只。从那时以后，我已经看到卢森堡博物馆里所藏的另外几幅他的作品。我发现布丹非常老实与严肃，我曾经注意到，即使他在用明显的快速度画素描的时候，他的素描从整个看来仍然是合理的与正确的。他是一个我所不熟悉的人，但是当我看到他的作品时，我可以想象他是怎样画他的画的。我多么希望经过整个这一时期的艰苦努力，我的手会锻炼得更加灵巧。

由于这幅素描，我今天夜里又只能睡一会儿。在夜间万籁俱寂的时候，抽着烟斗是很惬意的。破晓与日出的景色是绝妙的。

现在还不到四点钟。昨天傍晚这儿有一阵大风暴，夜里下雨。现在雨已经不下了，但是外面的一切都是湿的，天空是灰色的，到处被移动着的青灰色的或者黄白色的、暗的或者亮的云块划破。由于时间还早，树叶看起来是各种灰调的颜色。一个穿着蓝色工作服的农民骑着一匹棕色的马，正沿着濡湿的大路走来，他是从草地上来到这儿的。

背景中的城市是一个灰色的轮廓，也有深浅不同的调子，在这个背景的衬托之下，淋湿的红屋顶显得非常突出。由于地面与草丰富的色彩，每一样东西都闪着光，这景色看来更加像是杜比尼的画，而不像是柯罗的。没有什么比清早的大自然更美的了。

好兄弟，愿你日子过得很开心。我也是这样，相对来说，除了许多经济上的忧虑，许多烦恼以外，日子过得很开心。但是我有画画的工作，所以我是幸福的：我以极度的愉快从事工作，以"走上了正道"的稳定情绪从事工作。

好兄弟，如果人们不注意其他人的情况而埋头工作，如果人们努力、诚实与直率地领悟被描绘的对象，不放松人们心里已经有的东西，不管别人可能说什么，人们就可以感到心平如镜，坦然地面向未来。人们可能犯错误，人们可能在这里或者那里加以夸张，可是他所创造的作品将会是有独创性的。我已经在雷巴德的信中读到他的话："我经常制作一些一下子是这样，一下子是那样风格的作品，没有充分的个人特点。但是最近这些素描至少有了一点它们自己的特点，我感到我已经找到了自己的道路。"我现在几乎有跟他一样的感觉。

收到你的信很高兴，非常感谢。这个时候我很困难，实在是身无分文。这几天西恩没有喂婴儿的奶，我也感到没有力气。我硬着头皮尽最后的努力去找戴尔斯蒂格。我想，我这样做没有什么损失，实际上，这可能是一种使情况变好的办法。所以我带了一幅大速写到那里去，画的是一排锄地的男人与女人，前景是一些土堆，背景中闪现着一个小村庄的一些屋顶。

…………

"几乎每一个探索自己道路的人的背后或者身旁，都有一个永远泄气的人。"

当你来这儿的时候，我让你看看一些木刻收藏品，这些收藏品可以说是现代艺术家的一些主要作品——这是一些你肯定不可能到处看得到的收藏品。这些收藏品的作者是一些甚至连大多数艺术行家都不知其姓名的人。有谁知道布克曼？有谁知道格林兄弟？有谁知道雷格梅的素描？很少有人知道。总的看来，他们在扎实的素描上，在他们个人的特点上，在他们从街道与市场、医院与济贫院中所发现的普通人物与题材的严谨构思与观察力，以及描绘的技巧上，创造出奇迹。

我的挖土豆者的画又画了一点。我开始画同样题材的第二幅写生习作，画的是一个老头。此外，我手头还有一幅在一大片土地上播种的人的作品在画着。另外还有一些烧杂草的习作，与一个背着一袋土豆的男人的习作。当我想到戴尔斯蒂格认为我必须画水彩画的时候，我想我自己是错了，一心一意要改变我的主张。我不了解在我把这些背袋子的、播种的、年老的挖土豆者用水彩来画的时候，怎样保留住他们各自的性格特点。

结果会是很平庸的——我不愿意干这种平庸的事。我的作品中总有某种个人的特点，某种（即使是从远处来的）与莱尔米特（举个例说）所追求的东西相和谐的什么。我以为莱尔米特的秘密在于他拥有对人物（健壮的、严肃的工人形象）充分、全面的知识，他从人民的心中取得题材，特别是在表现人物的勇敢豪迈、精力饱满与伟大上。水彩画不是最能打动人心的手段。

当人们专门探求调子或者色彩的时候，这又是另一回事了，这时候水彩画成为一种良好的东西。我必须承认，由于对调子与色彩的不同看法以及目的不同，人们根据那些同样的人物，可能画出不一样的写生习作。但是问题在于：如果我的情感与感觉要求我首先表现人物的性格、人体的结构与动作，不是用水彩来表现我所要画的东西，而只用黑色与棕色的素描来表现的话，人们可以责备我吗？

有一种把轮廓勾得很深的水彩画，例如雷加梅的、平威尔的、瓦尔克的、海尔柯麦的（我时常想起他的画），比利时人莫尼埃的水彩画也是这样的。但是即使我试着画这样的水彩画，戴尔斯蒂格也不会感到满意。他老是会说："这是卖不出去的，必须把有人会买它放到第一位。"坦率地说，我以为他的意思就是："你是一个平庸的人，你是妄自尊大的，因为你不屈服而制作一些平庸的小作品；你是以你所谓的'探索'来使自己成为笑料的。"我担心戴尔斯蒂格老是留给我"永远的不"。这是因为不仅我个人，而且几乎每一个探索自己道路的人的背后或者身旁，都有一个永远泄气的人。

在我所画的普通人形象中间，有一些是被许多人称之为在性格上与感情上都显然是老式的人，例如一个铲土的人，不像现在画的，而更像哥特式教堂凳子上的木头浅浮雕上所看到的那些人。

我经常想着勃拉邦的人，他们对我是很有吸引力的。我希望我能够多去几次勃拉邦，秋天的时候在那里画一些写生习作。我愿意画一幅勃拉邦犁地的习作，一幅纺织工人的习作，以及奈宁的乡村教堂墓地。但是这又要花钱。

我很愿意画的，我感到我能够画的，是父亲在通过灌木丛生的荒地的一条小路上走着的画。人物要画得很严谨，有性格。一条狭窄的、白色的沙路通过一块棕色的灌木丛生的荒地，天空只染上淡淡的颜色，笔触却稍为潇洒。此外是一幅父亲与母亲挽着手，衬着秋天的风景或者叶子濡湿的山毛榉树篱的画。

当我画农民葬礼的时候，我也想画爸爸。上述这幅画我是肯定要画的。不考虑宗教见解的分歧，一个贫穷的乡村牧师，从模样上与性格上看来，是我所认识的牧师中最能引起我同情心的一个。如果我不画这幅画的话，我就对不起我自己。我所要画的将是一幅不会为每一个人所切实了解的素描：人物加以根本的简化，断然地省略掉并不属于真实性格特点而只是偶然出现的细节。因此这不只是一幅父亲的肖像，而是一个去看望病人的贫穷乡村牧师。同样道理，手挽手的一对夫妻必须是一对在爱情上与信仰上白头偕老的男女，而不只是父亲与母亲，虽然我希望他们会为这幅画担任模特。但是他们一定要了解，这是一件不容易做的事；要是画得不很像的话，他们或许会不满意。

人物的简化是我一心一意要干的一件事。提到人物表情的时候，我愈来愈接近这样的结论：人物的表情在他的整个姿态上与其面部同样地表现出来。对我来说，很少有什么比大多数学院派的有表情的头像更使我讨厌了。我宁愿欣赏米开朗琪罗的《夜》，或者杜米埃的醉汉，甚至毛威的老马。

我近来曾经考虑过，迁住到乡村里一定很好，或者到海边去，或者到典型的田间劳动的某个地方去，因为我以为那样可以省钱。我在画人物方面已经有进步，但是在经济上我是失败的，维持不下去了。画画要花钱，因此人们愈是努力画画，他的债背得愈多；努力工作反而不能克服困难与减少开销。

这里的好处是我有一间好画室。人们毕竟不会与艺术的世界绝对隔离开来，人们几乎不可能经常听不到或者看不到什么的。我爱自然，可是有许多事使我困在城市里，特别是由于城里有画报，可以印刷出版别人的作品。看不到蒸汽机对我来说没有什么了不起，可是看不到印刷机不行。如果你像我一样感觉的话，你就会时常急于去看望你长久没有见面的某个朋友。

我对德·布克就是这样认识的。我在他的画室里见到的第一幅画，是一幅很大的速写，画的是盖着雪的一架大风车。半浪漫的，半现实的——一种我不喜欢的拼凑的体裁。虽然画得很有力，画面上有一种良好的、强烈的效果，但是画得很不完整。然后在那里看到一些运笔精巧的油画，几幅漂亮的习作。一些速写在调子与色彩上都比去年画得更加成熟，更加正确，背景画得更加实在，但是我以为前后景以及物体之间的比例关系总是太不明确，缺乏那种成为柯罗、罗梭、狄亚兹、杜比尼与杜普列的准确比例。这些人都有一个共同点：他们都很注意比例，他们所画的背景也是非常有表现力的，而不是那样肤浅。但是德·布克的作品中有一些非常好的特点，如果把他的作品摆在一种比较切合实际的场合，人们会怀着更大的喜悦来欣赏。

我也不知道他为什么不稍微使他的题材多样化一些。举个例说，这个星期我画了几幅风景习作：有一天德·布克与我在沙丘上的灯塔后边发现一块很好的种土豆的地。早一天，发现栗子树下面的一个地方，此外是有着一些煤堆的另一片地。我很少画风景，但是现在我画起风景来了，并且同时有了三个不同的题材。德·布克肯定是一个风景画家，为什么他不多画一些风景，而老是画一片有一棵小树与一小块草地的沙丘呢？

七月一日我的小家伙一周岁。你可以设想，他是最愉快的、最有趣的小孩。我以为这是西恩的自我安慰，小孩子很好，她总是忙着。此外我有时认为，她在乡下住一些时候，远离城市，远离家庭，对她是有好处的。这件事将有助于她进行一次彻底的改善。她实在是人们所说的"时代的孩子"，她的性格曾经受到环境的强烈影响，她总是以一种心灰意懒、漠然无动于衷、对某些事缺乏坚定信心的形式，体现着这种影响的后果。

我与德·布克谈起什温宁根的房子，然而我还是不埋怨我画室的租金太高为妙。德·布克画室的租金是每年四百法郎，而我的是一百七十法郎！如果我要住在近海的地方，什温宁根是完全不行的，我必须到一些更为偏僻的地方去——或者是荷兰的海克，或者是马阿肯。

我很想到海滩上去画画，因此我想要求德·布克允许我占有他阁楼的一个角落，放我的绘画材料，使我每次不必拖着这些东西走。要是谁带着样样东西步行的话，他一到目的地就给累坏了，工作就没有劲，手就要发抖；要是他不需要立刻工作，他当然也不会注意这种小小的疲劳了。只要德·布克那里有一个歇脚的地方，并且可以经常搭上车，或许我能够用比现在更集中的注意力来画海与什温宁根的习作。

上星期日我在凡·德·威尔那里。他正在画一幅小河中牛群的油画，他已经为这幅画准备了一些写生习作。他到乡下去过一个时期。

你知不知道罗梭的《林边》画的是秋天雨后？一些潮湿的柳树的枝条老远地伸出去，树林里聚集着牛群，前景的色调非常和谐。在我看来，这是一幅最好的作品。这是比自然更美的东西；这是一种意外发现的新真实。我以为人们必须对这幅画十分尊重，不要跟那些说这幅画是夸大事实，或者说只是模仿前人风格的人一个鼻孔出气。

勃雷奈昨天来了，完全出乎我的意料。我很高兴，因为从我开始住在这里的时候起，他总是很乐意跟我一起出去（我不是指到乡下，而是在城里），寻找各种类型的人与奇形怪状的模特。还没有一个来自海牙的画家曾经与我一起出去观察过。大多数画家都认为城市是丑陋的，可是城市往往是非常美的。举个例说，昨天我在诺奥尔登德看到工人们忙着拆毁宫殿对面的建筑，工人与车、马都给白粉弄成白色。这是一个寒冷的、刮风的天气，天空是灰色的，这个场面非常典型。

凡·德·威尔有两幅勃雷奈的颇为奇怪的小水彩画，是用一种妙手，一种"我所不能解释的东西"，或者英国人称之为"不可思议的"手法画成的。我们必须等着瞧它的结果究竟怎样。勃雷奈很聪明，但是他所坚持的是一种对奇癖的爱好。我非常喜欢霍夫曼与爱德加·爱伦·坡的作品（《奇怪的故事》《大乌鸦》），但是勃雷奈的这幅作品是不能忍受的。这幅作品的幻想是脚步沉重的与没有意义的，与现实没有联系。我认为这是非常丑恶的，他已经着手画的凡·德·威尔肖像是不好的。

雷巴德不在这里了。他写信告诉我，他终于运用我教给他的兑松节油的油墨作画了。他用这种方法画得很成功。

西爱姆叔叔始终没有回我的信，我认为这不是合乎礼貌的。戴尔斯蒂格也是这样，自从我主动地争取和解以来，他没有来看过我。毛威不仅与我吵了嘴，而且还与齐尔根闹翻了。

…………

"让我们不要失掉勇气，用互相安慰来代替彼此的苦恼与沮丧。"

可能是热病，或者是神经过敏，或者是别的什么病——我不知道，但是我感到很不舒服。我想起你信中对各种事情的看法——我所希望的要比我所需要的更加多。我有一种不安的感觉，这种感觉使我昨天夜里睡不着觉。

今天清早，我所有的毛病似乎突然汇集起来，把我打倒了。我已经偿清各方面的债：房东、颜料商、面包店、食品店，天晓得还有谁，剩下来的没有多少了。最糟糕的是，在经历了那样的许多星期之后，我感到我的抵抗力正在减弱，已经被一种强烈的疲劳情绪征服。在这种情况下，我希望自己是铁打的，而对血肉之身感到遗憾。

这使我应付不过来，因为我不能够看清前途。我不能够用言语表达，我不了解，我已经全力以赴地投入工作，我的作品为什么不能成功。至少有一阵子，在我看来这是一种错误。

我的好兄弟，在实际生活中人们应该把他的力量、思想与精神用在什么事上呢？人们好歹一定要试试看，并且说：我要干某一件事，而且要把它做成功。后来或许失败了，感到此路不通，但是人们到底不需要顾虑料想不到的后果，你说是不是呢？

我感到我在波里纳日画画时没有病倒或者死掉，实在遗憾。因为我对你只是一个负担。然而实在没有办法，因为谁要是想成为一个优秀的画家，他就一定要经过许多阶段，如果他尽力而为，他在这个时候所做的并不一概是不好的。但是会有一些把人们的努力与工作的倾向、目标联系起来考虑的人，他们并不问为什么不可能。

目前的情形看来很不妙。要是只是我一个人就好了！可是还是考虑到西恩与孩子，他们是人们要加以保护，并且感到负有责任的可怜的造物。我不能够跟她谈起这种情况，但是对我自己来说，这种情况已经使我应付不过来了。工作是唯一的药，如果它无济于事，人们便只好完蛋了。

你现在有我作品的照片，当这些照片摆在你面前的时候，你就有可能更好地设想我的心境。我现在所画的素描只是我构思的一个影子，然而是一个已经具有明确形状的影子。我所注意的东西，我的目的，不是暧昧不明的，而是非常实在的，只有依靠耐心与始终不渝的工作才能达到。单凭一时兴趣而必须为之工作的理想，对我来说只是一个噩梦。我认为尽可能少花钱地作画，这是对的，可是一想到生活上必需的东西一点也没有，谁都会发愁。

能不能画画，要看作品是不是卖得出去，这是一件麻烦的事。学画的人卖不掉画，而又没有别的收入，这不可能自然地取得创作的进步。

我有一种焦急不安的情绪。我能够这样下去吗？我要出去跑一趟，摆脱这种心境。

提奥，工作带来了麻烦与忧虑，可是它与没有活力的生活的不幸怎能相比呢？还是让我们不要失掉勇气，用互相安慰来代替彼此的苦恼与沮丧。

我已经跟勃洛麦谈起我的油画，他要我继续画下去。我也感觉到，在画完最近画的这十幅或者十二幅素描以后，我已经到了必须改变路子的时候，不再画更多用同样的方法来画的作品了。

意志消沉是首先要克服的，它大概不会变成一种慢性病。我曾经考虑过克服这种毛病的办法，但是除了恢复我的脑力与体力以外，找不到别的路子，因为我担心它出问题了。我非常需要钱，我一定要恢复我的健康与修理我的油画箱，不然的话，我担心以后会更难补救的。

我能够向你指出许多人经历中的一种同样的沮丧——他们最终还是克服了这种情绪。几乎所有那些进入过罗马学院，对画人物下过长期苦功的人，在课程结束的时候，都能够比较擅长、比较正确地画素描，然而，由于他们的画中有某种"死啃出来的性质"，因此看起来没有味道——后来，当他们一旦能够稍为自由地行动与呼吸的时候，他们的这种性质就消失了。我曾经强迫自己苦练人物画，没有一定的课程的约束，只是为了画好素描，但由于过分的紧张，由于过度的工作，我不知不觉地陷入这种沮丧的情绪。

休息是完全不可能的，因为我要尽量不停地画我的画。你所说的要像魏森勃鲁赫那样干的想法，也是我的想法。但是，我确实不能那样干，因为到北部海边低地去两个星期，要比在家花更多的钱。我甚至还不知道怎样搞到点钱，在家里度过这两个星期。但是我以为在题材与体裁的改变当中找到一种消遣，这也是一件好事。在画过这些人物写生习作之后，我感到应该去看一看海、青铜色的土豆叶子、收获过的田野，或者犁过的地，可是我老是丢不开画人物。

最近这些日子，我还是画了一些油画习作，因此你可以看到这些画。我以为最近画的油画习作色彩更加稳定与坚实。举个例说，我有几张冒着雨画的一个人在一条濡湿、泥泞的路上的画，情趣表现得比较好。这些画多半画的是风景——我以为这些画还不坏。

近来当我画油画的时候，我感到在我的内心激起一种色彩的力，比从前我所感到的更加强烈，不一样。我现在遒劲的风格，可能与我曾经探求的、我曾经长期考虑过的创作方法上的革命有关系。

我常想要画得不枯燥无味，可是一而再，再而三，结果总是依然如故。我现在让自己稍微出去走走，并且凭自己的眼睛进行更多的观察，以代替对各个关节的考察与事物结构的分析，这样做就使我更加直接地把东西看成色彩的并立。

你那里有一幅我去年画的油画习作，画着森林中的一些树干。我不以为这是一幅不好的画，但不是人们在善于用色的画家的习作中所见到的东西。某些色彩是确切的，虽然画得确切，却没有达到它们应该达到的效果；虽然颜料在画布上处处堆得厚厚的，但是效果太差劲了。我把这幅习作当作借鉴。我刚完成的画，颜色涂得不厚，当颜色更好地混合在一起的时候，会变得更加坚实。用笔涂上去的颜色，一层盖着一层，结果就出现了云朵或者草地那毛绒般的感觉。

不知道这种倾向将会怎样发展。有时候我感到奇怪，我不是一个擅长色彩的画家，因为我的气质肯定地表明了这一点——在这一点上很少有发展。我现在明白地了解，我最近画的一些油画习作与过去的不一样了。我企望你来看这些画，要是你也看出一种变化到来的话，我就不怀疑我们的路走对了。对于我自己的作品，我不敢相信我的眼睛。

举个例说，我在下雨天所画的这两幅新习作，当我看着这些画的时候，我就重新返回到那沉闷的情绪中，画中的人物，虽然只有几堆颜色，却是一种活的东西，这种感觉不是由正确的素描所引起的——因为在这些画里，就是所谓没有素描。我所要指出的是，在这些习作中包含着某种神秘的东西。这是物体的轮廓线简化为颜色的斑点时，人们通过眼睛观察描绘对象而得到的。

只有时间能够证明我的成绩，我现在已经在色彩与调子方面表现出了个人的特点。

我希望有一种工作的狂热可以使我坚持到底，好像一只船在绝壁上或者沙岸上遭到一阵风浪的袭击，一阵雷雨使它免于损坏一样。归根结底，如果我失败了的话，我不太关心我会失去什么。但是，一般来说，人们要使自己的生命结成果实，而不愿让它凋谢。

好兄弟，你一定要马上设法来，因为我不知道我能够支持多久。事态使我受不了，我感到我的力量衰退了。只要我忙着，我就不感到衰弱，而当我不站在画架旁边作画的空隙时候，它就不时地对我进行突然的袭击。我有时头昏眼花，有时头痛。当我走一小段路的时候，比如从家里到邮局里，我就累了，这是不正常的现象，可是这是实际的情况。我当然不屈服，我一定要努力取得新的力量。要不是我长时期地饿肚子，我的身体会很健壮的，但是我继续不断地在饿肚子与少画画之间进行选择，我曾经尽可能地选择前者，而不愿少画一些画。

　　提奥，你一定不要把这件事对别人说，因为如果人们知道了这件事，他们便会说："哼，当然如此；这是我们很早以前就预见到的，说过的。"这时候他们不仅不帮助我，而且还会切断我重新得到力量与恢复健康的一切可能性。我告诉你，这种情况只是由于过度工作所引起的疲劳与营养太差。但是有一个人曾对我说，我既然有过某种病，就会重新发作的。这是一种最恶毒的诽谤。

"我不想贪图安逸,也不想躲避烦恼或者困难。"

我刚从什温宁根回到家里,看到了你的信。信中提到的许多事使我高兴。首先,我感到高兴的是,前途一片黑暗不能改变我们的友谊,或者妨碍这种友谊;还有,你在我的作品中发现了进步。你的收入直接或者间接地在至少六个人之间分配,这件事确实非同小可。但是我们四个人,加上模特与画素描及油画的材料费用,分享这一百五十法郎,也是够呛的,你说是不是?

我已经到了山穷水尽的地步。今天早晨来了一个人,他在三个星期以前曾经替我修理过一盏灯,并且勉强买下过我的一个陶器。他来吵了一架,因为我刚刚还了他邻人的债而没有还他的债。跟着来的是难以避免的吵闹与漫骂。我对他说,我一收到钱之后马上就还他的债,可是我现在没有一文钱。我求他离开我的房间,最后我把他推到门外,他或许已经料到这一着,用脖子把我撞到墙上,后来我就直挺挺地摔在地板上了。

你瞧,这便是人们所面临的一种小小的不幸。那样一个家伙当然比我强——他是不害怕的。人们打过交道的所有那些做小买卖的人都是这样的。他们自己找上门来拉生意,但是如果人们过了一个星期不幸还不了债的话,他们便要吵架。然而,人们能够期望什么呢?他们自己也常常是很困难的。

好兄弟,我受尽了折磨,正由于我缺乏最基本的东西,所以在这里生活是不可能的。我担心我不得不离开。近来环境使我受不了,我想通过刻苦切实的工作来重新得到以前朋友的计划,已经粉碎了。我告诉过你我的知觉相当衰弱,这是真实的情况。它已经在我的脑子里,在我的血管中制造一种痛苦,我已经习惯于这种痛苦。我凭经验懂得,人们应该在这时候加以注意,不然的话,便不容易恢复过来。我还有心跳病,我担心最后自己的心脏将被证明是受到伤害的。可是我这个方面的知识实在太少了。我的病在什么程度上是一种生理上的原因,或者只是神经过度紧张的结果,我没有能力来判别。

我不知不觉地增加了一种思想,这种思想时常在我的脑子里出现。不仅我开始画画是在一生比较晚的时期,而且我或许不会活得长久。我几乎不可能明确了解事情的本质,但是当与各种各样的人(他们的生平事迹可能已为你所知,或者你有许多情况与他们相同）进行比较以后，你就能够得出某些不全是没有根据的结论来。

因此，在我能够工作的这段时间内，我可以毫不鲁莽地推断，我的身体还会支持好多年——比方说，在六年到十年之间。这是我所指望的时期。至于其余，想要使之明确起来，那是纯粹的空话。主要是依靠最初的十年，如果人们在这些年月中把自己搞得精疲力竭，他就过不了四十岁。

我不想贪图安逸，也不想躲避烦恼或者困难。我不太关心我是不是活得长久一些，或者活得不久了，而且我也不能像医生那样照顾我的身体。

我写信告诉雷巴德，我不相信我生活的唯一目的能够保护我的健康，我的意思是说，人们必须在工作与吃饭之间进行选择。我宁愿要工作，我并不认为我错了，因为我们的工作仍然还多着，最主要的是进行创作，但是我们还没有做。我那时告诉雷巴德，在下面这句暧昧的话里包含着真理："凡是想要保住自己生命的人，将要丧失生命；但是谁如果为了我而失去他的生命的话，他将会找到生命。"

因此我仍然相信这一件事："在未来几年内，我一定要完成某一作品。"我不需要使自己过于急躁，那样做没有用。我必须完全平心静气地工作，尽可能地有次序与专心致志，尽可能地简单扼要。社会只在我对它感到某种职责的时候才与我有关系。因为我在这个世界上已经生活了三十年，我要以素描与油画的形式留下一些纪念物，不是为了对某种艺术倾向有好感，而是为了报恩，为了表达一个诚挚的人的感受。这便是目的——因为注意力集中在这一个思想上，所以每个人所干的一切都是平凡的。现在工作的进度很慢——这便是需要抓紧时间的理由。我是这样看待我自己的：如果我的命长一些，当然很好，但是我并不指望这一点。

…………

"大自然中暴风雨的戏剧，生活中烦恼的戏剧，是最使我感动的。"

我刚回家，我要做的第一件事就是请求你的帮助——向你表明，我的意向跟你的一样。这就是，不要由于有几件事不能马上处理，就死催着我，因为我需要有一些时间来考虑才能做出决定。在你与我之间有一根连接着的带子，这就是艺术，我希望我们不顾一切地继续着彼此的相互了解。让我们不要忘掉，我们从做小孩的时候起就已经相互了解，无数其他情况能够使我们愈来愈团结。

对于我成为你的包袱这件事，我感到非常抱歉，事情或许会得到解决。但是如果情况使你受不了，就请你坦白告诉我。我宁愿放弃一切，而不愿在你的肩膀上搁上一副太重的担子。如果事实正是这样，我就立刻去做任何工作，甚至搬运行李也可以，把艺术留到以后有机会的时候再搞，至少可以暂时放弃画油画与放弃画室。让我们的友谊保持下去，虽然你或许会减少金钱方面对我的帮助。我要常常发发牢骚——但是我并不在心中怀恨，主要是发泄我的感情，而不是事事都要你干，你知道我是不会那样的，好兄弟！

我对你说过一些关于工作的话，我是不应该那样说的，我模糊地感到我伤害了你，因为当你离开那里的时候，似乎有点不称心。

亲爱的兄弟，不要从别的方面来考虑我的问题，我只是一个遭遇普通困难的普通画家，如果发生麻烦，不要把它看成了不起的事。不要把前途设想成一团漆黑，也不要把它看成光芒万丈——最好是相信折中的可能。

至于我的作品，自从我开始注意它以来，愈来愈明显地让我看出来的是画得太枯燥。我也只是在最近才清楚地看出，我的身体不好是其中一个原因。缺点是那样连续不断，改正缺点是那样迫不及待，我们一定要努力采取能够使我们平静的办法。这是头等重要的事。我希望你能够相信一件事：要限制一个人的吃、穿、种种享受与种种必需品是不可能的。当人们样样东西都供给得不充分的时候，能够不产生坏的主意吗？能不能呢？虽然我始终相信工作要花很多钱，而且我也应该在食物与其他必需品方面花一些钱，但是如果一定要我花得少一些的话，就让它少些吧。我的生命或许并不值钱，我为什么要自寻烦恼呢？

至于我的衣着，我穿人家给我的衣服，我已经穿过由父亲与你那里送来的衣服，因为我们的身体长得大小不一样，这些衣服并不合身。如果撇开我服装的缺点问题不谈，我对现在所有的一切仍然是满意的，虽然我在事后当然要向你提醒这一点，并且说："提奥，你还记得我穿着父亲的牧师长袍散步的时候吗？"我以为让事情照现在的样子下去就很好。以后，当我们成功的时候，我们就一同对这件事大笑一阵，这要比现在为这件事吵嘴要好得多。

我唯一希望你不要怀疑的，就是我的善意，我的热情。我要求你承认我的某些常识，不要怀疑我会做出荒唐的事来，让我安静地按照我自己的方式过日子。我希望能与毛威及海尔柯麦交朋友。但这不是最重要的事，他们也是这样想的。凭借顺利的、诚实的工作，人们或迟或早会在画家们中间遇到一个知心朋友的。人们通过埋头工作（而不是乞求，或者到人家那里去串门），或许会很快地找到朋友——由于我的怪癖（对这种怪癖，你甚至比我更加注意，虽然我自己也经常注意），我成功的机会是不多的；但是我不以为他们坏到连对没有同情心的人也不表示惊奇的地步。

现在我要再一次告诉你，我对于出售我作品的想法。我的意见是，最好让我继续不断地工作下去，一直到想买画的人自愿找上门来。我很担心，我可能采取的任何自我介绍的步骤，将会害多益少。对我来说，向别人恳求，是莫大的痛苦。我并不害怕这种事，可是我明白这会造成一种不愉快的印象，我希望我能够避免这种事。

我对于赚钱的想法是尽可能简单；这就是赚钱必须通过工作。如果可能的话，就让我一直像现在这样继续工作下去。如果不行，如果你要我带着作品去找主顾，我将不反对这样做。但是，亲爱的兄弟，人的头脑不能忍受一切，忍受是有限的。请看雷巴德，他患了脑膜炎，曾经远到德国去疗养。试着找别人谈我的作品，这件事对我没什么好处，而只是使我受罪。这样干的结果是什么呢？赏以闭门羹，或者给人轰开。我对你说，当我在人们中间的时候，我对自己的作品感到不对劲。如果我们现在不被那种事耽误时间的话，我们就肯定会取得进步（虽然缓慢）。

我已经愈来愈明白，最实际的与平坦的道路不是望得太远，想得太高。我想到伦敦，这是一个振奋人心的想法，但是问题在于：这是现在办得到的事吗？现在是合适的时候吗？事实上，对我坦白地说"你还不够成熟""你所说的还不能充分为别人所理解；他们有些给你吓住了"，不是要好一些吗？继续干下去吧，对着真实的东西忠实地、坚定地画吧；一次又一次地到灌木丛生的荒地里或者沙丘上去找可画的东西吧。

至于我的工作，我并不着急。我已经安排好，已经下定决心，我以为你将会很好地理解我所说的话；我的素描将会画得好，即使我像现在这样一直画下去，也一样可以画好。你一定不要让我离开高比尔公司时的行为蒙蔽住你对我真实品性的认识。如果那时候工作对于我就像现在艺术对于我一样，我会更加坚定地干下去的。但是那时候我怀疑这是不是我的事业，我是很消极的。当他们对我说："你走掉不是更好吗？"我回答道："因为你们以为我走掉好，所以我就走掉。"没有再说别的话了。我曾经对你说过，是非并不总是那么明白的。我不怀疑我的作品有缺点，但是我也不怀疑我没完全错。只要经过长时间的摸索，我会成功的。我认为在别的地方去寻找成功是危险的。

我以为今天对艺术的鉴赏与从前对艺术的鉴赏是不一样的。从前在艺术作品的创作与评价中常常有更多的热情。这件或者那件作品都是经过仔细选择的，这一方面或者那一方面都要毅然加以袒护。那是很有生气的。我以为现在有一种没有一定见解的与满足于一切的风气，人们一般都更加马虎。不久前我曾在信中说过，我已经注意到，艺术从米勒以后趋向惊人的衰落，就像是达到了顶点一样，衰颓已经开始。这种情况对每一个人与每一件事都产生影响。

只要我取得一点进步，因而我的作品在出售上有更大的可能，那么我一定要说："我让你搞买卖，我不管卖画的事，我不愿意套在那个圈圈里。"但是，天啊，我一直到现在为止还没有资格说这样的话。这不是你的过失，而是我们双方的原因。为了太太平平地过日子，我请求你忍耐，不要在半途告废，不要发生怀疑。如果我们坚持着这样干，虽然我不知道经济上的成就将会有多大，但是有一样事是可以肯定的：我们将要经常太平地过日子。某个时候卖不掉作品，生活困难，但是卖了画的时候，生活就很愉快。

有一个不复杂的、对我来说切实可行的步骤，这就是住到乡下某一个物价较低的地方去，那里的景色要有特点。

我现在一直专心于我的工作。尽你所能帮助我吧！你自己想一想，做些什么能够对我们有益处，并且加速我们的成功。我不怀疑你的善意与你的友谊。

我急于想知道，父亲或者你是不是同意我与西恩住在一起的计划。我想我不应该把她送回到街头，我们应该满足她的希望，以真诚的宽恕与既往不咎的精神把她救出苦海。救她总比让她毁掉好。

今天早上她对我说："关于我以前所做的事，我甚至不去想它，也没有跟母亲谈过。我只知道，如果我一定要走，我将不能挣得足够的钱，尤其是我必须付给孩子的膳宿费，如果我在那种情况下去出卖肉体，只是由于我非干不可，而不是由于我想要干。"我与她约定了几件事，她会更安心、更热情、更好地当模特，不到她的母亲那里去。当我这样做的时候，我告诉她："如果你到那里去，有三点理由可以说明这是一种卖笑的行为：首先是由于你经常与你的母亲住在一起，她要唆使你去卖淫；其次，因为她住在周围都是下流人的地方（你比别的任何人都更有理由避开这种环境）；最后，你兄弟的姘头住在同一幢房子里。"

我现在已经完全宽恕一切与不以为意了，心中没有别的念头，我将像过去那样保护她。我的怜悯心是那样强烈，以至于在它的前面一切都要让路。我除了去年在医院里所做的以外，不能做别的事。我像从前那样对她说：只要我还有一片面包皮与一块藏身的地方，就要与你一起享受。这在过去不是出于一时的感情冲动，在现在也不是出于一时的感情冲动，这是把彼此的需要看成头等重要的事。

提奥，照她现在的情况看来，她有了改进，但是人们必须三番五次地坚定她的意志，她可能使人灰心丧气。但是当她要说明她的主张与思想的时候（不过这种情况不常发生），尽管她是妓女，她是多么纯洁啊！在她心灵废墟的深处，还保存着某种东西。在那样罕见的时刻，她的样子就像德拉克洛瓦画的一个痛苦的圣母，或者阿莱·谢菲尔画的某一些头像。这是我所相信的东西，我现在又重新发现了它，我尊重她深厚的感情。

现在，按照我们果断的行动，我们或者要失策，或者要受骗。但是如果我们问一问我们的职责是什么，我们就会免掉大不幸与绝望——尽我们的可能，做好我们所应该做的事。世界上没有什么比责任与爱（就两者的最高意义而言）之间的精神上的斗争更加痛苦了。当我告诉你我选定了我的职责的时候，你就可以把一切都搞清楚了。

我不知道我与西恩在将来是不是会幸福。可能不会幸福——肯定不会完全幸福，但是幸福不幸福并不是我们负得了责任的事。

你这时候在奈宁。好兄弟，我希望没有什么阻止我到你那里去。我希望我们一起在古老的乡村教堂的庭院里散步，或者顺便去参观纺织厂。我不十分明白你为什么像父亲那样耻于单独与我一起散步，我认为这实在太过分了。至于我自己，我要避开，虽然我的心始终是向着你的。因为我不能够心中毫无忌讳地放弃跟你或者父亲短暂的会见，只是为了始终割不断的联系，我希望我们在会面的时候，永远不再提礼貌或者衣着的问题。你瞧，我在一切事情上，都不是把我自己向前推进，而是尽可能地往后拉。不要让礼节使大家疏远。彼此一年见一次面的光辉时刻，绝不可让它熄灭。

我希望你在回到城市里去之前，将看到几次笼罩着宁静乡村的美丽落日。

雷巴德曾经到我这里来过一次，他看了几幅大的素描，对那些画发表了中肯的意见。当我告诉他，我感到我身体相当衰弱，我以为画这些素描大概跟我的身体有关系时，他并不怀疑这一可能性。我们谈到了德仑塞。他在这些日子曾经去过那里几次。

我愿意到那里去。我已经了解到把家具搬到那里去是不是容易的问题，虽然我的这些家具值不了多少钱，或者不值钱，可是如果要再买一次的话就要花很多钱。我计划带着西恩与孩子一起去。一旦到了那里，我以为，我将要永远留在有着灌木丛生的荒地与沼泽地的乡下。愈来愈多的画家在乡下住下来，经过了一段时间，或许会出现一个画家的殖民地。我想每年我至少要积蓄一百五十个到两百个荷兰金币。在这里雇模特要付出一大笔费用，在那里就将是另外一种情况：不是以同样的费用雇到更多更好的模特，就是以更少的钱雇到同样多的模特。

今天早上我在凡·德·威尔那里，看到他从盖尔德兰带回来的一些习作。我想到德仑塞去的愿望，由于听到他所说的情况，进步增长了。运气很好，他了解一个我心里想着的村子的情形。那里的风景很美，非常有特点。

我再一次对他说，我今年没有更多地学习油画，实在遗憾。他的回答是："别老是嘀咕这件事了。首先每一个人都有他自己的弱点，如果他跟别的什么人学习的话，结果往往是除了他自己的缺点以外，还要加上他老师的缺点。安心走你自己的道路，不要为这件事发愁。"我心里想，事实也的确是这样。

今天我给西爱姆叔叔寄了一些习作。

我几乎无法告诉你，听到你对我作品的修正意见以后，我的心里多么高兴。你的看法与雷巴德的相符合，凡·德·威尔也认为这些作品有成就。我自己以为，每一个画家一生之中，总要有一个时期干一些荒唐事的。在我看来，我的那个时期早已过去。而且，我以为我已经有了进步，在我的作品中有了某种真诚与质朴的东西，正好像你所形容的那样，是一种宏伟的构思与情趣。

魏森勃鲁赫去年曾对我说过类似的话：安心走你自己的道路，只有这样，才能在你年老的时候，看着你最初的习作，心中满意。

现在最主要的事是多画油画。你也认为同时找另外的工作来做是不聪明的，我听了之后心里高兴。那样做只会造成半吊子，使一个人变成半吊子的人。

西恩的性格是多么反复无常啊！尽管她最近坚决地答应不走，不再去找她的母亲，可是她终于还是到那里去了。我质问她，如果她连三天都不能保证那个诺言的话，她怎么能希望我会相信她保证永远忠实的约定呢？一想到她的这种手段，我就不得不想她到底是她们家的人，而不是我的人。她说她很抱歉——但是隔天她又故态复萌了。这就是我开始考虑这个问题的原因,可是她说:"哦,我不那样了。"

但是当她离开她的家住到乡下去的时候,她将会规规矩矩,这并非绝对不可能,只要她能够向我保证,她在那里不说:"多么简陋的窝!你为什么把我带到这里来?"即使我尽最大努力避免自己一怒之下离开她,但还是担心发生这样的事。

我现在比过去更加怜悯西恩,因为我发现她比过去更加坐立不安。我认为她现在没有比我更好的朋友了,只要她愿意,我将全心全意地帮助她。可是她并不想得到我的信任,由于她相信实际上是她敌人的那些人,使我完全对她无能为力。我感到很奇怪,她竟认识不到她错误的行动——或者不想认识她错误的行动。

你说(你相信让她离开我,对她会有好处),如果她不回到她家人那里去,那么我自己大概就要考虑这么一个问题。我以为这是一个进退维谷的局面。她要跟我住在一起,爱我,但是她不了解她是怎样与我疏远的。我与她谈起这个问题的时候,她就回答道:"是的,我很了解这种情况,你不要我跟你一块儿过日子。"

那是她心情良好时的表现,要是在心情不好的时候,她还要更加气人。那时候她会直言不讳地说:"是的,我又吊儿郎当又懒惰,我经常是这样的,这是无可救药的。"或者说:"是的,这是实在的,我是一个无家可归的游民,我唯一的归宿是投河自杀。"

她的过失使我愤怒的时期已经过去了,我在去年就度过了这个时期。当我现在看到她犯同样的错误时,我不再感到惊奇,如果我知道这些错误能够拯救她的话,我会容忍这些错误的,因为我对她的看法是这样,我并不认为她是一个坏人。她从来没有见到过好榜样,她怎么能够有好品行呢?你将要知道,如果我娶了她就可以救她的话,我很愿意救她,我现在就可以这样做。可是娶她能够救她吗?在这种情况下,我希望你做的事是,不要反对我与她一起生活的打算(如果她自己不使这件事成为绝对不可能的话),还有马上到德仑塞去。西恩是不是随我走,全要由她自己决定。我知道她与她的母亲商量过这件事。我不知道她们说些什么,也不想去了解。但是如果她要走,我就随她去。丢开她就等于赶她去卖淫,怎么可以用一双努力救她出火坑的手去干这件事呢?

我又去跟凡·德·威尔商量各种事。他曾经在我的画室里玩了一个下午,一幅一幅地看我所画的习作,其中有一些习作是我们在一起画的。魏森勃鲁赫也在一个早晨来看我,我心里很高兴。他说我的进步出乎他的意料。我们一起吃午饭,谈谈过去的事。

他对我大加鼓励,凡·德·威尔也给我打气,但是我一定要多画些油画。我一定要（让我直率地说）画许多严谨的写生习作，我一定要贯彻这个计划。这些习作也必须有真实的题材——各种有特点的客观描绘对象的片段。魏森勃鲁赫将在某个时候买我的几幅画，或许很快就要买，我们已经商量好，今年秋天，或者在秋尽冬临的时候（那时我已经在乡村里实实在在地住上一个时期），我将寄给他一些作品，并且继续给他寄，因此他将始终与我保持联系，以决定他是否买那些画。我对他说："给我回信，把你对我作品的意见告诉我，然后我就按照你所设想的最实际的路子，继续画下去。"

今天我与西恩平静地相处了一段时间。我严肃地跟她谈话，并且向她详细地解释我目前的情况，我必须有一年少花些钱，以便弥补过去一年太多的花费。我预见到，如果我与她在一起，我马上就不能对她有所帮助，在这里会重新背上债，除此以外没有别的出路。因此，简单地说，她与我一定要学得聪明一点，像朋友那样地分开。她必须找她的人去照顾小孩子，找一个地方安身。

我不能够在这里继续住下去，这是很明白的事，甚至连她也知道。我告诉她："你或许不能够一清二白地过日子，但是要尽可能走正道，我也要努力这样做。只要我知道你已经尽了力，没有对每一件事失去控制，你像我一样对小孩善良，你的行动在孩子眼里始终像个母亲，虽然你只是一个穷仆人，虽然你只是一个穷妓女，并且还有各种讨厌的缺点，你在我的眼里就将始终是一个好人。"

唉，好兄弟，你以为该怎么办呢？如果我们不必分开的话，我们将不分开。难道我们没有在每一回争吵以后原谅彼此的缺点，重新言归于好？我们彼此非常了解，以至于相互之间看不出坏处来。这就是爱情吗？我不知道，但是在我们之间有着某种拆不开的东西。

我要到很远很远的乡村里去，与大自然相交往。我步行到伏尔堡，再从那里走到列德兴达姆。你知道那里的景色——漂亮的树，庄严、肃穆，成排漆着可怕的绿颜色的、玩具似的避暑别墅，以及隐居的荷兰人所能设想出来的，以花盆、亭子、门廊形式表现出来、体现他们无聊雅兴的各种荒唐的东西。大多数房子的样子都很难看。但是其中有一些是古老的、庄严的。那时候，大块的云朵一块挨着一块，在一片好像沙漠一样广阔无边的草原上空，飞驰而过。大风袭击着成排的乡村别墅，以及运河另一边成林的树。那些树，长得雄伟，在树林那边有戏剧——在每个姿态上，我这样说是指每一棵树。可是整个景色要比远望的受折腾的树林显得更加美，因为在那个时候，甚至连那些可笑的小别墅，也由于被雨淋透而乱糟糟的，变成一副奇怪的样子。

我以为这是一种象征，说明即使举止荒唐的人，或者一个充满奇癖怪想的人，是怎样变成一个属于特殊类型的戏剧式人物的——只要他遭受一次严重烦恼的打击，一次灾难从精神上伤害了他。今日社会多么堕落的想法出现在我心中，常常好像一个巨大的、黑暗的影子，在复苏亮光的背景之前突现出来。

对我来说，大自然中暴风雨的戏剧，生活中烦恼的戏剧，是最使我感动的。啊，那里一定是一丝亮光，一丁点儿幸福，刚够把形体指点出来，把影子的肢体突现出来，而让其余的东西隐而不显。

我要继续前进，勇往直前——我不知道对她或者对我结果将会怎样，但是当我单个人穿过一条道路的时候，事情肯定会变好的。因为当我说我们像朋友那样分手时，这是千真万确的——但是分开是最后一着棋，毕竟我比我所设想的要更加忍让。我相信在她的内心仍然潜存着某种良好的品质，但是麻烦就在于，这种好的品质必须加以激发。

亲爱的兄弟，如果你能够真实地了解我的感情，知道我怎样为她尽力，忘掉一切其他的事，一心一意地去救她，如果你能够感觉到我怎样相信"烦恼的崇拜"，而不相信幻觉的话，那么或许对于你，我的兄弟，我内心的精神与我的生活就会完全分割开来，这样的事甚至连你现在都想象不到。

你在不久以前写给我的信中说："或者是你的责任感使你做出不同的行为来。"这是一件我曾经仔细考虑过的事，因为我的工作确实要我走开。我的意思是，我的工作便是我的责任，它甚至比西恩更加直接，前者绝不能因后者而受到损失。

去年的情况不一样，我现在正准备去德仑塞，一个人的感情是各种各样的。

一旦做出了决定，我就要尽可能快地离开这儿。一等到我付得起车钱，我马上就走：没有行李，没有同伴，这是去研究。那里已经有了秋意，我必须抓住这个时机。

你大概会问我，我是不是想回海牙。是的，但是在半年或者一年之内，我一定要重新与这里的某些画家密切接触。我想你会同意我的这个意见：海牙是一个非常特殊的地方。事实上它是荷兰艺术界的中心。我打算在德仑塞使油画取得很大的成就，等我回到海牙，就有资格当一名画家协会的会员了。

我已经办好一张通行证，有效期为十二个月。我带了这个通行证，就有权到我所要到的地方，我愿意在某个地方住多久就住多久。德仑塞一个托养小孩的人，每天要付出一个荷兰金币的膳宿费。最初我愿意寄给西恩少量钱，其他的用于画画。

我刚才接到你的信，我正从鲁斯杜伊仑后面的沙丘上回来，浑身湿透，因为我在雨中坐了大约三个钟头。我画了一幅歪曲、多瘤小树的写生习作，与另一幅雨后田园的写生习作。每一样东西都是青铜色的，每一样东西都是人们只在一年之中的这一个时候，在大自然中可能见到的。或者举例说，当人们看着杜普列的某些油画的时候才能见到的。这种景色有着人们几乎想象不到的美。

提奥，在离别的时候，我的心里有一种非常难受的情绪，何况也还存在着另一种可能情况。如果西恩的诚意是无可怀疑的，我相信也将会表现出理智。我一定要排除万难前进，不然的话，我就要被悲伤粉碎，对她也没有一点好处。但是我最喜欢的孩子怎么办呢？我不能够为他们办什么事，但是只要西恩愿意就好了。

我的面前摆着一幅德仑塞的小地图。我发现地图上有一块没有村名的大白点，霍盖温运河从这片地方的中间穿过，马上就到头了，我在空白的地方看到"泥炭地"这几个字。在那地方的周围有一批标着村名的黑点，一个标明霍盖温镇的红点。靠着地图的边上，有一个湖（黑湖），这是一个充满暗示的名字，我想起在湖岸上的各种样子的疏浚工人。

明天我就要动身了。

第三部

1883 年 9 月—1886 年 3 月

> "只有非常苦心经营出来的作品，才能够显示景色的真实面貌与严肃、朴实特点的正确观念。"

1883 年 9 月于德仑塞

　　我住在一家离车站很近的乡村客栈里。我在火车里看到维留威的一些漂亮的绿色，但是在我们到达这一带的时候，什么东西都看不见了。我现在正坐在客栈的大客厅里，客厅的样子就跟勃拉邦的一样，有一个妇女坐在那里削土豆皮——她是一个相当漂亮的小个儿。

　　我在村子的港口看到一些非常典型的载运泥炭的船，船夫们的妻子都穿着好像她们在干草地中所穿的服装——非常入画。在村子里有四五条运河。如果有人驾着船在这些运河中行驶，他就可以到处看见奇怪的古老磨坊、农家庭园、码头或者水闸，并且还常常可以看到泥炭船的忙乱情形。我已经与当地的人谈过话，我将要在这些日子里找一天，坐在平底船里，沿着霍盖温运河，穿过泥炭地，远行到普鲁士边境与黑湖。这个村子或者镇子只有沿着海港的一长排房子。

　　今天早晨我起得很早，因为（你可以想象到）我怀着好奇心想要把整个村子都看一遍。天气很好，空气清爽，就跟勃拉邦的一样。乡下的大部分地方是牧场，到处有小树林。这里的北边，似乎是一片直通埃森的美丽的灌木丛生的荒地。一等我有了更多的颜料，我就马上开始那样的旅行，走遍各个村子。我认为我选择霍盖温作为出发点，是很合适的。

　　我来到这里有几天了，已经在四面八方转了一下，我开始作画了。我的第一幅油画习作，画的是荒地上的一幢小房子——一幢只用草皮与棍子盖成的小房子。正当我画这幅画的时候，两头绵羊与一头山羊过来在屋顶上吃草。山羊爬到顶上，向烟囱里面张望。一个妇女听到屋顶上有什么东西，跑了出来，把她的扫帚向山羊丢去，它就像羚羊那样跳了下来。这些小房子的内部像洞窟一样黑暗，却很美。我参观过大约六家这样的房子的室内，并且画了写生习作。

　　我已经到过的两个小村庄的名字叫作流沙与黑羊。你可以想象这个地方的起源，在霍盖温最后成为一个集镇的时候，它的附近还住着牧人，建砖瓦窑与挖泥炭的工人住在草棚。使我对我的旅行发生新感受的许多事件之一，便是有一次看到荒地的中心地带有男人、女人、小孩、白马或者黑马拉着载运泥炭的船，这种情况正跟荷兰的或者雷斯维克的拖船队一样。

人们可以在他们之中许多人的脸上看出，他们的健康情况是不好的，这或许是肮脏的饮水的关系。我曾经见到一些十七八岁的，或者还要年轻的女孩子，她们看来很美、很有生气，但是她们普遍地早衰。可是这一点并不影响一些已经非常憔悴的人有着一副高贵的容貌。男人穿着露腿的短裤，使他们的动作更加灵活。

提奥，当我在荒地上遇到一个手里抱着或者胸前搂着一个小孩的妇女时，我的眼圈就湿了。这使我想起西恩。她衰弱的身体，她的不修边幅，这一切塑造了她坚强的印象。

在海牙诸事顺当。土地丈量员到车站来送行。西恩与孩子当然一直送我上车，最后的离别是非常不容易的。

我时常伤心地想起西恩与孩子——只要她们能够活下去就好了！唉，人们或许要说，这是西恩自己的过失，但是我担心她所遭受的不幸会大于她的过失。我从一开始便知道她的任性，我现在仔细考虑我在她身上所发现的某些东西，愈来愈认为她有些矫枉过正。这一点只是使我的怜悯心更加厉害，它变为一种忧伤的感情，因为这不是我的力量所能补救的。

我知道我完全有权这样做，我不可以与她一起待在那里，我确实也不可以带她一起走，我所做的是明智的；但是，虽然如此，当我现在看到那样一个患热病的、不幸的、可怜的人时，使我深深地感动，使我的心软下来。生活中有多少令人心酸的事啊！人们千万别患上忧郁症。他应该在别的事情中找到消遣，分散精神，最好的事便是工作；但是当人们只在"不幸也不会饶恕我"的信念中寻找安心的时候，那是危险的。

昨天我又看见一个我过去见到过的最奇怪的墓地。一小块荒地的四周围着密植的小松树，人们会以为这只是一个普通的小松树林。但是那里有一个入口，因此人们可以看到一些长着杂草与灌木的坟堆，许多坟上竖着写上名字的桩子。坟上长着纯种的灌木，真是好看极了。松节油的香味使那里笼罩着一种神秘的气氛；黑色的伸展开去的松树林，绕着墓地，把一块闪亮的天空与崎岖不平的地面分了开来。

这是不容易画出来的。我将要试用几种不同的效果来表现这个景色，举个例子来说，比如下雪天，这个景色一定很妙。

今天早晨是一个美丽的阴天，我到这里以来第一次不出太阳。虽然如此，这也一样美好，因此我还是出发去作画了。

这里的荒地比勒拉邦的要广阔得多，下午看起来有些单调，在阳光照耀的时候尤其是这样；但是我不愿意错过这种效果，我试画了几次，全都失败了。海洋也并不老是入画的；但是，如果人们想了解海洋的真实性格的话，那些时候的效果也必须加以研究。在火热的中午，荒地上往往是难以忍受的——好像沙漠一样，使人疲困，感到荒凉与敌意。在这样的烈日下面画油画，给空白的画面涂上许多东西，是一件使人头晕眼花的事。

但是在那个同样使人发怒的、单调的地方，在黄昏的时候，当一个瘦小的人在薄暮中走动，那被太阳晒焦了的广袤地壳，以它的黑颜色从傍晚美丽的淡紫色天空的背景上突然现出来，地平线那边，最后少量的深蓝色线条把地与天分开来的时候——这个地方就可以与朱理·杜普列的一幅画一样庄严、伟大。人物（男人与女人）也有这样的特点。他们并不总是引起人们的兴趣的，但是当人们以耐心去观察他们的时候，就可以从他们的身上发现类似米勒作品中所画人物的那一面。

我刚才画了一幅一轮红日夹在沼泽般草地上的一片赤杨树中间的油画习作，黄昏的白雾从草地上升起，人们从草地后边能够勉勉强强地分辨出，在地平线那边一条有一些屋顶夹在中间的树林的蓝灰色的线。其次，我画了素描。但是你知道，画油画一定要尽可能地把油画而不是素描作为主要的事。我曾经想贮藏一点颜料与其他绘画材料，但是我的钱几乎用光了。如果你还没有把我的情况通知西爱姆叔叔，请写几个字告诉他，我现在一个人住在德仑塞。实际的情况是，在我进行一次穿过德仑塞西南角的旅行，能够企望得到任何良好的结果以前，我需要钱。

我想马上把我在这里所画的一些习作寄给你，请你考虑一下，其中有几幅画或许可以卖给维塞林。

我也画了几张水彩画。我也完全从画油画的目的出发，画了一些钢笔素描，因为人们用钢笔可以深入画出油画习作不可能画出来的细节。画两幅习作，一幅完全用素描画构图，另一幅用油画画色彩，这是合适的。

我在这里与模特们的关系搞得不太好。他们嘲笑我，开我的玩笑，尽管我给他们不少钱，可是由于他们的恶意，使我的一些人物习作没有能够画完。但是，我不能放弃画人物，我把注意力集中在一个诚实的家庭中，现在我可以从这个家庭中找到一个老太婆、一个姑娘与一个男人做模特。

我收到雷巴德从西部戴尔谢林寄来的一封信，他在那里拼命地作画。我想在今年冬天去看他，画一些习作，如果越过戴尔谢林没有困难的话。尽我的可能来盘算，到那里来回的费用大概要三个荷兰金币。我想在六个月之内积蓄起这个数目，同时我将住在附近这一带地方。我发现我在这里的费用要比在海牙少一些。如果人们在旅行之前不做必要的准备，就太轻率了，我在旅行之前要还清雷巴德的债。重新与一个画家一起，打破我的寂寞，花掉点钱肯定是值得的。

乡下的空气与这里的生活对我非常有益。我寄住的这家人很好：男人在车站工作，他的脸孔有时候呈红色的烟叶色——他是一个地道的搬运工人；他的妻子很勤恳，很灵巧，她有三个孩子。他们可能把后边的顶楼给我当画室。

我在上个星期爱上了泥炭田。我愈来愈以为这里很美。只有非常苦心经营出来的作品，才能够显示景色的真实面貌与严肃、朴实特点的正确观念。

"我以为我已经找到我小小的王国。"

虽然我感到美丽的景色有些沉闷,但是我切望听到你的意见。我被一种泄气与失望的感情打倒了。虽然我希望事情不要那样,我对于人家对我作品的意见,与对我个人的印象,非常敏感。如果我遭到不信任,如果我被孤立起来,我就感到某种使我失去主动精神的空虚。我所需要的是一种有理性的、不因失败而气馁的真心。两个人必须互相信任,认为事情干得了,并且一定干得成。在这种情况下,他们才会力大无穷。他们一定要互相打气。

我自己没有与人们普遍搞好关系,我对此感到非常痛心。这件事很使我苦恼,因为这种关系取决于我创作的作品是否成功。

当我环顾四周时,感到每一件东西看来都太简陋,太不合适,太破烂了。最近这里时常下雨,天气阴沉,当我来到顶楼的角落里的时候(我已经搬到这里),感到出奇地凄凉;光线透过一个单块的玻璃窗,落到一个空的颜料箱上,落到一把几乎光秃秃的油画笔上。这是一幅多么凄凉的景象!幸而,看来似乎滑稽——不至于使人发出叹息。

去年我所亏空的数字比我告诉你的还要大,虽然我现在已经付掉了不急需的每一样东西的钱,我却不能够买颜料了。我不敢不论买什么东西都借债,因为过了若干时候,又要债台高筑了。在你来访的时候,完全没有心绪多说些话,但是我现在对你宣布,海牙的生活是我应付不过来的。

果然不错,我现在在这里几乎已经弥补了我的亏空。这里的自然景色是美的,比我所设想的更美;但是我绝没有生活得安逸与舒服。我给你的画中所描绘的小阁楼的景象,就是我所住的地方的真实情况。

如果办得到的话,我将派人把我的东西从海牙搬来,放进一点光线,把这个阁楼布置成一间画室。模特在周围有别人在的时候,不愿意摆姿势,因此必须有一间画室。我让模特在堆房里让我画,但是光线很差。我也很想补足我的绘画材料。我希望这一次能够彻底地做一次补充,如果有人能够帮助我这样做,那么我最大的顾虑就可以打消。一个画家没有信誉是不行的。不仅画家需要信誉,木匠与铁匠也需要信誉。

我到这里来得太过匆促,只是到现在我才感到缺少什么,我干得太轻率了。但是不这样的话我又怎么办呢？我应该在去年西恩从医院里出来的时候，与她一起到这里；那样一来就不会发生亏空的事，我们也就不必分开了。如果我们事先能够了解，最终我必须与她分手，我或许在半年之前就那样做了——但是即使是那样，我还是要吃苦头的。我感到高兴的是，我宁愿对西恩的忠实维持得长久些，而不愿太早结束。我现在对她的情况一无所知；我曾告诉她，我将要把我的地点写信通知隔壁的木匠。我很着急，虽然我相信如果她有困难的话，她会写信给我的。

只要天气好，我就不把我的苦闷放在心里，因为我看到了那么多美的事物。但是从这个下雨的天气看来，我们还必须继续盼上几个月，我清楚地了解我是怎样困在这里的，我是怎样处于不利地位的。今天早晨天气稍为好转，所以我就出去画油画了。但是画油画是不可能的，缺少四五种颜色，我心里非常难受地回了家。

我必须坦白地告诉你，近来我很遗憾，我把你寄来的钱还了债。我不知道，一个人为了保持他的精神自由，是不是可以首先不考虑自己。因为我在冬天之前不可能把必需的油画习作画出来，谁会为这件事来感谢我呢？

你或许还记得，我在波里纳日时的情况是怎样的！我害怕在这里发生同样的事。那时候我看不到一点幸福，现在也看不到；我到了那样贫困的地步，真是身无立锥之地，像一个流浪汉那样永远漂荡，得不到休息，找不到吃的东西，根本不可能有工作。好兄弟，这些正是我可能走的极端，如果我在没有什么保障的情况下在乡下冒险干下去的话。

我喜欢出新花样（这是一种人们不能够凭嘴巴，而是要靠行动去做的试验），虽然我远在德仑塞这个地方，但是我怕走下一步。我想要进行的远征不可能办到了，没有供应而去动手干，是愚蠢的。没有一点应付预见不到的情况的剩余现款，远道旅行是很危险的。人们绝不可以在没有一个认为他不会到处落空的绝对信念的情况下，进行旅行；人们绝不希望在每一个客栈里遭人怀疑。因此一切都是散文式的枯燥无味，一切都是计算，至于一个计划，到底还是有诗意的。

而且，西恩的命运，与我可怜的小家伙及另一个小孩的命运，刺痛了我的心。我愿意继续帮助孩子们，但是我不可能。父亲写信来问我，如果他帮助我怎样，可是我不愿意别人为我操心，我希望你也不要把这件事对他说。他自己的麻烦已经不少了。

我已经面临这样一个局面：我现在需要一些信用，一些信任与温暖；但是我找不到信任。一切都要你负担。这是我思想活动的轨道：我已经努力工作并且节约开支，可是我无法避免欠债；我曾经真心诚意地对待西恩，可是我已经离开她；我憎恨阴谋诡计，可是我找不到一个信任我的人。我问我自己，是不是一定要跟你说："让我受命运支配吧，如果没有从任何别的地方得到帮助的机会，一个人是应付不过来的。这是不是足以证明我们一定要投降？"

唉，好兄弟，我太苦恼了——我住在一个很好的乡下地方，我要画画，我确实需要工作；同时，我对于怎样克服困难，完全束手无策。

我从德仑塞最偏僻的地方——新阿姆斯特丹写这封信，我经历了一番没完没了的木船航行，通过了沼泽地后才到这里。我没有能力像应该做的那样，来形容一下这里乡下的情况——我是不善于辞令的；但是运河河岸给人的印象，与米歇尔或者提奥多·罗梭所画的一样无穷无尽。

各种各样的平面与条条，在它们挨近地平线的时候愈来愈狭窄，在这里或者那里加上一个草皮的小屋，或者一块小小的田园，或者一些细条的赤杨树、白杨、柳树的重音符号；那里随处都是泥炭堆，一艘经常驶过的木船，装着由沼泽里运来的芦苇。常常出现的人们往往有一种优雅的风度。那里有一些奥斯塔德画中的人。他们的脸相使我想起一头猪或者一只乌鸦；但也时常会出现一个可爱的人儿，就好像是荆棘丛中的一株百合花。

今天我看到一艘木船上的出殡；那是非常奇怪的——六个穿着大衣的妇女坐在一条船上，这条船由男人们拉着，沿着运河，穿过灌木丛生的荒地，戴着一顶三角帽、穿着短裤的牧师在另一边跟随着。

我对于这次旅行非常满意，因为我的脑子里充满了所看到的东西。今天傍晚荒地的景色显出无法形容的美。天空是淡紫色调的美妙的白色，蓝色透过一道空隙亮了起来。地平线那边有一线闪亮的红色条纹，在它的下面是一片广袤的褐色沼泽；在它前面，有一些奇怪的、堂吉诃德式磨坊一样的低屋顶小屋，有时，吊桥奇特而巨大的躯体，以它们怪诞的轮廓在颤动的傍晚天空的背景之前呈现出来。在傍晚时分的一个村子里，有着灯光的窗子倒映在河中，或者在泥淖中与水坑里，看起来往往非常舒服。这里常常有非常奇妙的黑白对比，一条有着白沙岸的运河越过一片漆黑的旷野。你在这里还可以看到巨大的、很旧的草皮盖成的房子，这种房子的猪圈与居室之间甚至没有一块隔扇。

我在木船上画了几幅写生习作；我在这里耽搁了一下，画了一些习作。

在我从霍盖温动身之前，曾经收到由福尔诺寄来的一些油画颜料。像我所想的那样，如果我使自己一心一意工作的话，我的心情就会改变。我的心情已经有了很大的改变。父亲寄给我一张十个荷兰金币的汇票，这笔钱再加上你寄来的钱，就可以让我现在画一些油画。

我常常想应征当兵到印度去（同你想到美国去的心情一样），当人们被环境压倒的时候，这种心情是不幸的、绝望的。我希望你看到这些静静的荒野，因为这样的环境会使人静下心来，在劳动中注入更多的诚意、耐心与始终如一的精神。

我多么希望我们能够一起在这里散步，一起画画！我以为这里是绝对与完全美的——我的意思是说，这里是宁静的。

你理解吗？我以为我已经找到我小小的王国。

"好兄弟，来这里与我一起在荒地上，在土豆地里画画吧。"

亲爱的好兄弟，我不能够只凭鼻子一闻就计算出一个袋子中装有多少谷子，我不能够透过猪圈的厚门板看到猪；但是我往往能够根据袋子外面突出来的样子，看出袋子里装的是土豆，或者是谷子。猪圈的门虽然是关着的，我却能够在杀猪的时候听到猪叫的声音。我也同样能够根据我所掌握的征候，来判断你现在的境况。根据一些征候来推断，你那里出现了一次严重的危机，我猜错了吗？

我希望你在忧郁的时候不会感到没有朋友。我亲爱的兄弟，你了解我的情况，如果你在种种事情上遭到不幸，不要感到你是孤独的。不要灰心丧气。我以为我能够向你保证，你可以相信我。

我曾经仔细考虑过你在信中所说的关于去美国的问题，我不能够同意这个计划，即使你在那里有最好的关系（比如与克诺埃德勒的关系）我也不同意。我能够很好地体会，你在高比尔公司里一定很不愉快。我惊异地读到你信中所写的这句话："当我在这个星期对一些有身份的人谈起来的时候，他们使事情几乎成为不可能。"这个公司现在的情况，与它在文森特叔叔还是它的一个合伙人时候的情况，确实有很大的不同。我曾经是这个公司的一个最低级的雇员，甚至在现在（至少已经过了十年之后），仍然还感到我心的一部分是在那里的。我对这件事很遗憾：从那以后，尽管公司雇员的人数增加了，他们之中却很少有人真正懂得这个行业。在文森特叔叔还在那里的时期，他们只以少数几个雇员创业。当时那里有真正的合作。就你个人来说，这的确是个特殊的困难。你把心放在公司里，你比任何别的人对公司更加忠心。

我认为有些事很奇怪，我以为生意一定搞乱了。所有那些好像衙门一样的部门，所有那些簿记——都是胡闹，不是做生意的行径。做生意确实是一种行动，一种测量人的眼力与能力的手段。现在是不成问题了——那时候的怨言是：没有足够的画。个人的积极性，个人的能力，戴尔斯蒂格是有的，你也有；你同时有一种地位，可能在发生变化的情况之下，它对你就没有什么用处了，你将使自己碰得鼻青脸肿地到处反对"平庸的胜利"。

或许你会说："不错，但是你画家的事业还要更加凄惨，还要不可靠，在这个行业中，也会发生个人能力或者积极性无能为力的情况，举个例说，有的时候就不能供给你食物。"唉，如果我能够有一点幸运，如果我能够找到几个对我的作品持友好态度的人——那么，这时候我的口气就不一样了。

全靠你我才能工作，为了这个理由，我要对你说，我一刻也不怀疑，你将认为有一技之长是一件极其高兴的事。这种手艺首先可能使你搭上与你在生活中的真实地位最不可能建立的关系，它将使你有一个光明的前途，虽然这个前途并不全靠个人的积极性，可是与做生意比较起来，掌握手艺却与它有更加直接的联系。你是刚从艺术界里出来的人，这将是一件对你大有帮助的事。当我开始工作的时候，曾经长期被排斥于艺术界之外。

你绝不可以认为"自己不是艺术家"，因为你要相信，你是拥有做艺术家所需要的能力与知识的。在伦敦，当我傍晚从南安普敦街回家的时候，时常站在泰晤士河堤上画速写。如果曾经有人告诉我什么是透视的话，我将要免掉多少困难，我现在会有多大的进步啊！

你说："我时常感到自己是自然的一部分；我现在不再有这样的感受了。"好兄弟，让我告诉你，我对你所说的体会得很深，非常深。这是街道，是办公室，是神经使它这样的。

我不仅对于感受自然觉得困难，而且还要糟糕，我对于感受人也同样觉得困难。他们说我发疯了，但是我知道这不是事实，真正的原因在于，我深深地感到自己的毛病，我要努力去治疗这种毛病。我在没有希望的努力中消耗精力——没有一点成就，这是事实，但是由于希望重新获得一个正常立足点的执着思想，我从来没有认为我的拼命行为是错误的。我常常感到："让我做某件事吧，我将会超额完成任务，让我有耐心去改善情况吧。"在这些穷困的日子里，我时常仔细地考虑这些问题，但是我并没有发现现在的环境与我过去的情况之间有什么区别。

请你想一想，土地在我的脚下是怎样让出路来的；请你想一想，它是怎样总是使人不幸的，不管这个人是谁。我在高比尔公司干了六年。我在那里生了根。我想，如果我离开他们的话，我能够回顾诚实工作的六年。如果我到了别的什么地方，我大概要充满信心地珍惜我的过去。可是事情并不是这样的，我只不过是一个"被解雇的人"，我马上就会不可避免地到处碰壁。人们求得了一个新的职位，一心想开始工作，但是一个曾被解雇的人，不久就变成一个被怀疑的对象。你可以去英国，你可以去美国，不成问题。你在各处都像是一棵没有根的树。你很早就在高比尔公司工作，由于你那时是一个小孩，你以为他们是世界上最上等、最好、最大的公司，他们就转弯抹角地使你吃苦头——如果你回到他们那里去，他们就会对你采取冷淡的态度。

沿着那个漩流驶了很长的一段路程。当我敢于说"充分改变你的路线，恢复你与自然之间的和谐"的时候，你以为我傻吗？你愈长久地停留在那个情绪之中，你就愈要助长神经质——这是你、也是我永久的敌人。对于人们所施的阴谋诡计，我的经验比你更加丰富。

当我说此刻你的灵魂生病了，你不要生我的气。这是实在的情形。要把你与自然和人之间的关系调整一下。如果除了使你成为一个画家外，没有别的方法能够做到这一点的话，那么就这样干吧——不顾一切反对与阻碍地去干吧。

…………

从你的身上看来，作为一个人，有某种与巴黎合不来的东西。我不知道你在巴黎度过了多少年月，你心的一部分已经在那里扎了根，但是有一种东西（一种我无法解释的东西）仍然是纯洁的，那是一种艺术的因素。如果你成为一个画家的话，首先你将拥有来往、友谊及某种交情。艺术商人有某种偏见，我以为你可能还没有丢掉这种偏见，特别是认为绘画是天才的产品这种观念。是的，这是天赋的，但是并不如一般人所想象的那样，人们必须伸手把它抓住。这种抓不是一件容易的事——人们不可以等到它自己出现。某些东西是可以被发现的，但不是许多人所想象的那种东西。人们靠努力画画成为一个画家。

整个艺术事业腐朽了——我怀疑那些大价钱，即使是杰作的大价钱，是不是会维持下去。艺术品的价钱被提得那样高的时代，可以说，是在将来。你与文森特叔叔一样聪明，你大概不会去做文森特叔叔做过的事，因为世界上有太多的阿诺尔兹与特里普斯——贪婪的金钱之狼，你与他们比较之下，只不过是一只羊。成为羊要比成为狼好，被杀死要比杀人好。我希望——或者可以说，我确实相信——我也不是狼。

这对艺术家是不是有很大的影响呢？不尽是如此。因为最大的艺术家多半是富裕的，但是在他们的晚年，当他们已经著名的时候，很少是从过高的价钱中取利的。他们（米勒与柯罗）画得并不少，也不是画得不美，却没有那种卖高价的情况。我宁愿做一个画家，每月收入一百五十法郎，而不想担任别的职务，即使做一个艺术商人，每月收入五百法郎，也不干。作为一个画家，我要做一个其他人中间的普通人，而不要过一种建立在投机取巧基础上的、随波逐流的生活。

…………

表姐的逝世使我颇有感触。我经常想，她不是很幸福的。我以为在当今这个时代，做一个银行家的妻子，是不可能幸福的。你会说，这不是真实的——但是我对于这些问题的想法是坚定不移的。我以为人们最好避开某种活动的范围。

当我把城市居民与这里的人做一个比较时，我毫不犹豫地说，荒地上的人，挖泥炭的工人，在我看来要比他们好。最近我与房东谈到这个问题，他本人是一个农民。这次谈话是由他问我伦敦的情况而引起的，他听到很多关于伦敦的情况。我告诉他，我以为一个朴实的农民，他劳动，勤恳地劳动，他就是一个有文化的人。事情本来就是这样的，事情始终还会是这样的。人们在城市里，在极其稀少的好人中间，可以找到几个比较高尚的人（虽然完全是另一种不同方式的高尚）；但是一般来说，在乡村里比在城市里更加容易发现一个有理性的人。人们愈靠近大城市，就愈深地陷入堕落、愚蠢与邪恶的黑暗之中。

一个认识不到自己不过是一个原子的人，真是大错特错！丢掉儿时印在我们脑海中的观念（认为保持某种等级观念，或者保持某种习俗是最重要的事）是一种损失吗？我甚至根本不去考虑这个问题。我只凭经验理解到，所有那些习俗，那些故意做作出来的没有什么了不起的习俗与观念，没有什么道理，往往是绝对错误的。我断定我什么也不知道。但同时我却确实感到生活是那样神秘，"习俗"的圈子实在太狭窄了。

他们对我说："当你没有目标、没有抱负的时候，你是没有主意的。"我这样回答他们："我没有对你们说过我没有目标，没有抱负；我断定，想强迫人们去弄明白不可能弄明白的东西，是最无益的。"活着，干点重要的事，是更加实在的。人们应该公平地对待社会，但是他一定要感到自己是绝对自由的，不仅相信他自己的判断，而且相信"理性"。我的判断是人性的，理性是神性的；但是两者之间有联系。

让我们设想，你与我都真正像是我们同类中间的羊。当然，这并非不可能，我们有一天将要被吃掉，这件事也许不是愉快的；但是，如果人们认识到他必须过穷日子的话（虽然他有各种技能、知识、足以使别人致富的能力），就没有理由生气。我不是不关心金钱，但是我对狼不以为然。

我了解两个人的精神的斗争，我所指的是雷巴德与我自己。斗争往往是艰苦的，它使我们与另一些把事情看得很认真的人之间发生争吵。我们常常感到不幸，但是每一次忧郁症的发作都带来一点光明，一点进步，性格得到发展。那些追求真正坦率的人，他们自己是非常坦率的，他们对生活的看法充满热情与勇气，即使在困难的时候，也是这样。

我始终钦佩古斯塔夫·多列的一句话："我有牛的耐性。"我在这句话中发现一种美德，一种毅然的诚实。这是一个真实的艺术家的话。人们难道不应该从自然中学习耐性，从观察谷物缓慢的生长中，从观察动物的生长中学习耐性？难道人们要把他自己绝对死板地设想成一个不再发展的人？难道人们要故意阻挠他自己的发展？

我现在没有一天不画一两幅画。我不得不力求进步。人们所完成的每一幅素描，人们所画的每一幅习作，都是向前迈进的一步。这跟走路是一样的：人们看到路尽头教堂的塔尖，但是由于地面起伏不平，当人们发现所到达的那地方，只是一段人们最初不曾见到的路的时候，他相信教堂一定是给遮住了。但是人们愈走愈近。我迟早也会到达开始卖得掉画的地步。当我一旦到达那个地步的时候，它就不会半途而废，因为我作画不会半途而废。

提奥，我老是想着你也将开始画画的问题。人们在古代艺术家与现代艺术家之间，可以遇到两兄弟都是画家的例子，在他们的作品中相似之处多于不同之处——奥斯塔德兄弟，凡·爱克兄弟，朱理·勃列东与爱弥尔·勃列东。

提奥，我在写过信之后有半夜没有睡着。

我希望勃拉邦不再拒绝我。你是记得我离开家庭的原因的，实际上我与他们几乎在每一件事上都互不了解。我以为除非到了悲剧结束的时候，最好还是不要到那里去，因为那样一来，父亲就收不到房租了。在这种情况下，我们能住在一起吗？如果非那样不可的话，当然也可以暂时敷衍一下；如果我在家里住得更长久一些，我想父亲与我一定会马上同意的。我提到这件事，是由于家里的情况也许要求你停止对我的援助。

我们这里的秋日时而美丽明朗时而风雨交加。当天气坏的时候，到外面去走走是困难的，有时完全不可能。我对自己很小心，感到比过去几个月在海牙受尽神经痛之苦的时候要好一些。我现在有了一间安上炉子的大房间，碰巧有一个小阳台，从那里可以看到有小屋的荒地远处一座非常奇特的吊桥。

楼下是一家客栈与一家农民的厨房，炉中烧着泥炭，炉火旁边摆着一个摇篮，这是一个适于沉思冥想的好地方。当我感到心中愁闷的时候，或者为某件事所苦恼的时候，索性就跑到楼下去待一会儿。

我已经间接地听到一些关于西恩的消息。我不能设想，她为什么不给我写信。因此我给木匠去了一封信，问他西恩是不是没有到他那里去打听我的通讯处。那个恶棍回了我一封信说："哦，是的，先生，但是我以为你不会喜欢她知道你的通讯处，所以我故意装作不知道这件事。"我马上写了一封信。我宁愿按照她的家庭地址给她去信，而不愿意用别的任何隐蔽的方法。我也寄给她一些钱。这样做的结果可能不好，但是实在没有办法。

今天我跟着一些人去散步，他们在犁一片土豆地，妇女们拖着沉重的步子，跟着捡一点还留在地里的土豆。这是一片与我昨天所见到的完全不一样的土地，这是这个乡村附近的一种奇迹。这些景色往往是一个样子的，可是也有足够的多样变化，正好像一些以同样格式作画的艺术家的作品，它们的趣味却互不一样。

我仍然在画烧杂草的人，我曾经画过一幅写生习作，因此它给我提供了无限广阔的旷野。夜幕初降，带着一点烟的火焰是唯一发亮的地方。我不断在傍晚去看这个场面。

乡下是非常漂亮的。每一样东西都在向你叫喊：画吧！它是那样有特点，并且那样有变化。喂，好兄弟，不管情况怎样发展，经济上的障碍总是存在的，这是不是事实呢？在什么地方，或者怎样才能出现一个斗争的时代，把世界引向更加稳固的宁静和平——世界上没有什么能够扰乱它伟大的和平呢？

就我自己而言，有一个简单的计划：我出去，画那些使我感动的东西，使自己沉醉在荒地馥郁的空气里，并且相信自己早晚会变得更加有精神，更加健康，更加好。

因此，好兄弟，来这里与我一起在荒地上，在土豆地里画画吧；来与我一起观察犁地与牧羊吧，来与我一起坐在炉火旁边——让吹过荒地的风暴吹到你的身上吧。

从你的羁绊中摆脱出来。我不了解前途怎样，有几种可能，或者我们是不是会一帆风顺，但是不要在巴黎寻找幸福，也不要在美国寻找幸福，那总是一样的，永远是一样的。来一个一百八十度的转变，到荒地上来试一试吧。

"金钱在社会上起着残忍的作用。"

我在今天早晨接到你的信。我认为我在商业方面是一个梦想家，我在这方面的眼力很差，但是你对我表示信任，我感到有点奇怪。你说："仔细想一想，对于我待在高比尔公司里，是不是也没有太多的话可以说的。"关于这个问题，我过去所想的与我现在所想的是一样的。

我的好兄弟，如果我说你必须继续给我钱，为了这个缘故而劝你待在高比尔公司里，我感到不好意思。如果你做出这个决定，我坚决反对。我坚决提醒你：艺术的买卖会把你断送。

我们家里也与我的生活一样，确实存在着一种危机。对我来说，情况尤其危险。由于你的保护与支持，我们已经完全免于毁灭。但是如果你发誓永远忠于高比尔公司，你就会步步高升。关于这一点，你大概要说：我希望永远不接受那种地位。你同时将要考虑：我的哥哥与我的双亲为什么要强迫我干这件事？如果你因这件事而吃了亏，那么我将不要求自己成功；如果你为了我的缘故而压制你的艺术才能，那么我将不要求我成为一个艺术家。

我担心你把我的话当作瞎扯。那么我应该怎么办呢？当然，我应该尽力去找一个工作，同时也应该努力画画与卖画，以后就设法回到德仑塞。

我承认要了解人们必须做什么是很不容易的。金钱在社会上起着残忍的作用。但是我感到一种近在眼前的希望，绘画解放了我们真正的能力，使我们不致负债，虽然开头几年也许是非常困难的。我的办法一贯是，与其多冒一点险，不如少冒一点险；如果谁因为冒太多的险而失败的话——那就算了吧。简单地说，我不需要把我的贫困作为你要留在公司里的一个理由；如果你要留下，你就那样做好了，但是不要为了我，因为我以为那会是你错误道路的开端。

我当然很愿意在巴黎度过一些日子，我认为那里有我可以学习的东西。如果我能够在一个印刷所里找到一些工作，那对我会是一种帮助而不是妨碍；我愿意试一试任何那一类的工作，尤其是如果这种工作能够谋生的话。但是巴黎最吸引我注意的，最能够帮助我进步的，是与你在一起，以及与某些懂得什么是画的、懂得我的试验动机的人的争论。由于你在巴黎，我认为巴黎很不错，但是在这美丽的沼泽地里，我一点也不渴望巴黎。这里的景色漂亮极了,当我画着油画的时候,我以为我在这方面有了一点进步。我的心向往着画画,我不需要对你说这一点。但是我肯定地说,无论什么时候,只要你认为我到巴黎有一点用处,我丝毫也不反对。我在哪里都可以找到可画的东西。

你在不久以前写给我的信中提到我们相貌上的某种差别,你的结论认为我更像一个思想家。关于这个问题,我能够讲什么呢?我感到我有一种思想的能力,但是我不以为这种能力是我所特有的。我以为我是别的什么,而不是一个地道的思想家。当我想起你的时候,我看到了伴随着很多感情,也包含着真实思想的很有性格的举动,我的结论是:我们之间的相似之点多于不同之点。

当我考虑我们的气质时,我发现清教徒与我们有明显相似的地方。我所指的是克伦威尔时代的人,一小群男女乘坐"五月花"号船从旧世界到美国去,并在那里安家落户,下定决心过最简单的生活。

时代不一样了:他们砍伐树木;我们在绘画中探索树林。我知道,历史上称之为清教徒的小团体所发起的创议,产生过很大的影响。就我们而论,我以为自己很少用哲理来推究影响,只是想要在人生的旅行之中寻找一条尽可能直的道路。考虑影响不是我们的习惯。

我提到清教徒,这是由于他们相貌的关系:你看一些红头发、方额头的人,他们不仅是思想家,也不仅是行动家,而是这两种因素的综合。我在一幅布顿的油画中,看到一个画得很小的清教徒,我以为是你摆的模特。你也可以看看我,但是我的侧面特征不显著。

我曾经考虑过做思想家的问题,但是我深深地体会到,那不是我的才能。由于倒霉的坏影响,一个感到他所要考虑的不是实际行动的人,只不过是一个梦想家而已(一种错误的信仰在社会上大受尊敬)。由于我没有充分估计形势,我往往要碰钉子。但是从那时以来,清教徒的故事使我了解到,正像克伦威尔与卡利尔所指出的,思想与行动并不总是互相排斥。

只要我同时可以画画,我就不反对去思想。我生活的目标是尽可能多、尽可能好地画油画与素描。这样到最后时,我希望自己能够怀着爱与亲切的依恋,回顾我所走过的道路,心里想:"啊,我竟画了那么多的画!"提奥,我声明,我宁愿考虑手臂、双腿、脑袋是怎样连在身体上的,而不想考虑自己算不算个艺术家。

今天这里下了像大块的冰雹一样的雨。我称它为雪,是因为外表的印象像雪。

我去过一趟兹威洛,这是李勃曼曾经长久地待在那里的一个村庄,他在那里为他参加上届沙龙的有洗衣女工的油画画了写生习作。特尔梅仑与朱理·贝克惠生也在那里住过一段很长的时期。

请你想象一下这个景象：清晨三点钟，一辆没有顶盖的两轮马车越过荒地（我与房东一起出去，他要到埃森去赶集），沿着道路而行，路面上的泥浆代替了铺沙。这样的旅行甚至比乘船还要奇妙。在晨曦初露的时候，整个荒地上散布着小屋，教堂院子里一座有着泥墙与山毛榉篱笆的、古老的、粗而矮的塔，荒地或者麦田的平淡的景致——全都变成柯罗的最美的风景画了。一种宁静、神秘的气氛，就像是他画出来的似的。

我在早晨六点钟到达兹威洛的时候，天还很黑。村子入口的景色很漂亮：长着苔的大屋脊、马棚、牛圈、谷仓。但是我在兹威洛找不到一个画家，人们说还没有一个画家在冬天来过，相反地，我却想在今年冬天到那里去。

由于那里没有画家，我决定不等我的房东回来就走着回去，在路上画些素描。

兹威洛附近的整个乡村，就我的目力所及，完全盖满了麦苗，呈现出最嫩的绿色。一片黑土——看不到边际；土里长出麦苗，看来像花边。当人们好几个小时步行着通过那个地方的时候，他就会感到除了土地、庄稼、辽阔的天空以外，再没有别的了。

我看见一些非常忙碌的犁地的人，一辆装运沙土的两轮马车，一个牧羊人，一些修路的人与粪车。马与人看来不比跳蚤大。我在途中的一个小客栈里，画了一幅在纺车旁边的老太婆的素描，黑色的小小的轮廓，好像是童话中的人物。

于是夜幕下降了！请你想一想，一条宽阔的泥泞的道路，全是黑泥浆，右边是无垠的荒地，左边是无边的荒野，几幢草皮小屋呈现出黑色的三角形轮廓，炉火透过草房的小窗闪耀着红光。请你想一想薄暮中这种水坑，它的上面是白色的天空，到处都是黑与白的对比，在水坑中有一个模糊的人影，那是牧羊人。一个卵形东西的堆，一半是羊毛，一半是泥浆，彼此互相推挤——那是羊群。你看到它们过来，发现你自己就在它们的中间，你绕了一圈，跟着它们走。它们缓慢而不高兴地拖着沉重的步子在泥泞的道路上走着。远方朦胧地出现了农家的房子。

羊圈也像一个三角形的黑色轮廓。门是敞开着的，好像一个黑洞的洞口，天空的亮光透过背后厚板的裂缝闪现出来。整队的羊群消失在这个洞里。牧羊人与一个掌灯笼的妇女在羊群进圈之后把门关起来。

羊群在薄暮中回圈，是我昨天听到的交响乐的尾声。白天像梦一样地过去，我是那样专心致志地沉醉在动人的音乐中，以至于差不多忘掉吃喝；我在我画纺车的那个小客栈里吃了一片黑面包，喝了一杯咖啡。从拂晓到薄暮，或者不如说从一夜到另一夜，我完全给那支交响乐迷住了。

回到家里挨近炉火坐着的时候，我感到饿了——的确，饿极了。现在来看看这里的情形究竟怎样。我从那样的一天里带了什么东西回家呢？只是一些涂鸦。可是我把另一样东西带回来了——一种对工作的稳定的热情。

"那是太阳底下最优美与最纯洁的事物之一。"

在室外画油画的时间已经过去了。近来天气很冷。我已经画了一座吊桥的大幅油画习作，还有一幅大的速写，另外还画了一幅具有另一种效果的油画习作。等到这里下雪的时候，我要使这些画中雪的效果画得更加真实。我的意思是说，保留着同样的线条与结构。

我接到了可怜的西恩的一封信。信写得缺乏条理，字迹几乎无法辨认。她对于我给她写信感到高兴，但是她为孩子操心，出去当打杂的用人，她不得不与她的母亲一起住，可怜的人；她似乎对过去的一些事表示遗憾。我对她的怜悯与柔情确实没有死灭，虽然我还不了解重新一起生活的可能性，也没有这种打算。怜悯或许不是爱，虽然这样，但是它的根能够扎得很深。

昨天我听家里人说，他们曾经接到你一封善意的信，我根据这件事断定危机已经躲开了。这件事将会把你对我说的一句话加以证实，你说："我以为在目前的情况下，事情是不会发生变化的。"

你认为我给你的最后通牒——"如果你留在那里的话，那么我将要拒绝你经济上的支持。"——是由你的话引起的，你说："让我留在我待着的地方，因为我必须供养家里的那些人。"我（虽然你没有提我的名字）对于你是一个累赘，关于这个问题，我已经用"我不要那样一种牺牲"做了回答。我真正的意思是，我希望不论在成功的时候，或者在"苦恼"的时候，始终要保持着我的信心。

你写信对我说："我的雇主们使情况变得几乎使我无法忍受，我甚至相信，他们宁愿把我撵走，而不让我自己辞职。"（后者是我当时切实的情况。）当你写这些话的时候，你是非常苦恼的。你关于绘画所说的一些话，至少对你是不愉快的。可是我现在要说：如果你装好索具的船平安无事的话，你就留在上面好了。如果你留在上面的理由是你"在那里得到一种重新恢复的快乐"的话，那就很好。我以为你的经理们对你的器重，允许你更加随意地处理事务，这是一件好事。但是我仍然相信，归根结底，通晓一门手艺是一种最稳固的职业。

由于你的沉默，由于我把这件事与经理们那一边可能发生的新麻烦联系起来看，由于我自己受着绝望的压迫，我给父亲写了一封短信。这是你第一次过了期限，而二十五个荷兰金币的差额却可能使我困难六个星期。我相信你想不到这一点——你不能够了解，每一种困难，即使本来是很小的困难，都可以使事情成功或者失败。

我在上星期收到从前的房东寄来的一封短信，他威胁我，如果我不为借用他的顶楼存放东西以及一笔西恩的债务寄给他十个荷兰金币，他就要没收我留在那里的东西（其中有我的全部习作、版画与书籍）。我怀疑他是不是有权要我的钱，但是我在贮藏好我的东西的条件下向他让了步。在新年前后，我还要偿付另一些债务，其中包括欠雷巴德的那一笔钱。自从我到这里以来，我已经把我的绘画材料整理好，补充了颜料，进行了旅行；我已经付了膳宿费，给西恩寄去了一些东西，偿还了一些债。

除此以外，又加上寂寞的特殊痛苦。我说的是寂寞，而不是孤独。我的意思是指一个画家在某些人迹罕至的地区所忍受的寂寞，人人把他看作疯子、杀人犯、流浪的乞丐。这可能是一种小小的不幸，但是这仍然是一种苦恼——一种无家可归的人的感觉，使人特别奇怪，特别不愉快，虽然乡下的景色仍然是那样美丽与使人兴奋。

你在信中所写的关于画家塞雷的事，使我发生很大的兴趣。像那样一个人，终于创造了一些悲哀的作品，实是在奇迹。好像是一个艰难困苦的生命所开出来的花朵，好像黑色的山楂，或者更好的比喻，是弯曲的老苹果树的树干在某一个时候开出花来，那是太阳底下最优美与最纯洁的事物之一。

当一个粗俗的人像一株开花的植物那样开出花来的时候，他是很好看的，但是在开花以前，他曾经忍受过多少严冬的寒冷，他所受的风寒要比后来同情他的那些人所能知道的更多。艺术家的生活，艺术家本身，是非常奇妙的。这是多么奥妙——多么深不可测啊！

德仑塞无疑是我的用武之地，但是我一定要用稍为不一样的方式来着手工作。到时候，我就要说："我不能够在这里待下去了。"

"收留我，好像收留一条大野狗一样让他们感到恐惧。"

1883 年 12 月于奈宁

你或许会感到奇怪，我有一段时间曾经下定决心回家。这是一件我很不乐意干的事，但是最近三星期我感到身体不好——由于感冒与神经过敏引起各种小毛病。我一定要努力改变这种情况，如果我不改变的话，我以为情形会变化。

我的旅行已经开始，在一个下着雨与雪的暴风雨的下午，我进行了穿过荒原到霍盖温的整整六小时的步行。这次步行使我高兴极了，更准确地说，我的感情跟自然是那样一致，因此它就使我的心静下来。我想如果我回家的话，或许会使我对如何行动的问题有一个更加清楚的认识。德仑塞是很漂亮的，但是人们之所以待在那里，是依靠许多因素的，依靠他是不是能够忍受寂寞。

我离家两年后再度归来，发现我们的家还是欢迎我的，且从各方面看来都是善意的与诚挚的。但我仍然感到痛心，因为实际上家里人对于我们称之为愚昧无知的东西（例如对我们共同的处境的无知）却很少改变，我又感到几乎使人无法容忍的不安与为难。我在每一件事中所感到的，不是迅速的谅解，而是犹豫与迟疑，它像一种沉闷的空气一样，阻塞了我的热情与活力。出于这个缘故，我所干的每一件事多半是无效的。我的好兄弟，这太愚蠢了。

我理解父亲与母亲是怎样凭本能（我不是说敏感）来考虑我的。收留我，好像收留一条大野狗一样让他们感到恐惧；它将会带着它的湿脚爪跑进房间；它什么东西都要看看；它发出那样大的吠声。狗感到如果他们把它留住的话，只不过是在"这个房子"的范围内容忍它而已。

但是畜生有一段人的历史，虽然只不过是一条狗，他却有一个人的灵魂，甚至一个非常敏感的心灵，使他可能感到人们对于他的想法。这条狗事实上就是父亲的儿子，他流落街头，只能变得愈来愈粗野。但是由于父亲早在多年前就忘记了，所以提起这件事是没有用处的。

你以为我使父亲不高兴；你支持他，把我狠狠地骂了一顿。我重视你所说的这件事，尽管你所反对的人，既不是父亲的敌人，也不是你的敌人。父亲与你与我都有一种和解的愿望,可是我们似乎不能够实现这种和解。我希望这件事不久会发生。但是你不了解我,我担心你永远不会了解我。

你知道,我认为你救了我的命。我永远不会忘掉这一点,我不仅是你的兄弟、你的朋友,而且我同时对你记着感激不尽的恩情。金钱是可以偿还的,但是像你那样的好意是没有办法报答的。

只是为了研究人物,我指出去年夏天的情形。我看到通过海牙街道的步行着的两兄弟,一个说:"我必须保持某种职位;我必须做我的生意;我不以为我会成为一个画家。"另一个说:"我像一条狗那样地过日子;我以为未来或许会使我变得更加丑陋,更加粗野;我预见到'一种无法设想的贫穷'将是我的命运;但是——我将会成为一个画家。"

我在从前看到这一对兄弟,那时候你刚进绘画界,那时候你刚开始读书。我在雷斯维克磨坊附近看到他们,或者在冬天的清晨越过积雪的荒地步行到夏阿姆的时候——他们感受、思考、心里相信的,跟我们实在是一样的,我问自己:这是一对跟我们一样的兄弟吗?问题在于:事情的结果怎样?他们将永远分道扬镳呢,还是永远走同一条道路?

我仔细考虑过这个问题,比你多考虑了四年。我已经得出结论,过去对我指出的所谓义务,是一个义务的幽灵。他们说:"赚钱,你的生活就会一帆风顺。"米勒对我说:"要使你的生活一帆风顺(至少要努力使它顺利,努力面对赤裸裸的现实),那么,即使在适当的时候赚到钱,你也不会变得不诚实。"

父亲与戴尔斯蒂格都没有让我的良心得到安宁,他们没有让我自由,甚至不承认我需要自由与明白的真理,不承认我率真的感情。现在我要让自己来处理问题,我还没有得到光明,得到我所要的东西——我承认这一点。但是我怀着一种希望,认为我的愿望不会落空。在我的眼睛闭拢之前,我将要看到朦胧的光,我认为它最好的称呼是幸福的光辉,或者说幸福。尽管由于失败而造成了精神上的苦恼,我却从来不曾对我所说过的话感到后悔。我发现了黑暗,我躲开了黑暗。过去的一切影响,使我离自然愈来愈远。我的青年时代在黑暗的影响之下,是阴郁的、沉闷的、索然无味的——我的好兄弟,你的情形也是这样。

我以为我在现实生活中采取顽固的或者鲁莽的行动,这是理所当然的。你比我还知道得透彻,我是被迫处于某种情势之中的,没有别的路子可走。在白天,在日常生活中看来,我也许粗得像一头野猪,我可以完全理解别人为什么把我看成一个老粗。在我年轻的时候,我比现在考虑更多。事情依靠机会,依靠小节,或者产生于误会，这是没有道理的。但是当我的年岁逐渐变大的时候，我愈来愈感到不是那么一回事，把事情的动因看得更深了。

我的见解也许有时候是不合适的，但是在它们的性格上、行动上、方向上一定有一点道理。正好像定风针不能改变风向一样，人的见解也不能够改变某些基本的道理。定风针不能够使风由东边吹来，或者由北边吹来；人的意见也不能够使谬误变成真理。有些事情与人类本身一样古老，它们始终不会消失。

毛威有一次对我说："如果你继续画下去，如果你更加深入到艺术中去，你就会发现你自己的特长而加以发挥。"他是在两年前说的，我近来常常想起他的这些话。

好兄弟，你对我要有耐心，不要怀疑我意志薄弱。你将会向我指出，而我自己也清楚地了解，在许多方面我很难应付。当然，这是事实，我也必须慎重地考虑这个问题。但是我在这个问题上不是没有理由的，这就是每一个画画、写作或者作曲的人，都一定要有高昂的热情与经常的全神贯注。

我个人的见解软化下来了。我像你那样尊重老年与老年的软弱，虽然事情看来可能不是这样的。我也想起米什莱的话（他从一个科学家那里学到这句话）："雄性是最野蛮的。"在我生活的这个时期里，我知道自己感情强烈（我想这是应该有的），我看我自己确实像"一头野兽"。可是当我站在一个弱者面前的时候，我的热情减退了，我在这个时候就不能战斗。

我的好兄弟，也许我对于你是一挑太重的担子，这件事在我的良心上成为一种负担。如果我是为了一项不合算的事业而接受金钱，我也许会糟蹋你的友谊，这对我来说是不可能的。我相信，坚决地相信，即使我变得很聪明（我现在仍然不聪明），我还是始终一贫如洗，我心里最最盼望的是不欠债。

你看我是多么激动，一会儿认为做得到的事，一会儿就认为不可能了。

我们的生活是一种骇人的现实，我们自己被无止境地撵着。事情就像目前这样，不论我们是不是对它抱悲观的态度，都不会改变它的本质。我在夜里醒来的时候，或者荒原上起了暴风雨的时候，或者在沉寂的朦胧的黄昏，就是这样地考虑这个问题的。

尽管这幢房子里的人对我怀着好意，但荒原上给人的感觉并不比这里寂寞。

"我希望我在这里能够进步。"

我再一次与父亲谈过话。我几乎已经做出决定不留在这里了,但是由于我说了下面这句话,谈话就走了题,我说:"我现在已经在这里住了两个星期,可是在绘画上并不感到比刚来的半小时有丝毫的进步。如果我们俩能够互相更好地了解的话,这时候就已经使事情办好了。时间已经不多了,我必须马上做出决定。门一定要打开,或者关起来。"

我打算找一间最容易腾出的房间,用来贮藏我的东西,最后成为我的也是你的画室。我以为这是必需的,也是合适的,我将在家里画一个时期。办事就要好好地办,对你与我来说这是够明白的,这是一种恰当的安排。在我们有钱从别的地方租到画室之前,这便是我的画室。

家中小房间里的那个轧布机台子,将要由我来安排。

我重视你与雷巴德都赞同我到这里来的这个事实。这件事给了我勇气,我自己有一个时期曾经绝望得灰心丧气,我对此深深地感到遗憾。雷巴德有一次对我说:"人不是一块泥炭,他不能够容忍被扔到阁楼上,并且被人忘掉。"他认为我不能够住在家里是我的一个大不幸。

我尽力使父亲再让我住在家里,甚至让我在这里有一间画室,并不是首先出于我的自私。我以为,虽然我们在许多事情上不能够彼此了解,但是在你、父亲与我之间,经常地或者暂时地存在着一种和谐的诚意。我要沉着地照自己的意思去做,并按照你的劝告,不跟父亲谈各种事——只要我能够与你谈就行了。

至于你说我可能变得非常孤立,我并不在意。如果生活仍然支持得住的话,我就会满意的。但是我要对你声明,我不以为这是应该承受的命运,因为我相信,毕竟我从来没有做过,也不会去做那种会使我丧失"我是同胞中的一个"的感觉的事情。

我常常喜欢跟那些不通达世故的人在一起,例如农民与纺织工人。我的运气很好,所以我到这里以后,我的注意力完全被纺织工人吸引住了。

我只知道很少几幅画纺织工人的素描。我从画三幅描绘纺织工人的水彩画来开始这个工作。这些人很难画,因为在小房间里,人们不能够退到足够的距离去画织布机。但是我已经找到一个可以画织布机的房间。这些织布机费了我很大的劲。织布机成为出色的描绘对象——老橡木被灰色的墙烘托出来。我们一定要努力把它们抓住，因为它们在色彩与调子上都与其他荷兰绘画一致。

我想马上开始画另一幅水彩画，在这幅画中，纺织工人不是坐在织布机的后边，而是在整理织布的线。我看到他们晚上在灯笼的照耀下织布，这个场面跟伦勃朗作品的风格有十分相似的效果。他们现在使用一种吊灯。但是我从一个纺织工人那里弄到一盏好像米勒的《夜工》中的小灯笼，纺织工人们习惯于在这样的灯笼照耀下工作。

我在另一天晚上看到织花布。我看到这个场面的时候，他们正在理线，所以工人黑色的弯着腰的身体背着光，从布的颜色上突现出来，把偌大的影子投在织布机的板条与卷轴上，并且投在白色的墙壁上。

自从商量好让我用洗衣服的房间做画室与贮藏室以后，我就到海牙把我的习作、板画与油画材料打包寄来，我已经在新的画室里安下身，我希望我在这里能够进步。

我已经看到西恩，这是一件我所长久盼望的事。一旦分离开来之后，我们仍然是那样，但是我们毕竟后悔不曾选择一条中间的道路。虽然现在要去寻找这样一条道路是困难的，然而它是更加人道的与比较不残酷的。

西恩的行为表现很好。她替人家洗衣服挣来她自己与孩子的生活费用，因此她已经尽到了职责（虽然她的身体很弱）。你知道我把她弄到我的房子里，是由于在她分娩的时候，莱登的医生劝她待在一个安静的地方。她有贫血症，或许是肺病的征候。我与她在一起后，她的病就不再恶化，而在许多方面都比较健康，种种险恶的病状都消失了。但是现在一切都变糟了，我担心她的生命。可怜的小孩（我把他当作我自己的孩子来关心）也不再是原来的那个样子了。

我鼓励她，尽量安慰她，勉励她按照她现在所走的道路前进。但是我的心因为她而破碎了。至于我的意见，帮助一个可怜的、被遗弃的、患病的人可以到什么程度，我只能重复我对你说过的话：没有止境。

今年对我来说是艰难的、痛苦的一年，尤其是年终的时候，更是痛苦不堪。

"我时常处在一种被迫撒谎的状态，这实在使我非常难堪。"

母亲曾经伤了腿，关节下面右边的大腿骨破裂了。当他们派人来找我的时候，我正在田间画油画，我加进了背景，画得比较成功。医生向我保证已经没有严重的危险，但是考虑到母亲的年纪，我担心她需要一段很长的时间才能恢复过来。这实在是大不幸。

由于我来到这里以后没有花过钱，我已经付了父亲由于我的衣服太坏而替我买衣服的垫款，同时还给雷巴德二十五个荷兰金币。我已经与父亲和解，我将有一个时期不付膳宿费，因此我可以使用你在新年时与一月中旬寄给我的钱还债。但是，由于可能还有许多大的费用，我就告诉父亲，欢迎他用这些钱，以及可能到手的其他钱，幸亏我没有把钱打发掉。提奥，请你仔细考虑一下，你能不能替我找一些赚钱的路子。我们也一定要再三考虑卖出我作品的机会。金钱是必需的，如果我自己能够偿付我的工作费用，你就可以把打算给我的钱给母亲。

我现在无心写信，很少有写信的时间，因为我与纺织工人们在一起，而没有与母亲在一起。在这种情况下，我愿意住在家里，由于目前发生的事件，使某些与父母分歧的问题完全搁到一边去了，我们的关系搞得很好，我可能比最初所设想的更长久地待在奈宁。当然，我是能够帮一手的，尤其是往后当母亲必须常常走动的时候。虽然她的处境困难，但我高兴地告诉你，她现在的心情平稳而愉快。她以开玩笑取乐；前几天我给她画了一幅有栅栏与树木的小教堂的油画。

当我最初的兴奋稍为减退的时候，我能够按部就班地做我的工作。我每天忙着画纺织工人的油画习作，这些习作比我在德仑塞所画的习作在技术上要高一些。我最近的一幅习作画的是一个男人，他坐在一架古旧的、带绿色与变成褐色的橡木织布机的旁边；织布机上"一七三〇年"的日期已经刮掉。在织布机的附近，一个小窗的前面，摆着一把摇椅，坐在里面的婴儿一连几个小时傻看着梭子来回飞驰。我完全如实地画下这幅画：旁边坐着一个小的纺织工人的织布机，窗子与摇椅，在一间没有地板的简陋的小房间里。

今天我寄给你三幅小张的画在木板上的油画与九幅水彩画。请你告诉我，这些画中有没有一些使你喜欢的东西。你什么时候来，我就带你到纺织工人们的小房子里去。他们的形象与绕线妇女的形象一定会使你感动的。这些织布机的题材（这些织布机有比较复杂的结构，一个工人坐在中间）对于钢笔素描有用，我将要根据你的提议画一些钢笔素描。

请你在信中把马奈展览会的情况详细告诉我。我对于很少见到他的油画作品这件事，感到遗憾；我尤其想看到他画的裸体妇女。我常常发现他的作品中有强烈的独创性，但是我并不像某些人（例如左拉）那样过分夸大地吹捧他，我也不能够同意左拉的结论，好像马奈为艺术的现代观念开辟了一种新的前途。我认为不仅马奈，而且还有米勒，都是为许多画家划出一道新的水平线的现代画家。我并不以为马奈可以算作十九世纪最了不起的画家，但是他是一个天才这件事，肯定是有它存在理由的，这个事实本身就是了不起的。

为了答复你提到钢笔与水墨素描的那封信，我可以寄给你五幅纺织工人的素描，都是按照我的油画写生习作画的，画得有些不一样——我以为比你以前曾经见到的我的钢笔素描，在技术上更加生动有力。这些素描不是同时画成的，因为除了油画习作及钢笔素描以外，我还画一些搁在画架上画的描绘纺织工人的水彩画。

我认为你所说的是实在的，我的工作还需要搞得更好。至于作品卖得出去或者卖不出去，那是一把旧的锉刀，我不想让我的牙齿给它磨钝——但同时我要坦白地告诉你，你对于卖掉我的画也应该有更多的耐心。你从来没有替我卖掉一幅画——不论大小。事实上，你甚至不想试一试。

我不生你的气。我把新的作品寄给你，我很愿意继续这样做下去——我不要求什么。但是我们一定要用正确的名字来称呼事物。在你那一方面，你也要继续坦白地说话，我一定要你非常坦白地对我说，你在将来是不是想为我的作品奔走，或者是不是你的尊严不允许你这样做。过去的事就算过去了，我们必须面向未来，我坚决地要试卖我的作品。提奥，我一定要把事业搞成功。就我个人来说，我没有停留在几年前的水平上。你现在对于我的作品所说的"这几乎可以卖掉，但是……"与我从埃顿把我在勃拉朗画的最初的一批速写寄给你的时候，你写给我的信中所说的话简直一模一样。

画商不能够对画家们抱着中立的态度，不管你说"不"字的时候是不是带着恭维话，它都要造成完全相同的印象。当人们用恭维的态度把这些话说出来的时候，或许甚至更加惹人生气。

现在只要我知道，当你发现我的进步很不够的时候，你能够做一些事帮助我进步，举个例说，现在毛威是完全谈不上的了，你使我与另一个可靠的画家保持接触——简单地说，只要有某些征候证明你真正相信我的进步，或者说我需要更上一层楼，那就很好了。有了钱，这是好的，但是此外还要"努力工作"。你要回答我，别的画商会完全像你这样对待我吗？你肯给我钱这一点，别的画商肯定不会做到；要是没有钱，我是活不了的。实际上事情并不那样尖锐地突出。

我从德仑塞寄给你的那些习作，你责备我是单调的写生，除了说明我所见到的东西以外，就什么也没有了。它们竟这样糟糕吗？你说："是不是米歇尔使你抱着太深的偏见？"（我这里说的是薄暮中的乡间草屋的习作，最大的草皮房子的习作，前景中有一片草地的习作。）你一定会说，古老的教堂墓地的习作也完全是一个样子。我既没有在教堂墓地的前面，也没有在草皮房子的前面想到米歇尔。我所想到的只是呈现在我眼前的描绘对象——我确实认为，这是一种会把米歇尔随便吸引住的描绘对象。但是模仿米歇尔是我肯定不会干的事。

如果你问我，为什么老是没有听见我说"我喜欢这个或者那个画家的风格"，这是由于我以为那些大声嚷着"我喜欢这个或者那个画家的风格"的人是最不打算改变他们自己的。那些对这个问题谈得最多的人，大概是不做这种事的。

我以为，我现在画的纺织工人的水彩、钢笔与水墨素描，我正在画的这幅钢笔、水墨素描，并不是完全笨拙得一无可取的。

我的好兄弟，对于这个问题，你不必对我所说的话生气。我要使我的作品具有某种朴素的与有特点的性质。我很少考虑我的作品会被人轻视，同样也很少考虑看到它会装上金框子，挂在第一流的美术陈列馆里。

我在昨天晚上收到你汇来的一百法郎的信。现在我能够弥补去年的亏空了。我很高兴，我已经没有未付清的账了。供应我颜料与其他绘画材料的人，我都已经客客气气地付了钱。我要你注意这件事，是由于这样一来你就可以知道，我与你一样强烈地憎恨草率办事，以及我一定要履行我对别人的义务。

但是我对你欠着一笔最大的债，如果我仍旧一成不变，事情就会愈来愈糟糕。现在我要向你提出一个关于前途的建议：让我把我的作品寄给你，你把喜欢的留下来，那么我在三月以后所拿到的你寄给我的钱，就是我赚的钱了。我完全承认，在开头的时候，它要少于直到现在为止我所收到的钱。

我在回家的路上，由于考虑到你给我的钱首先是一种冒险，其次是给一个傻瓜的施舍这个事实，心里很是不安。这个意见甚至已经传到那些与这件事完全没有关系的人，例如这个地区有名望的本地人那里去。结果使我一个星期至少有三次被那些完全不认识的人拉着问："你怎么不卖你的作品？"

我时常处在一种被迫撒谎的状态，这实在使我非常难堪。我每次来的时候，特别是来到家里的时候，经常考虑我的工作，考虑社会是不是给了我报酬。社会上的每个人都是要期待报酬的，并且要把报酬问题搞个一清二楚。在这样的情况之下，一个人的日常生活会有多大的乐趣呢，还是让你来判断吧。

目前对我来说，赚五个法郎要比由保护人给我十个法郎重要得多。我们在开头的时候，就像朋友，并且有一种互相尊敬的感情，出于这个缘故，我绝不容许把我们的关系降低到保护人与被保护人之间的关系。

我的好兄弟，请你仔细考虑一下。我不对你隐瞒内心深处的思想——我要把这一边与另一边都称一称，使两头保持平衡。你不能给我一个妻子；你不能给我一个孩子；你不能给我工作。你能够给我钱，但是你的钱仍然没有发生有效的作用，因为它并没有用于我始终缺少的方面：一个家。如果需要的话，让它成为一个工人的家。而如果不能够理解人需要有他自己的家，艺术的遭遇就更惨。正像我年轻时曾经坦白地与你说过的，如果我找不到一个好妻子，我就找一个坏的妻子。有一个坏的总比完全没有好。我认识一些像我一样怕有小孩的人，他们没有小孩。尽管事情也许没有好下场，但是我很难放弃一种主张。

如果我想使自己的工作更加有生气，那它一定会变得更加有生气。我十分憎恨孤独。以往那些时候（除了少数几年以外），我还不理解我自己，我给宗教思想（一种神秘主义）搞得头昏脑涨，其他时间，我总是生活在亲切温暖的环境里。现在我的周围变得冷酷、空虚而沉闷。

从此以后，我要尽可能少地接受不以我的一些作品来偿还的你的钱。简单地说，为了要答复他们非难我没有任何"收入的来源"，我要把从你那里收到的钱看成我自己赚来的钱！我要在每一个月把我的作品寄给你。既然这样，那些作品就是你的财产了，而且我完全同意你有全权任意处理。我缺钱，我不得不接受钱，即使某些人对我说"我要扔掉你的图画"，或者"我要把它丢进火里"，我也要这样做。在这种情况下，我就说："行，把钱给我。我有我的工作做，我要取得进步。"

但是我要极其明确地说，我认为你给我的钱都是我将要还的债。目前关于这件事可能没有问题，所以我们就不去提它。我也希望你与父亲不要在画室问题上反对我。现在我这里除了小小的放织布机的房间以外，没有别的画室。一等到我的作品赚来的钱足够使我再搞一间房子的时候，我就马上不再与父亲住在一起。

最近几天我就要寄给你另外一幅画着一个纺织工人的钢笔与水墨的素描——画得比其他五幅都大，在前面可以看到织布机。这幅画将要使这一套素描更加完备。如果你把这些小幅的、画着纺织工人的素描寄还给我，就会使我泄气。如果你所认识的人之中没有谁要我的素描，我认为你自己可以留下这些画，作为收藏我所喜欢画的勃拉邦工匠的钢笔、水墨素描的一个开端。

我在三月前后要寄给你一些水彩画。如果你不要这些水彩画，我就把它拿给别人。这些水彩画会有缺点的，可是我并不认为开始把它们摆在公众面前展出是我的愚蠢。我从来没有说过要把这些画送到沙龙去展览，而你却对我说沙龙的评审委员会将会怎样评判，我认为这是不聪明的。但是我要与你谈谈画插图的画家，特别是布霍。

如果你认真地打算在我经过一个时期的艰苦工作以后，要设法展出我的素描的话，那么我就完全同意在我们有一些特好的作品之前，不把那些画拿出去展览。你是不是要尽力把我的作品拿给那些目前或者将来一定会成为它们买主的人去看？如果是这样就很好，我一定使自己专门画油画。

今天我把第九幅画着一个纺织工人的油画习作带回家来。自从我到这里以后，没有一天不是从早到晚与纺织工人或农民们在一起。

入迷于眼前的情况，完全受到偶然遇上的环境的吸引与鼓舞，有什么办法呢？

你一定料想不到，我对我有关作品的评价抱着很大的幻想。我以为，一个人必须对于别人相信你所追求的严肃认真的态度，对于他们不是由于逢迎拍马而了解你感到满意。除此以外，如果有更多的东西，那就更好了，但是我们一定要尽可能少地考虑这个问题。我还是相信作品一定要让人看，因为在观众中会出现一些朋友的。

"但是不得不放弃我愿意继续干下去的事，我感到遗憾。"

我在这个月为你画了一些钢笔、水墨素描。雷巴德已经看到这些画，他都喜欢，尤其赞美《篱笆后边》《鱼狗》与《冬天的菜园》这些画中的情趣。除此以外，我还画了几幅油画习作，这都是你的财产，如果你喜欢的话，我愿意把它们送给你；如果你不想要这些画，是不是让我把它们保留一个时期？因为我要根据这些习作画创作。一幅大的习作中画着一个纺织工人，他在织一匹红布；一幅是田野中间的一个小教堂；一幅是这儿附近的一个小村子的风景。我已经开始画教堂的塔楼。

我今天刚刚布置完新租的一间画室。两个房间，一间大的与一间小的连在一起。房间很大，而且不潮湿。这件事使我忙了两个星期。我认为我在这里会比在家里的小房间里工作得更好，我再一次有充分的空间，可以利用模特画画了。我不付膳宿费，这当然是对我大有好处的，不然的话，我就不可能画出更多的画。我希望你看到这个画室的时候，会赞同我所采取的办法。

昨天，母亲坐着她的小马车来看我的新画室。跟我刚来时比较，近来我与这里的人相处得更好了，这件事对我来说是极其重要的。因为一个人肯定需要有消遣，如果他感到太孤单，工作往往会遭受损害。人们或许一定要对这件事做好准备。但是我对这个问题感到非常乐观。也许过一个时期以后，我会同意你的意见，认为去年的变化已经改善了我的处境，这是一次向好的方面的转变。我梦中的勃拉邦——现实往往非常接近幻想！但是不得不放弃我愿意继续干下去的事，我感到遗憾。

…………

我刚刚画完一个站在织布机前面的纺织工人，人们看得到背景里的机器。我正在画一幅我们菜园后边的池塘的风景。去年冬天你写信告诉我，你喜欢我的水彩画的某些方面，认为在色彩与调子上比以前更使你满意了。我怀着好奇心想要知道，当你来这里的时候，会不会在我的油画上发现什么东西。

至于我的油画中所用的颜色，你不会在我现在的作品中发现银色的调子了，但是却有一些棕色的调子（例如沥青与一种从煤中提取的褐色颜料），我不怀疑有些人会不赞成这种色调的。提奥，现在的一些画家从我们的调色板上夺走了从煤中提取的一种褐色颜料与沥青，这件事使我长时间地苦恼过，那么多辉煌的作品都是用这些颜料画出来的。如果很好地使用这些颜料，可以使颜色显得甘美、浓郁。

至于单调的颜色，我的意见是，我们绝不可以分割开来判断一幅画中的颜色。一种单调的颜色，举例来说，在一种强烈的棕红色旁边摆上一种深蓝色，或者一种橄榄绿，可以表现草地或者麦田的非常鲜艳的嫩绿色。我相信德·布克，他给某些颜色取名为"单调的"，与这件事肯定没有矛盾——因为我有一次听见他说，在柯罗的一些油画中，例如在傍晚的天空上，用的是画中最明亮的颜色，如果把这里的颜色个别地拿来看的话，实际上它是一种深灰色调。

首先，一种深颜色可以看起来是亮的，这多半是一个调子的问题。其次，关于真实的颜色，一种红色含量比较少的红灰色，根据邻接的颜色而显现出或多或少的红色。蓝色与黄色也一样，人们只要把很少的一点黄色放进一种颜色中，而把这个颜色与一种紫色或者淡紫色挨在一起，就可以使黄色看起来非常黄。

我常常想，那些谈及颜色的人，他们实际上指的是色调。也许现在精通调子的画家要比精通色彩的画家更多。

我以非常愉快的心情读了弗罗曼丹著的《古代的艺术大师》。我在这本书中经常遇到近来非常吸引我的一些问题。最近我在海牙，间接听到伊兹拉亚斯关于比较深的颜色看起来是亮的说法。简单地说，用与黑色对比的方法来表现亮光。我懂得你就要说"太黑"的问题，但同时我还不太相信，例如，一个灰色的天空总要用对象固有的色调来画。毛威是这样画的，但是鲁伊斯达尔不这样画，杜普列不这样画。

画人物与画风景一样。我的意思是说，伊兹拉亚斯画一堵白墙，就与雷瑙或者福图尼所画的完全不一样，因而人物从白墙上突显出来的情况也完全不一样。

我曾经费了很大的力气画一个纺纱的妇女。这是一幅很大的油画，画成深色的调子；人物身上穿蓝色的衣服，围着一条鼠色的围巾。我也画了一幅有一个老头在绕线的油画。关于黑色，由于偶然的原因，我没有在这些习作中采用，因为我需要某些比黑色更加强烈的效果，靛蓝与土赭，普鲁士蓝与土黄赭石，比纯粹的黑色具有更深的调子。当我听人说"在自然中没有黑色"的时候，我常常想：在颜色中事实上也没有黑色。

另一幅大习作，画的是有三个小窗的房间的室内景；从窗子中看到的黄绿色与织布机上的布的蓝色，以及纺织工人罩衫的另一种蓝色形成对比。

色彩的规律是十分美的，这是因为它们不是出于偶然。如果你碰上好书的时候，能够买一些给我，我一定非常高兴。我很想认真地研究理论。

我在纺纱妇女与绕线老头两幅习作中想要追求的东西，就是我想在以后做得更好的东西。但是在这两幅写生习作中，跟我大多数别的习作（除了一些素描）相比较，不大有我自己的特点。

我完全同意你的看法，认为现在这个时候，要找到一个懂得提意见的、可以谈谈的人，往往是很不容易的。但是自然是可以供人们大量学习与了解的。

雷巴德在这里待了十来天，他向你致最亲切的问候。像你可以设想的那样，我们多次去看纺织工人，我们多次到各种美丽的地方去旅行。请你想一想，你是一个认识雷巴德的人，你却没有看到过他的作品，甚至除了我告诉你的以外，不知道他画了些什么，你对他未免太不注意了。

近来自然中最使我感动的东西，我还没有动手把它们画出来。现在半熟的麦田是一种深金黄色的调子，红色的或者金黄色的铜色。在这样的背景前面，是非常粗壮的、精力饱满的妇女们，她们的脸部、手臂与脚都给太阳晒成了铜色，穿着满是灰尘的、靛蓝色的粗布衣服，剪成短发的头上戴着贝雷帽式的黑色无檐软帽；她们沿着一条穿过成排麦田、满是尘土与长着绿草的红紫色小路去上工，她们的肩上扛着耙，或者在腋下夹着一个黑面包。非常丰富，同时非常朴素，非常优美，非常艺术。我完全被这个场面吸引住了。

我买颜料欠下的债太多了，尤其是画大作品，要在雇模特上花掉很多钱，我必须在开始画大作品的时候加以注意。只要能够有适当的模特，恰巧是我所需要的类型（粗糙的、扁平的脸，低的额头与厚的嘴唇，不伶俐，却类似米勒所画的人物的样子，并且穿着与那些人所穿的非常相像的服装），那就好了。因为它要求极度的准确性，人们不能够乱画服装的颜色。

这幅画将是一幅很好的表现夏天的画。我认为夏天是不容易表现的，夏天的效果往往画不出来，或者画得很难看。春天是温柔的——嫩绿的谷物与粉红色的苹果花。秋天是黄色的树叶与紫色调子的对比。冬天是雪与物体的黑色轮廓。如果夏天是各种蓝色与黄铜色谷物的对比，那么人们就会画出一幅用各种对比的原色（红色与绿色，蓝色与橘黄色，黄色与紫色，白色与黑色）来表现季节情绪的图画。

上星期正是收获的时候，我每天都在田间。我画了一幅表现收获的构图。我是替一个在恩德霍温的人画的，他要拿这幅画去装饰他的饭厅。这个人从前做过金匠，他有三次收藏过一批很重要的古董，后来都卖掉了。他现在还很有钱，盖起了房子，里面摆满了古董，放着一些很美的橡木箱子。

他一定要在他的饭厅里挂上"油画"。他想要画各种各样的圣徒的画，但是我要他考虑一下，梅耶里农民生活的组画（同时是一年四季的象征），是不是更加容易刺激那些坐在桌子旁边的高贵的人的胃口。他到我的画室来过一次以后，对这件事更加热心了。他要自己动手画那些拼板壁画，而要我设计与画出小稿。我给了他播种的人、犁地的人、牧羊人、收获庄稼、收土豆、雪地里的牛羊的速写草稿。

…………

"金融家是艺术家的悲哀。"

我相信父亲像我一样清楚地理解,当我们之间存在着严重的意见分歧时,与其说是命运注定的,不如说是完全故意的。但是对于父亲有时不能够公正地对待我这件事,我并不怀恨其他人。

提奥,我常常对这件事感到遗憾:我站在街垒的一边,而你站在另一边——不是在马路上看得见的街垒,而是社会上肯定存在着的,并且还要继续存在下去的街垒。

至于我的工作,我每一天愈来愈热心地干着。我正在画一个披着宽大斗篷的牧羊人,此外,还有一幅画着两株截去树梢的柳树的习作,柳树的后边是一排黄叶的白杨与一片田野。目前这里秋天的效果显得格外美。半个月之内,我们这里将实实在在是树叶黄落的时节,几天之内所有的树叶都要掉光。如果碰巧的话,这幅牧羊人画中的人物,会有某种非常古老的、勃拉邦的东西。

我想在今年冬天画一些素描(一套勃拉邦的风景画),寄给《伦敦新闻》。这个画报现在办得比《格拉菲克》画报还要好,最近刚刚发表了一幅弗兰克·霍尔很美的作品。这幅画与其他人的作品摆在一起。

我没有从我为海尔曼所画的作品中赚到一点钱,我没有向他要。相反,由于我的作品从第一幅到最后一幅都使他满意,我认为这已经是充分的报酬了。事实的确是这样,当别人表示满意的时候,我们一定要降低价钱,而不是提高价钱。如果我的事业成功了,那么正是由于这个,我的作品要比别人的作品便宜,使画商便于购买。我发现海尔曼是个很有趣的、很愉快的朋友;看到一个六十来岁的人,像二十来岁的青年那样热情奋发地学画,实在使人感动。他一定是富有的,但是他始终吝啬,不随便花钱。

海尔曼有很多古代美丽的瓶子与其他古董,这件事使我想问一问你,我是不是可以给你的房间画一幅静物油画,以换取你的一些古董,比如说,哥特式的作品。他在今天才对我说,如果我需要的话,他可以给我一些东西布置画室。

在恩德霍温,现在有三个人跟我学画静物。上星期他们天天与我在一起画油画。我在这里画画赚不到一点钱,这是事实,但是我交上了真正的好朋友。我并不以为我在交朋友这件事上丧失了什么东西,当我与他们交谈的时候,我画画的劲头更大了。

雷巴德又来到这里，我在跟他商量之后，认为我还是留在这里工作比较合适。我心里想好了许多要画的作品，我不能够不画这些作品。此外，我还要在新年之前付清颜料账，不能够花太多的钱，如果我要去安特卫普，我就要在那里努力画画，就需要有模特，就目前来说，我担心这样开销太大了。我已经跑了很多地方，一家一家地进行访问，也发现了许多新的模特。明年或许会有更多的画家要来这一带画画。

我们已经谈过很多关于印象派的问题。在荷兰很难猜出印象派的真正意义，但是雷巴德与我对现代的艺术倾向很有兴趣。这是一个想象不到的事实，新的观念正开始出现，与若干年以前完全不一样调子的作品画出来了。

我最近画的一幅作品，是路旁种着白杨的林荫道，树叶已经变黄，太阳把闪亮的光点投射到散落在地面的树叶上，这些光点与树干的长影形成对比。路的尽头是一幢小屋，上面是蓝天。自从你离开这里以后，我画上的颜色已经发生变化，正好像你在我最近几个月内所画的一些习作中所见到的那样。这些作品无疑证明了，我只不过在色彩方面取得了一些成就。我认为如果我继续不断地在一年之内画许多油画的话，我画油画与运用色彩的方法便会有很大的改变，我会把调子画得更加暗，而不是更加亮。

你写信告诉我，你又要面临倒霉的半年了。对你写这封信与我接受这封信来说，这实在是一个不愉快的消息。我们一定要补救这件事，为我们两个人去努力改善这种情况。我已经做了一件我以为你不会赞同的事：我曾经多次设法改善我与毛威的关系，如果可能的话，还要改善我与戴尔斯蒂格的关系。我尽可能强硬地对戴尔斯蒂格说：再给我一个机会，让我在毛威的指导下画一些习作！我已经弄清楚一些新的东西，但是我需要毛威或者别的能够鼓励我的人；如果时间拖久了，我的勇气便会逐渐消失。我已经有一整年或者更加长的时间完全断绝了与艺术界的联系。我将会从毛威或者戴尔斯蒂格那里听到任何消息。当然，这是完全有可能的。

与去年比起来，今年我以更多的时间从事我的工作，这完全是事实。我现在能够在一个早晨没有困难地用油画画完一个模特的头，这便是我一年努力的收获；我对用色已经更加有把握，更加准确；我在技术上更加有个人的特点了。买颜料用去了我大部分的收入。至于我自己，只是由于我现在比从前更加讲究服装，我买了一件大衣。

由于我超出实际能力画了很多作品，现在钱不够用，这不是我的错误。现在可能没有什么可以再节省的了。我在某些方面决定，宁愿热情地而不是谨慎地向前推进，因为这样更加符合我的性格。可是我也是有计划的，戴尔斯蒂格与毛威可能给我一些颜料。

我理解这是你的困难时期,但是我们一定要排除万难前进,我相信情况会变好的。有人或许要说:"艺术家是金融家的悲哀。"相反地:"金融家是艺术家的悲哀。"

你所说的话是完全正确的:如果我要画出好画,多半要靠创作上取得一些成就,而不是议论艺术上的革命。但是在你的信中,在这个句子的后面,你问我能不能够向你指出改良艺术贸易中的一些新的观念。我向你指出一点个人的兴趣(这一点对你与对我来说都是一样的),你以为怎样?支持我接近毛威与戴尔斯蒂格。帮助我不要负债,帮助我赚钱——不仅用将你的钱送给我的办法,而且要用你的影响来帮助我。我有足够的力量去完成一些什么,也能够赚钱。等到我的情况稍为好转的时候,我愿意试一试,把我从阻碍画家们进步的体验中产生的艺术贸易改良问题,给你做一些新的暗示。

虽然最近几天这里的冰冻得很硬,我还是在室外画一张描绘在恩德霍温另一边的根奈普的古老水力磨坊的大幅习作。这幅油画肯定是我今年在室外画的最后一幅了。当我能够得到各种各样的模特时,在冬天的几个月中,我必须从从容容地用油画画五十来个头像。只要有模特,我现在就比过去任何时候能够画更多的画。

…………

非常感谢你在圣诞节寄来东西。这个月的最后这几天,我必须常常停下我需要画完的作品,我可以告诉你,这件事使我多么着急,多么不愉快。昨天我把根奈普水力磨坊的油画习作带回家来,我以愉快的心情画这幅画。在画的中间,我交了一个在恩德霍温的朋友,他要学画。当我开始工作的时候,我去看过他。他的名字叫安东·凯尔塞麦克,他是一个制革工人,他有时间,有钱,有四十来岁。我要他逐渐地付给我报酬,不用金钱,而用油画颜料;因为我要每天从早画到晚。

海尔曼终于答应给我一笔到什么地方去一趟的费用。如果我要到安特卫普的话,我能够使他兑现他的诺言。今年冬天我要竭力与那里建立联系,尽管开始的时候可能不会成功。你说我最好是替自己的作品找到门路,成为我自己的画商,这样说也许是对的。

毛威与戴尔斯蒂格已经非常"得体"地拒绝了替我做任何事。这件事并没有使我气馁,我认为这不过像是我送一件画去参加展览而遭到拒绝那样而已。现在我几乎高兴了。请你正确地理解我的意思!这是由于我内心的力量终于战胜了他们。我在这次战斗中感到了我力量的增长,通过批评,通过恶意,甚至通过反对,我会学到更多的东西。

你在两三天之内就要收到十二幅钢笔与水墨画的头像习作。当我画人物的时候，我毕竟感到这是我最擅长的一手。但是人物总是要处在某种环境中的，而人们自然而然地也就把那些环境画了下来。我还不知道怎样处理这些头像，但是我将根据这些人物本身的性质来推敲构图，搞好创作。

我在家里听到，你有一年曾走好运，让你每月有一千法郎的收入，但是你拒绝了。我能够了解，一旦进入高比尔公司，你就情愿留在那里。

我很少碰上新年开始时是阴天的时候。室外的景色是可怕的，田野是一大片黑色的土地与一些雪，白天多半是雾与泥潭，黄昏有红太阳，早晨有乌鸦、蓑草与枯萎腐烂的蔬菜；黑色的灌木与白杨及柳树的树枝挺拔得像铁丝，在阴沉的天空中突现出来。这是我随便看到的景物，它与室内的气氛非常协调。这些灰暗的冬日显得很凄凉。

这种景色与农民及纺织工人的面貌也是协调的。他们的生活很困难。一个不断工作的纺织工人，织出六十码的一匹布。在他织布的时候，一个妇女必须替他把线绕在线管上，因此这两个工作着的人必须靠这匹布维持生活。他在这匹布上赚到一星期四法郎五生丁的纯利，但当他把这匹布送到工厂主那里去时，他往往得到通知，一两个星期之内不能拿到纺织另一匹布的材料。所以不仅工资低，而且工作也很少。

这里常常笼罩着凄惨的气氛。这里的人是不吭声的，不论在什么场合都听不到一点类似反抗的话。但是他们好像由汽船运到英国去的马或者羊那样露出不大高兴的样子。可是这是烧炭工人的一种好精神，我与他们生活了一年，那是发生罢工与许多事故的一年，那里的生活条件更好。

…………

尽管一个月还没有完全过去，但是我的钱袋已经空了。可是这种情况不会继续下去的。因为我画得很努力，画得很多，使我至少不会处于依赖的地位支付我的费用。为了我的画，我必须在这里逗留一段稍长的时间。等到安排好我的画室，我将使之有可能弄到足够的钱来画油画。要是我能够做到这一点就行了，不然的话，仅仅为了费用，我就必须在我彻底克服色彩与调子的困难之前，至少要艰苦奋斗三年以上。自从我被穷困驱赶到这里以来，到现在已经有一年多了。我住在家里不是出于自己的意志。

你在信中说，如果我已经画成能够使你满意的什么作品，你要试一试把它送到沙龙去参加展览。我感谢你自愿地这样做。我现在还没有想送去参加展览的作品。我近来几乎一心一意地在画头像，这些都是地地道道的所谓习作。但我是要寄一些画到你那里去的，因为我想这样做或许是合适的，当你在沙龙展览期间遇到许多人的时候，可以拿一些给人看——尽管它们只是习作。因为有一年多时间我几乎都在画油画，我敢说，这些作品与我最初寄给你的油画习作比较起来，会有一些不一样。你将收到一幅青年妇女的头像。早在六个星期之前我就知道沙龙的消息了，我要画一个纺纱的妇女，或者一个绕线的妇女——一幅全身的人物画。

对你关于头像的各种不同概念的感受来说，我相信，那些直接来自草屋顶长苔藓的小屋的人，一定不会以为是完全不合适的。我十分了解一些描绘我们妹妹那样的姑娘的头像的油画家，惠斯勒与米莱斯、布顿有好几次都把这种头像画得很好。这一点要全看艺术家在他所画的人物中能够表达多少生气与热情；如果画中有生气的话，那么阿尔弗雷德·斯蒂文森所画的妇女，或者蒂索所画的某些人像，确实也一样是美的。

但是我没有很多机会与那种姑娘建立充分密切的交情，因而她们愿意给我当模特——尤其是与我自己的妹妹们。或许我是存心厌恶穿盛装的妇女，我所画的多半是穿短外衣与裙子的普通妇女。但是我认为你说的话是正确的，你说：她们可以让画家很好地画出来。虽然夏尔丹是一个法国人，他画法国人，但是他所画的有身份的荷兰妇女往往缺乏法国妇女常常具有的那种魅力。实际上，所谓荷兰有身份的妇女，对于作画，或者对于仔细揣摩来说，都不是特别富于吸引力的。恰恰相反，荷兰的普通女仆却很像夏尔丹画中的人物。

我在下雪天画了一些我们家里菜园的油画习作。从那时以后，风景的变化很大。现在可以看到乡间草屋的深色轮廓上面淡紫色与金黄色的傍晚的天空，瘦条的黑色与白杨树，从草屋的轮廓上面伸了出来。这时候的前景中，是一片因沿着沟渠边缘的黑土道道而有了种种变化的枯萎的草地。

我也把所有这一切尽收眼底了——我也像任何别的人一样，认为这是很美的景色。可是使我更加发生兴趣的仍然是人体的比例，人头部的椭圆形的分划。在我很好地掌握人物画之前，不想去抓旁的东西。此外，我完全能够理解那些无法控制地给风景本身迷住了的人，像杜比尼、哈皮尼与鲁伊斯达尔，以及其他许多画家。因为他们喜爱天空、土地、一池水与一株灌木，所以他们的作品也就完全为我们所喜爱。

这个时期，我一直在探索蓝色的调子。这里的农民一般都穿蓝色服装。在成熟了的谷物中间，或者在山毛榉篱笆的枯叶前画，这种蓝色是非常美的，一眼看到就使我激动。这里的人本能地穿着我过去曾经看到过的最美的蓝色服装。这是他们自己纺织的粗麻布，横蓝竖黑，织成一种黑色与蓝色的图案。当这种布经过风吹与日晒雨淋褪了颜色之后，变成一种无比素净与优美的色调，把周围事物的各种鲜艳色彩烘托出来。

我现在不仅尽量利用白天画油画，而且晚上也在草屋里的灯光下面画画（这时候我只能勉强看清调色板上的颜色），以便在可能的时候抓住灯光的某些奇妙效果。

感谢你给我寄来一张根据莱尔米特的油画制作的出色的木刻。我在这里看不到一点美术作品，但是我毕竟需要常常欣赏一些美的作品。我很了解我自己现在绝对不可能画出一幅那样的作品来，但是从我的创作观点与创作方法这方面来说（即是说，我经常对着被烟熏黑的、肮脏的草屋画写生画），看他的画对我是一种鼓励。因为我发现像莱尔米特那样的艺术家，一定是在很接近农民的情况下研究农民的，不仅在他们得心应手地与满怀信心地进行创作与构图的时候，而且在作画之前，他们就已经接近农民了。

"人们以为我是在臆造。这是不对的，我是在回忆。"

至于我，现在还不能够展出一幅油画，甚至连展出一幅素描也不可能。但是我努力画写生画，这就是我能够想象我搞创作的时候可能会到来的理由。可是要说明习作在哪里结束，创作从哪里开始，是不容易的。

我正在酝酿两幅精心结构的大画，如果我在制造出这种效果的方法上获得一个明确的思想，我就要着手画。

"我要努力画出使他不得不说好的作品来。"

我仍然受到所发生过的事件的强烈影响。我们的确不会轻易地忘掉那些日子。可是总的印象不是恐怖的,而是严肃的。人的生命是不长的,问题在于使生命发挥作用。

你在信中说,你不能够在年轻的时候使事业成功,我与你有同样的感觉。今天我又画得比较顺利,我老老实实地画一幅静物,这幅油画的前景中摆着父亲的烟袋与烟斗。如果你愿意要这幅画,你尽管拿走。

父亲的逝世使你花了很多钱,我考虑到在这种情况下,你不可能给我像往年春天与夏天给我的那样多的补贴了,这是一笔我非有不可的钱。如果我接受例如两百个荷兰金币的遗产(分给我的一份),我乐意把遗产的其余部分留给弟妹们,你以为这样做是否公平合理?如果你继续帮助我的话,是不是能够这样做呢?对于这笔钱,我并不认为是我把自己的一份留给他们,实际上是你使他们得到这笔遗产,是你使我得到一份。

我在每年的大约这个时期还清了我的债,购置一些新油画材料。今年已经过去的几个月中,我画了很多油画,我确实比过去需要更多的油画材料。在二月与三月时,我都不曾为材料操过心。但是未来的几个月,我就不能够痛痛快快地画油画了。

我与母亲及妹妹们都相处得很融洽,可是我想要离开,到画室里去住。我认为这样做比较好,因为到末了还是不可能住在一起的。关于这件事,我既不能责备他们,也不能责备自己,这是由于要保持一定身份的人与一个不考虑那种事情的农民画家之间的思想不一致。

这样做的结果使事情变得更加复杂了,但是我完全相信这样做对其他人是有好处的。我大约在五月一日搬家。母亲或许要在明天到莱登去,那时候我便是我们之中唯一待在勃拉邦的人了。我一生的其余时期将在这里度过,看来这不是不可能的。

当我称自己为农民画家时,这是确凿的事实,你将会愈来愈明白地发现这一点。我感到住在乡下很愉快,我花费那样多的晚上(除非我白天的工作太疲劳),与矿工、挖泥炭工人、纺织工人、农民一起围坐在火炉旁沉思默想,绝不是没有益处的。我在白天的全部时间里,连续不断地观察农民的生活;我专心一意地进行观察,以至于别的什么都不放在我的脑子里了。实际上除了深入、再深入乡村的心脏,画乡村的生活以外,我没有别的愿望。我认为我的作品扎根在乡下。因此我将永远使我的手握着犁,稳定地开辟我的道路。

我相信你对于这个问题的想法一定跟我不一样,你是宁肯要我走别的路子的。你在这里的时候,我不想谈这个问题,或者对你的意见进行反驳。你说我待在这里的时间不会比毛威待在勃洛明达尔的时间更加长。这或许是真的,但是我觉得挪地方没有好处。人们在这里能够画更多的画,花更少的钱。你有时过高地估计了在城市里所能够做的事,而我则相反,我认为画家生活在他所画的环境中间,是更加重要的。

在我能够使人们承认我的绘画之前,还有一个艰难的时期,但是我不打算让自己悲观。我回想起德拉克洛瓦的日记中所描写的他的十七幅画在沙龙落选的情形。那些艺术界的先驱,是多么勇敢的人啊!但是即使在现在,战斗也一定要继续下去,我要不惜任何牺牲,继续自己的战斗。

你的信中说,对米勒作品的冷淡,不论对艺术家们,还是对那些必须出售画的人来说,都不是一种鼓励。米勒本人已经感觉到,并且了解这一点。你说,当城里人画农民的时候,他们或许会把农民的形象画得很好,但是使人情不自禁地想起巴黎近郊的一个地方,这是怎么一回事呢?这是不是由于画家没有亲自与充分地深入农民生活的深处呢?德·格鲁画出了真实的农民,他是一个米勒型的优秀的大画家。他虽然没有为舆论普遍地承认,而像杜米埃与塔斯萨阿那样被打入冷宫,但是现在有人(例如梅耶里)以与他一样的体裁作画。至于讲到普遍的赞成,几年前我在雷南所著的书中读到,他在创作某些真正优秀的作品时,从不考虑普遍舆论的赞成或者赏识,相反地只是期望有极少数的人会赞同与欣赏。

就我个人来说,我是坚决相信有这样少数人的,他们时刻接近城市,与城市有联系,可是他们却保持着消失不了的对乡下的印象,毕生对田野与农民怀着相思病。我记得我常常在城市里好几个小时地溜达,通过商店的橱窗,看一眼里面布置的乡村小景,而不管它是什么样的。

提奥,我希望我们双方都继续致力于我们重新开始的事业。我辛苦地画出了一些重要的创作,我直接把它们寄给你,这些画中的人物好像是从乡间草屋里来的。从现在到今年夏天你再来的时候,中间有三个月。如果我每天努力工作,就能够在这段时间给你画二十幅习作。如果你愿意,可弄二十多幅到安特卫普去。

不要让光阴虚度过去,尽可能多地帮助我工作。让我们尽我们的可能多画,要多产,要有我们自己的特点,包括缺点与优点。我说我们,是由于你给的钱,你为弄到这些钱招来很大的麻烦,这个事实给了你一种权力,当我有一些优秀作品的时候,可以认为其中有一半是你的创作。今后要把所有的习作都保存在一起。我还不需要在哪一幅习作上签名,因为我不愿意让习作像创作那样流传出去。但是有一天我们会发现有人要收藏这些习作的。我希望不久这些习作会给你一种新的勇气。

这个星期我开始画一幅农民们在晚上围着一盘土豆的构图。我刚从那幢乡间草屋回到家里,在灯光下作画。我已经连续三天每天从早到晚画这幅画。星期六晚上油画进入了妨碍它进一步画下去的状况,一直要等到它完全干透才可以继续画。

我把这幅速写画在一张很大的画布上。我相信西爱姆叔叔一定会在这幅素描中找出毛病的。你是不是知道,反对这幅画的独断意见是什么?自然光的美丽效果,要求很快地画出素描。我很清楚地了解,大画家们既知道在一幅画结束的时候怎样精益求精,也知道怎样在同时又使画出来的东西始终充满着生命。在目前,这肯定是我的能力办不到的。但是,就我现在已经达到的水平而言,我有把握把我所见到的事物的真实印象画出来。与其老是字面上的正确,不如不正确。因为人们是通过他自己的气质观察被描绘对象的。我所要努力学会的,不是画一只手,而是画手势;不是以数学的准确性画一个头,而是画表情——举个例说,当一个铲土的人抬起头来观察风向或者说话的时候。简单地说,画生活。

我想把我在乡间草屋里画的吃土豆的人的速写稍为加以修改,画成一幅明确的油画。这幅画显然是波的叶能够展览出来的,或者我可以送去参加展览的。我听到波的叶对我作品的意见,心里很高兴。他发现这幅画中有"个性"。我愈来愈想表现出我自己的特点,比较少地考虑别人是不是赞成。我的意思并不是说,我不关心波的叶先生是不是坚持对我的作品的好的评价;相反,我要努力画出使他不得不说好的作品来。

我现在制作了一幅《吃土豆的人》的速写的石版画。这幅画中的灯光,与杜乌或者凡·兴德尔画中的灯光不一样。请把它送给波的叶先生,他要多少就给多少。向他提出我国画家最美的作品之一,是一幅画中只有一点亮光的黑黝黝的油画,或许不是一件多余的事。

我相信有一个印象派这样的画派存在,但是我对这个画派的情况了解很少。我知道谁是这个画派的开山鼻祖,哪些是这个画派最重要的大画家,风景画家与农民画家们像是围绕着轴心一样围绕着谁旋转,他们便是德拉克洛瓦、柯罗、米勒等。我的意思是说,人们做到写实,所依靠的是素描与色彩的规律、原则与基本的原理,而不是借助于大画家们。因此,我要把我对欧仁·德拉克洛瓦与那个时代的画家们的无可怀疑的信仰告诉波的叶。

关于米勒所画的人物，有一种说法是很有代表性的，有人说："他画中的农民，好像是与那个人在播种的土地一起画下来的。"说得多么正确，多么实在！懂得在调色板上调配说不出名称却是每种东西的基础的颜色，是多么重要。画商们对这个问题说得多么含混，多么专横。

我不能够逼着你去研究德拉克洛瓦关于色彩的各种理论。虽然我一直到现在长期与艺术界没有发生关系（由于我穿木鞋，我被他们排除于艺术界之外），但是下面这个事实仍然是重要的：根据你鉴赏家的能力，像画家一样，你懂得色彩与透视的一定规则。请你原谅我，但是我所说的是事实：这一点对你是有实用价值的，会使你高出一般画商的水平。

我也相信，如果亨利·派尔曾经选中《黑猫》那幅画的话，那么他或许不会拒绝这幅速写的。我相信，人们所创造的作品感情愈饱满，愈忠实于被描绘对象，就愈会遭到更多的抨击，引起更多的憎恨，但是最后却要胜过反对它的意见。"吃土豆的人"至少是一个我已经发现的主题。我能够指出这幅画的不足之处与一些明显缺点，但是这幅画中有生活，也许比某些完全没有缺点的画更加有生气。

为了画乡村生活，人们必须善于画许许多多的东西。另一方面，我丝毫不理解，尽管人们也许要为物质需要而进行长时间的斗争，但是他们却能够那样平心静气地画画。我认为绘画是一个"家"；人们不患想家病，我却得了讨厌文明的病。当一个人感到他至少是实实在在地活着时，他是幸福的。

冬天在雪地里，秋天在黄叶中，夏天在成熟了的庄稼中间，春天在花草的包围之下，是令人快心的事。常常与割草的人及农村姑娘在一起，夏天头顶上有广阔的天空，冬天挨着炉子，感到过去总是那样，将来也总是那样，是令人快心的事。他可以睡在稻草堆上，吃粗粮——他会是一个健康的人。

今天我出去逛了几个小时，很有意思。我并不是说，在布列塔尼，或者在卡特维克，或者在波里纳日，自然景色不是很迷人地宁静，很富于戏剧性的，但是毕竟这里的沼泽地与村庄也是非常非常美的。

我又在画《吃土豆的人》了。我已经为画中人的头像画了一些新的习作，尤其是人物的手做了很大的改动。我不晓得当这幅画画成以后，波的叶会说些什么。除非我确实知道这幅画的确不坏，我是不会把它送出去的，但是我在继续画下去。我认为在这幅画中，出现了一些我过去作品中不曾出现过的东西——这是很明显的。我尤其是指画中所表现的生活。你或许会在这幅画中发现你不久前在信中曾经提到的东西；

虽然我是我个人的，可是它会使你想起其他画家——因为它同他们有一种血缘般的关系。

我愿意在你的生日把这幅画送给你。虽然它是在比较短的时间内画成的，但是我以整个冬天来画人物头像及手的习作。至于讲到我画这幅油画的不多几天，那是一场无休止的战斗，同时却是一场使我感到非常兴奋的战斗。

我想要明白地表现出这些在灯光下吃土豆的人，就是用伸进盘子里的同一双手去锄地的。因此这幅画所叙述的是体力劳动，说明他们是诚实地挣到他们的食物的。我要表达一种与我们这些有文明教养的人完全不同的谋生方法的印象。所以我并不急于要每个人都喜欢这幅画，或者马上称赞这幅画。

我在整个冬天把这匹纺织品的线掌握在手里，并且摸索到一种确定的图案花纹。虽然这匹纺织品的样子粗糙，但是它所用的线是经过仔细挑选的，并且是按照一定的规则织出来的。这幅画显然是一幅真正的农民画。我认为是这样。

但是如果有人愿意去看穿得漂漂亮亮的农民，那就随他去看那样的画吧。就我自己来说，我相信我把他们画成这种粗野的样子，比把他们画成老一套妩媚的样子，能够得到更好的效果。我认为一个农民姑娘的美，在于她满是灰尘与打了补丁的蓝色裙子与紧身胸衣；由于气候、风与太阳的影响，使她的服装具有最优美的色彩。如果她穿了一身贵妇人的服装，就会失掉她那独特的魅力。一个穿着粗棉布服装在田野里的农民，要比他星期天穿着礼服上教堂的时候更加典型。

我以为把一幅农民画画成老一套光溜溜的样子，同样是错误的。如果在一幅农民画上闻到熏腊肉的烟味、煮熟了的土豆的蒸汽味，那就行了，那不是不健康；如果在马棚里闻到了粪味，那正是一个马棚；如果田野里有一种成熟了的庄稼或者土豆的气味，鱼肥与人造肥料的气味，那是健康的，对城里人来说尤其是这样。这样的画可以教给他们一些知识。画农民生活是一件严肃的事，如果我不努力去画可以引起人们严肃地思考艺术与生活的画，我就要责备我自己。我在《沙龙》专刊上看到许多画，它们的素描与油画技术都没有缺点（如果你愿意这样说的话），可是这些画真是讨厌极了，因为它们既不能滋养我的感情，也不能滋养我的理智。

像你所了解的那样，一幅油画画到快要完成的时候，几乎是最危险的，因为它还没有完全干透，人们不能够用一支大笔在上面画而不冒使它损坏的莫大危险，必须用一支小笔从容沉着地进行修改。所以我索性把这幅画送到恩德霍温我的一个朋友那里去，告诉他小心，不要把画搞坏，在大约三天过后，我会到那里去，用蛋清把它洗干净，画上最后收尾的笔触。曾经看到过我这幅制成石版画习作的那个人说，他没有料想到我能够使素描与色彩同时达到这样一种高度。

　　画面是很暗的,在亮的地方几乎没有使用过白色,而只使用中间色。这种颜色本身是一种漂亮的深灰色,但在这幅油画中看来像是白色。我要告诉你我为什么要这样画。

　　这幅画描绘的是被灯光照亮的灰色的室内景。肮脏的麻织桌布,被烟熏得变色的墙,妇女们在田间工作时戴的肮脏的软帽,所有这一切在灯光的照耀下显出很暗的灰色;那盏灯虽然有一条黄红色的火焰,却更加明亮,比起我们所议论的白色甚至更亮。

　　至于讲到肉色,我很了解他们那种认识肤浅的肉色。我在这幅画中最初试着那样用土黄、土红与白色来画肉色,但是这种颜色实在太亮了,根本不行。怎么办呢?全部人物的头部都已经画完,甚至画得非常仔细,但是我立刻不加犹豫地把它们重新画过,现在所画的颜色好像是一个完好的、满是尘土的、没有去皮的土豆的颜色。

　　我曾经根据我对这幅画的记忆,默画了另一幅油画。我在画这幅画时,让我的思想或者想象有自由活动的余地;写生习作是不允许有创造的,但是人们在习作中,给他的现实基础上的想象找到营养,为的是使画画得正确。德拉克洛瓦的话对我产生重大的作用,这是第二次了;第一次是他关于色彩的理论,现在是他关于创作一幅画的理论。他认为最好的画是根据记忆默画出来的。他说:"要用记忆!"我把头像画了不知多少次!然后每天晚上大体过一过目,当时就在画上把一些细节加以修改。

　　现在我把油画搬回了草屋,还要根据写生画上最后的几笔。我认为这幅画已经完成——这是比较而言,实际上我永远不会认为我的作品是完成了的。

　　我不知道你会不会从这幅画中发现使你中意的什么东西。我希望它能够使你满意。我以为你会从这幅画中看出,我有自己观察事物的方法,但是这里面有某种与别人、与某些比利时画家相一致的地方。所以这幅画与古代荷兰大师,例如与奥斯塔德相比较,虽然是以一种不同的风格,在另一个世纪画成的,但是它也是从农民生活的深处发掘出来的,是有独创性的。

　　我十分重视波的叶的意见,他说他决不收回他所说的任何话。我并不记挂着他没有把这幅画的一些最初的习作悬挂出来。如果要我把一幅油画送到他那里去,那他只能在把油画展出的条件下才能够得到这幅画。至于讲到丢朗·吕厄,虽然他不以为那些素描有价值,但可以把这幅油画拿去给他看一看。他或许会嘲笑这幅画,但他或许会从中看出我的作品中的某种精神。你会听到:"多么粗野!"你可以相信是这样,我也相信这一点。可是我们一定要继续拿出一些典范性的与老老实实的东西。

《吃土豆的人》是一幅衬在金色背景上的效果很好的油画，如果挂在壁纸像成熟了的庄稼那样一种颜色的墙上，效果也一样好。这幅画如果衬着深暗颜色的背景，看起来就不舒服，衬着暗淡的颜色也不行。这是由于这幅画让人看到的是深灰色的室内景。实际上它好像是带着金色的外框，因为真正冲着观赏者的，是处于画外的壁炉与白墙上的火光，因而使整幅画往后退。这种使画与金色调子的联结，同时使画中意想不到的一些地方显得明亮，避免了当画不巧挂在颜色暗淡或是黑色的背景上时所呈现的斑驳的样子。窗子画成蓝色，金色使蓝色显得有精神。

这时候我专心一意地画这幅画，简直忘掉了毕竟是我所期待的搬家。

我敢坚持说，《吃土豆的人》在与以后画的其他油画联系起来看的时候，始终会保持着它的价值；你从这幅画中会发现我能够画得更好。我满心欢喜地画这幅画；我怀着一种兴奋的情绪画这幅画。画这幅画并没有使我感到厌烦。也许为了这个理由，这幅画也不会使别人讨厌。由于我相信这一点，所以我把这幅画送给你。

"到野外去，就地作画！"

他们把古塔弄倒，垮在田野里了，我刚好画了一幅这个场面的水彩画。我要在画中表现出世世代代以来，农民们是怎样在他们活着时开垦的田野里安息的。我要在画中叙述出死亡与埋葬是一件多么简单的事，就好像秋天的树叶落下来那样简单——只是挖一小块地，立一个木头的十字架。教堂墓地的草地伸延过去的田野，最后形成一条靠近地平线的线。当我认为这个古塔有某些好处的时候，我难道不对吗？

接着是一场木材与旧铁，包括十字架在内的拍卖。现在那些废墟告诉我，一种信仰与一种宗教是怎样堕落的（虽然它们的基础很稳固），而农民的生与死永远是一个样，像教堂墓地上花草那样有规律地发芽与凋谢。

我开始画另一幅教堂墓地的大幅水彩画，这幅画没有画好。可是我已经把我所要表现的场面很好地记在心里。我刚刚抹掉了两次失败的画——或许我会在第三张纸上达到我的目的。

我尽可能地努力作画，因为我想如果画成功了，就去参加安特卫普的展览会。这不是一件火急的事，但是人们需要天地万物，也需要图画，这是事实。如果可能，我愿意拿我的某一作品去参加展览。

我搬家的事现在已经办完。家里的那些人并不是你想象那样的人，他们说我"一意孤行"。算了，没有什么，我宁愿不谈这件事。

我很高兴地听到波的叶与塞雷对《吃土豆的人》的评论，他们在这幅画中发现了一些好的情况。至于你在信中提到波的叶，说"他是一个商人，却更是一个充满热情的人"，你怀疑他能不能够马上解决这个问题。我有什么可说的呢？前途怎样，哪一天试验还要重复进行，我不能够找出确切的话来加以说明。有时热情甚至比冷静的头脑（他们认为他们自己"不干那样的事"）能更好地筹划事情。

唯一要做的事是走自己的路，尽力使事物画得栩栩如生。人们绝不可以"前怕狼，后怕虎"，而这正是那些急于要掌握正确的色彩与调子的人常犯的毛病，他们过分地着急而变为一盆不冷不热的水。真正的艺术家说，"把颜料泼上去吧"，让热情继续存在，不然的话，在我们到达智慧的顶峰时，没有人会留下一点勇敢的精神。

请把我的想法告诉波的叶，我以为巴黎的一部分公众不会是遵循常套的易于受骗的人，不管常套的作品多么吸引人，但是保持着乡间草屋或者田野泥土的作品，将会找到一些最忠实的朋友——虽然我不可能说出理由或者方法。

不管他是不是能够替我的作品帮忙的人，我们现在毕竟需要他。我的想法就是这样。工作了一年左右，我们有了一大批作品，我相信我的作品愈多，就愈会显示出它的优点来。个人作品展览会或者几个人的作品合在一起的展览会愈来愈多，这个事实使我感到非常高兴。我以为在艺术界中，这件事比其他任何一件事更多地包含着对未来的希望。

塞雷大概会赞成你的意见，认为画出好的画与卖掉好的画是两回事。但是这一点也不对。当公众终于看到了米勒的全部作品时，巴黎与伦敦都轰动起来了。制造障碍与拒绝米勒作品的人是谁呢？是画商，所谓专家们。

你对《吃土豆的人》这幅画中的人物的意见是对的，作为人物的习作，它们是与头像不一样的。这就是我试着用完全不同的另一种方法，即不用从画头开始，而用从画身体开始的方法画那些人物的理由。然而这样一来，它就完全变成另一回事了。对于他们坐着的样子，请你不要忘记，这些人与坐在丢瓦咖啡馆里的那些人不一样，他们不是坐在椅子上的。

我现在每天努力画人物素描。我要在用油画来画这些人物之前，先画一百幅他们的素描，因为这样做可以使我节省时间与金钱。我认为这些素描与最初的那些比较起来，逐渐变得更加圆润与更加丰满了。但是画油画的开支终究是不能够避免的。如果谁在雇模特或者购置必要的油画材料问题上犹豫不定，谁就不可能搞出一幅认真的作品来。

…………

现在已经很晚了；早晨五点钟我就要出发画画。我每天都累得要命，因为我必须穿越老远的荒原！

与我曾经交了几年朋友的凡·雷巴德，在沉默了大约三个月之后，给我写来了一封极其傲慢与充满了侮辱的信。他到海牙以后寄来的信中写得那样明白，使我几乎可以确定，我已经永远失去了一个朋友。温克巴赫今天来看我，他是一个乌德勒支的画家，是雷巴德的一个朋友；他与雷巴德同时在伦敦接受了一枚奖章。我对他说，我对于雷巴德与我之间的不和感到遗憾，除了他曾经对来自海牙的其他人讥讽我的作品之外，我不能够加以别的解释。

我把雷巴德向来喜欢的那些人物画拿给温克巴赫看，并且告诉他，我在某些方面确实有所改变，以后还要有更多的变化，而我现在所画的东西肯定不是下等的艺品。他说他相信雷巴德要撤回他信中所说的话。

然后我告诉他，讲到色彩，我确实没必要总是画黑调子的画（画乡间草屋的一些画，甚至是用非常明快的色调画成的），但是我的目标是以红、黄、蓝三原色做起点，而不是以灰色。

你知道我多么喜欢色彩明快的画家，但是你看得出来，他们是走了极端的。他们开始在每种强烈的与带颜色的光的效果中，在每一个投影中寻找异端。他们似乎从来不在清晨或者落照的傍晚出去散步，他们除了强烈的白天的日光，或者煤气灯光，甚至电灯的灯光以外，别的什么也不想知道！所有这一切在我身上的影响，是有时在我内心出现一种希望看到一幅古老的莱斯的作品、一幅狄亚兹的作品的愿望。你或许会认为，这只不过是我总是与反对派站在一起的表现而已。

至于讲到现代的色彩明快的画，你看得很多了，而我一幅也没有见到过，但是我每天都想它。柯罗、米勒、杜比尼、伊兹拉亚斯、杜普列画色彩明快的画，虽然色调太深沉。毛威（当他画明快的画的时候）与其他色彩明快的优秀荷兰画家，并没有用现在法国画家所用颜色之外的别的颜色，而只是在荷兰这里多用一些白的颜色。

酒中含着水的分子。我并不想说人们不用白颜料也能够画亮光，或者说画亮光不必用白颜料，我更不以为酒必须是干的。我只是说，人们在描绘我们晴朗的白天时，不要在颜料之酒中兑入太多的白颜料，以免使效果变得太沉闷，使整幅作品平淡与单调。

你不要以为我不喜欢色彩明快的画——我当然是喜欢的。我爱好一幅巴斯蒂安·勒帕热的画，画中是一个新娘，她的小脸蛋是棕色的，画家用了很多的颜料画成，非常精彩。许多画着雪、雾与天空的荷兰油画，也非常精彩。我只是要指出，人们可以随自己的高兴画。查阿普·马里斯常常画色彩非常明快的画，有一次他用最黑的色调画了一幅城市的夜景。

…………

我不知道怎样挨过这个月底，这件事使我有点担心，因为我已经一个子儿也没有了。收获的季节快要到来，我必须进行一番游说，争取一些供画收割谷物与挖掘土豆用的模特。到那时候雇模特会有加倍的困难，可是这是必需的。这个地方的情形与任何别的地方的情形一样，人们不愿意做模特，如果不是为了金钱的话，没有人会干这件事的。但是由于他们大都很穷，所以我能够设法把他们搞到手。画我所需要画的，尤其是改进画中的人物，是一个钱的问题。

我告诉你，如果我的体质没有变得像农民那样经得住风霜，我就不可能坚持下去，因为没有可以安慰的东西了。但是我不需要自我安慰，正好像农民不需要改变他们的生活习惯一样。我所要求的是颜料，尤其是模特。

如果这个月的情形比你所预期的稍为好一些，如果你能够寄给我一些额外的津贴，我将要把那些大油画寄给你。我没有钱寄那些画，我不想在你缺钱的时候把它们没有保障地寄给你。但是如果我的那些画搁在这里的时间较为长久，我就可能把它们重新画过。刚从野外或者乡间草屋把画带回来就寄走，它们中间就会有一些不好的画。可是那些人物画将要保存在一起，如果把它们经常重画，就糟了。

你面临的那些金钱纠葛，使我很担心。因为你独自一个人是不容易坚持到底的，我不能够采取一些措施减少开销；恰恰相反，我希望能够雇更多的模特。怎么办好呢？这个问题时常使我心里非常不痛快，成品总还是"卖不掉"。要坚持下去是不容易的，但是我们绝不可以认为战斗是不可能的，因为别人已经胜利，我们也会胜利。

…………

提奥，我对于前途没有把握，我只知道万事都要改变的永恒规律。但是人们所画的作品会保存下来，画乡村生活是一件永远有价值的事。法国人用乡村题材的画装饰市政厅，这是一种很好的主意；而且描绘农民的画也挂在住房里，刊登在杂志上，以其他形式印刷出版，这就更加好了。所以我感到灰心丧气只不过是一种刹那间的发作而已。我不知道人们是怎样用一匹一匹画布去塞满沙龙的。

我请求你去说服波的叶与塞雷，告诉他们，我现在手头有些紧，鼓励他们尽力帮助我，对他们说，我将要把新的作品寄给他们。当你到荷兰来的时候，再跟戴尔斯蒂格试一试好不好呢？

近来我成天坐在太阳底下，回到家里时，就不想写信。今天是星期天，我又写了。

在我前面有几个人：一个拿铲子的妇女弯向地面，在挖萝卜；一个妇女在捆麦秆。我在这里仔细观察这些农民的形象，已经有一年半以上的时间，我特别注意他们的动作，抓住他们的性格特点。

…………

画一幅描绘乡村生活的油画和一幅拉斐利的描绘城市工人生活的油画，需要完全不同的经历和认识。在巴黎，只要画家有钱，就可以雇到各种阿拉伯人、西班牙人与摩尔人模特，但是那些在他们自己的街区画捡破烂人的画家，却有着更多的困难，他们的工作更加费劲。

你也许认为我批评这一点是不对的，但是所有那些外国人的油画都是在画室里画的，这件事使我大为震惊。

到野外去，就地作画！那么什么事情都会发生的。在你将要收到的四幅油画上，我轰走了一百多只苍蝇，灰尘与沙土就不必说了。当我带着这些画一连几个小时地越过荒原，穿过篱笆时，画面给荆棘抓坏了。经过几小时在炎热天气下的步行，到达荒原，累得精疲力竭。人们不能够像职业模特那样站在那里，我所要抓的效果随着白天的消逝而改变，这些困难更加不必说了。

直接写生的意思便是天天住在那些草室里，像农民那样在田野里，在夏天顶得住太阳的热，在冬天受得了霜与雪，不仅在室内，而且在户外，不仅在出去一趟的时候，而且像农民一样天天如此。

画农民、捡破烂的人与各种工人，虽然是最简单的事，但是在绘画上，没有什么比画这些平常的人更加困难的了！

就我所知，世上没有一个专门学画锄地的人、播种的人、把水壶搁到火炉上去的妇女或者女裁缝的美术学院。但是在每一个城市里，都有一个选择历史上的阿拉伯人、路易十五时代的人（这些人都不实际存在了）为模特的美术学院。

当我把一些铲地的人，或者除杂草、拾落穗的农村妇女的一些习作寄给你和塞雷时，你和他都可能在画中发现一些缺点，你们的意见对我会是有益的。但是我要指出某些有价值的东西。所有学院派的人物都是用同样的方法构成的——完美无缺。他们并没有向我们显示一点新的什么。

一个在美术学院里学过素描的巴黎画家，他所画的一幅农村妇女的素描，往往会用同样的方法表示出四肢与身体的结构，有时候画得娇媚——人体的比例与解剖无懈可击。但是当伊兹拉亚斯，或者杜米埃与莱尔米特，尤其是德拉克洛瓦画一个人物的时候，人物的形象感更强，可是人体的比例有时是任意处理的，"从学院派看来"人体解剖与人体结构往往是绝对错误的。但是他们所画的人物是活的。

与其说铲地的人一定要有性格特点，不如给它下个定义：农民必须是农民，铲地的人必须铲地，在他们身上要有某种本质上是现代的东西——然后人物才不会成为不必要的东西。把人物画成动态的，是现代人物画的一个重要特点，现代艺术的精华，不论希腊人还是文艺复兴时代与古代荷兰画派都没有这样做过。你知道古代荷兰画派有谁画过一个铲土的人、一个播种的人吗？他们曾经想画"一个工人"吗？没有。古代大师画中的人物是不工作的。甚至连奥斯塔德与特尔保所画的人物，也不像现在画中的那些人一样在行动。他们画一个农民、一个工人的形象，是作为一个行业的人物来画的，像恩奈与列斐弗尔画的则是现代裸体人物，但是农民与工人毕竟不是裸体的。

确实，即使在本世纪（十九世纪），在无数画家中间，为了动态而要画动态的画家，是比较少的。因此油画或者素描，就是为了人物而画人物的素描，人体的形象处于线条与造型无法形容的和谐之中，可是它同时也显示雪中的一堆收拾拢来的萝卜。

当他们在田间割麦子的时候，我相当忙；这个时间只持续了几天，这是人们所能看到的最美的景象之一。

描绘乡村生活或者普通人生活的画家，或许与当时的人不一致，但是他们与那些画异国情调的闺房与红衣主教接见的画家相比，在将来可能会更久地存在下去。我深信，人们在这一方面可以信任现代艺术。对艺术确定不移的信念，使我深信我的作品中所需要的东西，我甚至要冒着生命危险努力达到那个目的。

你最近写信告诉我，说塞雷曾经"有礼貌地"对你说，《吃土豆的人》中人物的结构上有某些缺点。我要向你指出，这是许多个晚上我在乡间草屋里的暗淡灯光下进行观察，画过四十幅油画头像以后所得到的印象，因此很清楚，我是以一种完全不同的视角来画这些人物的。

请你告诉塞雷，如果我所画的人物像学院派那样准确，我就无可救药了。如果有人拍了一张铲土的人的照片，他肯定不会显示出正在铲土的样子来。告诉他，我顶喜欢米开朗琪罗的人物，虽然人物的腿确实太长，臀部太大。告诉他，对我来说，米勒与莱尔米特是真正的艺术家，正是由于他们并不像事物本身那样追随一种枯燥的分解方法去画事物，而是像他们（米勒、莱尔米特、米开朗琪罗）感受事物那样去画事物。告诉他，我所极其盼望的，是学会那些很不准确，那些越规、重新创造、变形，这样画出来的事物，可能会比字面上的真实更加真实（当然，如果你高兴的话，可以说是不真实）。

"一口气画完——尽可能地一口气画完！"

最近这两个星期神父给我造成一大堆烦恼，他对我说（显然是好心好意的），我不应该与比我阶级低的人太过于亲密——他用这种措辞对我说话，可是用另一种完全不一样的口气对待"下层阶级的人"，换句话说，禁止他们被画到画上去。

有一个常给我当模特的姑娘怀了孕，他们怀疑是我干的，但事实并不是这样。我从姑娘本人那里听到事情的真相，事实上是一个神父干的，他在这件事中扮演了一个非常丑恶的角色。

我马上把这件事告诉了市长，坦率地对他指出，这是一件完全不关神父的事，他应该待在他的形而上的事务范围内。你会说：你把自己搞得那样不愉快，有什么好处呢？但是这类事往往不能够避免。如果我和和气气地与这个神父争论，他就一定要压倒我。当他妨碍我创作的时候，除了严厉的以眼还眼之外，我看不到别的什么办法。神父甚至叫那些人不让我画画，他答应给他们钱，但是他们毫无畏惧地回答他，说他们宁肯从我这里挣钱，而不向他讨钱。可是你看，他们这样做只是为了挣钱，他们在这里一无所有。

现在他停止了对我的反对。在村子里当然还有一些敬神的本地人，他们要对我怀疑到底。有一点是肯定的：神父把那件事的责任一股脑儿地推在我的身上，非常得意。他逐渐失去人心，这使我高兴。我想在今年冬天还是用原来的那些模特，他们都是古老的勃拉邦种族中最典型的人物。我现在画了较多的素描，但是在最初几天，已经不可能在田野里找到一个给我当模特的人，如果这种情况继续下去，我就一定要离开这里了。

我与那家农民（我常常在他们家里画画，那次事件就发生在他们家里）仍然保持着友好的关系，我在那里仍然与过去一样受欢迎。

…………

我在这个星期到过阿姆斯特丹。我只在那里待三天，因此除了参观博物馆以外，几乎没有时间看到什么东西。我去了，非常高兴，并且下决心再跑那样远的路去看画。当我看古代艺术大师们的作品时，由于我现在比过去能够更好地理解他们的技术，因此我只需要略为看看，就有收获。

我在那里以很快的速度画了两幅小型板上油画：一幅是在候车室里画的，那时候我乘火车去得太早了，就在那里画画；另一幅是在早晨十点钟到博物馆之前画的。这两幅画不幸都有一点损坏了；它们在路上被淋湿，后来干的时候卷了起来，并且上面沾了灰尘。但是我把它们寄给你，让你看看我是不是可以在一个小时以内一口气画下我的印象。我要像那些分析印象而表现所见事物的人那样，用同他们一样的方法学会这样画。一气呵成是一种愉快的工作方法。

一口气画完——尽可能地一口气画完！重新看到古代荷兰绘画，使我最为感动的，是那些画都是迅速画成的；弗朗斯·哈尔斯、伦勃朗、鲁伊斯达尔从第一笔开始就一气画下去，不做太多的重描。如果那样行的话，他们就让它保持着那个样子。欣赏一幅弗朗斯·哈尔斯的画是多么愉快的享受！他的画与那些把人物的脸孔、手与眼睛画得光溜溜的画（这样的画非常多）是多么不一样啊！他是色彩大师中的色彩大师，像委罗奈斯，像鲁本斯，像德拉克洛瓦，像委拉斯凯兹那样的一个色彩大师。我始终十分喜欢朱理·杜普列的画，他在将来甚至要比现在更加受到好评。因为他也是一个真正的色彩大师，总是使人感兴趣，非常有力，富于戏剧性。像米勒、伦勃朗、伊兹拉亚斯，与其说是色彩大师，不如说是调子大师。

我几乎在同一时间内，看到鲁本斯的一幅速写与狄亚兹的一幅速写。他们一致相信，如果色彩运用得好，并且调子和谐，色彩就能表现形体。最好的油画，从技术观点上看来最完美的油画，从近处看不过是无数彼此挨着的颜色的斑点，只有保持一定的距离，才能够产生应有的欣赏效果。这就是伦勃朗所坚持的看法，尽管这件事给他带来许多麻烦。

我必须一再弄清楚现代的某些绘画，现在这些画愈来愈多了。在约十到十五年前，人们开始谈论"明亮"与"光"。本来这是对的，美的作品是由这种规律产生的，这是事实。但是当它变质，大量存在于整块画布的四角时（我想，他们称这为白天的调子与物体固有色），这是对的吗？他们所谓的明亮，在许多情况下，是乏味的城市画室里的一种讨厌的调子。拂晓与薄暮似乎是不存在的，在他们的画中似乎只有中午，从上午十一点钟到下午三点钟——这是一个非常适当的时间，但是往往像浸牛奶的面包片，平淡无味。他们甚至在市场上贩卖故意兑了纯白的颜料，这种颜料是专门供给那些画所谓"特殊的"光的艺术家用的。

古代荷兰艺术大师给我上了一堂意义重大的课，这便是把素描与色彩作为一个整体来考虑。但是许多画家不是这样做的，他们只注意素描，不注意色彩。

他们说我"没有技术"，这对我是一件不好的事；由于我还没有在画家中交上新的朋友，这件事可能会平息。在我看来恰巧相反，嘴里老是讲技术的人，正是技术最差的人，这是事实！当我把我的一些作品在荷兰展览的时候，预先就料到哪一类评论家会发表哪种意见。同时我不声张地向古代荷兰艺术大师，向伊兹拉亚斯与那些同他有直接联系的画家学习。

我见到过两幅伊兹拉亚斯的画，《尚德伏特的渔民》与他最近画的一幅，画中描绘着一个老婆婆，缩着身体，好像一团破布，坐在放着她丈夫尸体的睡床附近。这两幅画都是杰作。《尚德伏特的渔民》运用了许多健康的、正确的技术，出色的明暗对比。那些总是到处画成同样平滑的、并表现出索然无味的色彩特点的画家，是不能够与他相比的。让他们用拘泥于形式的、空洞的、伪善的措辞去信口瞎扯技术吧——真正的画家是受良心（即所谓热烈的感情）指导的。他们的心灵，他们的头脑，并不是画笔的奴隶，而是画笔听他们的头脑指挥。这些便是我深信不疑的道理。

伦勃朗所画的《呢商同业公会理事》是忠实于自然的，尽管他在这幅画中也像他常做的那样，总是想表现崇高。这是伦勃朗的一幅最美的画，但是伦勃朗能够比这幅画画得更美——如果他不是像在一幅肖像中那样追求死守字面上的真实，而是自由地加以理想化，成为一个诗人的话。他在《犹太人的新娘》中就是这样的——画的品位并不那么高，但这是一幅具有无限同情心的画，是一幅感性之作。

我认为鲁本斯的宗教画的思想与感情是夸张了的，你是否同意这种看法？以米开朗琪罗的《思想者》作为例子，这个肖像刻画了一个思想者，但是他的脚小而敏捷，手有着某种狮子脚爪一样的闪电般的速度——这个思想者同时是一个行动的人。人们看到，他的思想结合着警惕的注意。伦勃朗则是用不同的手法来处理的。特别是他的《参拜圣地者恩莫》中，基督的肉体内有更多的精神，尤其是有说服力的手势，包含着某种力量。

但是当一幅鲁本斯的画（他的画着许多沉思的人物画之一）放在伦勃朗的这幅画旁边的时候，鲁本斯所画的基督，就变成一个为了消化食物而退缩到一个角落里去的人了。所以在每一样东西都带有宗教或者哲学味道的画里，他是平庸的与空洞的。但是他能够画妇女。他在这种画中特别能够给人以充分的思考，是深刻的。他拿着调配的颜料，所能够做的便是画一个皇后，一个政治家，恰像他本人那样地分析他们。超自然（魔术就从这里开始）是没有的，除非人们故意把某种神秘的东西放进一个妇女的表情里——但是不会给人留下深刻的印象。

我在阿姆斯特丹时，间接地打听到一些问题，奇怪地看到艺术买卖竟变成那个样子。我并不认为你真的让画压得抬不起头来了——你是这样吗？太多的胆量与热情，确实不是今人的过失。

　　…………

　　这个月我要预先通知房东，我不要这个画室了。住在这个画室里，紧挨着神父与教堂的一个下级职员，永远少不了是非，这是很明白的事。这些邻居使我处于极其不利的地位，人们都害怕神父。最好的办法是来一次激烈的变化。但是我对乡下与乡下人很了解，我很爱他们，想与他们永远在一起。我想租一个可以放作品的房间，在我由于思乡病而到乡下去的时候，作品不致受损失。我在这一带的诨名是"小画家"。这个称呼带着一点恶意。

　　我到安特卫普去度过下两个月——十二月和一月，你以为好不好？目前我被工作困在这里：天气冷极了，因此不能在室外工作；只要我住在这幢房子里，就不必去找模特，这倒不坏。我已经发现六个画商的地址，因此我将要画一些画，而且一等到成功地画出一些城市风景画，就马上把它们拿去展览。我也考虑过到德仑塞，但是做起来更加困难。万一这里的作品成功了，我就继续画描绘德仑塞的同样性质的作品。

　　我必须说明，我向往安特卫普。完全脱离画家的世界与画的世界，跟其他画家不发生联系，这是很难忍受的；但是单枪匹马地努力，功夫并没有白费，只是成功的时间拖晚了而已。由于我多年来极其孤单地从事工作，我需要并且能够从别人那里学到一些东西，即使是临摹艺术性不高的作品也好；我始终通过我自己的眼睛来观察事物，按照事物的本来面目描绘事物。

　　我想今年冬天那里一定很美，雪中的船坞尤其美。我将带着我自己调制的许多油画颜料去，如果我在那里能够搞到一些质量较好的颜料，确实是一件好事。我也将随身带着画素描的画具与纸，以便无论怎样我都有事可做。

　　我在阿姆斯特丹时住在一家五十五生丁的小客栈里，这一次我也将住在那里。使自己习惯于贫穷，看一看实际上每星期只赚几个荷兰金币的士兵或者工人，是怎样依靠普通人的食物与住房，在恶劣的环境中生活的。此外，不要忘记，我不是一个天生患疑心病的人。

　　为了画画的缘故，如果必要的话，我将要忍受经常的贫困。一个人在世界上毕竟不是为了他自己的舒服，他不需要比邻居生活得更好。我们不可能阻止我们的青春从身边溜走，使人幸福——实质上幸福的真正东西，是青春，要尽可能长时间地保持青春。就我来说，我认为一个人在今天的平民时代，有保持坚强意志与使自己恢复青春的最多机会。我除了在绘画中努力谋求我的幸福之外，没有旁的念头。

　　如果我要赚点钱，我就会很好地注意肖像画了。在城市里，有名望的市民肯定比高等娼妓更加重视肖像画。米勒发现船长们甚至"尊重"某一个懂得怎样画他们的人（大概那些肖像是指定为他们在岸上的情妇画的）。米勒在阿弗尔时不让自己走这条路。

我知道要在"形似"上使别人满意是不容易的，我不敢预先说我自己在这一点上蛮有把握。但是我并不以为完全不可能，因为这里的人与别的地方的人，并没有根本上的不同。农民们与来自乡村的人不会弄错，他们会马上说出：这是张三，那是李四。他们甚至从人的背后就认出那人是谁来。

讲到那个"副业"，戴尔斯蒂格在最初曾经跟我纠缠过。那是无聊透顶的。但是那些大谈副业的人，不能够断定那是一种什么样的工作。如果我一定要从事一种"副业"，那么这种副业一定要与绘画有关系。与绘画有直接联系的职业是一种例外，一般来说，画家必定只是画家。

提到失去安特卫普的画室时的感伤，我自然会有的。但是我一定要在这里的一间没有工作可做的画室，与那里没有画室的工作之间进行选择。我担心不可能得到我所需要的那样的模特，实在是这样，但是我将要通过画别的作品搞钱，或者画风景画，或者画村镇街景，或者画肖像，甚至画招牌与戏院布景。那里肯定会有雇用裸体模特的画家，人们可以与他商量好分摊费用。

同时我的绘画本领已经稍为成熟了，因此我感到自己更加独立了。在海牙的时期，我在油画上（我不是说在我的素描上）要比其他画家弱一点，因为他们只追求油画画法与色彩，比起现在的情况来，我那时更容易被他们压倒。

我相信你会喜欢我刚刚画完的一幅风景——一幅有黄的树叶的风景。地平线是衬着白色与蓝色天空的黑色条。在黑色的条子中，有着屋顶与果树园的轮廓所构成的红色、蓝色、绿色与棕色的小点；田野是绿色的；灰色的天空在上面的高处，黑色的小树与黄色的树叶以天空为背景；前景完全给黄色的叶子盖住了，其中有两个穿黑衣服的与一个穿蓝衣服的人。画面的右边是一棵黑白相间的白桦树树身，与一棵长着红棕色树叶的绿色树身。

我将在下星期二离开这里。这是一次有点突然的出走。如果我没有在模特问题上发生麻烦，今年冬天就留在这里了，但是尽管我坚持我的主张，模特却在犹豫，他们比我所猜想的还要害怕。我不马上开始画，除非我确定他们不害怕了。这种情况使我可以出去两个月。

每逢新年时候，时间似乎跑得更快。似乎要发生更多的事情，它们蜂拥而至，我常常必须与严重的障碍战斗。但是外在的环境变得愈不顺利，内心的应变能力（即对工作的爱）就愈增加。

> "让我沿着我自己的道路奋斗吧，千万不要丧失勇气。"

1885 年 11 月于安特卫普

我已经在安特卫普了。我租了一个每月二十五法郎的小房间，在伊马日路一九四号，一家颜料店的楼上。

我喜欢安特卫普，我在这个城市的四面八方都转了一下，到船坞与码头上去过几回。对一个从沙地与荒原及静静的农村中来的、长时间以来除了宁静的环境以外什么也没有的人来说，对比是格外强烈的。我愿意与你一起在这里散步，看一看我们的观点是不是一致。这是一个神秘莫测的迷宫，它们在每一时刻都呈现出有趣的对比。

我通过一家优雅的英国酒吧间的窗子，看到最肮脏的泥地，看到一只装着像是皮革与水牛角的船，巨大的码头起重机或者外国水手在卸货，一个美丽的英国女孩子站在窗子旁边向外张望。

有几个面色极好的、宽肩膀的、健壮而丰满的法兰德斯水手，典型的安特卫普人，正在吃牡蛎，或者喝啤酒；那里吵闹不止，而且乱糟糟的；一个穿黑衣服的、把她的一双小手搁在身后的小个子女人，静悄悄地沿着灰色的墙走来，成为一种对比。一头黑发，一个小小的鹅蛋脸——棕色的或者是橘黄色的，我不知道。她有一会儿抬起睫毛，用那对乌黑的眼睛斜扫过来。她是一个中国姑娘，神秘，安详，性格温柔。

我看到一个非常健康的姑娘，她的样子诚挚、纯朴而愉快，可是生了一副使人看了害怕的、狡猾而虚伪的脸——更不必提是让天花毁坏的了。这张脸带着煮熟了的小虾的颜色，眼睛是浅灰色的，没有眉毛，带光泽的稀疏的头发跟猪鬃的颜色一样。

这里有所有国家的人，有食品商店，拥挤不堪，海员们的服装——杂七杂八。我穿过一条很窄的街道，这是一条长街。我走着，四处张望着，忽然爆发一片欢呼声与各种各样的叫喊声。在大白天，一个水手被女人们从一个酒吧间里撵出来，他的后边跟着一个怒气冲冲的人与一群妇女，他似乎有点怕她们。最后，他终于爬上一个麻袋堆，从一个仓库的窗子溜走了。

当我被这些紊乱的情况弄烦了的时候，在停泊着来自哈维契与阿弗尔的汽船码头那边，我看到一片无限广袤的、平坦的、半淹着水的田野，可怕的凄凉与潮湿；干枯了的灯芯草成片地摆动，泥淖里起了波浪；河中有一只黑色的小船；天空有雾，寒冷而阴沉，很像一片沙漠。

刹那间，城市的景色比荆棘的篱笆更加使人眼花缭乱，色彩与线条的旋涡强迫我的眼睛先看这边，再看那边，不可能把样样东西分辨清楚，于是我就站在一个地方，在那里欣赏最美的静止线条。

我穿过许多街道又走了回来，在返回的街道上没有遇到怪事情；我曾经坐下来与好几个女人愉快交谈，她们似乎把我看成一个小商船的船长了。我以为我拥有一些好的模特不是没有可能的，我的心里存着画肖像画的念头，让她们给我当模特而支付给她们报酬。

对一个画家来说，安特卫普是一个最能够引起好奇心的好地方。

今天早晨我在倾盆大雨中出去了一趟，到海关去取我的东西。我的画室不坏，尤其是由于我在墙上钉上了一批小幅的日本画，这些画是我十分喜爱的：在花园里或者海滩上画得很小的妇女们，骑马的人，花朵，多刺的荆棘枝。我在这些日子里未必会过奢侈的生活，但是我现在感到稳当了，因为我有了一间简陋的房子，天气不好的时候，我可以坐在这里画画。我花了几个法郎，买了一个炉子与一盏灯。我希望今年冬天不要静坐着。

这里的花园也很美。有一天早晨，我坐在公园里画速写。我在上星期画了三幅油画习作，一幅习作画的是从我的窗口看到的一些古旧房子的背面，两幅是在公园里画的。我已经把其中的一幅拿到画店里去陈列。这里的画商都住在普通的住宅里，没有对着街的商店与橱窗。我把我从乡下带来的油画委托给两个画商，另一个画商答应我展出一幅码头风景，一等到天气转好，我马上就去画这幅画。这些人都不是安特卫普最大的画商，但是在他们每一个人的家里，在许多我不喜欢的画家中间，我发现了一些使我喜欢的画。这些画商都抱怨生意过于不景气，但是这已经不是新闻了。我担心在画的买卖上，打个比方说，死神总是等在门口。但是古代荷兰的一句俗话说得好："不要失望。"

这件事马上使我产生一个念头：如果你早晚有一天决定自己单干（脱离高比尔画店），安特卫普也许是一个好地方。可以展览一些这里的其他画店还不知道的优秀作品，进行买卖。画的价钱、社会公众，一切都需要革新，前途在于为普通人供应价格便宜的画。

我已经参观过列斯的餐厅里的画《在拉姆帕茨的漫步》与《接见》，参观过现代博物馆。我在两个收藏现代绘画的地方，看到了亨利·德·勃拉克利尔的一些好作品。他至少与马奈一样有独创精神。我不把他算进那些到处追求珍珠母效果的画家之列,因为他是一个非常努力地追求极端真实的画家,他的风格与别人完全不一样。在肖像画中,我的记忆中认为最好的是弗朗斯·哈尔斯的《钓鱼的小孩》、伦勃朗的《莎士姬亚》、鲁本斯画的一些笑着的或者流泪的人的脸孔。

有一幅画一定要画——为什么不那么纯朴呢?当我深入观察生活本身的时候,我得到了相同的印象。我看到在街上的普通人——好极了,我常常想,工人比绅士们更加有意思。我在这些普通人身上发现了生气勃勃的力量。谁要是想把他们的特殊性格表现出来,就必须用一种坚定的笔触,用一种纯朴的技巧去画他们。

我一次又一次地去参观博物馆,我不大看别的画,主要是看鲁本斯与约尔丹斯所画的几个人的头与手。鲁本斯在素描中,用纯粹红色的长笔触画人物脸上的线条,或者用同样的笔触塑造手指头,他的这种画法把我完全迷住了。我知道他的画不像哈尔斯与伦勃朗那样平易近人,但是他的作品都那么栩栩如生,尤其是他所画人物的头部!鲁本斯是想要用色彩的调和,努力表现(而且表现得确实成功)一种欢乐的、平静的、烦恼的情绪——尽管他所画的人物有时或许是不真实的。

我在城市里画的油画,比在乡下画的,从色调上看起来要暗一些,这是奇怪的事。这是不是由于城市里各处的光线并不那样亮?我不知道。但是它与人们乍看之下所要说的话有很大的不同。你已经见到的一些作品,比你在乡下所见到的作品要暗一些,对于这一点,我可以理解。虽然如此,结果也并不坏。

我已经认识了蒂克,他是这里最好的颜料制造商;他曾经非常善意地把关于颜料的一些知识告诉我。用质量好的油画笔作画,有钴类颜料与洋红,有漂亮的正黄色与朱砂,实在是使人高兴的事。价钱最贵的颜料,实际上是最便宜的。虽然颜料的好坏并不是油画中最重要的问题,但这是使油画具有生命的一个条件。

今天我收到他们从恩德霍温运来的颜料——这是我花了五十五个法郎买来的。当一个画家卖不掉画而要继续作画,当他拿不足以充分应付饮食与住宿的钱去买颜料,而必须精打细算的时候,是多么困难啊!人们建立了供无数人参观的国立博物馆,但同时艺术家们却没有出路。

…………

下了雪,清早的城市真是好看极了,十字路口的一些清道工人很美。

我已经发现一个妇女(她现在老了),她常常住在巴黎替画家介绍模特,例如谢菲尔、吉果、德拉克洛瓦与一个画过一幅《弗林》的画家。她现在替人洗衣服过日子,认识一些妇女,可以经常供应一些人当模特。

我雇到一个美丽的模特，画了一幅与实物等大的油画头像。头像画得很亮，可是它只从一块简单的背景下突现出来。我想在背景中搞出一种金色的闪光效果。这是一个在音乐咖啡馆里工作的姑娘。最近几个晚上她显然非常忙碌，她说了一句很有特点的话："对我来说，香槟酒不是快乐，而是忧郁。"因此我懂得，我在表现某种对淫乐的沉醉的同时，还要表现内心的悲哀。如果我画农村妇女，就要把她们画得像农村妇女。由于同样的理由，如果我画妓女，就要画出一种像妓女的表情。伦勃朗所画的妓女的头像，给我留下那样深的印象，原因就在这里。这一点对我来说是一个新问题，马奈已经做到这一点，库尔贝也已经做到。该死！我也有同样的雄心。

我画了第二幅侧面人像习作。然后画了答应给人家画的肖像，又画了一幅留给自己的同一头像。那个姑娘要我画一幅她的头像给她，这使我感到高兴。她已经答应我，等到一有可能，她就让我画一幅她在房间里穿着跳舞衣的习作。她现在不能够让我画，因为咖啡馆的老板反对她给我当模特。我热切地希望她回来，因为她的面貌很有性格特点，并且充满机智。我已经愈来愈习惯于在作画时与模特谈话了，在谈话时模特的脸部保持着活泼的样子。

她们往往非常美丽，这是不能否认的。这种画愈来愈为人所需要，这是一种时代的精神。即使从最高的艺术观点来看，也无法反对这一点。画人——这是古代意大利艺术，这是米勒做过的事，也是勃列东所做的事。问题仅仅在于：画家是从人的心灵出发，还是从服装出发；画家认为形体是作为表现快感的手段，还是用来作为摆丝带与蝴蝶结的衣架。画家应是为了塑造形象而利用模特，因为模特本身是那样无限的美。后者是昙花一现的，前者却是高尚的艺术。

这段时间我一直在画我自己的像，我终于画出两幅非常像的"肖像"。

针对我的失望情绪，你说："我已经付出了那么多的钱，你一定要好好处理，一直用到月底。"我的债权人比你的少吗？谁需要等待呢，他们或者我？你是不是了解，每天的工作要求我的负担有多重？我一定要画画，一切全靠我在这里不失时机地继续画下去，你说是不是？我的处境受到来自各方面的威胁，只有靠饱满的精力画下去，才能够免除这种危险。颜料的账单是一块挂在脖子上的大石头，可是我必须继续负债！我也要狠着心肠让人们等待；他们会拿到他们的钱的，但是他们必须等待——这是没有办法的。如果我在这段时间内一直付不出钱，我就会害了自己，使我不能工作。

自从我到这里以来，我只吃过三顿热饭——后来我的早饭都由我所住的人家供应，我的晚饭是一杯咖啡与乳品店里的面包，要不就是存在箱子里的一个黑面包。这种情况你是不是知道？这种条件与其说对我有益，不如说使我成为一个素食主义者，正好像在奈宁的半年一样。因此当我接到你的钱的时候，我的胃已经不能够消化由这些钱买来的食物了。只要我在作画，吃那些东西就已经够了，可是当模特一走掉，没有力气的感觉就上来了。当我在野外的时候，那样的工作是我力不胜任的，我感到自己太虚弱了。

你在信中说，如果我病了的话，我们的经济就成问题了。我希望不要落到那种地步，因为我需要保持很好的精神、旺盛的精力，我必须承认我实在害怕体力虚弱，绘画是一件使人精疲力竭的工作。在我到这里之前，我曾经去看住在恩德霍温的医师凡德洛。他对我说，我非常健壮，命长得很，不要发愁，可以活到足够创作一辈子作品的年纪。阿姆斯特丹的一个医师把我当成一个普通的工人，他对我说："我想你是一个钢铁工厂的工人。"他对我的体质的估计，使我非常开心，这正是我要使自己努力改变的状况。我年轻时的样子，就像一个用脑过度的人，而现在却像一个小商船的船长，或者一个钢铁工厂的工人。但是我必须小心，要努力保持已经得到的体力。我现在一天比一天瘦。

无论如何我要在今年年底绝对绝食四五天。你或许不能够理解，当我接到钱的时候，虽然我曾经怕过食，但是我没有吃东西的胃口。恰恰相反，我画画的胃口却更大了，我立刻去找模特，不断地画，直到把钱花光为止。我的衣服已经破烂不堪，因为我已经连续穿了两年。

提奥，我知道你的经济情况或许也相当困难。但是你的生活从来不像我在这十年或者二十年中这样困难。我说的这段时间也许太长了，你能够体谅我吗？在这十几年内，我也学到了一些以前所不了解的东西。我不同意你把我永远送回乡下的意见。除非我带着雇模特与买油画颜料的钱到那里去，不然的话我在那里干什么呢？

想一想有多少生活在那里的人，他们从来没有一点需要操心的事，他们始终认为万事都会顺遂，好像那里没有人挨饿或者彻底破产！我老是处在一种恶劣的情况下，我感到伤心。画中的色彩就是画家对生活的热情。由此看来，保持着这种热情是很重要的。

我在前几天读了左拉的新书《劳动》的一部分。我认为这本小说如果能够深入到艺术界，或许会起良好的作用。我承认，在严格地进行写生的时候，需要掌握更多的东西（构图的本领，人体的知识），但是我总归不相信，我苦干了这些年却一无成就。无论在什么时候，我始终怀着一个目的，这就是像我所看到的与所理解的那样画普通人。不管印象派是不是立下他们的遗嘱（即坚持"印象派"的表现方法），我始终认为，在人物画方面一定会出现许多新的艺术家，我愈来愈明白地发觉，艺术家必须在他对最崇高的艺术的深刻理解中，寻找他的保障。

让我沿着我自己的道路奋斗吧，千万不要丧失勇气，不要松劲。当我的整个前途依靠必须建立在城市里（或者在这里——安特卫普，或者以后在巴黎）的关系上时，你为了每月花钱少于五十五法郎而希望我回到乡下去，我认为是不合理的。

我希望我能够使你了解，艺术买卖中发生巨大变化有多么大的可能。谁要是有一些一般不易见到的作品展出，结果就会出现许多新的机会。

为了找模特，我在这个月要去找维尔拉特，他是这里的美术学院的院长。我必须了解一下：我是不是可以在那里画模特，他会不会答应我整天在那里画模特。我将带一幅肖像与几幅素描去见他。但是我一定要准备一下，如果维尔拉特说我必须自备油画材料，我会有钱去照办。

"虽然已经是春天了，但是成千上万的人却在叹息徘徊！"

　　现在我已经在美术学院里画油画了，必须说明，我非常喜欢这个地方。尤其是这里有各种各样的画家，有些事我过去从来没有经历过——看别人作画。模特都很好。在这里可以少花许多钱。

　　当维尔拉特看到我从乡下带来的两幅静物画时，他说："不错，但是这种画与我无关。"我把两幅肖像拿给他看，他说："这些画很不一般；如果这是人体素描的话，你可以来。"我愿意与维尔拉特打交道。我以为他所画的许多作品，不论在色彩上与画法上都是难以使人忍受的与不好的。但是我知道他也有过一个画得好的时期，他画过一幅比他的大多数作品都好的肖像。

　　当我把我所画的油画习作与其他人画的做一个比较时，我奇怪地发现，二者几乎没有一点共同的地方。他们画肉体的颜色都是相同的，从近处看都画得很正确，但是如果后退几步看，就显得非常缺乏明暗浓淡的变化——所有那些本身是柔和的粉红色与鲜黄色，产生出一种不调和的效果。我画的作品，从近处看，是绿味的红色，黄味的灰色——但是当人们后退几步的时候，它就从画面上突现出来。它的周围有空气感，有颤动的光落在它的上面。

　　一切人物画的基础，多半是依靠笔触的直接塑造。席里柯与德拉克洛瓦所画的人物，人们即使从前面看的时候，也可以感觉到背部，人物的周围有空气感——从画面上突现出来。我在画画的过程中发现了这一点。

　　这个星期我画了一幅有两个裸体人物的油画（由维尔拉特摆成的两个摔跤的人），我非常喜欢这幅画。

　　白天我在裸体人物班画画。这里的一个教员在画肖像，他给模特的待遇要优厚些。他曾经几次问过我，我是不是自学绘画的。他最后说："我知道你很用功。你不用很长的时间就会有进步。"这里有一个与我同样年纪的人，虽然也画过一个很久的时期，但是他没有对他说那些话。他说维尔拉特曾经对他说过，我的作品中有某种可贵的东西。关于这件事，维尔拉特不曾对我提起。他们这个班里画人物都不加背景，因此画出来的画枯燥极了。

　　有一些同学看到了我的素描。其中有一个受到我所画的农民的影响，马上开始用一种很有力的塑造手法画模特，把阴影画得很肯定。他把这幅画拿给我看，我们一起研究这幅画。这是一幅充满着生命的画，是我在这里的同学中间所见到的最好的一幅素描。班里的教员西贝特派人来把他叫去，对他说，如果他胆敢用同样的方法再这样画下去，就要被认为他是在嘲弄老师。你由此可见是怎么一回事了。

但是，这没有什么了不起，我绝没有为这件事生气，而且假装我愿意自己矫正坏习惯。但是"不幸"，以后又沾上了"坏习惯"。

我在这里发现了我所需要的各种思想的交锋。我对自己的作品有一种新的看法，我能够较好地判断弱点之所在。最有效的办法是待在画室里，尤其是画需要仔细推敲的裸体习作，自己预备模特是不可能的。但是我认为，即使我有意规避，到最后，特别是在其他同学自愿地开始画浓重阴影的情况下，维尔拉特会跟我吵嘴的。

我已经与温克（列斯的一个学生）安排好，晚上画古典的石膏像。我必须说明，我相信画石膏像对于画农民很有好处。但是，对不住，我们并不像通常画石膏像那样去画。古典雕塑所具有的感情——见鬼，他们之中没有一个人画得出来。我在这里所见到的素描，在我看来都是很糟糕的，完全不行的。时间将会证明谁是谁非，学院派的老爷们或许会控诉我们是异端。我多年来看不到任何古典雕塑了，在这些年中，在我的面前只有活的模特。当我重新看到古典雕塑的时候，古代雕塑家惊人的知识与准确的感受让我震惊得哑口无言。

下了班以后，从十点半到十一点半，我在一个俱乐部里画模特，我是两个这种俱乐部的会员。

所以我是非常忙的。我认为这些事对我都没有害处，无论如何，这是一种联系群众的尝试。裸体人物班里有几个与我同样年纪的同学。在画过穿衣服的模特之后，再画裸体的模特，画了古代雕塑，再来对照作品，使我很感兴趣。谁要是为巴黎的某个美术学校所接受，他一定是先在别的什么地方学过画。我经常见到那些曾经长期或者短期地在一个美术学校里学过画的同学。

维尔拉特与温克对我的意见很大，他们硬劝我至少要画一年素描，可能的话，光画石膏像或者裸体模特。

这里的天气很冷，大部分时间我的身体都不好，但是只要画兴到来，我的精神就很好。与乡下完全相反的环境，使我的精神得到恢复。

当我把我与这里的其他同学做一个比较之后，感到我有些固执与呆板；我看起来好像一个曾经在监牢里关了十年的人。这是事实，我一定要改变我的外观。我正忙着去看我的牙齿。我有不少于十颗牙齿，或者掉了，或者可能要掉。坏掉的牙齿太多，使我看起来好像一个年过四十的人，这一点使我心里不高兴。看牙齿花掉我一百法郎，但是现在可以结束了。当我画画的时候，精神从来没有这样好过。

我同时应该注意我的胃，上个月它曾经给我造成一大堆麻烦。我也开始经常咳嗽。我在五月一日住进我在奈宁的画室，从那时以来，我已经有六七回吃不上热的午饭了。那时候我都活过来了，现在我仍然在这里生活着。由于画画花钱太多，没有钱准备午饭，我确实相信我强壮得足以坚持下去。我不把我身体不好的消息告诉母亲，因为她也许要担心，而且会认为这是由于他们不关心而使我出事，认为我应该留在家里，那样就可以避免这些后果。由于我抽烟太多，而把事情弄糟，我多抽烟，为的是不至于太强烈地感到肚子饿。

我的牙齿愈来愈多地掉了，我感到很着急。我的嘴整个地发痛，我要尽可能快地把食物吞下去。你瞧，我并不比别人健壮，如果我对自己太不注意，我也会与那么多的画家（如果想一想的话，那是太多了）遭到同样的命运，我会死掉，或者更糟糕，变成一个傻瓜或者白痴。医生对我说，我一定要很好地注意我自己。这是一种全面的体力衰退。

主要的是不要在这个月病倒。如果我的情况变坏，来一个严重的转变的话，就可能发展成为斑疹伤寒。我的生活与饭食过于简单，这就使我的情况容易恶化。但是我并不以为要发生那样的事，因为我经常接触新鲜空气。提奥，现在身体不舒服是一件坏事，但是你一定不要担心，而我也不怕，我能够不顾一切地保持沉着与镇定。人们不应该认为损坏了健康的人是不适于画画的。人们可能生各种病，可是工作不一定会受到打击。恰恰相反，神经质的人更加敏感，更加善于细致地推敲。

德拉克洛瓦说过，他弄明白了绘画成功的秘密，是画家"没有牙齿与断了气的时候"。但是我也知道，他从那时起才注意自己的健康，如果没有他的妻子的话，他会早死十年，或者更早。

…………

你讲到科尔蒙画室里聪明的同学——我非常愿意成为他们之中的一分子。

昨天我画完了为夜班的竞赛而画的素描。这是一个日耳曼人。我相信我将是最后一名，因为所有其他人的素描都是一个样子，我的素描与他们的完全不一样。那幅他们认为是最好的素描，是我看着画成的，我刚好坐在那幅画的后面。它画得很正确，但是是死的。我所见到的所有那些素描都是这样的。

西贝特老师故意找我吵嘴，或许是为了想要把我开除出去。幕后的原因，是这个班的同学谈论我的作品，我曾经在班外对一些同学说过，他们的素描都是绝对不行的。

我可以对你说，如果我到科尔蒙那里去，迟早会跟教师或者学生发生纠纷，我是不把此事放在心上的。即使没有一个教师，我也可以依靠到卢浮宫博物馆画素描，而修完古典雕像的素描课程。

这里的课程在三月三十一日结束。如果到时候一定结束的话，我就到奈宁去看看那里的情况。但是回到勃拉邦要绕道，浪费时间。我没有余钱从这里买油画材料带去，同样的情形又要再次发生：我将由于雇模特而把钱花光，我并不以为这是对的。由于我必须继续画画，由于我同时生着病，我只好请求你，允许我在去巴黎之前留在这里。但是我要对你说，如果你同意我在六七月之前到巴黎，对我就是莫大的安慰。

我将在三月以后直接到巴黎，到那里以后，我就在卢浮宫博物馆或者美术学院画画，那时候便能够马上结束最迫切的事——古典雕像的素描。我到科尔蒙那里去的时候，画过这些素描一定对我有很大的帮助。到那时，我在巴黎就会感到像是重新回到家里。

我很愿意到巴黎。我将租一间屋顶室，然后我们商量好在六月份左右搞一间画室。我仍然相信那里会有我的工作，虽然在这方面我的运气并不好。

总之，我在这里的时间几乎快要结束。我的健康状况有了一点好转。我的工作没有进展，但是我并不勉强，我要为到巴黎以后的最初时期保持我的力量。我愿意在身体良好的情况下到那里。

安特卫普毕竟使我很高兴。我当然希望我到这里时就已经具备我现在离开时所有的经验。我希望有一天能够回到这里。这是一个好像巴黎一样的城市，因为这里是一个各国人民的中心：由于贸易的关系，由于它的繁华，以及由于人们可以在这里得到消遣。但是我还没有看到处于繁华情况下的安特卫普，因为我听说安特卫普原来是很热闹的。

昨天我听说，西贝特对某人讲，我对素描有一个好主意，而他过去有些急躁。由于他不常到班里来，我有几天没有见到他了。西贝特说他并不想有意得罪我。我曾经说过，我的素描几乎不需要任何正确的比例，完全没有调子。我现在画完了另一幅石膏像素描。

我正在画一个女人的胸像。这幅画比起最初画的那些石膏像素描来，在形体的塑造上更加突出，并且不太粗野；我在最初画的那些素描中，把石膏像画成了农民或者伐木工人的样子。

今天的天气好像是春天一样。我想，人们在乡下一定已经听见云雀的头一回打鸣了。我在早晨一个人穿过城市，做了一次长途的步行，到了公园里，沿着林荫道走着。在空气中有一种使万物苏醒过来的清新东西，可是在事业上，在人与人之间，却多么令人灰心丧气啊！

如果谁对于到处存在的打击抱悲观厌世的态度，我并不认为他是言过其实。对后辈来说，他们将会确实证明，他们不是没有用处的，因为那时候他们将会是胜利者。但是在现在，对那些必须靠自己的工作维持生活的人来说，是困难的，尤其因为我们能够预先看到，这种情况将会一年比一年糟糕。工人反对资产阶级，就像一百年前第三等级反对另外两个阶级一样，是公平合理的。我们距离目标还很远。

虽然已经是春天了，但是成千上万的人却在叹息徘徊！

像最伟大的乐观主义者一样，我看到云雀在春天的微风中翱翔；我也看到一个二十岁左右的姑娘，她的身体原来可能是健康的，却成了肺病的牺牲者；她也许会在死于疾病之前投河自尽。如果谁始终与有地位的人交朋友，与比较富裕的资产阶级厮混，也许他就不会注意到这种事。但是如果他是一个像我这样的多年来饱经风霜的人，他就不能否认，这种极其悲惨的境遇，是一种鼓励人奋斗的动力。

…………

可是我们还谈不上这种事。我们首先是工作，首先要解决生活问题，因为我们还没有起码的幸福，画画可以使人返老还童。卡利尔也是一个冒过很多风险的人，他用与别人不同的眼光观察事物。我对他们的生平探究得愈多，就愈发现他们的经历总是一样的：缺乏金钱，健康不佳，遭人反对，孤立无援，终生受罪。

我的全部注意都集中在获得我想要得到的东西——充分发挥能力，使我有出头的日子。这个意思便是去克服重重障碍，而不是向困难让步。

当人们逐渐得到经验的时候，他同时也就失去了青春，这是一种不幸。如果情形不是这样的话，生活该会有多么美。

第四部

1886 年 3 月—1890 年 7 月

"我常常感到我衰老了，可是仍然是一个热衷于实际生活中的爱的人。"

1886 年 3 月于巴黎

　　希望你对我这一次的突然来到，不要加以阻挠；我对这个问题已经反复考虑过，我相信我们可以通过这个方法节省时间。你可以看到，我们会把事情搞好。

　　今天早晨我收到你的信，你已经把问题向在荷兰的叔父们提出，我以为这有好处。我并不认为我"必须全速前进"是错误的。

　　关于那些花朵的一组油画我已经画完最后几幅。这组画包括：衬着黑色的日本螺钿镶嵌漆器背景的一枝百合花（白色、粉红色、绿色），然后是衬着蓝色背景的一枝枯黄色的虎斑百合花，黄色背景上的一枝紫色大丽花，以及鲜黄色背景上的蓝色花瓶中红色的菖兰花。

　　我非常愿意交换两幅伊萨斐画的水彩画，尤其是他所画的人物画。我想以我这最后几幅花的组画进行一次交换。能不能搞到画普林森海其风景的奥托·威伯的画，那幅《秋》？我愿意用四幅画跟他交换。比起素描来，我们更需要油画。

　　我还剩下两个法国金币，但是我担心，我不能够把这点钱一直用到你回来的时候。当我开始在阿斯尼尔作画的时候，我有大量的画布，汤基大爷对我非常好。对他要有公正的评价，他仍然是那样好，但是他的老婆是一个恶婆；她知道了我们之间继续进行着的事，就表示反对。他完全跟从前一样，满足我向他提出的要求。

　　我今天见到劳特累克；他卖出一幅油画，我想他是经波的叶之手卖掉的。我知道这些长幅的油画很难卖掉，但是人们过后就会发现，这些画中有豪放的气派、良好的气质。

　　这些画可以用来装饰一间饭厅或者一幢别墅。如果你谈恋爱，并且结了婚，我以为，有一天你搞到一幢别墅（像其他许多画商那样），这并不是不可能的。如果你想生活得好，你花的钱就更多；但那样就提高了你的地位，也许现在外表富裕比衣衫褴褛更容易在事业上得到成功。过快乐的生活比自杀好。

　　你在信中写到家里的情况，使我感动，你说："他们都很好；但是看到他们，还是使人心里不好受。"你在十二年前曾经下过断语，认为我们的家无论如何总会富裕的。如果你结婚的话，母亲一定会非常满意；为了你的健康与工作，你不应该继续过独身生活。

至于讲到我，我已经不再有结婚与养孩子的要求；这件事常常使我伤心，我应该在三十五岁的时候有这种感觉，那时情况完全相反。我有一个时期曾经憎恨没有用的绘画。

里契本在什么地方说过这句话：对艺术的爱意味着丧失掉实际生活中的爱。

我相信这是非常合乎事实的，但是另一方面，实际生活中的爱使你讨厌艺术。我常常感到我衰老了，可是仍然是一个热衷于实际生活中的爱的人，不是一个真正对艺术热心的人。

谁要想成功，谁就要有雄心；但是别人看来，雄心似乎是荒唐的。现实迫使我去考虑，即使事业成功，它也不会偿还为它所付出的代价。绘画事业的成功将会带来什么，我不知道；我所希望的第一重要的事，是减轻你的负担。这在未来不是不可能的，因为我要使我的技巧进步到足以使你放心展出我拙劣的作品，而不危害你自己的利益。然后我就离开巴黎到南部的某一地方去，躲开许多讨厌我的画家的视线。

"啊！我愈来愈感到人民是一切事物的根。"

1888年2月于阿尔

这里到处是二英尺深的雪，并且还在不断地下。在我看来，阿尔并不比勃列达或者芒斯大。

在我到达塔拉斯康之前，我看到一个由巨大的黄色岩石堆成的、奇怪、庄严而气势雄伟的村子。

介于那些岩石中间的这个小村庄里，有一排排带着橄榄绿色与灰绿色树叶的小圆树。这儿的乡下，看起来都是一马平川。我见到一溜一溜种着葡萄的、很好看的红色土地，背景是漂亮的淡紫色的群山。雪中的风景，以白色的极限，在亮如白雪的天空前面衬托出来，恰似日本画家所画的冬景。

我在旅途中想到你的次数，至少与我所见到的村庄的数目一样多。我对自己说，以后你可以经常到这里来玩。在我看来，除非有一个可以使自己恢复精神、恢复平静的退身之地，一个画家要在巴黎工作是不可能的。谁要是没有这个条件，他就会变成无可救药的野兽。

我现在有了一幅白色的风景画，背景上画着城镇；还有两幅画着一枝扁桃的小习作——尽管是下雪天，扁桃已经开了花。我在巴黎的那些日子，多半是变老了的。我不会太长久地支持下去。我常常想，我的血脉畅通，我的情况是好的，只有当我发烧没有胃口的时候，才感到吃东西是实在的苦差事；但是这只是一个时间与忍耐的问题而已。

我在这里的生活费用，还是不能够比巴黎便宜些；我算了一下，每天要花五个法郎。

我曾经收到高更的一封信——他对我说，他病在床上起不来已经有半个月了；由于他偿还了一些紧急的债务，他已经破产。他想了解一下，你是不是卖掉过他的作品；为了急于得到一点钱，他下决心进一步降低他的画的价钱。

可怜的高更运气不好。我非常担心，在这种情况下，他身体的恢复期将要拖长；对于他的困境，尤其是现在他被搞垮的身体，我从心底里感到难受。他没有那种由困苦磨炼出来的人的气质；恰巧相反，困苦使他精疲力竭，他的工作将要把他的身体损坏。天啊！自古以来，我们难道见到过一代身体健康的艺术家吗？

他说，在折磨人的各种各样的不幸中，没有比缺乏金钱更加使人疯狂的了；他认为他自己的命运注定永久赤贫。唯一可做的事是写信给拉塞尔。我们毕竟已经试着要戴尔斯蒂格买一幅高更的作品。但是事情到底怎样呢？你要冒险把他的一幅海景卖给画店吗？如果这件事办得好，他就暂时可以得救了。

…………

星期六晚上有两个业余艺术家来看我，一个是杂货商人，他也卖油画材料；一个是司法官，他似乎是一个漂亮且聪明的家伙。

我已经认识一个丹麦艺术家莫里阿·佩特生，他在不久前参观过拉斐德路的印象派画家展览会。今天晚上，我这里有一个客人；他是一个老好人。他的作品刻板、规矩而且拘谨。但是我以为，如果一个画家年轻而聪明，我并不反对这样表现。他读过左拉、龚古尔兄弟与莫泊桑的小说，他有足够的钱使他自己过好日子。

你收留了小科宁，这是一件很好的事情。你将不会再孤单了，我很高兴。人们在巴黎总好像拉马车的马那样垂头丧气，必须孤独地待在马圈里，这是不能令人容忍的。吃早饭确实对你有好处。我在这里自己做早饭，每天早晨吃两个鸡蛋。我的胃很弱，但是比我在巴黎的时候已经好得多了。

今天早晨，天气好容易才转暖——同时有了一个尝尝西北风的机会；我在附近的乡村里转过几趟，但是在这种风里，是不可能干任何事的。天空碧蓝，光辉夺目的太阳几乎把所有的雪都融化了；风极冷，冻得我起鸡皮疙瘩。可是我看到了许多美丽的事物——被冬青树、松树与灰色的橄榄树遮着的一个修道院的废墟。我希望我马上能画下这个场面。到处有正在开花的扁桃树。

我刚好画完一幅习作，与吕西安·毕沙罗存有的我的一幅习作相像，只是这时我画的是橘子。到目前为止，已经画了八幅习作。但是这完全不应作数，因为我还没能愉快地或者热情地作画。我希望能够稳步前进，在一个月之内交给你第一幅寄卖的画。我要把最好的画寄给你。

今天我带回来一幅有吊桥的油画，有一辆二轮小马车从桥上走过，背景是蓝天——河也是蓝色的，河岸是橘黄色的，岸上长着绿草，有一群穿着衬衣与戴着五彩缤纷便帽的洗衣妇女。我还有另一幅画着一条乡下小桥与更多洗衣妇女的风景画；也画了一幅火车站附近种着法国梧桐的林荫道。

提奥，我感到好像是在日本一样。我说得一点也不过火，我还从来没有见到过如此平常而美丽的景色。虽然我对于花大钱画出的画不值钱感到恼火，但是我并不灰心丧气，原因就在这里。我在这儿看到一些新的东西，我正在学习；如果我前进得慢一些，我的身体是承受得了的。我一定要使我的画卖出去，并足以抵偿我所花的钱。我承认我不想什么都成功，但是我在进步。

到现在为止，你没有对我在这里的开销表示抱怨，但是我要预先告诉你，如果我继续按照同样的速度进行创作，我就很难控制我的花销。我为生活用得不多，但买颜料与画布花钱较多。一等到我付得起打包费与运费的时候，我就把那些习作寄给你。我现在一个子儿也没有。

我寄给你的第一批作品，至少包括十幅油画，我怀着好奇的心理听取你对于这些作品的意见。

我寄给你一张颜料订货单；如果你向塔塞的店里去订购，就很好，因为他了解我；请你告诉我，我希望他打一个足以与运费相当的折扣。我也请你向老塔塞打听一下，他那里画布的最低价是多少。

我向来是向杂货店或者书籍文具店买颜料与画布的，别的那些店里没有我所喜欢的东西。这里的颜料商人为我制造有吸收力的画布，但是他做得太慢。我在等着一块吸收力强的画布时，我已经在没有吸收力的画布上画完两幅油画了。开花的季节马上就要过去，这种题材是每一个画家都乐意画的。

但是，如果你有一个月或半个月陷入困境，我只好着手画一些素描。你一定不可以把自己看成无用的人；这里有那样多的事情可以做——与巴黎的情形不一样，在巴黎，你不能想在什么地方坐下就坐下。

关于在独立者展览会中展出两幅描绘蒙马特尔高地的大风景画，随你的意思办好了。我更多地看好今年的作品。多谢你为独立者展览会所采取的一切步骤。

我的名字虽然在现时算不了什么，但是在未来，应该像我签在画布上那样，写在展览会的目录上——是文森特，而不是凡·高，我这样做只是为了一个简单的理由，因为这里的人不懂得后一个名字的发音。

我祝贺你买了修拉的画；你一定要试着把我将要寄给你的画也跟修拉安排一次交换。我写信给拉塞尔时，我将跟他谈到他的画，要他同我交换一幅。一等到新文艺复兴问题提出来，我们马上就展出他的画。劳特累克的那幅在咖啡馆里用肘支在小桌上的妇女的油画，画完了没有？

…………

现在每天都是好日子——不只是指天气；恰恰相反，这里四天中有三天刮风，但是开花的果树园是很入画的！刮风给我带来很大的困难，但是我把画架拴在打入地里的木桩上，刮着风仍然可以作画。

我把画架摆在果树园里，在室外光下画了一幅油画——淡紫色的耕地，一道芦苇篱笆，两株玫瑰红色的桃树，衬着一片明快的蓝色与白色的天空。这大概是我画得最好的一幅风景画。

我刚把画带回来，就接到姐姐寄来的追悼毛威的通知。一种什么东西（我不知道是什么）把我抓住了，堵住了我的喉咙，我在我的画上写上：纪念毛威。文森特与提奥。

如果你同意，我们就以这个名义把它赠给毛威夫人。我不知道他们将会对这幅画说些什么，但这无关紧要。

我以为一切纪念毛威的东西，一定要既亲切又愉快，而不可以带着丝毫悲哀的调子。

　　不要以为死者是死了；
　　只要有人活着，
　　死者就活着，死者就活着。

我就是这样认识问题的。没有什么比这个消息更加使我伤心的了。他的逝世对我是一个可怕的打击。

…………

我在午饭以后替你画《英国桥》，与戴尔斯蒂格所藏的那幅一样。如果我学会在新制的画布上画写生习作，就卖掉的可能来说，对我们是有利的。

你最好对塔塞说，他必须供应天竺葵大红颜料。我所订购的全部颜料中，三种铬颜料（橘黄、正黄、柠檬黄）、普鲁士蓝、翠绿、洋红、孔雀石绿、铅橙，在古代荷兰画家及马里斯、毛威或者伊兹拉亚斯的调色板上，几乎是找不到的。这些颜料只在德拉克洛瓦那里可以找到，他对最受人指责的两种颜色——柠檬黄与普鲁士蓝特别爱好。我认为他用这两种颜料画出了最好的作品。那些由于印象派画家而变得时兴的颜料，都是容易变色的，正因如此，人们更加有理由去大胆使用这些颜料；时间将会使这些颜色的调子变得柔和，结果反而更好。

我后来对没有向汤基大爷要颜料这件事感到后悔。他做这件事没有从中得到一点利益（恰好相反）。他是一个妙趣横生的老头，我不知多少次想起他。你见到他的时候，不要忘记代我向他问好；并对他说，如果他需要供他的橱窗陈列的画，他可以从我这里得到一些，并且是最好的。

啊！我愈来愈感到人民是一切事物的根；你自己没有参与真实的生活，这总是令人遗憾的——我的意思是说，真实的生活本身，要比画画与做雕刻更有价值，养孩子比画画或做生意更有价值——当你想到你有一些像你那样脱离真实生活的朋友时，你感到你是活着的。

你要说，在那种情况之下，没有艺术与艺术家将是一件好事。乍看起来，这是实在的，但是另一方面，希腊人、法国人与古代荷兰人却已经接受了艺术；我们看到，在经历不可避免的衰微时期后，艺术终于又恢复生命，我并不认为，谁在不顾一切地掌握艺术家与他们的艺术方面，表现得比较好一些。我现在并不认为，我的画与你对我的好意有同等的价值。但是一旦这些画变得有价值的时候，我一定要坚决地说，这些画是你与我付出同样的力量创作的，是我们一起搞出来的。

你对待画家们很好；我愈是把我所想到的告诉你，愈感到除了爱艺术家以外，没有什么比它更是真正的艺术了。如果谁把眼光放得远，如果谁了解工作有它的重要原则，而且还要不断向前发展，他对工作就应该抱着更加平心静气的态度。因此你对于这种平心静气的态度，就有一种双倍的权利。

正由于这是人们衷心向往的事，这也是一切事业的中心问题，我们一定要在荷兰找到朋友关系，说得更确切一点，是恢复这种关系；尤其是就印象派来说，现在这里微微有些害怕，但是我们会成功的。

莫泊桑的小说《比埃尔与若望》（《两兄弟》）我已经读了一半。这是一本好书。他在序文中说，艺术家的自由使他在他的小说中扩大与创造了一个比我们的世界更美、更单纯、更使人得以安慰的世界，并且进一步解释了福楼拜在说"天才是长期的忍耐，是意志与紧张观察的努力结果的独特创造"时所要表达的意思。

我相信确实需要一种关于色彩、素描，以及艺术生命的新的艺术。如果我们以这种信念进行创作，我们的希望是不会落空的。

…………

我想我可以向你保证，我现在在这里所作的画，比去年春天在阿斯尼尔乡下的要好一些。我希望在今年有很大的进步，这确实是我所需要的。这些果树园的画与《英国桥》加在一起，形成了一套画的最初一批。现在这些画摆在带盖的阳台上，等着阴干。

我认为康恩所说的话是对的，我没有充分地考虑明暗变化；但是他们一会儿就会讲出完全不一样的话来——同样是对的。

要有明暗变化与色彩并不是不可能的。提奥多·罗梭在这方面比任何别的画家都做得好，他的颜料的混合，由于时间久了而变黑的情况一天天严重，所以他的画现在已经看不清楚了。你不能够同时用脚去踏两只船。

你必须像我想做的那样，选择你的道路，这大概是着重于色彩。

"伟大的革命：为艺术家们而艺术！"

我收到一封高更的信，他说他已经收到你写给他的附有五十法郎的一封信，这封信使他深为感动。他似乎非常消沉。

他说他凭经验知道，他与他的朋友拉瓦尔一起在马提尼克岛时，要比他们各自独处的时候好，因此他们欣然同意在那里一起生活，认为那样是有好处的。但是他说出了一个他所怀抱的希望，这就是供给资金，让一个画商经营印象派画家的画。如果这个希望是一个实现不了的空想，我将不会感到奇怪。我心里想，高更现在最可靠的财产，是他的画；他可能做得最好的生意，是他自己的画。

你知道吗，我认为一个印象派画家的团体会产生，当这个团体维持下来时，我们就可以大胆地生活与创作。收获与损失一样是家常便饭。去年冬天，我们在谈到艺术家协会时所发表的议论，我现在还想保留。我对这件事并不抱很大的愿望，也不想去把它实现，但是由于这个意见是经过仔细考虑而提出来的，因此我一定要坚持我的观点。但是，如果高更与他的银行家们明天到我这里来，替一个画商的团体向我要仅仅十幅油画，我不知道我敢不敢把画交给他们（虽然我愿意把五十幅画交给一个艺术家团体）。

伟大的革命：为艺术家们而艺术！妙哉，妙哉！或许这是空想——对我们来说就更加坏。我感到生命太短促了，消失得太快了——尽管如此，作为一个画家，他必须不断地画画。如果你不能够给高更寄钱，接济他在布列塔尼的生活，你也不要给我寄钱，接济我在普罗旺斯的生活。你也许认为这是一个对我们同样适合的好意见：固定一个数目（比如每月二百五十法郎），每一个月除了得到我的作品以外，还可以得到一幅高更的画。

接受高更会是一场大冒险，我们一定要考虑到，帮助他将是一件长期的事——卖掉几幅画对高更来说，正像对我一样，并不是一种救助的手段，印象派画家的画要想得到一个稳定可靠的价格，也许不是一两年内可以实现的。但是我对高更与其他艺术家的胜利有信心；同时他也可能像梅里恩那样失败、潦倒。他不画画是可惜的——他有了不起的才能。

如果高更到这里来，那么除了旅馆与路费以外，还要加上他医生的账单，因此这未免太过分了。我们必须买两张床，或者两个垫子。如果他同意，如果只存在需要克服的搬家的困难，最好是不要让他待在那里。

我认为他应该延期偿还他的全部债务，并以他的一些画作为抵押品。我到巴黎也不得不做同样的事，虽然我失去了一批东西，不管怎样，远走高飞总比留在那个使你萎缩的地方好。虽然我有两幅油画搁在画架上等着要画，几乎没有空闲的时间，但我还是写了信。

如果托马斯知道我们与高更之间的同盟，或许要向他买一些画的。如果拉塞尔弄不到手，这是由于他不能。我对他说，如果我冒着风险强迫他买，这不是由于他不买就没有别人要买，而是由于高更生了病。对我们来说，这是一个沉重的打击。

我听到高更要做的事，非常惊奇，但是仍然想好歹试一试劝他来——看样子不行。他是否宁愿重新去做生意，是否真的想在巴黎干点什么，天晓得！让他去吧。我确实不要束缚无论哪一个人的个性；如果他渴望某种那样的投机，我不想制止他，或许他去完成某种有足够收入重新支持他的家庭的事业，是更加重要的职责。但是我认为，他到这里来将是明智的。

最糟糕的是这一趟该死的路程；如果我们劝他这样做，而后来事情并不合他的心意，我们就很为难。

总之，戴尔斯蒂格的来访不符合我的期望，我并不对你隐瞒，我对于与他合作的可能性做了错误的估计。

或许高更的事也是这样。让我们考虑一下这个问题：他在经济上是困难的，我在这里有钱，而这个比我画得好的人却什么也没有。因此我认为，如果他愿意的话，应该让他享有一半你给我的钱。但是如果他的手头并不紧，那么我也不太急。

你知道，我常常为单独生活的画家们傻想着这个问题，这个问题也使我为花了太多的钱而感到不安。但是要补救这种情况，对我来说，唯一的办法只有找一个有钱的女人，或者找一些跟我一起画画的同伴。我没有遇见这样的女人，但是我遇到过这样的同伴。我自己的愿望服从别人的利益，别人却可以从我花的钱中得到好处。这件特殊的工作一旦搞成，就可以满意地做到不是接济一个人，而是两三个人。

这件事将会是产生一个艺术家团体的开始。贝尔纳（他也到南方来）将参加到我们这一伙里来。老实说，我希望看到你早晚会成为法国印象派画家团体的一个带头人。如果我能在把他们聚集起来的工作中起点作用，我愿意去拜访所有那些比我高明的画家。高更说过，当水手们搬一件笨重的东西或者起锚时，他们就一起唱歌，以支持他们的精神与提起他们的元气。这正是艺术家们所缺乏的东西！

问题只在于：如果我四出寻找需要交往的朋友，这是不是一件好事？这是不是符合我的弟弟与我自己的利益？另一个人会不会因此遭到损失或得到好处？我的脑子不断地考虑着这些问题，却很难做出回答。

我认为你是要帮助高更的，他生了病就好像我受折磨一样。我们不能提出任何比这更好的建议了，别的人是不会这样做的。

如果你先帮助了高更，我会很高兴的。人们可以把送给高更的钱拿来，以现在的价钱去买他的画，这样做绝对没有丧失金钱的危险，这是千真万确的。我们在经济上不太困难的时候总会来到。我想我们可以希望，简单地说，我将每个月卖掉一两幅画，因为我的画已逐渐有进步。

…………

我一定要设法巩固我在那幅静物中所达到的色彩上的成就。我想起波的叶常说的话，从塞尚的画本身看不出什么来，但是把这些画放在别人的画旁边时，这些画就使别的画黯然失色。他也常说，塞尚的画中金黄色用得很好，这说明色调的处理手法很高明。或许我也在追随着他，把我的目光集中注意在乡村上。我们必须等待而且有信心。

我在这些日子里，自然地保持着对塞尚作品的回忆，因为他正确地抓住了普罗旺斯粗野的一面。普罗旺斯目前的情况与春天的情况已经完全不一样了，可是我仍然确定不移地爱这个地方，今后仍然会像当初那样热爱它。到处是古金色、古铜色（可以说是铜币的颜色），这种颜色与因热而变白的天空中带绿调的蔚蓝色配合在一起，构成了一种与德拉克洛瓦的混合色调卓越地谐调的美妙色彩。

塞尚画画的埃克斯附近的乡村，与这个乡村一样；这个地方仍叫克劳。如果我带着我的画回到家里，我就会对自己说："看啊！你已经掌握了老塞尚的色调了！"我的意思只是说，塞尚与乡村的关系是那样密切，他对乡村十分了解，你一定要有他那样的理解，才能达到他那样的色调。很明显，如果你把他的作品一幅幅挨着排在一起来看，它们是互相协调的，然而并不是千篇一律的。

麦克乃特与他的一个朋友看过我最近画的这幅习作，他们说，这是我所画的最好的一幅习作。但是另一方面，他们说我的"其他作品肯定是非常糟糕的"。这表现出麦克乃特对我很不满意，但是拉塞尔叫他们不要乱说。

我正在画一幅有麦田的风景，我认为这幅画能够与白色的果树园画得一样好；这幅画画得很扎实，很有风格。这些日子里，我天天带一幅习作回家，我想，如果每天都像这样画下去，我们也许能够成功。但是在你空着双手回来，同样地吃、睡、花钱的那些日子，你不会认为自己了不起；你感到你是一个傻瓜，一个饭桶。

…………

有一天晚上我到海边，沿着空无一人的海岸散步。景色不是欢乐的，但也不悲伤，而是美的。深蓝色的天空中，散布着一朵朵比深钴蓝的基本蓝色还要深的蓝色云朵，以及另一些像银河的蓝白色的、比较明快的蓝色的云。在蓝色的深处，闪耀着星星，绿色的、黄色的、白色的、玫瑰红色的，像珠宝一样，比巴黎的星星还要明亮。海是一种很深的群青色。

家族是奇妙的东西——我完全不知不觉地想起我们的海员叔叔，他一定多次见过这个海的海岸。

清早动身回家时，我画了一幅有几条船的素描。我在这里只住几个月，它却向我说明了这个问题：如果我在巴黎的话，能够在一小时内画完有几条船的素描而不画乱吗？我现在画的时候不用测量，而让我的钢笔自由奔驰。

我现在已经看到这里的海，我绝对相信待在米迪的重要性，把色彩加以夸张的重要性——非洲离我们并不很远。我相信只要待在这里，就可以使我的个性获得自由。

我想赚到一批钱，让一些优秀的艺术家到这里来，不使他们在"小林荫道"的泥坑中发抖；这样的艺术家是很多的。

我希望你到这里来玩一阵，你一定很快就会对它产生感情的。人们的眼光改变了；你用两只更像日本画家的眼睛来观察事物时，你对色彩的感觉也就不一样了。日本画家画得快，非常快，像闪电一样，因为他们的神经是更加灵敏的，他们的感情也更加纯朴。

如果计划中的其他素描也与我送给你的这些画一样，你将会得到一个关于普罗旺斯最美的角落的缩影。为什么老要搬家？当我重新看到果树园时，我会不会处于较好的情况呢？这里有没有某种新鲜的东西？同样题材在新的季节会给人以新的感受吗？全年都有各种入画的题材——收获庄稼，葡萄园，等等。

我以为安奎丹与劳特累克不喜欢我作的画。《独立杂志》上发表了一篇论安奎丹作品的文章，说他是受日本画家很大影响的一个新画派的领袖。但是"小林荫道"的领袖无疑是修拉。在日本风格上，年轻的贝尔纳比安奎丹也许走得更远。请你告诉他们，我已经画了一幅有"英国桥"与一些船的油画，就风格上说，与安奎丹走得一样远。

居约缅好心地来看画，但我已寄出去了；我对这件事很敏感，但是总的来说，我还是不满意我画的每一幅画。

现在正好是收获的时节，我有一个星期在烈日之下，在麦田里困难地作画。麦田适于入画，正好像开花的果树园适于入画一样。我勉强有一些时间，为下次出征画葡萄园做好准备工作。在这两次写生的中间，我想画一些海景。果树园是玫瑰红色与白色的，麦田是黄色的，海景是蓝色的。也许我现在就要开始四下里瞧着寻找一点绿色了。秋天提供给我们抒情诗。

目前的成果，是一些麦田、风景的习作，与一幅播种的农民的速写：一片有着紫色土块的犁过的地，一直伸向地平线；一个穿着蓝色与白色服装的播种人；在地平线上有一片长得不高的、成熟了的麦田；在黄色的天空中是一轮黄色的太阳。

你可以从这种对色调的简单叙述中，了解到这是一幅色彩在其中起着十分重要作用的画。像这样的速写，使我苦恼，使我怀疑我是不是会认真地干下去，画出一幅好油画来。我几乎不敢考虑这个问题。我曾经盼望着有一段长期地画播种农民的时间，但是我长期想画的一些作品始终画不出来；所以我对画这幅画几乎怀着害怕的心理。况且，还有临摹米勒的及莱尔米特的工作没有做完——一幅带颜色的播种的农民。我一定要画！但是我仍然问自己，我是不是有足够的精力画成这幅画。

…………

我愿意马上把三十幅习作寄给你，因为这样就可能为高更的来访搞到所需要的钱。我认为，开始作画，尤其是画素描，并且给他储备颜料与画布，这样做是合适的。

一切艺术家、诗人、音乐家、画家在物质状况上都是不幸的，这的确是一种怪现象——幸运的人也一样。莫泊桑就是一个活生生的证据。它提出了这个永远不变的问题：生命的整体是不是全会让我们看到？或者我们所看到的死亡的一面，是不是只是圆球的一个半面？

画家们（只以他们为例）死去并且被埋葬，他们以自己的作品向下一代或者以后若干代人说话。这便是一切了吗？或者还有更多的什么？在画家的生活中，死亡或许不是最苦的事。

就我自己来说，我声明，我对这个问题什么也不懂；但是当我看着天上的星星时，常常产生好像梦中见到的地图上代表城镇的黑点的幻想。我问我自己，为什么天空中闪亮的点，不像法国地图上的黑点那样容易为人接近呢？我们可以搭火车到塔拉斯康或者卢昂，我们却不能到星星上去。在这个推理中，有一件事无疑是实在的：在我们活着的时候，我们不能够到星星上去，正好像我们死了以后不能够搭火车一样。

所以我认为，霍乱、肾结石、肺结核、癌症可能是天国的旅行工具，正好像汽船、公共汽车与火车是地上的旅行工具一样。由于年老而平安无事地死掉，就是步行到天国去。

我愈来愈感到，我们不应该在现实世界的基础上判断上帝；这是一种无法进行的研究工作。如果你喜欢某一个艺术家，对着他的一幅失败的习作，你能够做些什么呢？你不会吹毛求疵地责备他；你会守口如瓶。但是你有权利要求更好的东西。只有艺术大师才能画得那样一团糟，或许这就是我们从它这里得到的最好的安慰。从此以后，我们就有权利去希望，我们会发现这双同样的有创造力的手，甚至凭它本身就能得到成功。我们的这种生活，是太该受到非议了，为了某种良好的，甚至高尚的理由——我们绝对不可以把它错认为什么，而只按照它原来的样子来认识，并且继续期望着在某种别的生活中找到一种更好的东西。

现在我要去睡觉了，因为时候不早了。我祝你晚安，祝你幸运。

"你成为一个画商的希望愈小，你成为一个艺术家的希望就愈大。"

你的信给我带来了重大消息：高更同意我们的计划。

我只想说，我不仅渴望在南方画画，而且也想在北方画画，因为我感到我的身体比六个月以前好一些了。我以为到布列塔尼去也许是一个聪明的办法，那里的膳宿费用很便宜，从经济观点出发，我确实已经打定主意。但是对高更来说，到中部地方来是有好处的，特别由于在南方将有四个月的冬天。我认为两个做完全相同工作的人，应该有可能住在一个家里。一个人单独在家里吃饭是不容易的。如果我们不住在咖啡馆里，而把住处安排在画室里，就有节省钱的可能。

如果高更说："我正处在我的才能的最高点。"那么我为什么不可以说同样的话呢？但是我们并不是处在我们收入的最高点，因此我们一定要采用最经济的方法。多画画，少花钱，这是我们必须遵循的方针。人们制订任何计划，总会遇到重大困难；如果过分仔细地考虑各种灾难与危险，那就什么事也干不了。让我们的头脑里怀着希望，相信他与我们是有前途的。

…………

在我们跟高更有了联系以来，我在金钱方面终究没有办法。我已经通过我的作品尽我所能地表明我心里的计划。我认为两幅克劳的风景，以及罗恩河沿岸的乡村，是我用钢笔与油墨画成的最好的作品。如果碰上托马斯要这些画，即使我必须把其余三幅当作礼物送给他，这些画也要每幅不少于一百法郎。

说实在的，我被这些素描累坏了。但是这一片大平原对我具有极强的吸引力，因此，尽管有这种实在使人困倦的环境，刮个不停的西北风与蚊子的讨厌的打扰，但是我并不感到疲乏。如果一片景色使你忘掉那些烦恼，这里面一定有一点道理。你会看到我并没追求表面效果，乍一看来，好像是一幅地图。

我与一个画家一起散步，他说："这里有某种激励画家画画的东西。"可是我足足有五十次到蒙特 - 马若去观察那单调的风景，我是不是错了呢？我也与一个不是画家的人一起散过步，我对他说："在我看来这里的风景与海洋一样美，一样无限。"他说（他是知道海的）："就我来说，同海比较，我更喜欢这里的风景，因为它同样是无限的，并且使你感到这里是有人居住的。"

如果不是因为这该死的风，我会画出一幅描绘这里风景的像样的油画的！这里有的是使人发狂的东西，无论在什么地方都可以竖起你的画架。油画习作画得不如素描精致的原因是：画布始终在摇晃。

你读过洛蒂的《菊子夫人》吗？这本书给我留下这样一个印象：真正的日本人的墙上是不挂什么东西的，图画与古董都藏在抽屉里。正因如此，所以你必须在一个很亮的、很空的、朝着田野开放的房间里欣赏日本的艺术。我在这里的一间空房子里作画，四堵白墙，地上铺着红砖。这两幅描绘克劳与罗恩河岸的素描，并不像日本画，但是它们也许比别的作品要像些。你是不是愿意拿这些画做一次试验呢？这些画看来干净利落，没有多余的东西。这些画可以使你对这里大自然的纯朴有一个真实的概念。

使我吃惊的是，我已经看到我钱袋的底子了。你知道，我付了膳宿费以后，其余钱都买了画布与颜料。

我认为，你关于跟丙寅结算日本版画的账的想法，是正确的。新年我到他那里去了三回，想跟他算账，但是他那里都关着门。后来，在一个月以后，刚好在我离开前，由于我拿不到那些钱，我给了贝尔纳一大批版画，与他进行交换。我认为跟丙寅打交道是错误的。可是这样想不对；我们很便宜地搞到这些版画，它们可以使许多艺术家得到欢乐。如果高更像我所做的那样，要在这里弄到许多版画，我不会感到奇怪；如果谁的房间里没有日本版画，那就不成为房间了。

要把北斋的富士三百景与日本人的生活的画一样保存着；丙寅家的阁楼里堆着无数风景与人物版画。让我向你介绍丙寅的那个阁楼。我自己去了解了情况，也让安奎丹与贝尔纳去那里了解了情况。那个管理人是一个很有意思的家伙，他对任何使他发生真正兴趣的人都有好感。

就金钱上来说，我在跟丙寅打交道中无所得而有所失，但是获得了一个长时间好好欣赏一大批日本版画的机会。我的一切作品都是以日本艺术为根据的，我们对日本版画了解得不够。日本版画在日本国内已经衰落，在日本几乎找不到很好地整理与保存的收藏品；日本艺术却在法国印象派艺术家中生了根。我们幸运地看到了许多在法国的日本版画。

日本人的作品对于艺术家创作实践的意义，当然比作品的买卖更使我发生兴趣。如果有一天我再访巴黎，我要到丙寅家去看他的那些北斋的风景版画。不要把任何优秀的版画从我们手中放过——因为多弄到一些版画对我们有好处。我们现有的一些肯定值五法郎，但是我们买来的时候只花了三个苏。这些版画赚不到许多钱；这就是没有人收买它们的原因。但是过若干年以后，这些版画就会变得非常稀罕，卖价更高。它们将会给你弄到一幅莫奈的油画与其他油画，因为如果你不怕麻烦地搜求版画，你就可以用这些版画与画家们交换油画。

因此割断我们与丙寅的关系是不行的！日本艺术是一种类似文艺复兴时期以前的，类似古希腊的，类似我们古代荷兰的艺术大师——伦勃朗、哈尔斯、鲁伊斯达尔的东西。我不理解，你在蒙马特尔大道时为什么不收藏日本人的可爱的作品。

我在巴黎时，经常想弄到一个陈列室。即使这件事不成功，我在唐波林那里举办的版画展览，对安奎丹与贝尔纳也有极大影响。至于提到我们在克利奇大道的房子里举办第二次展览所遇到的麻烦，我更感到遗憾了，贝尔纳在那里卖出了他的第一幅油画，安奎丹卖掉了一幅习作，我在那里与高更交换了作品。

贝尔纳还欠你一幅习作，这是完全可以料想到的——这是在巴黎工作的困难！巴黎，这是一个奇怪的城市，你只有杀掉你自己，才能够使你住下去；你在那里如果不到快死的地步，就不能够有成就。我刚读过雨果的小说《恐怖的年代》。那里存在着希望，但是这种希望在星星上。如果所有一切星星都一样，那就不是开玩笑了——除了重新开始以外，没有别的办法。但是在艺术上，人们需要时间，如果活得比一次生命还要久，这不是坏事。想到古希腊、古代荷兰艺术大师们，没有不使人发生兴趣的，日本艺术家在另一个天地中继续了他们的光荣。

我寄给你一份颜料与画布的新订单——这是数量最大的一份订单。最迫切需要的是画布，因为我刚从内框上取下三十幅油画习作，我应该在这些内框上绷上新的画布。我刚才在家里布置了一个展览会：我把所有的习作都钉到墙上待干。当这里陈列着许多作品，人们可以从中进行选择时，你将会了解这些习作都有一个共同点，它们都好像是经过仔细研究与长时间加工而成的；因为在同一画布上，或者数块画布上，画上或者重画上一个题材，结果都是一样的。

对于安置我们的油画最有帮助的情况是，让它们作为中产阶级的房子的装饰品，而为人们所普遍地接受——在荷兰常是这样的。我时常想念荷兰，依靠这些回忆，跨越双倍的远距离与消逝的时间，这里面有一种伤感的情绪。

到了南方，背着白墙看画，使人高兴。如果出去走走与看看，到处都是抹上重彩的朱理圆形大纹章——真恐怖。但是这里有咖啡馆；我们以后也许要替这些咖啡馆画装饰画。

又一个星期天在写信中度过了。但是，我始终不喜欢星期天。

十分感谢你的信，它刚好在我给太阳晒得眼花缭乱、给一幅较大的油画弄得精疲力竭的时候来到，给了我极大的愉快。我画了一幅种满了花的花园的素描，又画了两幅油画习作。我确实无法说明白，我是不是会心平气和地来画油画。我认为这里无休止的风，一定与油画习作的干瘪瘦削的样子有点关系；因为在塞尚的画中也可以看到这种情况。不仅我的油画，而且我自己近来也变得十分干瘪瘦削，几乎像爱弥尔·瓦特的油画中的于戈·凡·德尔·果斯。我想，只要小心地把胡子刮干净，我就像这位疯子画家在同一画中理智地画出来的和气的牧师。我并不担心我成为两者之间的人，因为人总要活下去，尤其是因为不顾事实是没有用的，有朝一日总会出现危机。

你谈到在各处都感到空虚；这也是我自己的情况。如果你喜欢的话，把我们所生活的时代看作艺术上的一次伟大的与真实的复兴时代。落后的官方的传统仍然活着，但是已经无能为力了；新的画家孤独、贫穷，被人看作疯子，并弄假成真，至少就他们的社会生活来说是这样。因此你必须知道，你正在做文艺复兴以前的画家所做过的同样的工作，因为你把金钱供给他们，使他们能够创作。如果有一个画家，由于拼命画一幅对他无益的作品而毁掉自己，如果他因此不仅用颜色来画，而且以否定与拒绝的态度，以及怀着一颗破碎的心来画——那么就你来说，你的工作与他的工作相比，不仅得不到较高的报酬，而且要花掉与画家所花的同样数目的钱，这是漠视个性，一半是故意的，一半是偶然的。

你成为一个画商的希望愈小，你成为一个艺术家的希望就愈大。这个道理对我来说也一样。我愈是精疲力竭，生病，成为一个古怪人，我就愈是一个艺术家——有创造力的艺术家。情况的确如此。但是这种永恒的活的艺术与这种文艺复兴，这种从古老的砍倒的树根上萌芽的绿枝，却是如此抽象的东西，当我们想到人们为自己创造生活，比创造艺术所花的力气来得少时，我们心里就留下了一种忧伤的情绪。

我逐渐变老了；如果我认为艺术也是老废物，这简直是胡思乱想。如果可能，你应该使我感到艺术是活着的，你也许比我更加爱艺术。我想这不是信任艺术，而是信任我自己；恢复我的信心与心的安宁的唯一办法，是好好地干。即使身体垮了，但是我的这些画家的手指，却逐渐听使唤了。我的雄心是不使自己成为你太重的负担；如果跟着来的不是一场大灾难，我希望有一天会成功。

当然，我已经画上画的一块画布，要比一块空白的画布更有价值！真的，我的要求并不太多，我只要求有作画的权利，我总算有了一个作画的理由！

绘画使我的身体受到严重损害，使我的精神遭到严重分裂，损害了我的从仁慈观点看来可以并应该活着的生命。绘画使你花费了一万五千法郎。如果我使你想起绘画给我们造成的损失，这只是为了强调我们应该对自己说的话：我们已经走得太远，回不来了；这是我要反复说明的。撇开物质生活不谈，今年我还需要别的什么呢？

我的亲爱的弟弟，如果我不由于这种被咒骂的绘画而破产与发疯，我会成为一个印象派作品的画商的！如果我年纪轻一些，我会建议老布索把你与我派到伦敦去，除了信用以外，不另付报酬；你从印象派的画上可以赚到一半的利润。但是我们的身体已经不行，去一趟伦敦为印象派画家收集一些钱，将是一种布朗热或者加里巴蒂，或者堂吉诃德所干的事。但是我宁肯见到你到伦敦，而不希望你去纽约。

对我们这些脑力劳动者来说，不太快地完蛋的唯一希望，是严格采取一种现代摄生法的人工补救办法；但是最低限度是，我不做我应该做的每一件事。一点点快乐也要比所有医疗办法好。至于说到喝酒过多——这是否不好，我不知道。请看俾斯麦，他是一个很讲实利的、很理智的人；他的医生对他说，他喝酒喝得太多了，在他的一生之中，他的胃与脑子都使用得过度了。俾斯麦立刻戒酒。从此以后，他的身体就逐渐衰弱，再也恢复不过来。他一定对他的医生开了一个很大的玩笑，幸亏他当时并没有请医生看他的病。

…………

我认为，如果高更在这里，我现在的情况就完全不一样了；我已经有好几天没有与人说过一句话。如果你在乡村太长时间地过着孤独的生活，你会感到无聊，而且就在这个冬天，出于这个缘故，我或许要闷坏了。如果他到来，就有话可谈了。除此以外，倘若我们保持着良好的友谊，决心不吵架，我们就将随着名望的提高而获得一个巩固的社会地位。

我曾经对你说过，我始终在跟西北风战斗；西北风使我根本不可能熟练地掌握生动的笔触。你会对我说，不要画素描，应该在家里继续用新制的画布画油画习作。我自己也常常这样想，因为笔触不生动不是我的过错。如果高更在这里，他对这件事会有什么意见呢？他会不会劝我寻找一个更加隐蔽的地方呢？

我只把房子租到九月二十九日。我要不要再租下去，要不要租它半年？我很愿意在高更见到这个房子以后再做出决定。由于我在整整一个星期中雇了一个模特，因此我付不出租金。后来我决定把事情拖到下星期一，房主说，如果我确定不续租，他的房子已经有另一个房客了。我并不认为这件事出乎意料，自从我把房子修整好以后，房子更加值钱了。

…………

南方，不是一个坏地方。我认为归根到底，我将是一个乡下人。我很愿意高更长住在这里。

啊！我仍然希望有一天你能够到这里来欣赏与感受南方的阳光！

"这些日子多么不平常啊!"

我送给毛威夫人的"礼物"怎样了？我倒以为戴尔斯蒂格一定会说出他的某种印象，使毛威夫人不接受这幅画，或者发生一些不愉快的事。不用说，如果事情果真如此，我是不会着急的。

在经过那样的冷遇后，叔叔给你留下一份遗产，这实在不坏；我很难想得出来，当他们不借给你独自经营所必需的资本时，西爱姆叔叔不会真的宣告你的无期徒刑。你答应我们俩（高更与我），你要为实现我们的联盟创造机会，我非常感激。

我们全都同情高更，我认为我们一定要像一家之主那样过日子，仔细计算实际的费用。谁要是听他的话，谁就依然对未来抱着一种不切实际的希望，同时继续待在小客栈里，继续生活在苦境里，没有出路。我宁愿像修士那样，把自己关闭在修道院里，像修士那样自由自在，当精神动摇的时候，就跑到妓院里或者酒店里去。

总之，高更是一个使我摸不清底细的人。我们不去阿旺桥。如果我一定要与那个英国人、与巴黎美术学院的学生住在客栈里，那么我们在每一个晚上一定会发生争论。这是茶杯中的风波，为了我们的工作，我们需要一个家。我们必须设法弄到必需品，以坚定地应付失败（我们的一生之中都会有失败）的围攻；但是我们一定要几乎像修士与隐士一样地过日子，为我们的耶稣受难而工作。

我收到高更的一个便条，他说他已经完全准备好，等到一有机会，马上就来南方。我想高更愿与他的朋友们在北方鬼混。他们以画很多画、争论，以及与可敬的英国人的战斗，来使自己开心。一旦有了好运气，卖掉一两幅画，他们就会有别的打算，而不与我们一起干。

难道我没有权利按照自己的愿望来行动？虽然这种愿望没有他在巴黎奋斗的愿望强烈。注意到六个月来高更胡混的事实，我不再相信他急需帮助了。自然环境与好天气是南方的优点，但是我相信高更不会放弃在巴黎的战斗，他过于醉心这种战斗，而且相信最后的胜利。这件事对我并没有害处。如果我有他那样的雄心，我们大概不会步调一致了；我既不关心自己的成功，也不关心幸福，我只关心印象派画家的那种生气勃勃的努力恒久不变。我并不关心他们的住房与每日的吃饭问题。

我并不坚决主张高更应该做什么。我们已经可以看出，只要拉瓦尔有一点钱

（他的朋友拉瓦尔的到来，暂时给他开放了一个新的财源），他就会把我们扔掉的；如果一切都顺利的话，高更会与他的妻子及小孩重新住在一起。我确实希望他能够那样，但是为了得到金钱，事业上要认认真真地干才行。

如果高更不忘掉自己的利益，唯一公正的办法，是你也不应该忘掉自己的利益。你在那里对他加以款待时，如果他提出要求，你应该使他不以借债过日子，那么，他应该向你明白地提出以他的画作为对你的报答，用"我每天愈来愈重地背上债，到南方去的可能性愈来愈小"这样比较明确的语气来对你说话。如果他说"因为你对我好，我愿意把我的画留在你的手里；我欠你的债，你是我的朋友"，就更加中肯了。

如果这件事成功，我们一定要得到他的忠诚。如果这件事对他有利，他是会诚实的；如果他不来，他会发现别的什么，可是他找不到更好的东西。我依靠本能感觉到，他在社会阶梯的最下层发现他自己，要靠诚实的却是最巧妙的手段，才能赢得自己的地位。高更不怎么了解我会把所有这些都考虑到的。他或许不知道，对他来说争取时间是必要的；如果他得不到别的什么东西，他与我们在一起就可以得到。

我拿我的感觉如实地回答他，但是我不需要对这样一个伟大的艺术家讲压抑的或者沉闷的、有敌意的话。

拉塞尔已经对购买一幅高更的画做了否定的答复，可是他答应我到他那里去与他暂住一个时期；然而事情的开始与结束都要花钱。

高更说，贝尔纳把我给他的速写订成一个小本子，并拿给他看。他对贝尔纳的作品备加称赞，贝尔纳的信则充满了对高更的才能的钦佩。他说他发现高更是那样一个几乎足以使他害怕的伟大艺术家。我把贝尔纳的全部来信都保存着。这些信往往是很有意思的，我已经有一整捆他写来的信。贝尔纳说，看到高更常常不能够做他在另一种情况下能做的事，常常无法避免绘画材料（颜料、画布）的缺乏，他心里很难过。无论如何，这种情况不能继续下去了。

我想这个秋天将是非常惊人的。秋天一定可以提供许多十分好的题材，我简直不知道应该准备画五幅还是十幅油画。这种情形正跟春天画开花的果树园时的情形一样。

我现在正以马赛人吃蒸鱼的热情拼命画画——当你听到我画的是一些高贵的向日葵的时候，会不会感到奇怪呢？

我手头有三幅油画：第一幅，是插在绿色花瓶里的三朵大花，背景是浅颜色的。第二幅，是三朵花——一朵已经结子，另一朵正在开花，第三朵含苞欲放，淡蓝色背景。每一样东西都围绕着一团由烘托它的背景的补色画成的晕，这是一种"后光"。

273

第三幅，一个黄色花瓶中的十二朵花与蓓蕾。我希望最后这幅是最好的一幅。

我现在正在画第四幅，在黄色背景前面的一束十四朵花，好像我以前所画的一幅榅桲与柠檬的静物一样。不同之处只是这幅画更大一些，它有一种相当特殊的效果；我认为这一幅是以更加简练的手法画出来的。

你还记得马奈那一幅非常特殊的画吗？画的是衬着浅色背景的、一些大朵的带绿叶的粉红色芍药。室外光、花等都充分地表现出来了，画得非常扎实。这就是我所说的简练的技术。

我有许多画新油画的计划。我开始愈来愈努力地尝试一种简练的技术，也许这不是印象派。我愿意用一种让每一个人，至少是有眼睛的每一个人都能够理解的方法作画。

点彩与后光等都是真正的发现，但是这种技术绝不可以成为一种普遍的教条。这就是修拉所画的《大碗岛》、西涅克的大点子风景画与安奎丹的船，早晚要成为更加为个人特有与独创的一个理由。

我正在努力探索一种只有各式各样笔触的画风。有一天你会看到这种作品的。

…………

如果有可能，你在一年里另外给我三百法郎好吗？你现在每月给我寄来二百五十法郎；今后，在三百法郎付出去之前，你只寄给我二百法郎就可以了。这是一项一年三百法郎的额外支出，因为我每天晚上要付给我的房东一个法郎。此外我还要买两张像样的床。这就等于说，我可以在家里睡觉了。

我多么愿意安居下来并有一个家啊！实实在在，这是最好的工作环境。一旦安居下来以后，我们就应该一生一世都待在那里。这是一条干着活一直等到富裕的可怜的道路。龚古尔兄弟以十万法郎买到了他们的家乡与他们的安静，结束了他们的晚年。但是我们必须以少于一千法郎的价钱来弄一个家，这意思便是在南方拥有一间画室，我们在那里能够给人一张床——把我与人群中的某一个人，从损害我们工作的癌症中拯救出来，因为它使我们不得不住在这些吃人的小旅馆里。一个自己的家，一个把自己从沉闷阴郁的心情中解放出来的落脚地方。你在二十岁时去冒险，是无所谓的，但是在你过了三十五岁以后，这就不行了。如果一开始就走运的话，我们就会安于享受，就会成为十足的废物，比目前还能够长久维持下去的情况还要糟糕。

不要垂头丧气，要对总有一天人们会摆脱贫困抱有希望——多么美妙的幻想！为争取使我的一生能够在一间画室中安静地画画而工作，我认为是非常幸福的。

…………

在我的油画《夜间咖啡馆》中，我想尽力表现咖啡馆是一个使我毁掉自己、发狂或者犯罪的地方这样一个观念。我要尽力以红色与绿色表现人的可怕激情。房间是血红色与深黄色的，中间是一张绿色的弹子台；房间里有四盏发出橘黄色与绿色光的柠檬黄的灯。那里处处都是在紫色与蓝色的阴郁沉闷的房间里睡着的小无赖身上极其相异的红色与绿色的冲突与对比。在一个角落里，一个熬夜的顾客的白色外衣变成柠檬黄色，或者淡淡的鲜绿色。

可以说，我是要尽力表现下等酒店的黑暗势力，所有这些都处于一种魔鬼似的淡硫黄色与火炉似的气氛中，所有这一切都有着一种日本人的快活外表与塔塔林的好脾气。

《夜间咖啡馆》在《播种的人》、老农与诗人头像的基础上前进了一步。按照双镜头照相机式写实派的观点，这不是地道真实的色彩，但是这种色彩暗示了一个性格热烈的人的感情。

当保尔·曼兹看到德拉克洛瓦感人的、强烈的草稿《基督的船》时，身子转了过去，大声说："我不了解人们怎么能被一点蓝色与绿色引起那么强烈的恐怖。"北斋也使你发出同样的呼喊，但他是以他的线条、他的版画使你惊异的。当你在你的信中说"波浪的爪子，船给波浪抓住"时，你感到恐怖。如果你把色彩画得真实，把素描画得真实，它就不会使你产生类似那样的感觉。

戴尔斯蒂格先生站在一幅西斯莱（西斯莱是印象派画家中最谨慎、最和蔼的人）的作品面前时会说："我禁不住想，画出这幅画的艺术家是有点喝醉了。"像他这样的人会对《夜间咖啡馆》这幅画发表什么意见呢？如果他看到我的油画，他会说，这是十足的发酒疯。

毕沙罗对《小女孩》的某些想法使我很感兴趣。他对《播种的人》有什么意见呢？当以后我在这些试验方面走得更远的时候，《播种的人》便不过是这种风格的最初尝试而已；我脑子里始终在考虑是否要继续这样搞下去。

像《播种的人》与《夜间咖啡馆》这样过于夸张了的习作，我通常以为是极其难看与不好的。《夜间咖啡馆》是我所作的最坏的一幅画。这是一幅与《吃土豆的人》既有不同又有共同之处的画。可是当我被某些东西感动（例如现在被一篇论陀思妥耶夫斯基的短文感动）时，我就发现，这些画似乎才是仅有的有一点深刻意义的作品。

对于你提出的在独立杂志社举办一次展览的建议，我认为绝对没有一点可以反对——如果我不成为那些经常在那里举行展览的人的障碍的话。到现在为止，只有

《播种的人》与《夜间咖啡馆》才算是我的细致加工的油画。

我画了一幅有一个古磨坊的习作，是用类似岩石上的槲树那一幅习作的低沉的调子画出来的，你曾说你把那幅习作与《播种的人》以及一幅风景装在一个镜框里；风景画中画的是一家工厂与在红屋顶上面的红天中的一个大太阳，那是一个可恶的刮西北风的天气，大自然好像发了脾气。

昨天我忙于修饰房子。不像邮递员与他的妻子告诉我的那样，两张结实的床每张要三百五十法郎。这是乡下的床，大的双人床抵得上铁床。这种床样子坚固，经久且平稳；如果床上减少一点被褥的话，就太不舒服了，但是有它的特点。买床当然要耗掉大部分钱。我用其余的钱买了十二把椅子，一面镜子与一些小件日用品。

你将要有的房间（或者高更将要有的，如果他来的话）是楼上最漂亮的，我要尽可能地把它布置得像一间有审美眼光的妇女的闺房。房间的白墙上，装饰着一大束由十二朵或者十四朵花组成的黄色向日葵。当你在早晨打开窗户的时候，就会看到花园里的花草树木与初升的太阳、进村的道路。

我在一个公园里，十分挨近住着那些漂亮女人的街道。莫里哀将很难进入这个公园，虽然我们几乎每天都要在几个公园里散步，但那是在另一边。正是这一点使薄伽丘对这个地方加以描写。为了贞洁或者道德的理由，公园的这一边不种植像夹竹桃那样的有花的灌木。这里有普通的法国梧桐，密集成片的松树，一棵柳树与绿草地。这一切使人感到非常亲切。马奈也画过这样的花园。

以后我将有自己的卧室，我要尽量使它简单，只摆上大件、结实的家具，不加油漆的床、椅子与桌子。我正打算画我的床；画中将有三样东西。或者一个裸体妇女，或者一个睡在摇篮里的婴儿；我还没有决定，但是我要慢慢地考虑。

楼下将作为画室——地上铺红砖，墙与天花板是白色的。粗木椅子，不上油漆的桌子，我还想用一些肖像画来装饰房间。这种房间的陈设，会给人一种杜米埃的画的感觉，我以为我可以保证不会是俗气的。

今年你可以认为你在阿尔有了乡下别墅；由于我很热心地安排房子，因此你会对它感到满意，这将是一个具有纯个人风格的画室。我要把它布置成一个真正的艺术家的房子——没有贵重的东西，但是从椅子到图画，每一件东西都很特别。如果你在一年之内的几个假日到这里来与到马赛去，屋子会预备好的，我的意思是在房间里挂满画。有一天你会得到一幅画着这个照耀着阳光，或者窗户里发出亮光，天空有星星的小房间的画。一定要找一些杜米埃的石版画与日本人的作品来装饰画室。

昨夜我睡在那个房间里，虽然还没有整理完毕，我在里面却感到很愉快。它在我的心中留下了布斯布姆画的室内景的印象。房子的周围环境、公园、夜间咖啡馆与小酒馆不是米勒画中的事物，杜米埃也不画这些，更绝对不是左拉笔下的题材。那个房间将会向我提供足够的创作灵感，是不是呢？

我的意见是，我们最后将建立一个画室，并且给后代留下，画家的继承者可以住在这里，使自己更加平静地从事创作。换句话说，我们为一种不仅在我们活着时不衰，而且还会由我们身后的其他人继续下去的艺术与行为准则而努力。

我想在南方这儿设立一个画室与避难所，这并不是什么鲁莽的计划。为什么最伟大的色彩大师欧仁·德拉克洛瓦认为到南方去与到非洲去是必不可少的？显然是由于不仅在非洲，而且在阿尔，你会发现红色与绿色、蓝色与橘黄色、淡黄色与淡紫色的美丽的对比。一切真正的色彩大师都必须认识到这一点，并且承认这里有一种与北方不同的颜色。

由于我待在同一个地方，老是看着不同季节的同一风景，周而复始，在每一个春天看到同样的果树园，在夏天看到同样的麦田，我的作品因此就不好吗？我不想闭着眼睛瞎画，最好是能订出计划来。

…………

我新画了一幅三十平方厘米的油画——画的是花园的一角，有垂柳、草地、剪得圆圆的西洋杉的矮树丛，与一棵夹竹桃的矮树丛；笼罩在万物之上的，是一片柠檬色的天空。景物的色彩丰富而强烈，有秋天的特点。用色比其他画重，涂得平而且厚。这是这个星期所画的第一幅油画。

第二幅画描绘一家咖啡馆的外景，有被蓝色夜空中的一盏大煤气灯照亮的一个阳台，与一角闪耀着星星的蓝天。我时常想，夜间要比白天更加有生气，颜色更加丰富。

第三幅是我的自画像，几乎没有颜色，肖像是用灰色调子画出来的，背景是孔雀蓝色。我专门买了一面适宜于画自画像的镜子，给自己在没有模特的时候使用；因为如果我能设法画自己头像的色彩（要画出这种色彩不是没有困难的），我也就能画别的心地善良的人（男人与女人）的头像了。因此我在这个星期除了画画、睡觉与吃饭以外，没有干别的事。这就是说，坐着画十二个小时，画六个小时，然后一次睡上十二个小时。

在这个时期我画了三幅房子对面的花园。此外有两幅咖啡馆与一幅向日葵；然后是布克与我自己的肖像，工厂上空的红太阳，一些卸沙的男人，以及磨坊的画。除了一些习作外，你知道，我已经画了一些作品。但是我的颜料，我的画布，我的钱，在今天已全部用光了。

以我的习作做抵押，要托马斯借给我二三百法郎，根本不可能吗？这些习作将要使人得到一千块钱，因为正如我无法老是对你说的，我所见到的事实使我非常高兴。它使我有了热情，以致感觉不到时间的流逝，并且忘掉了白天黑夜，不理睬冬天的西北风。

今天早上我很早就起来写信；后来我出去继续画一幅阳光照耀下的花园的油画。然后我把这幅画带回家，又带了一块黑色的画布出去，把这幅画也画完了。现在我又坐下来写信。

我从来没有过这样一个机会；这里的自然环境真是美极了。笼罩着天空的，是一种不可思议的蓝色，太阳放射出柔和、美丽的淡黄色光芒。多么可爱的乡村啊！

我不能把乡村画得那样美，但是乡村是如此吸引着我，使我不加考虑地到那里去；我干起事来不加怀疑，决不犹豫。我开始感到，我已经变成与刚到这里的我完全不同的一个人了。我重新向往我到巴黎之前所向往的东西；我在奈宁时，曾经有过学习音乐的妄想，我现在又想到这一点，感到我们的色彩与瓦格纳的音乐之间有很多的联系。

我不知道在我们之前有没有谁谈过能使人产生联想的色彩这个问题。德拉克洛瓦与蒙蒂切利没有谈过，没有做过。我在印象派那里看到欧仁·德拉克洛瓦的复活，这是事实；但是对它的各种解释分歧极大，矛盾很深，所以印象派不可能给我们最终的原则。我自己仍然是印象派一分子，因为印象派对我没有丝毫约束，作为集团中的一个，我没有宣布我的信条。我同时认为，在印象派的运动中，确实可以看到一种趋向伟大的东西，而不仅是一个把自己限制在光学试验范围之内的画派，这是不错的。归根结底，我们个人的前途确实摸不着边，但是我们认为印象派是会永存的。

唉，生活是这样作弄人！我所要求的只是画画的时间，除此而外，还有什么要求呢？我很担心由于我要钱而从你那里剥夺时间。

修拉正在画什么呢？我不敢把我早已寄给你的习作让他看，但是那些向日葵、酒馆与花园的习作，我却愿意给他看。

这些日子多么不平常啊！这并不是由于这些日子里所发生的事，而是由于我非常强烈地感到你与我并没有垂头丧气，也没有完蛋，我们也不会完蛋的。但是，你知道，我不反驳那说我的画是"没有画完的画"的评论家们。

"这里的色彩使我的情绪特别高涨。"

  今天早晨七点钟开始,我就坐到草地上,在剪圆了的西洋杉矮树丛的前面画画。背景中的一列灌木,是疯狂的夹竹桃;一些枯萎的夹竹桃花开得极盛,它们大概是害了脊髓痨。树上鲜花簇簇,枯谢的花也堆成小山;它们的树叶继续不断地更新,强有力地长出来,显然是精力旺盛的。一棵严肃的丝柏竖在它们的上面,有一些人沿着玫瑰红色的小路溜达。

  这个花园有一种幻想的性质,当你在花草上漫步的时候,足以使你想起文艺复兴的、但丁的、彼得拉克的诗。这就是我房子前面的花园。它充分地说明,要抓住这里的事物的真正性质,你一定要长期观察它们与画它们。在速写中除了极其简单的线条外,你也许看不出什么来。

  我相信画一幅真正南方的画,光有某种聪明的头脑是不够的。长期观察事物可以使你在心中酝酿成熟,使你能够对它们有深刻的理解。如果我们研究日本的艺术,我们就可以发现,一个聪明的、有哲学头脑的与有才智的艺术家是如何利用他的时间的。研究地球与月亮之间的距离吗?不。研究俾斯麦的政策吗?不。他研究一片草。但是这一片草引导他画植物,然后画春夏秋冬,画乡村的种种景色,画动物,然后画人。他就这样过了一生。

  瞧,这些质朴的日本画家教导我们的几乎是一种现实的宗教,是不是?他们生活在大自然里,好像他们自己就是花。尽管我们在一个世故的世界里受教育与从事工作,但是我们一定要返回自然。当你研究日本艺术的时候,你不能不变得快乐与幸福。

  我羡慕日本画家,在他们的作品中,每一样事物都是非常清晰的。他们的作品与呼吸一样单纯,他们以流畅的少量笔触画人物。啊!有朝一日,我一定要用少量笔触处理一个男人,一个小孩,一匹马;头部、躯体、腿全都画得很得体。

  我收到一封高更的信,他似乎很不幸,他说一等到他卖掉一些东西,就一定来这里。他说供他住宿的那些人对他极好,离开他们会是一种暴行;我想,要是可能的话,他是不会马上离开的,那样做就是我在他的心上戳上一刀。他也说,如果你能够以低价卖掉他的画,他将会感到满意。

我刚刚买到一架带有各种必需设备的梳妆台，我的小房间已经装备齐全了。另一个房间还需要一架梳妆台与一个衣柜，楼下还需要一个炸油锅与一个碗橱。我也想在门前种上两棵栽在木盆里的夹竹桃。

我已经在画室里布置上所有那些日本版画与杜米埃的、德拉克洛瓦的、席里柯的版画；最后还有查格罗特按照梅索尼埃的油画制作的小幅铜版画《正在阅读的一个男人》——这是一幅我始终钦佩的梅索尼埃的作品。

我需要时间；但是我的脑子给绘制房子的装饰画的思想搞乱了。这些画的水平，要与你花在我身上的钱相称。如果你看到修拉，你就告诉他，我现在有一个画装饰画的计划，目前我已经弄到十五块画布，至少还要搞到十五块才可以凑成一整幅。在我搞面积更大的画的时候，常常想起他来，想起我们访问他的画室时看到的那些美丽的大油画，这些回忆鼓舞着我。

我画了一幅在黄色的阳光照耀下的房子与它的周围环境的油画。这个题材非常不容易画，但这正是我想要克服的困难。房子的左边是粉红色的，有紫色的百叶窗；那是我去吃午饭的旅馆。我的朋友，那个邮递员就住在两座铁路桥之间的道路的尽头。

米立埃说他不能理解，画那样一间冷清清的食品店与呆板的房子会使谁发生兴趣，我心里想，左拉在他的《小酒店》的开头描写了某条林荫道，福楼拜描写了小城市码头的一角，它们都不是使人讨厌的东西。它们对我画难画的东西有好处。

谁都不能够阻止我对宗教（让我说这个词好吗？）的极度需要。父亲对你说的关于本狄尼克特教团僧侣的故事，一定很有趣。我只希望他们设法向我们证明某种可以安慰我们的东西，以便使我们可以不再感到有罪与可耻，能够像我们原来那样，不对孤独与空虚的事入迷。

我有一本叫作《我的信仰》的托尔斯泰的书。他似乎并不相信肉体或者灵魂的复活。尤其是，他似乎不相信上帝——他像无政府主义者那样论述问题，但是他十分重视你在做的不论什么事，也许这是你心中的一切。虽然他不相信复活，他却似乎相信与他相等的东西——生命的永续，人类的进步——人与他的作品必然被后代人继续。他是一个高尚的人，他成为一个工人，能够做鞋与煎锅，指导耕作。这些事我一点也不会做，但是我尊敬一个有足够旺盛的精力改造自己灵魂的人。

天啊！我们不可以抱怨我们生活在一个只有懒鬼的时代（当我们与那样的人并肩在一起，而且不相信上帝的时候）。托尔斯泰相信由于需要爱与信仰而引起的一次和平的革命，它在人们中间，必须以一种与怀疑主义及那种使人绝望的、极度的苦难相反的面目出现。

我在晚上出去画星星，我常常想着这样一幅画，画中有这幢房子与我们的伙伴。

今天我又从早上七点钟一直画到下午六点钟，除了吃一点东西以外，都在工作，没有离开一步。这就是工作进行得快的原因。你对这事有什么意见呢？今后我将怎样考虑这个问题呢？我有情人敏锐的目光，或者情人的瞎眼。

这里的色彩使我的情绪特别高涨。我没有感到疲倦；今天晚上画另一幅油画，我要把它画完。当描绘的对象非常美的时候，我的神志往往是清醒的；我已经不再感到我自己，图画好像梦一般地从我的手下画出来。我只能让自己在这些不刮风的日子出去。我认为我现在的作品，比我最后送给你的那一幅画得更好一些。

我要尽可能地在别人准备1895年的大规模展览会时，好好地画出足够的画。我相当担心当天气变坏时我的心情会不好，但是我要借默写人物素描来避免这种情绪的出现。我所向往的事是努力作画，如果你们想让我在展览会展出作品，我将有足够的画拿出去展览。我不需要展览作品，但是我们的房子里应该有我的作品，以证明我不是一个懒汉，或是一个无用的废物，这样我就满足了。

米立埃对我今天画成的画（《犁地》）表示满意；他通常不喜欢我的画，但是土块的色彩画得像一双木鞋的色彩那样柔和，却没有使他生气。如果你喜欢《星夜》与《犁地》，我不会感到惊奇；在这些画中比在别的画中有着更加安静的气氛。这些画是用一层厚涂的颜色画成的。笔触不太琐碎，色调往往是混合的；总之我不得不用蒙蒂切利的方法把颜色涂得厚厚的。我常常想，我实在是蒙蒂切利的继承者，只是我还没有像他那样画情人们的肖像。德·拉列比·拉洛盖有一次对我说："蒙蒂切利啊，蒙蒂切利，他应该是南方大画派的一个头面人物。"

难道你不了解，我们要建立这样的画室？高更所画的，我所画的，是与蒙蒂切利的优秀作品相符合的，我们将向人们证明，蒙蒂切利没有趴在卡奈比埃咖啡馆的桌子上死掉，这个老好人仍然活着。我们的事情不会结束，我们将在非常扎实的基础上来推进。当我愈来愈多地看到北方的画家不想用色彩本身表现事物，而依靠运笔与所谓"绘画趣味"的时候，我相信一个新的善于运用色彩的画派将在南方生根。我在这个强烈阳光照射着的地方，发现了毕沙罗所说的话是正确的，高更写给我的信中也是这样说的："伟大的阳光的效果纯朴庄严。在北方，你几乎是无法想象的。"

我在火车站与你分手到南方来的时候，我是伤心的，几乎像一个病人，几乎像一个喝醉了酒的人。我想我们会有机会，在一个冬天真心诚意地与许多有关的人及艺术家进行讨论，但是我不敢抱有希望。经过你与我持续不断的努力，现在在地平线上已经出现了某种东西：希望。

我愈来愈认为，买卖画的正确道路，是遵从人们的艺术趣味；人们相信他们从艺术大师那里学来的东西。我相信画一幅好画与寻找一颗金刚钻或者一颗珍珠一样不容易。这就意味着灾难，你作为一个画商或者一个艺术家为着它拼命。但是一旦你得到了一些好宝石，你必定不再怀疑你自己了。这个思想鼓舞着我工作，甚至在我为必须花钱而苦恼的时候，也是这样。

我要求两件事：我要赚到我已经花掉的那样多的钱，以便把它们还给你；我要让高更有一个从事创作的平静环境，使他能像一个艺术家那样自由地呼吸。当高更愈是认识到他与我们在一起时，他会得到一个画派的领导地位，他就会愈快地恢复健康，就会愈热情地画画。

你是不是仍然留在高比尔画店，这无关紧要；你是画店的台柱。你会成为第一流的画作推销商。你提到你的两个新朋友，画家梅耶·德汉与他的朋友伊萨克逊，我心里高兴极了。荷兰艺术家们把你当作印象派作品的画商来谈论。我们一定不要忽略这一点。他们关于荷兰艺术、勃列特奈与雷巴德以及其他人对你说了些什么？最后，他们关于戴尔斯蒂格说了些什么？

是的，我能够看到我的画的前途，我将督促每一个到我身旁来的人进行创作；我将拿自己给他们做一个榜样。如果我们坚持这一点，将会有助于创作某些比我们的作品更具有永久性的作品。

我已经第二次刮去一幅在橄榄园里的基督与天使的习作；因为我在这里可以看到真正的橄榄树。但是我现在不能够，说得更确切点，是我现在不愿意在没有模特的情况下作画。然而我的脑子里已经有了这幅作品：一个多星的夜晚，基督是蓝色的，天使是混杂的柠檬黄色。

这几天我碰不上令人愉快的事。我的钱已经在星期四花光了，我已经有四天靠着二十三杯咖啡与仍然欠着账的面包过日子。经过了四天紧张的绝食以后，今天还剩下六个法郎，这些钱要用上一个星期。我在中午吃了东西，而今天晚上我将吃面包皮。一想到再向你要钱，我的心里就发腻，但是我没有办法，因为我已经又精疲力竭了。

这不是你的过错；如果说谁有错的话，便是我，因为我妄想把我的画都配上外框，我的预算中订做得太多了。我已经给两幅《诗人的花园》做了两个胡桃木的外框，框子做得极好。我找到了一个黄色的栗木的外框。《犁沟》与《葡萄园》用松木的外框就很好了。

唉！我的葡萄园的习作啊！我曾经像一个奴隶一样地画这些习作，我已经画出来了，它一方面是一幅油画，另一方面又是房子的装饰画。如果你能看见这些葡萄树多好呵！一串葡萄真的有一公斤重。今年秋天天气好，所以葡萄是顶呱呱的。我刚才画过的葡萄是绿色、紫色与黄色的，树的小枝是紫色的，大枝是黑色与橘黄色的。在地平线上有一些灰色的柳树，葡萄榨汁器在远远的地方出现，远处的城市显出淡紫色的影像。在葡萄园里，妇女们打着红阳伞，另外一些男人带着他们的二轮运货马车在收葡萄。

我敢设想，如果你看到这些习作，一定会说，在天气好的时候与在大热天，我同样可以很好地工作。工作把我牢牢地抓住了，我相信，如果我像这样继续下去，我是不会失败的；那些大油画也都很好。就是花钱太多了。但是不要担心，因为坏天气将要马上使我停止工作，就像昨天、今天与前天那样。我们这里连着下雨，道路泥泞。从现在到短促的冬天之间，这里有另一些天气极好的日子，并且要出现一些绝妙的天气变化的效果；然而主要的将是进行另一次突击。

我想在今年冬天画许多画。只要我能设法凭记忆画人物，我想总会有东西画的。纺织工人与编篮子的工人，常常把他们的手艺当作他们唯一的娱乐，孤单地度过一整年。然而对家的感情，家中用具的亲切的样子，使这些人老是待在一个地方而不感到厌烦。

我相信我不再有孤单的感觉，在天气不好的日子与漫长的夜晚，我会找到一些能吸引我全部注意力的工作。其次我也相信，有人同我一起画画的时候总会到来的。关于这一点，我一点也不怀疑。

我收到一封高更的信，他在信中写了一大堆不妥当的恭维话，而且他又说，他害了病，怕旅行。对这件事，我怎么办好呢？对患着严重肺病的人来说，那样一次致命的旅行受得了吗？

贝格真了不起！你告诉他，让他买了高更的习作，我很高兴；我曾经对他说过，我有一幅《星夜》，有《犁沟》《诗人的花园》《葡萄园》（简单地说，浪漫情调的风景画），我要他来看这些画。

…………

母亲的相片使我非常高兴，因为从相片上看到她很健康，因为她的表情是那样愉快。但是我不想看黑色的、不带彩色的相片。我要画一幅她的肖像，用我在想象中见到她时的和谐的色调来画。我也给家里写信，向他们要一张父亲的相片。

上星期我几乎给工作累死了。一阵猛烈的西北风气愤地扫过枯黄的树叶，所以我被迫安下心来。我刚刚一股脑儿睡了十六个小时，使我的体力很好地恢复过来。明天我将不再犯这种怪毛病。但我确实好好地干了一个星期，画了五幅油画。如果这星期它来一个报复，那是很自然的。要是我曾经更加安心地工作，你可以很容易地理解，一定又是北风把我抓住了。如果这里是好天气，你一定要把它利用起来；如果不抓紧，你就什么也干不了。

我刚才收到高更的自画像与贝尔纳的自画像，高更的肖像画的背景，是挂在墙上的贝尔纳的肖像，反过来也一样。高更的肖像当然极妙，我却很喜欢贝尔纳的肖像。这只不过是一个画家的提示（一些意外的色调，一些深色的线条），然而却有一种真正的马奈的特色。高更的画是更有功夫的，走得更远些。

这样一来，我现在终于有机会把我的画与别人所作的画做一个比较。我相信我以交换的方式送给高更的自画像是画得不错的。这是以淡孔雀蓝色为背景（不是黄色），前面是灰色的一幅画。我穿着镶蓝边的棕色外衣，然而我把棕色夸张成紫色。头部以浅颜色厚涂，背景也是浅颜色，几乎没有阴影。但我把眼睛画得稍微斜一些，像日本人的眼睛那样。

我写信给高更说，如果我可以在我的肖像中夸张我的个人特点，那么我已经这样做了；我在肖像中不仅努力表现出我自己，而且表现了一个具有印象派一般特点的画家。如果拿高更的思想与我的思想加以比较，可以看出，我的想法有点严肃，但并不悲观。贝尔纳说，他虽然已经有了一幅我的肖像，但是希望再有一幅像这样的我的肖像。他们并不讨厌我在人物画方面的表现，这使我感到高兴。

高更的肖像向我说明了，最重要的是，他不可以继续这样画下去，他必须重新变为画《黑人妇女》的"富有者"高更。他的肖像完全给我一个囚犯的印象。没有一丝欢乐，没有一点肉体的立体感。然而人们可以大胆地认为，他是存心想要表现一种愁闷的效果。处在阴影里的肉体，变成一种阴森的蓝色。谁也不可以用普鲁士蓝画肌肉，因为那样一来肉体便不再是肉体了；它就会成为木头。我敢于相信，在用色方面，勃列东的某些画要比他的好。

我得到这两幅肖像，心里十分高兴，因为这些画忠实地刻画了我们在这个国家的命运；我们不会老是像那样的，我们会返回到一种平静的生活。我明白地感到，我的责任是尽最大的努力，以减轻我们的贫困。高更似乎生病了，受了折磨！你等着吧；把这幅肖像跟他以半年时间画成的一幅做一个比较，一定会很有意思的，这个时间不会长久。他一定要与我一起吃饭，一起在可爱的环境中散步，找漂亮的姑娘交朋友；把现在的房子看作我们将要建造的房子；总之要使日子全都过得快快活活。

今天我的情况又很好。我的眼睛仍然疲倦，然而我的脑子里有了一个新的念头。另一幅油画——这一回画的是我的卧房，色彩起了很大的作用，色彩的单纯使作品有了肃穆的性质，使人联想到休息或睡觉。简单地说，看这幅画应该使人的头脑得到休息，说得更恰当些，是使人的思想得到休息。

墙壁是淡紫色。地面是由红砖铺成的。床与椅子的木头是奶油色。被单的里子与枕头是绿柠檬的颜色。被单是大红色。窗子是绿色。梳妆台是橘黄色。洗脸盆是蓝色。地板是淡紫色。家具的粗线条表现了不容侵犯的气息。墙上挂着几幅肖像图，还有一面镜子，一条毛巾，几件衣服。画的外框（由于画中没有白色）要用白色。

我要再画它一整天。你知道这幅画的构思很简单。它像日本版画那样，是用薄色平涂的方法画成的。没有点彩，没有画阴影的线条，只有调和的平涂颜色。这幅油画与《塔拉斯康的四轮马车》《夜间咖啡馆》将要形成一种对比。为了画完我的画，明天我要很早就在寒冷的晨曦中开始工作。

我的书法没有很大进步。我确实睡死了，我已经看不见东西，我的眼睛实在太累了。但是这里同善良的老塔塔林故乡有相似之处；我在这里过得愈来愈有味道，这里就要成为我们的第二祖国了。我没有忘掉荷兰——两个地方的差异使人常常想起荷兰来。

高更写信来说，他已经把行李寄出，他答应在本月二十日左右到这里；他在这几天就要来。我像你一样，现在一心想着高更。他的到来使我们非常愉快。我一定要设法很好地了解他。

"我们在哪一方面都是没有太大才能的。"

高更已经来了。他的身体健康。我以为他的身体甚至比我还好。

他对于你卖掉他的画当然很高兴,我也高兴,因为这样一来,为了购买画具而绝对必需的某些费用,就不用去忧虑了,就不要完全由你来负担了。他是一个很有趣的人;我深信与他在一起的时候,我们会画出许多作品。他在这里大概要画出大量的画,我或许也要画很多画。

我希望今后能稍微减轻你的负担,而且我大胆地希望能够大大地减轻你的负担。我认识到,即使因此而达到精神损毁与物质枯竭的顶点,我们还是必须努力画画;因为要把我所花掉的钱赚回来,除此以外,我到底没有别的手段了。我的画卖不出去,实在没有办法。

人们有一天总会了解,我的画的价值,要比我所花在画上的颜料价钱,以及我的生活(毕竟是十分贫寒的)费用高得多。但是,我的好兄弟,我所欠的债实在太多了,当我还清它的时候,作画的辛苦劳动亦将夺走我的终生,我会以为我还没有活过。唯一的问题是,也许那时候,画画对我来说会成为苦差事了,而画的数量也不总是那么多。

我有时感到我就要生病了,但是高更的到来使我不再注意这件事,我相信不会再有这种事了;如果我的费用不断增加,我也许会生病。因为我很苦恼,怕我逼得你超过你的力量去努力。我以为最好的办法,是把我们已经开始的、劝高更参加进来的事业贯彻到底。

我希望我们可以喘一口气,因为我们在可能卖掉高更的画这件事上有了极小的一点运气。我们这三个人,他、你与我,尽量想办法,一定能使我们重新振作起精神,以便对我们做过的事平心静气地加以评价。我暂时不担心我的饭食,仅此而已;不要担心我。

我们在一起每月所花的钱,不会超过二百五十法郎。我们在颜料上将只花很少的钱,因为我们要自己捣颜料。因此你不必替我们着急,也还有一个喘息的间隙;你非常需要喘一口气。我敢设想,高更与你与我,在六个月之内,会见到我们办起一个小画室,它将要一直办下去,成为所有那些想看看南方的画家的一个前哨,或者至少应该对他们有用。你将每月收到我的作品与高更的一幅画。只要你不因为我没有收入而手头太紧,我可以直率地说,你还是替我们自己保留着我的作品,不要把它们卖掉。如果我们的事情顺当,那么我们将不会有损失,因为它将会像酒窖里的酒一样,稳稳当当地成熟。

我把我的一幅画着一棵粉红色桃树的小油画配了外框,为的是想把它寄给布索·瓦拉东画店;我对自己的这一设想没有丝毫怀疑。如果你一定要让他们拥有一些我的或好或坏的作品,如果这件事能使你现在或者以后高兴,那么你有处理它们的全权。但是如果这是为了使我高兴,那么恰巧相反,我相信这是绝对没有必要的。我认为我以先前的方法,带着像这幅小桃树一样天真烂漫的油画回到他们那里去,是不合适的。我不希望布索老是有机会说什么"对一个初出茅庐的青年人来说,那幅小画画得不坏"。

不行。如果在一两年之内,我有了足够举办一个展览会的作品,比方说三十幅油画,于是我对他们说:"你愿意替我开一个展览会吗?"他们肯定会把我赶跑。天哪,我把他们看透了。所以宁愿永远不卖画,也不到他们那里去,除非把它当作一桩纯粹的买卖来办。他们愈是知道你把这些画卖光,就愈会跑到你那里去看这些画。

由于你自己不卖画,不展览我的作品,不在画店之外做生意,所以你会很正确地行动的。不要在我们自己的画店之外做任何交易。就我个人来说,或许我永远不再走进高比尔画店的大门,要不就不顾一切地闯进去,不过这几乎是不可能的。

如果你问我,有什么东西可以使我高兴,那么这就是:把你所喜欢的我的作品保存在你的家里,现在不要卖掉。由于房间太小,你可以把其余的画送到这里来。

高更与我今天就要在家里吃午饭了,这样可以省钱,所以我确实感到结果会是良好的。他懂得很好地做饭菜。我想我会从他那里学会这一手,这是十分方便的。

如果星期天你与我们在一起,你就可以看到一片红色的葡萄园,红得像葡萄酒。从远处看去,葡萄园就变成黄色;其次是有太阳的绿色的天空;下雨以后的土地是紫色的,接受了落照的反光的地方,处处闪耀着黄色的亮光。

高更几乎已经发现了阿尔的模特,我想我也会做到这一点的,但是对我来说,我所想的是风景。对于始终缺少模特,与在克服这个困难时碰上的无数别扭,我感到遗憾。我们想常常去看妓院,这样便可以研究她们。

我们每天画画,全天画画。一到晚上,我们都疲倦极了,就去咖啡馆,回来之后,很早便上床!我们的生活就是这样。我们这里当然也是冬天了,但是天气仍然很好。

我已经画了邮递员一家的肖像——邮递员、他的妻子、婴儿、小孩与一个十六岁的儿子；他们全都很有特点，是地地道道的法国人（只有邮递员的样子像俄国人）。我感到很得意。我想我要快点画，我想在画这些肖像时有更加精心安排的模特。如果我设法把这全家人的肖像画得更好一些，至少可以画出一些合乎我的胃口的与富有个人特点的作品。

我现在陷入了习作、习作、习作的完全紊乱中——一种使我心碎的紊乱，但是它在我四十岁的时候，将会使我持有一些财产。你始终对我说，要我作画多注意质量，不要追求数量。现在没有什么妨碍我们那样地去画大量的习作了。

我想我不能不马上寄给你一些油画。我现在有一些高更真正喜欢的油画——播种的人、向日葵、卧室。高更带来一幅他向贝尔纳交换来的大油画——一些在绿色田野中的布列塔尼妇女。

高更没头没脑地对我说，现在是我改变画风的时候了。

我急于有一天能认识梅耶·德汉与伊萨克逊。如果他们在什么时候到这里来，高更一定会对他们说：到爪哇去画印象派的画。因为高更虽然在这里努力作画，但是他仍然怀念着热带的国家。

他手头有一幅我的肖像，我没有把这幅画算进他的无成效的工作中去；他现在在画一些风景画，最近画了一幅洗衣妇，我认为很好。你将会发现，有些人马上会责备他不再是一个印象派画家了。

他被邀请参加"二十人"展览会。他的空想早已使他想住在布鲁塞尔，那样做确实是一个让他能重新见到他的丹麦妻子的办法。我担心在他与他的妻子之间存在着难以解决的矛盾，可是他更加关心他的孩子，从他所画的肖像看来，那是一个很漂亮的小孩。

我们在哪一方面都是没有太大才能的。

同时高更在与阿尔女人来往方面却很走运。他结过婚，但是他对这件事满不在乎。我收到一封丢沙丹先生的信，谈到我的作品在他的"土牢"中所开的展览会。我对于拿一幅画作为计划中的展览会的报酬这个念头，感到非常厌恶，我唯一可以回答这位先生的话是：我已经改变了我的计划。所以独立路的展览会不举行了。

我们几乎没有展览过作品，是不是？最初有几幅油画在汤基那里展出，另外的在托马斯那里，然后在马丁那里。我对你说，我看不出展出这些画有什么好处。我们自己不必着急，我能够在这里继续画下去，为一次更加有分量的展览准备展品。在我的作品还不多的时候，我根本不需要展览；我的目的就是这样。

居约缅曾经给高更写信。他似乎很穷，现在有了一个孩子；他一定要画出一些优秀的作品，但是他受到不能出门的限制，因为他害了红视症。

我们这里现在又刮风又下雨。我现在不孤单了，这使我很高兴。在天气不好的时候，我就凭记忆作画，如果只有我一个人，我是不会这样做的。高更使我有勇气去想象，根据想象作画，肯定会使绘画具有一种更加神秘的性质。我已经在画一幅我们在埃顿的花园的记忆画，画中有卷心菜、丝柏、天竺葵与一些人物。由于凭想象作画容许我不出门，所以我对这种尝试并不讨厌。

高更已经画完他的油画《在收获葡萄时节的妇女们》。这是一幅与《黑人妇女》同样好的画。他几乎也要画完他的夜间咖啡馆，并且正在画一幅别出心裁的画：在干草中的一个裸体妇女，旁边还有几头猪。这可能是一幅很好的画，很有特点。他是一个伟大的艺术家，与他交朋友很有意思。

我也画了一幅葡萄园的油画，全画是紫色与黄色的调子，有一些用蓝色与紫罗兰色画的很小的人物，以及黄色的阳光。我认为你可以拿这幅油画与蒙蒂切利的一些风景画相比。

最近我画了一幅阿尔妇女，是用一个小时迅速画出来的。背景是浅柠檬黄色的，脸是灰色的，服装是黑色的，有一些纯粹的普鲁士蓝。她靠在一张绿色的桌子上，坐在一把橙木的扶手椅子里。

我也画了一幅一家妓院的粗糙的速写；我很想画一幅描绘妓院的油画。我最近画的两幅习作很怪：一把有金黄色灯芯草垫子的木椅，红砖的地，衬着墙壁（画的是白天）。其次是一把高更的扶手椅，红色与绿色的晚上的印象；椅子上有两本小说与一支蜡烛，厚画布上堆着厚厚的颜料。

我发现用平木条钉在内框上做外框与上漆，是很容易的；我已经开始做这种外框。我想我们不得不停止在晚上画素描及写信，因为有更多的我们应付不了的工作要做。

毛威夫人寄来一封对我的赠画表示感谢的信，我知道你听到后心里会高兴的。这是一封十分恳切的信，她在信中谈起过去的日子。另一件使你高兴的事，是我们增加了艺术家肖像的收藏品——拉瓦尔画的一幅非常好的自画像。这是一幅很豪放、很出色的画，是一幅你所说的在别人认识到它的优点之前，就要抓住不放的画。

我的房间里摆满了画布。当高更把他的画寄给你的时候，我却拿不出作品来，是令人遗憾的。这是因为他告诉我，怎样用时时冲洗的办法除去厚涂画成的作品上的油脂。如果我现在把这些画寄给你，画上的颜色将会比以后阴暗一些。如果你稍稍等待一下,你是不会有损失的;我们不会为了保存那些可爱的旧作品而轻视现在的作品。我的运气很好,我充分了解我的欠缺之处,内心里对于别人讲我画得太仓促的指责不以为然。

高更有一天对我说,他看到一幅克洛德·莫奈的油画,画的是在一个日本大花瓶里的向日葵,非常好;但是他更喜欢我画的向日葵。我不同意他的意见;但是如果在我四十岁时,画出一幅他所说的那样好的人物画,我就会在任何人(不管是谁)的旁边,在艺术中有一个地位了。所以要好好地干下去!

昨天我们到蒙特贝耶去参观美术陈列馆。那里有德拉克洛瓦、库尔贝、乔托、保尔·波特、波提切利、提奥多·罗梭的油画——精彩极了。我们都给魔术迷住了,因为正如费罗曼丹所说的那样,伦勃朗主要是一个魔术师。

关于德拉克洛瓦与伦勃朗,高更与我谈了很多。我们的争论非常激烈;我们在争论以后,脑子空虚得像一个放电之后的电池。

我心里想,高更对于阿尔这个美丽的城市,对于我们一起在这里作画的黄色小房子,特别是对于我,是不怎么满意的。事实上他与我一样,在这里也有一些重大的困难必须克服。但是这些困难与其说是外来的,不如说是我们本来就存在的。高更有很强的创造力,但正由于这一点,他一定要有安静的环境。他会在不论什么地方找到这种环境吗?

〔第二天,十二月二十四日,高更发电报叫提奥到阿尔去。文森特精神极度兴奋,发高烧,割掉了自己的一只耳朵,把它作为一件礼物送给一个妓院里的女人。当时出现了一个混乱的场面:邮递员鲁林设法把他送回家,但是警察来干涉,发现文森特伤口流血,躺在床上不省人事,于是便把他送到医院里去。提奥到那里去找他,待在那里,过了圣诞节才离开。高更与提奥一起返回巴黎。到十二月三十一日情况良好。——约翰娜注〕

"疾病使我不可能攀登这个顶峰。"

我在雷大夫的诊所,外科医生的房子里写这封信。他把我叫到他的诊所里去聊天,他要你放心地让他照顾我。他的预言说准了,我的精神过度兴奋只是暂时的,他感到高兴。他相信再过几天我便会恢复正常。

我将在这儿的医院里再住上几天,然后有望平静地回到家里。临时女工与我的朋友鲁林照管房子,把一切都安排好了。鲁林真心地待我,我认为他始终是一个知心朋友。我很需要他的友情,因为他很熟悉农村。

当我出去时,我将能重新画画;好天气就要出现,我就要开始到花朵盛开的果树园里去画画。

我的好兄弟,我为你的旅行苦恼。我希望你能为此事腾出时间来,因为这毕竟对我没有什么不好,你没有取消你计划的理由。当阿尔的天气很好的时候,我为什么不让你来看看这里的景色呢?你现在可以在早晨看到这种好风景!

我只求你一件事,你不要着急,因为那样会使我更加着急。请你不要记挂我的健康;我只要知道你的事业进行得顺利,我的病就会完全治好。我一再读你谈到与朋热结识的那封信。这是一封写得很好的信。我们不能够改变既成事实,但是你要告诉朋热,我对由于无意的耽搁,使你来荷兰的旅行还没有实现,感到非常遗憾。

但愿我发作一次艺术家的怪毛病,在好像割断动脉造成非常严重的失血之后,狠狠地发一次烧;那样一来,我的胃口马上就会转好,我的消化功能就会恢复,我的血液便会再度正常地循环,我的头脑也才会一天比一天清醒。我以为我可以在这里过着比去年更加宁静的日子。

今天我回到了家里。鲁林与我一起吃午饭。他在马赛找到了工作,大约在二十一日离开这里。薪水的增加极其微小,他的妻子与小孩要等到很久以后才能到那里去,因为在马赛全家的费用要比这里大得多。他与他的妻子都伤心极了。

他们告诉我,当我不在家的时候,房东把我的房子让给一个烟草商人,与他订了租约。这件事使我很烦恼,因为我把房子的里外已经重新油漆过,并且安装了煤气,我实在不想在受气的情况下交出这间房子——事实上,正是我使这幢长时间不适于居住的房子,变成可以住人的房子。

我已经有好些时候不能写信了，但是现在这种情况已经过去，我已经抓住最初的机会，以最深沉与最真挚的友情写了几句话给高更。我在医院里经常想念他，甚至在发高烧与身体相当虚弱的时候也是这样。我把他吓坏了吗？他为什么不把他的近况告诉我？你见到在他那里的我的画像了吗？你见到在那几天中他画的自画像了吗？如果你把那幅肖像拿来，与他从布列塔尼寄给我的一幅做一下比较，你就可以发现，总的来说，他在这里休息得很好。

我已经写了一封短信给母亲，又写了一封给维尔，目的是在你已经把我生病的消息透露给他们的情况下，使他们放心。

今天早晨我重新着手作画。我在开头将先画一两幅静物画，以便恢复画油画的习惯，一等到我感到画得还顺当，马上就要画一幅雷大夫的肖像。他听别人提到过一幅伦勃朗的油画《解剖课》。我对他说，我们可以替他弄到一张按照这幅油画刻成的版画，给他仔细观看。这一定会使他十分高兴的。

今天早晨我在医院里换了一身服装，与雷大夫一起散步一个半小时。我们对每件事都谈到一点，甚至谈到自然史。我对他说，我对于我没有做一个大夫始终感到遗憾，那些认为图画很美的人，除了发现绘画只不过是一种对描绘对象的研究以外，是找不到其他东西的。

我的身体已经康复，伤口已经愈合，严重的失血已补救过来。最担心的是失眠症。大夫不曾对我谈到这件事，我也没有对他提起这件事。但是我把气味极其浓烈的樟脑放在我的枕头与褥子下面，与失眠症展开战斗。我很怕一个人睡在这幢房子里，我担心我睡不着觉，但是这个问题已成过去，我敢说它不可能再出现了。在医院时，失眠的痛苦是很严重的，可是我可以作为一件奇事对你说，我在失眠的时候老是想着德加。高更与我曾经谈到他，我向高更指出，德加曾经说过："我为了画阿尔妇女，要把钱积蓄起来。"

告诉德加，我一直到现在都没有力气画阿尔妇女，如果高更替我的作品说好话，叫他不要相信高更；因为到现在为止，这只不过是一个病人的作品而已。如果我恢复健康，我一定重新开始画画，但是我不可能再达到最高点了；疾病使我不可能攀登这个顶峰。

在我接到你恳切的信之前，今天早晨，我接到你未婚妻的一封信，通知我你们已订了婚约。因此我对她致以衷心的祝贺，我在这封信中对你重述这一祝愿。我担心我的小病可能会阻止你那十分必要的旅行，这次旅行是我热切地长久盼望而终未实现的。我现在感到我非常正常。

我始终认为，为了你的社会地位与在家庭中的地位，你应该结婚，这是我们的母亲多年以来的希望。由于你做了你所应该做的事，你也许会得到更多的安静，即使你陷入比以前多出一千零一个的困难之中。

最要紧的是你不要拖延你的婚姻。你有妻子在一起，就不会再孤单，房子不会空着了。家里或许还会有别的人。

不论我对父亲与母亲有什么别的看法，他们作为结了婚的人却是一对模范——像鲁林与他的妻子一样。我将永远不会忘记母亲在父亲逝世那一天的表现，她当时只说了一句话，这件事使我比从前更加敬爱亲爱的老母亲。

我在害病的时候，重新看到了在宗德尔的屋子里的每一个房间、每一条小路、花园中的每一样植物、周围田野的景色、邻居们、教堂、我们房子后面的菜园——一直到墓地中的阿拉伯胶树上的一个鸟窝。这是因为我对于那些最初的日子，比对其他任何时期有着更加深刻的记忆。除了母亲和我，没有谁能够记住所有这些事。

你该知道，在你举行婚礼的时候，我将会感到多么高兴。看在你的妻子的面上，在高比尔画店里常常有一幅我的画，该会是件好事；如果你愿意展出两幅向日葵，你是可以办到的。你会发现这些油画引人注意。这样的画能够改变人的眼睛，当你长时间地看着它的时候，它会呈现出它的丰富性来。

你知道，芍药是杰宁的，蜀葵是科斯特的，向日葵则是我的。

生活对我来说是不容易的。我不能够与你在这里玩一天，让你看看我正在画的作品与我的房子，多么遗憾！我现在宁愿你看不到我现有的东西，而不愿在可怜的情况下使你得到一个对于我的作品的印象。

如果你现在同意的话（现在高更已经离开了），把每月的汇款减到一百五十法郎。我们也许应该研究一下这个月的费用。我的作品不论从哪一点看都是可怜的。但是怎么办呢？实在是件麻烦的事。虽然我的画在实际上使我花掉很多钱，甚至使我绞尽脑汁，但是我的画不值钱。在我出院的那一天，我们已经不得不为我支出一百多法郎。对于这一点我还必须说一句，那天我与鲁林在饭店里吃了一顿称心的午饭，兴致很高，不担心旧病复发。

就医院的账单而论，这件意外的事使整个家都搞得乱七八糟了，所有的布单与服装都是肮脏的。难道这里有什么奢侈浪费？如果我一回家立刻就还清那些几乎与我一样穷的人的债务，那该是多么好啊！我是不是做错了，或者我可以更加节省一些？

结果是八日前后我就身无分文了。一两天后，我借到了五法郎。这些钱好容易把我拖到十日。由于你的信直到今天（一月十七日）还没有到达，在这段时间内，我是在最严格地绝食；最使我痛苦的，是我不能在这样的情况下恢复健康。

虽然如此，我还是重新开始画画，我已经在画室里画了三幅习作；雷大夫的肖像还不算在内，我是把这幅画作为纪念品送给他的。在这样的时刻，没有什么会比生一点病与随之而来的不幸更加坏事的了。我感到我的身体虚弱，心中很不安，容易受惊。

他们告诉我，过度的敏感可以由我的发病得到解释。实际上，我只不过是贫血而已，我必须使自己吃饱饭。我随便问雷大夫，对我来说，目前最重要的问题，是不是恢复我的力气，万一要饿上一个星期，他是否会经常想起我不曾发疯的时候。

至于由高更的电报所引起的你的破费，难道是高更本人声称的他要采取的一种高明的办法？假如我像你所设想的那样莽撞，那么，我们杰出的伙伴是不是会收敛一些？

我们来谈谈我们的朋友高更吧。他怎么可以借口说，他担心他的到来会使我为难。可是他几乎不能否认，我一直不断地在找他，人家一再对他说，我一定要马上看到他——请你对他说，我们将在不使他为难的情况下，在他与我之间保持着这种关系。他是不听这个意见的。

我不完全赞成你用那样一种方法给高更钱，那样的话，他只能庆幸他与我们做过几次生意了。由于噩运，也许会出现另一种比这更大的开销。

他是不是已经了解，我们并不是剥削他，相反地却是急于要保障他的生活，或者他的工作与面子。如果这种做法与他拟订的艺术家协会的计划书不一致，与他脑子里其他的空中楼阁不符合，那么，为什么不认为他不应该对由他的轻率而招来的麻烦与浪费负责呢？但是这种行为可能是由你与我引起的。

如果高更严格地检查自己，或者让专家来检查，我实在不明白结果可能怎样。我已经见到他在各种情况下做那些你与我不会让自己去做的事，因为我们有良心；我已经听到两三件关于他的这类事。当我就近观察他的时候，我想他是给空想，或者是给骄傲弄得神魂颠倒了，可是，他是不负这个责任的。他有一个长处，便是他能用不可思议的方法，把费用的支出逐日安排好。当我时常精神恍惚，心里老是想达到目标的时候，他却每天考虑着金钱，好像目标已经达到似的。但是他的弱点却是，当他碰上突然的刺激，或者一阵莫名其妙的骚扰时，他就会把已经安排好的一切打乱。

我对高更决定不再跟我说话与跑掉的奇怪行为很有意见。在我们大胆地分析了情况之后，不难看出他是印象派的波拿巴小老虎，一直到他（我实在不知道该怎么说）从阿尔消失不见为止，就像是那个从埃及回来的小科普雷尔一样——这个人后来也曾在巴黎露面，他总是使军队陷入困境中。

我在你结清他的账单这件事上，看出你的行为有着崇高的理想。

高更的身体比我们好，因此他的感情也比我们强烈。他已经做了父亲，他在丹麦有老婆与孩子，同时他却要到地球的另一头——马提尼克岛去。这样做的结果，势必会使他的欲望与要求发生冲突，这是非常可怕的事。我冒昧地向你保证，如果他与我们一起，老老实实地跟我在阿尔作画，不浪费金钱，在你照顾他的画的情况下挣到钱，他的妻子一定会给他写信，赞成他安下心来。可是他害了一场大病，当时最重要的事是看病与进行治疗。现在他的病已经好了。

高更对南方怀着一种美妙的幻想，他到北方工作时，心里也是存在着这幻想的！真的，我们或许又要由此闹出笑话来。

他要拿我的一幅《向日葵》与他进行交换，我以为这是很奇怪的事；我想，他留在这里的一些习作，或许是当作礼物送给我的。我要把他的习作送还给他，它们对他大概还有用处，我是不需要的。我一定要留着我所画的《向日葵》，他已经有两幅我所画的《向日葵》，应该满足了，如果他还不满足，可以取回他的马提尼克小油画，以及他从布列塔尼寄给我的他的肖像，同时把我的两幅肖像以及他带到巴黎去的两幅《向日葵》送还给我。高更对于他所谓的"巴黎的银行事务"是有经验的，他自以为在这一方面很精明。你与我也许太不注意这种事了。

反复地谈论这些问题使我厌烦。由于刚好在这个时候你花掉这笔钱，我感到很难过；这件事对谁都没有好处。现在它已经与其他事情一起过去了，它再一次证明了"祸不单行"这句古话。困难使我变得谨小慎微，但是我没有放弃希望。

当我在病后重新看我的油画时，我认为其中最好的是画着卧室的那一幅。今天我画我的空椅子，这是一把白木椅子，上面放着一个烟斗与一个烟袋。这幅画与《高更的椅子》是一对姐妹作。我在这两幅画中想用鲜明的颜色画出光的效果。

我不太操心及时卖出画，这是由于我的画的数量还不多；但是画的数量在增加，我以铁一般的意志重新动手作画。

我给你画了一幅新自画像。我刚画完一幅新的油画，这幅画是用你会称之为别致的风格画成的：一只装着柠檬与橘子的柳条编成的篮子，一根丝柏的枝子，一双蓝色的手套。你是见过一些我画的放水果的篮子的。

我既有坏运气也有好运气，而不只是坏运气。如果我们那幅蒙蒂切利的花束在收藏家的眼中值五百法郎（实际上正是这样），那么我敢向你发誓，我的《向日葵》在那些苏格兰人与美国人的眼中也值五百法郎。在你来看我时，你一定已经注意到高更房间里的两幅《向日葵》。我刚才在复制画上画完最后一笔,这是与那两幅《向日葵》一模一样的复制品。

我的健康与我的创作的进展还不太糟糕。当我把我现在的情况与一个月之前的情况进行一次比较时,我大吃一惊。我知道,人们能够在他们的腿与手臂负伤后恢复健康;但是我不了解,他们是不是在伤了头脑之后也能恢复健康。我对自己仍然有一种"身体好了之后有什么好处"的想法,甚至恢复健康在我的心里引起了惊慌。可是无法使人忍受的幻觉终于停止了,现在这些幻觉已经变为一种单纯的噩梦,我想这是我采用溴化钾治疗的结果。

我要趁着还是冬天,继续画我的画。由于新的费用,我的生活要发生很大的变化,或许还要搬家。我在长期内弄不到一个休息的场所。我没有放弃作画,因为在工作真正开展时,就会走好运;我相信我的画会赚回作画所花费的钱。

或者马上把我关进疯人院(在我头脑不清醒时,我并不反对进疯人院),或者在采取预防措施的情况下,让我以全力画画。如果我不发疯,那么,从开始时就答应送给你画的诺言就要兑现;如果不把我关进病房,我至少还有支付所欠债务的能力。我将要从早到晚工作,迅速地向你证明(除非我的工作是另一种幻觉),在我们插手在蒙特贝耶的勃里阿斯的伟大工作之前(他为在南方创立一个艺术学派做了很多工作),对这个工作已有一个明确的认识。

在接下来的二月与三月,我想要完成我在去年画的一些油画习作的简单的复制品。我们曾经追随印象派画家,我现在要尽力去画完这些油画,这些作品将使我在他们中间得到一个我想要的小小的位置。

在你结婚的时候,我一定要进行一些安排,我要在这段时间之前画两个月的画。

在结婚以后,在明年春天,你与你的妻子将要创立一家世代相传的画店;这不是一件很容易的事。在画店开张以后,我只要求当一名绘画雇员,至少在你们的画店足以给这样一个人付出薪水的时候,给我一个这样的位置。你曾经为了支持我而过穷日子,但是我要是不死的话,我会把钱还给你的。到那个时候,你善良的妻子已经来了,她将使我们两个老家伙重新变得年轻、实在,只要这个世界存在,艺术家与画商总会有的,尤其是像你这样同时又是艺术宣传家的人,更是如此。

鲁林在昨天走了。我手头有一幅他妻子的肖像,那是在我生病之前动手画的。为了画这幅画,我在调色板上安排了从玫瑰红到橘红的红色,从正黄到柠檬黄的黄色,淡绿及深绿色。如果我能够画完这幅画,我一定会很高兴的;但是我担心,由于她的丈夫走了,她不想再让我画。

虽然现在人人都怕我，但是这种情况早晚总会改变。我们全都是不免一死的人，是各种疾病的患者；生病当然不是一件使人愉快的事，但是人们对它有什么办法呢？最好是尽量不生病。

你告诉我的关于高更的情况，使我感到十分高兴；他曾经应邀去参加比利时的展览会，现在在巴黎取得了一些成就。想到他已经有了立足之地，我很高兴。

有了我的这个小乡村，我完全不需要跑到热带地方去。我始终相信，热带是有东西可以画的，但是我太老了，尤其是我的一只耳朵装上了纸壳子，一个纸人到那里去是吃不消的。高更一定要去吗？

我们只是链条中的一些环节。老高更与我在内心里互相了解，如果我们有点发疯的话，那有什么关系呢？我们不也是规规矩矩的艺术家，有资格去反驳对我们的画所产生的怀疑？也许有一天人人都要患神经官能症、跳舞病，或者别的什么病。有没有解毒药呢？德拉克洛瓦、贝辽兹与瓦格纳都有。至于讲到我们这些艺术家的疯狂，我坚决认为，我们的解毒药与安慰，可以看成一种充分的补偿。它再次证明，世俗的野心与名誉消失了，但是人们的心脏仍然跳动；人们对于被埋葬了的祖先，对于后代人，都一样地抱着深切的同情心。

昨天我到福利·阿列西安奈去，它是这里新办的剧院。这是一个普罗旺斯的文学团体，他们演出圣诞歌或者牧人剧，使人想起中世纪的基督教戏剧。昨天是我第一次睡觉不做噩梦。

就像我所说的，我的情况显然在好转；我的内心充满了各种各样的感情与希望，因为我对我的健康逐渐变好感到出乎意料。突然出现了没有刮风的好天气，我曾经想画画，但是由于我对它不再抱着希望，出现这样的天气倒使我吃了一惊。在我的谈话中仍然有着先前那种过度兴奋的征兆，但是这不足为奇，因为每一个生活在美好的塔拉斯康乡村的人，都有一点疯疯癫癫的。

邻居们对我都很友好，因为这里的每个人都遭受热病、幻觉或者疯狂的痛苦；我们像是一个家庭中的成员似的互相了解。我在失去理智时去看过一个姑娘，当时她给我吓得晕倒了，但是后来恢复了平静；我去看了她。他们告诉我，在这个地方，这样的情况并不是罕见的。他们都认为她是个好姑娘。

警察局局长今天非常友好地来看我。他在告别时对我说，任何时候如果我需要他的帮助，可以把他当作一个朋友去找他商量。我绝不谢绝他的帮助，如果他们在房子问题上找麻烦，我可能马上就会处于那种需要帮助者的地位。

我知道，如果有的人胆大一些，就会来找我画像。鲁林虽然是一个穷人与一个小雇员，却是一个很受尊敬的人；你知道，我画过他全家人的肖像。医生曾经严格地命令我出去走走，不做任何用心的工作，但是工作可以分散我的注意，我需要某种消遣；说得确切些，工作使我控制住自己，因此我不能让自己不工作。我对那些探问我的健康的人说，我将以一死离开他们，到那时，我的病也就没有了。如果你染上了"乡村病"，你以后就不会害别的病了。我的意思是说，我对自己不再抱幻想了。

当我由善良的老鲁林伴着出医院的时候，我想，我没有什么病，但是后来我感到我生过病。是的，我有过为激情、疯狂，或者为坐在三角椅上的希腊先知的预言所苦的时候。而且我好雄辩，像阿尔女人那样能说会道。

所有这一切使我感到非常衰弱。我的体力要是能恢复过来，该多么好；可是我对雷大夫说过，在我出现一点严重的症候时，我就要回来，请他或者埃克斯的精神病专科医生治疗。将来我时常要有一个医生伴着，因为他对我最了解，这一点已经成为我留在这里的另一个理由。

如果我们（你或者我）生了病，除了麻烦与痛苦以外，还能够有什么成就呢？这样一来我们的雄心就要彻底垮了。我们还是安下心来继续工作吧。我们还是尽可能地注意身体吧。

你所属的团体是否会因此感谢你呢？也许不会，艺术家们对我曾为组织美术团体而努力与受苦，始终表示怀疑，他们对你也好不了。我现在认为，印象派要组织与巩固是完全不可能的。也许是我过于把这些事放在心里，也许是他们过于使我伤心。

你要尽你的职责，我要尽我的职责；就目前情形说，我们已经不是用言语，而是用别的方法完成了自己的职责，在事情进展的末了，我们也许会以一种平静的心情重新碰面。至于我的精神错乱（在那种情况下，我最心爱的各种东西全都动摇了），我不把它作为事实来接受，我不会成为一个虚伪的预言家。病或者死，对我来说，确实不是什么恐怖的事了。

但是你怎么会同时想着结婚与死呢？

我收到高更一封充满各种各样矛盾的计划的信；他的作品能够赚钱的日子就在眼前。我还没有给他写回信。幸亏有一件事是肯定的，高更与我彼此都愿意，如果有必要的话，我们会重新在一起。

高更非常喜欢我画的《向日葵》，万一他向我要一幅《向日葵》，而把他自己画的两幅画送给你的未婚妻与你，我会很愿意的，这不是恰好平等的交换，而是超出了平等。

至于讲到独立派画展，只把《收获》与《白色的果树园》送去就行了，如果你愿意的话，可加上小幅的《普罗旺斯姑娘》或者《播种的人》。我不把这件事放在心里。我心里所想的一件事，是有朝一日要收藏三十幅或者更多的优秀习作，在我们的绘画事业中，给你留下一个更加振奋人心的印象。我现在正在画的这些画，加上你已经从我这里拿去的一些画，像《收获》与《白色的果树园》，将要奠定一个相当充实的基本的收藏。天啊，现在这些画不得不分散掉，可是当你看到全部作品时，我敢相信，你会从这一点上得到安慰的。

关于黄色的小屋，在我付了房租以后，房东的代理人对我很客气，用平等的态度对待我，像一个阿尔人的样子。后来我对他说，我不需要租借期限。为了恢复我的精神，我要感到我是在自己的家里，我要暂时留下这幢房子。

但是当我考虑到我不生病时，我们就不必这么办。不健康就生病。我的意思不是说，我不会有一连几次长时间的休养，而是这里生过与我同样病的人曾经对我说过的一种事实：你常常会出现头脑不清醒的时候。因此我不要你说我一切正常，或者说我永远不会不正常。

我将尽可能地遵从大夫的嘱咐，我认为那是工作的一个部分，是我必须去完成的责任。在这里的医院里，他们对于这一切都十分了解，如果你不虚假地害臊，而坦白地把你的感觉说出来，你就不会给看错病。

〔凡·高在二月又进医院。他怀疑有人要把他毒死。萨耶斯大夫（阿尔的新教牧师，当提奥在十二月到凡·高那里去的时候，发现他对凡·高很关心）写信来问凡·高的情况。雷大夫在二月十二日打电话回答说："凡·高的情况很好。我留他在这里。"——约翰娜注〕

我的精神很不好，写信对我的身体没有好处。今天我暂时回家，我盼着病好。

我时常感到身体很正常，我以为我所患的只是这个地方特有的病，即使病又发作（让我们说不要再发作吧），我也一定要安心地等待它过去。但是我对雷大夫说，如果迟早想要求我走，我就到埃克斯去，这是他以前提议过，而我同意的。

作为一个画家与一个工人，我的性格是这样：任何人，甚至是你或者一个大夫，如果采取那样一个步骤而不事先通知我，并且与我商量的话，我是不能答应的。一直到现在为止，我在工作的时候始终保持着镇定的态度。我有权说（或者说我可以自己主张），把我的画室设在这里好呢，还是把它全都搬到埃克斯去好。

我在这里的好处，就是里维常常说的"他们全是病人"，因此至少是不会感到孤单的。我已经在我的邻居中与雷大夫那里找到了这样的友情，使我确实认为宁愿老是生病，而不愿忘掉这里的善意。这里的人对画家与绘画怀着令人惊讶的偏见。这里的人讲迷信，怕画他们的像，他们在城里曾经谈到这一点。

不幸的是，我容易受别人的信仰的影响，不敢嘲笑那种也许是荒唐的见解。但是我已经在这里待了不止一年，听见几乎所有加在我自己头上，加在高更头上，以及加在绘画头上的罪状。他们知道我进了医院，如果病重新发作起来，没有什么可说的，他们懂得干什么。即使有必要，我也不想让别的大夫替我看病。我在这里曾经两度进入疯人院，为什么我不在这里采取"既来之，则安之"的态度呢？

你不必替我考虑得太多，也不要着急。我们大概不得不听其自然，而不可能采取一些预防措施，来大大地改变我们的命运；不论酸甜苦辣，我们都能一口口地把它咽下去。如果我知道你心里平静，我的日子也就会好一些。

唯一的问题是，我希望能继续用我的双手，赚回我所花掉的钱。我们这里出太阳并且刮风；我常出去走走，以呼吸新鲜的空气。昨天与今天我都在画画。

如果在另一个时期，我不是这样敏感的话，也许会对这个国家里我以为是乱七八糟与越轨的事大开玩笑。现在我对这种事并不特别高兴。算了，算了，毕竟有许多画家因为这样或者那样而发疯，我会慢慢地安慰我自己的。我比以前更加懂得高更一定要受罪的原因，因为他在热带地方得了完全相同的病——就是这种过度的敏感。

由于我在这里的遭遇，我现在不敢劝画家们到这里来；他们要冒丧失智慧的危险。这事要与科宁、德汉、伊萨克逊商量。让他们到安蒂布斯或者尼斯去；也许孟顿是比较健康的。

你非常体贴地说，我可以到巴黎，但是我以为大城市的刺激是我所受不了的。

〔二月二十七日，凡·高又进了医院，这时候没有发生什么问题。他整整一个月平安无事。——约翰娜注〕

"在现在这个社会里，我们艺术家只不过是一个破罐。"

我在你的友好的来信中，似乎发现了那样多出于兄弟之谊的苦恼，我想，打破我的沉默是我的责任。我是在神志清醒时而不是发疯时给你写信的，是以兄长的身份给你写信的。这是实在的情况。

这里的一些人向市长提出一个上诉书（在上面签名的有八十多个人），把我描写成一个不宜于自由行动的人。警察局的巡官下命令把我监禁起来。所以我在这里的漫长日子是在禁闭中度过的，住在一个有几个看守管着的单人牢房里。我没有犯罪的证据，甚至不可能证明我犯什么罪。不用说，在我的灵魂的秘密法庭中，我对所有这些会有很多答辩。不用说，我不会生气，我认为在这样的事件中，替我自己剖白就是控告我自己。我只要让你了解。

你知道，当你发现这里许多人怯懦地纠集在一起反对一个人，一个病人的时候，就好像是人家在你的脑门上揍了一拳。在我真心诚意地尽全力对人们友好的情况下，这的确是一个厉害的打击。

就我的精神状态来说，我受到了很大的震动，但是可以说，我不顾一切地恢复了平静的心情。强烈的感情冲动只会恶化我的病情；当我现在心情完全平静下来时，我很容易因为新的感情冲动而重新陷入精神过度兴奋的状态。如果我不停止发火，我马上就会成为一个危险的疯子。但是在我经历了反反复复的打击以后，我变得谦恭了。因此我有了耐心。我担心，如果我在外面自由行动，在遭到触犯与受到侮辱的时候，我不能始终控制住自己，那样他们就会从中得到好处。在这里除了没有自由以外，我的景况是不坏的。

最重要的是你也要保持镇定，不可以把你的事业搞垮。你有一个安定的家，这就是我莫大的利益——在你结婚以后，我们也许能找到另一条更加平坦的生活道路。

同时，我请你让我在这里安静地待着。人家对我说，市长与巡官一样，都是真心友好的，他们会尽力去解决这一切问题的。我对市长说，如果要使这些好老乡高兴，我打算投河自尽；不管怎么说，如果我真的要自杀，我绝没有伤害他们的意思。而且我对他们说，我负担不了这笔费用。我不能没有钱而搬家。我已经三个月没有画画了，请注意，如果他们不使我生气与跟我为难，我就能够作画。

这是侮辱——也就是说，一切都是没有理由的。我并不否认，我宁愿死掉而不想引起那样的麻烦与受那样的罪。算了，受苦而不抱怨，是我已经学会的第一课。我们所能够做的事，也许就是对我们莫大的痛苦一笑置之，就像人世间的一些伟大人物所做的那样。要像一个男子汉那样地处理这件事，向着你的目标勇往直前。在现在这个社会里，我们艺术家只不过是一个破罐。问题就在于，你要承认你命运中存在的客观事实，然后你才能心安理得地活下去。

由于没有别的事分散我的注意（他们甚至禁止我吸烟——虽然别的病人是允许吸烟的），我整天整夜地想着我所认识的人。我实在想把我的一些油画送给你，但是门上了锁，警察与看守监视着我。如果我干脆成为一个疯子（我不能够肯定地说，这是不可能的），无论如何也会受到不一样的待遇，他们会给我新鲜的空气，也会让我画画。这样的话，老实说，我就会服从。我亲爱的好兄弟，不要担心，我现在心绪很平静。这也许是一种他们要我保持着的疾病隔离。

医院的管理人（我不知道该怎么说好）非常非常能干，非常聪明，非常伟大，他们甚至是印象派画家，他们懂得如何进行空前狡猾的查问。事实上，这件事在某种程度上是由于我保持沉默。在事业上你不要与我有牵扯，我毕竟是一个男子汉。因此你应该明白，我将要自力谋生；在良心问题上，让我自己去管。

现在有消息说，萨耶斯先生要为我在城市的另一处地方找一套房间。我同意这一点，因为这样一来，我就可以有一个隐藏的地方——然后我可以到马赛去，或者到更远的地方去，寻找某种更好的环境。但是让我在去另一个地方之前，好好地考虑一下。你知道我在南方的命运并不比在北方好。不论什么地方全都一样。至于讲到你所说的"美妙的南方"，我把它作为一种权利，留给那些精神健全、比我更加成器的人。我只适宜于中不溜的、次等的条件。

萨耶斯先生是一个很善良、很诚实的人。

我尽可能地对自己加以判断，以为我实在不是一个疯子。你将会发现，我在不发病期间所作的油画，是不乱来的，与别的画比较起来，它们不是次等货。不是工作把我累倒，而是没有工作做。请你相信，如果没有干扰的话，我能够画出以前在果树园里画的那样的画，也许画得还要好些。我所要求的只是在我忙于作画与吃饭，或者睡觉的时候，或者由于我没有妻子而到妓院里去一阵的时候，别人不来干涉我。现在他们不论什么，样样都干涉。

对于这些事，如果不是因为我并非情愿地给你造成（更准确地说是他们造成）忧伤，不是因为工作遭受耽误，我会不以为然一笑置之的。如果他们仍然反复地进行那些意想不到的扰乱，就可能把瞬刻即逝的精神干扰变为一种慢性病。对我来说，最好的办法确实是不要单个人住着；可是我宁愿永远住在监牢似的房间里，而不愿叫别人为我而牺牲。所以我现在所需要的是让我自由出入医院。如果我是一个天主教徒，我就有办法成为一个修道士了。

我见到了西涅克，这次见面对我大有好处。我们一起到画室里去，当门太紧而打不开时，他表现得多么温厚、直爽、淳朴。我们到底还是进去了。虽然人家说他很厉害，我却发现他是很温和的；他给我留下的印象是一个平稳持重的人。我很少或者从来没有与一个印象派画家谈话而双方不发生冲突的经历。

他来这里对我精神的小小支持，无疑是有你在其中指点的；我感谢你为我办了这件事。我给了他一幅静物画作为纪念；由于这幅画中画着两条烟熏的青鱼，把阿尔城的善良的"军人"惹恼了。他们，"军人"们，像你所知道的，仍然被人这样称呼。你记得我在巴黎曾经两三次画过这同样的静物吗？有一次我拿它们去跟人换了一条地毯。

西涅克肯定地说，我这里的一些油画可以送到你那里去；据我了解，他对我的画并不大吃一惊。

我趁着外出之便，买了一本卡米尔·勒蒙尼埃的书《耕地的人们》。我贪婪地读了两章——这本书写得多么严肃，多么深刻。这是几个星期以来我的手里第一次有一本书。这件事对我是十分重要的，对我身体的康复也是很有好处的。

西涅克认为我似乎健康了，这完全是事实。雷大夫说，不要吃得太饱，我只好经常以咖啡与酒精来维持精神。虽然我这样做了，但情况并没有变好，我的精神状态同去年夏天一样，很容易激动。艺术家是一种要有工作做的人。

我要去受坐监牢或者进疯人院的罪吗？罗歇福、雨果、奎奈这些人不是都曾经被流放过吗（头一个甚至进过徒刑监狱）？这是一个超出单纯的生病与健康问题之外的问题。我并不是说我的情况同他们的一样，与他们相比，我处于非常低的、次等的地位，但是我要说，这是性质相同的事。

我只好老老实实地接受我的疯子角色，正好像德加接受一个公证人的角色一样。事情就是这样；我没有足够的能力去充当另一样角色。

在医院的那些日子里，他们对我非常注意，正像许多别的事情一样，这件事使我烦恼，使我为难。在我看来，最近这三个月是多么奇怪。当时间的帷幔与不可避免的情况的帷幔忽然拉开的时候，往往会有无法形容的精神痛苦。你的意思毕竟是正确的，非常正确；即使是估计希望的时候，也要接受可能会有的悲惨现实。我想重新全力从事作画，画画的事耽误得太久了。

现在事情很顺利。前天与昨天我到城里去弄作画的材料；我寄给你一份买油画颜料的订单。我马上要再画果树园。唉，要是前些日子不发生使我陷于困境的事，该多么好啊！

在医院里的我的房间中，挂着著名的《男人肖像》（木刻），从丙寅的速写册中选出的《草叶》，德拉克洛瓦画的《哀悼基督》与《慈悲的人》，以及梅索尼埃的《在阅读的人》。

我现在正在读巴尔扎克的《乡村医生》，这是一本很好的小说；书中有一个妇女，并不发疯，但是极其神经质，是非常吸引人的。我曾经派人去拿几本书，为的是使我的脑子不空虚。我再次读《汤姆叔叔的小屋》与狄更斯的圣诞节的书。

我正在第五次画我的《摇摇篮的妇女》的肖像画。你看到它时会同意我的意见，这只不过是从廉价铺子里买来的五彩石版画，此外，它甚至不具有照片般正确比例的优点。但是我要画这样一幅画，好像一个水手，他虽然不会画画，但是会在脑子里想象他在岸上的妻子。

当我到家里去的时候，我能够搞清楚，真正的邻居不是那些起草控告书的人。但是我知道，可能在别的地区，仍然有我的朋友。

我们的朋友鲁林来看我，他要我替他向你问候，向你道贺。我猜想你是在阿姆斯特丹结的婚。在欢庆的时刻，我对美好的希望总是持保留的态度，这是一种神经的磨难；但是你绝不可以由此得出结论，认为我在希望你幸福方面不及别人热心。我祝愿你与你的妻子永远幸福。

鲁林的来访使我大为高兴。他常常有着你会称之为太重的负担，但是这一点并不影响他；他的样子看来总是健康的，甚至是快快乐乐的。人们从他的谈话推断，在顺利的情况下，生活也并不会逐渐变得容易些；这对我的将来是一个警告。

我跟他交谈，向他征求诸如我应该怎样处理画室这样的问题的意见——按照萨耶斯先生与雷大夫的劝告，我无论如何也应该离开这里，到东部去。为了把房子改善得比我租下它时好，我费过很大的劲，而现在他们却强迫我离开，好极了！我以为，如果我把煤气管搬出来，把它毁掉，是有道理的，只是我不忍那样干。我能够做的唯一的事，是告诉我自己，这是一次替未知的后继者们弄一幢永久住宅而做的努力。

鲁林说（确切地说是向我暗示），他一点也不喜欢今年冬天笼罩着阿尔的不安气氛，更不必提我所发生的事故了。各处的情况到底是很相似的：生意不景气，资财耗尽，人们灰心丧气，并且像你说的那样，不满足于仍然做一个旁观者，由于失业而逐渐变得爱吵吵闹闹的了。

鲁林虽然并不老得像是我的父亲，他却完全像一个老兵对一个年轻的士兵那样，悄悄地关心我、同情我。他老是说（但是没有说出口来），"我们不知道明天将会发生什么事，但是不管怎样，你一定要想着我"。这句话由一个既不愤怒，也不伤心，既不圆满，也不幸福，又不总是无可非议地正确的人的口里说出来，是很有分量的。他是一个多么聪明、多么有感情、多么可以信赖的好人！

我对你说，我没有权利抱怨阿尔的任何事物，当我想到我在这里见到的一些事物时，我便永远也忘不了。鲁林希望他能够待在马赛。

我亲爱的好兄弟，现在我相信，我不会病到必须关禁闭的程度，我现在已经健康了，只是有某种难以搞清楚的模糊的忧伤；无论如何，我的体力上的损失算不了什么，我的创作有了收获，我在作画。如果我必须永久住在疯人院里，我就要下决心住下去，我以为我也能在那里找到画画的题材。尽管我的感情可能会很强烈，或者在生理上的热情衰退可能会通过某种方法表现出来，但我绝不能在一种陈腐的、破损的、过去的基础上，盖起一幢宏伟的建筑物。因此不论发生什么（甚至待在这里），对我来说，横竖都是一样，我认为最后命运会使事情拉平的。

可喜的是天气良好，阳光灿烂，这里的人很快就忘掉了他们所有的痛苦，脑子里充满了崇高的精神与幻想。

刚才在我的画架上，放着一幅大路旁边种植着桃树的果园的油画，背景画的是阿尔。我画了六幅春天的习作，其中两幅是大幅的果园。我不得不求塔塞给我十米画布与一些油画颜料。由于那些景色呈现印象的时间很短，因此这是非常紧急的事。感谢你用福仑的一些素描迅速安排了几期《小笛》的稿件；与这些作品相比较，我们的作品显得非常感伤。

决定租一层新的住宅，这是一件相当困难的事，不是很愉快的与很方便的，特别是在任何走运的地方，似乎都没有希望。我已经租了雷大夫的两个小房间，价钱虽不贵，但是不如那另一个画室。在我能够搬家和把我的一些油画送给你之前，我给另一个房东付了房租。在欠他的六十五个法郎中，我已经付给他二十五个法郎，预付了三个月的房租（租的是一个我不住的房间，但是我把我的家具放在那里）。搬家花了十个法郎。

今天在医院里付了钱以后，还剩下一些钱，差不多够这个月的其余时间花用。

"我亲爱的提奥，要是你现在能够看到橄榄林该多好啊！"

在这个月的月底，我愿意进圣雷米医院，或者进萨耶斯先生对我说过的另一个这样的医院。如果我没有仔细阐述赞成或者反对采取这个步骤的理由，请你原谅我。谈起这个问题时，我的脑子就要爆炸。我想，如果我告诉你，要在阿尔或别的地方租一个新的画室是完全不可能的（现在看来，什么地方都一样），这样就够了。重新关在画室里过画家的生活，除了到咖啡馆与酒馆外就没有别的消遣方法，我是受不了的。去跟另一个人一起生活，跟另一个艺术家谈维持一个画室的责任——这是困难的，非常困难；这对我实在是一个太重的负担。我现在已经恢复了工作的力气，我担心再把它丧失掉。我暂时还想把自己禁闭着，这是为了让我自己安心，也是让别人安心。因此让我们开始试着干三个月，我们以后就会明白。

我开始想，发疯与别的病一样，就把它当作一种病承受下来好了；这样一想，我便得到一些安慰。其实在危急的时候，我的设想是符合实际情况的。你知道酒精是使我发疯的一个重要原因，然而它来得很慢，如果它去的话，当然去得也是慢的。或者说它是由吸烟引起的，道理也一样。

（我们已经被命令不说谎，不盗劫，不犯其他罪，无论是大罪还是小罪；不管社会是好的还是坏的，我们都无法拒绝被安置在这个社会里，如果社会上只有美德是绝对必需的，事情就会变得太复杂。

我告诉你，在这些奇怪的日子里，许多事情在我看来是奇怪的，因为我的头脑受过刺激，因此我并不讨厌老潘格洛斯。）

我将要画一些油画与素描，但不把那种狂乱在画里表现出来；然后如果可能的话，我一定在白天出去画素描或者油画。既然现在我每天能出去作画，我相信这件事是可以干下去的。普通的食物于我十分适宜，尤其是给我加上一点葡萄酒的话；我在这里通常是喝半公升而不是一夸脱。别的病人的友谊并不全都使我讨厌；恰巧相反，这种友谊使我散心。但是一个单人专用的房间——那个医院将会怎样安排，还要等着瞧。

我对于这一切并不感到不愉快。最近几天由于搬家，处理我的全部家具，把运到你那里去的油画打包，确实令人伤心，但是我认为最伤心的，是所有这些东西全都是你以那种手足之情给予我的,你在许多年来始终支持我;然而我不得不回去,把这个令人遗憾的故事告诉你——但是我不能够把我的感受全都说出来。

雷大夫与萨耶斯先生所说的也是这样。毕竟我们要分担我们时代的毛病中,我们应该负担的一部分——从某一点上看来,这是唯一的好事,我们有几年健康地活着,将来或迟或早会轮到身体不好的时候。如果让我选择,我未必会选中发疯。但是你一旦有过这种病,那么你就不能够再生这种病。谁要是能画一点画,也许会是一种安慰。

我不知道以后能不能一封接一封地给你写信,因为我的头脑并不常常清醒得足以很有条理地写信。

在我今天看来,你对我的一切好意,比我过去所想象的更加伟大了。我告诉你,这种好心是难得的天性,我亲爱的兄弟,要是你不能从你的这种好心中看到任何结果,请你不要为这事发愁;你一定要等待。请尽可能地把这种情谊转达给你的妻子。我告诉你,我现在心里很平静,我对自己说:你有一种永恒的友情。最重要的是,你不要设想我是不幸的。

对于我给萨耶斯先生与雷大夫,尤其是给你带来的麻烦,我感到抱歉,但是我该怎么办呢?我的头脑并没有稳定得足以像从前那样工作;我不再画有人物场面的画。我现在稍微平静一些了。我确信我在精神上与生理上都陷入一种病态;这一点曾经在一段很长的时期使我受到刺激。当别人看到发疯的症状时,自然就更加有理由不安,然而我自己却认为我是正常的,这显然不是事实。这一点大大地减轻了别人对我的许多指摘,他们说我老是过分地容忍那些仍然不希望我恢复健康的人的无礼态度。无论如何,那些非难扩展了我感情的活动范围,过去的事无法改变,实在遗憾。

要是你能够告诉我母亲与姐妹的一点消息(如果她们都健康),我就会非常高兴;请你对她们说,要她们对我的这件事(我的意思是)不要太过于苦恼。我也许比较不幸,但是不管怎样,我毕竟还有一些几乎是正常的日子。在我们所认识的朋友中间,几乎每一个人都有一些毛病。这个问题值得去谈论吗?而且,谈到我的前途,我可不是二十岁的小伙子了;我已经过了三十六岁。

你要把我进疯人院的事看作一种例行的常事,无论如何,我认为在疾病反复发作的情况下,如果我马上离开这里,那是很危险的。我的思考能力逐渐地恢复过来,但是我的精神恍惚,目前不能支配我的生活。我始终是一个利己主义者,我现在仍然是一个利己主义者;我不能够去掉我头脑中的这种思想,我最好是立刻进疯人院。我以为从我的情况看来,自然环境本身对于我的病,比任何药物更加有好处。

听到你自从结婚以后心情更加舒畅的消息，我心里非常高兴；你说母亲看来似乎变得年轻了，这使我大为喜悦。母亲知道你有了小孩（或许已经有了）后，她一定会很开心的。

如果什么时候我被征参加外籍军团服役五年（他们把服役年龄提高到四十岁），我不会不高兴与不满意的。从生理的观点看来，我的健康情况比原来好，也许当兵比干别的事对我的身体更加有益；然而我并不是说，我可以不经过仔细考虑与征求医生的意见就去干。如果我不被征入伍，那么我仍然可以画油画或素描；我对此绝不会说一个"不"字。至于说到巴黎或者阿旺桥去，我认为是不可能的。

除此以外，我在大部分时间没有强烈的欲望，或者过分惋惜的心情。就好像浪头撞向悲惨、绝望的峭壁，我常常感到一阵想去拥抱某个人（一个女用人型的妇女）的强烈欲望，但这是癔症过分激动的结果，而不是现实的想象。雷大夫和我常常取笑这件事，他说爱情也是一种细菌，他这样说并不太使我感到惊奇，我以为它不能吓唬任何人。雷南书中所描写的基督与那样多的印在纸片上的基督比较起来，是不是更加千百倍地给人安慰呢？这种画片是由杜瓦公司（由叫作新教、天主教或别的什么教的创办）提供的。人们出于爱心，为什么不应该如此呢？一等到有可能，我马上就读雷南的《反基督分子》。

啊，我亲爱的提奥，要是你现在能够看到橄榄林该多好啊！橄榄树叶像是古旧的银的颜色，银色变成绿色，背后衬着犁过的蓝色与橘红色的土地。这里的橄榄林与你在北方所想象的情况完全不一样。它好像是我们荷兰牧场中截掉树梢的柳树，或者海边沙丘上的栎树丛；橄榄林中风吹树叶的沙沙声，听起来有点神秘，并且非常亲切。我们如果试着去画它，或者在脑子里想象着它，那实在太美了。

我马上就要给你寄去两箱油画，你不要急于把这些画大批地破坏掉。

明天就是五月一日了，我祝愿你好好地过一年，尤其重要的是身体健康。如果我能把体力传递一些给你，我会很愿意的。我此刻感到有很多的体力。这并不等于说我的头脑已经像应该的那样平静下来了。

我今天忙着把油画与习作打包装箱。其中有一幅画已经从内框上剥下来，我在画的上面盖了一些报纸；这是一幅最好的作品，你看到它的时候，会更好地了解我现在破烂的画室是什么样的。这幅习作正好像别的习作一样，在我生病的时候给湿气弄坏了。一阵洪水冲进房子，我回来的时候，墙壁渗出水来，并且有一层硝石。

这件事使我非常生气——不仅由于画室损坏了，而且习作成了这个画室毁坏的纪念品。这是多么倒霉，而我追求某种非常简单且有永久性质的艺术的热情，却多么强烈。我以为我是在与不可避免的命运战斗,说得确切点,我的性格是脆弱的,我有着一种难以形容的、深沉的、责备自己的感情,我认为这是我遭到攻击时大喊大叫的原因——因为我要保护我自己,但是我又无能为力。这个画室不仅对我自己,而且对别的不幸的画家,会有一些用处的。

至少我们不是唯一的失败者。蒙特贝耶的勃里阿斯以他的全部财产毕生从事收藏绘画的工作,却看不到显著的成绩。市立美术陈列馆里确实有一个寒气逼人的房间,你在那里看到一个伤心的面孔与许多好画;你在那里肯定会受到感动,但是老天爷,那是好像在一个墓地里所受的感动。画就好像花朵那样地枯萎凋落——甚至连德拉克洛瓦的一些画也遭受了这种命运。像我们这些画家,算得了什么呢?我认为里希派思说得对,他说他要把我们全都送进疯人院。

萨耶斯先生曾经到过圣雷米。他们不愿意让我到医院外面画画,却又要我交付少于一百法郎的钱。一方面,如果我被禁闭起来不能作画,我就很难恢复健康;另一方面,在一个疯子漫长的一生中,他们要我们每月付给一百法郎。

这种情况很糟糕。如果我能够参加外籍军团五年而离开医院,我宁愿去当兵。但是他们肯不肯收我当兵呢?我所担心的是,由于这儿城里都知道我的事,他们会不收我的。我知道没有一个收容所愿意不要钱收留我,即使我自己承担画画的全部费用,并把我的作品全部留给医院。这件事似乎相当不公平。

在与萨耶斯谈过话以后,我感到非常疲倦,我不十分了解我该怎么办。要是我没有你的情谊,他们就会毫无怜悯地驱使我自杀,不管我多么胆小,我将会因此而结束生命。我们有权利向社会提出抗议与保卫自己。

如果我不在人家的监视之下就不能作画,那么,在一个医院里——老天爷,值得为此而付钱吗?我在一个收容所的大房间里也一样能够作画,甚至画得还要好一些。如果有一个熟人能使我从军,我一定要去,但是不要被人认为这是我的一种新的发神经病的行为,这就是我要跟你及萨耶斯先生谈这件事的原因。因此,如果我走的话,一定要平心静气地经过相当的考虑。

我的生活陷入了绝境,我的精神状态现在是,而且从来就是欠佳的。我想不出办法使我的生活得到平衡。无论在哪儿,也像在这儿的医院里一样,我必须遵循一条使我感到心安的规律;即使我服兵役,情况多少还是一样。如果我在这里冒险去从军,一定要被拒绝,因为他们认为我是白痴或者癫痫病人,也许是慢性病人(我听说过,法国有五千个癫痫病人,其中四千人被禁闭起来,所以我的情况并不特殊);如果我在巴黎,对狄戴耶说一下,我立刻就会被录取。

你一定要把任何由这件事而引起的牺牲的思想搁到一边去。我的一生，或者可以说大部分时间，除了殉道者的经历以外（做殉道者对于我并不合适），不追求别的什么东西。如果我碰上了麻烦，或者惹起麻烦，老实说，我会大吃一惊。所有这一切多么令人捉摸不定，多么奇怪。你知道，捞回我们为作画所花费的钱，这是多么令人怀疑的事啊！除此以外，我认为我的身体是健康的。

你要记住，继续把钱花在我的画上，而使你没有钱维持家务，是一种罪过；你十分了解，成功的机会是极少的。我承认，曾经被一种不可抗拒的力量挫败过。

在我采取了预付给会计三十法郎的预防措施以后，仍然还待在这里，但是他们不会无限期地让我留在这里。不过还有充分的时间做出决定。把我禁闭在疯人院里所花的钱要多一些，但是也许比租一幢房子要少一些。重新开始单独住的想法，对我来说是很可怕的。也许我能够重新到夜间咖啡馆去，待在那里，我的家具也存在那里，但是我一定要与原来是邻居的那些普通人每天保持联系。一定要做出决定来，最好是由你与萨耶斯先生替我做主。但是请注意，我不会对任何决定说一个不字，即使到圣雷米去；那里费用比较大，没有出去画画的充分自由，但是我也不反对。

同时我要做我能做的事；我画了一些画。我的手头有一幅画着一条种有盛开着粉红色花的栗树林荫道的画，一幅画着开花的小樱桃树的画，一幅画着紫藤的画，与一幅画着一条地上散布着光影点子的公园小径的画。今天非常热，热天对我的身体有益。我以我从来没过良好精神作画。现在城里没有人对我说什么了，除了好奇的过路人以外，现在没有什么人在公园里打搅我作画。但是画油画所花的钱，使我感到欠人债与没出息，形成了一种压力，如果这种情况不再存在，该是一件多么好的事啊！

不论是对你还是对我，情况都是一样的，从长远来看，我们奋斗了几年，到底有什么收获呢？假使真的做到了那一步，你就会在高比尔公司里做更多的工作，可是你在那里却有过一些倒霉的日子。父亲负担着那个大家庭，经济上有一定的困难；样样事情都要加以接济，你自己则以全力投入那里面去。当我害病的时候，我曾经怀着深厚的感情仔细考虑所有这些问题。主要的问题是意识到我们相互之间的亲密关系，这种关系仍然是动摇不了的。

你友好的来信，使我今天实在高兴。所以我现在就准备到圣雷米去。作为一个艺术家，你不过是一根链条中的一个环节，不管你会不会发现它，你是能够从中得到安慰的。社会就是这样，我们当然不可能希望它与我们个人的需要完全一致。虽然我很乐意到圣雷米去，但是像我这样的男人最好还是到军队里去。

我在生理上好得使人吃惊，但是在精神上，不知道是不是也一样不负别人的期望。

当我在自然的发展趋向下再变得好色的时候，我就会极其需要老潘格洛斯。酒精与烟草毕竟有这种优点——或者缺点；这纯粹是有连带关系的（这些东西可以说是反刺激性欲的），它在艺术的实践中并不是受到鄙视的。

这需要进行试验，人们不应该忘掉大诈骗。我只是担心，德行与克己将要重新引导我进入那些领域；在那里，罗盘针很快就会失掉作用，在那里，会尽量少有激情而有更多的幽默。我敢于相信，只要还有精力，易动感情的因素对我来说就没有什么了不起，人们应该对与他一起生活的人类有爱心。

我怀着一种希望，凭着我对艺术的精通，即使在疯人院里，重新进行创作的时候也一定会到来的。一个巴黎艺术家的矫揉造作的生活对我有什么用处呢？我永远不会上它的当，我没有了最初具有的急于动身的热情。

所有那些刺激当然对"印象派"有好处，但是你与我作为个人将会受到损害。正像我的朋友鲁林所说，"这是替别人当踏脚石"；人们至少愿意知道为谁以及为什么而行动。

请注意：不要完完全全地、排他地变成印象派画家。如果谁的画中有一点好的东西，我们不要把它放过。通过印象派画家，色彩得到了肯定的发展（尽管他们进入了迷途）。然而德拉克洛瓦已经比他们更加完善地达到了这个目标。米勒的画几乎是没有色彩的，他的作品多么了不起啊！从这一方面看来，疯病是有益的，因为人会变得不太排斥别人。印象派有很多长处，但是从那些长处中找不到人们想要看到的重要的东西。

人们在不是印象派的画家（如若丹、贝林以及所有那些我们年轻时熟悉的画家）那里，一定可以欣赏到好的东西。为什么要把他们忘掉呢？为什么对于与印象派画家同等的画家不予以重视呢？举个例说，为什么杜比尼、科斯勒、杰宁就不是擅长色彩的画家呢？我对于我稍为专门地研究了色彩理论问题不感到遗憾。毕竟德拉克洛瓦、米勒与几位雕塑家所塑造的人物，要比印象派画家，甚至比朱理·勃列东好得多。

简单地说，我的好兄弟，让我们稳重些吧；我对你说，我们把自己列入年轻人中间显得太老了，当我们年轻的时候，我们喜欢米勒、勃列东、伊兹拉亚斯、惠斯勒、德拉克洛瓦与莱斯。讲到我自己，我非常相信，除此以外看不到别的前途，我也不想有另一个前途。

我们会始终喜爱印象派的，但是我愈来愈回复到我到巴黎之前有过的思想。你现在结了婚,我们不再需要为一些伟大的理想而生活,但是说实在的,我需要有一些小的理想。我发现这是一种特别的安慰;我对此完全不加抱怨。

啊!你关于普维与德拉克洛瓦所讲的话非常正确;这两位画家确实已经用事实证明了油画的表现能力。但是不要让我们把个别地联系着的事情搞混乱。作为一个画家,我绝不会维护傲慢和自大,我完全感到这一点。但是如果一切(性格、教育、环境)都改变了,情况就会完全不一样了。

我常常后悔,我没有坚决地维持着灰调的荷兰用色法,没有用心地画蒙马特尔风景。我也想重新开始用芦苇笔画更多的素描,这些画正像去年画的蒙特-马若的风景那样,花钱虽少,却使我同样得到消遣解闷。

今天我画了一幅素描,结果画得非常黑,作为一幅描绘春天的画,显得过于沉闷。

许多画家变成疯子,竟是事实;至少可以说,生活使人变得精神恍惚。如果我使自己重新以全部精力从事绘画,该多么好啊;但是我总是要发疯的。对我来说,二者全都一样。这里的医院有许多房间,足够建立一个供二十来个画家使用的画室。

我现在正在收拾我的衣箱。萨耶斯先生一等到有可能,大概马上就要跟我闹翻。我希望在我寄给你的许多油画中,能够有一些你所喜欢的。如果我要成为一个画家的话,早晚会再待在巴黎,那时候,我一定要把一些旧的油画好好地整理一下。

"绘画有没有一点美，或者有没有用处，这件事实在令人怀疑。"

1889年5月于圣雷米

我认为我到这里来这件事是处理得适当的，因为当我见到这个巡回动物园里各种各样的疯子与精神病患者的真实情况以后，我不再怀着模糊的恐惧与不安。环境的变动对我有好处。

想画画的念头好像一种难以推卸的职责，顽强地重新在我的脑子里出现，我的绘画技能恢复得也很快。可是我想，画画是这样地吸引着我，将来在我自谋生计的余生中，我仍然会束手无策的。

我有一个贴着灰绿色壁纸的小房间，房间里有两道描绘着浅粉红色玫瑰的海绿色帷幔，轻快的、血红色的笔道使帷幔发出亮光。这些帷幔或许是某个破了产的富人遗留下的东西，图案非常漂亮。有一把破烂的扶手椅，可能也是从同一处来的，上面盖了一条画着一幅类似狄亚兹或者蒙蒂切利的画的椅罩，上面涂着棕色、红色、白色、黑色、勿忘我蓝与瓶绿色。透过铁棍装成的窗子，我看到一块圈着围栏的麦地，一种类似凡·戈因的画中的透视。早晨在麦地的上方，看到太阳得意扬扬地上升。除了这个房间以外（这里有三十多个房间），我还有一间工作室。

这里的伙食还过得去。食物当然有些霉味，就像巴黎的劣等饭馆或者寄宿宿舍里的那样。这些可怜的人不干一点事（没有一本书，只有吃喝玩乐），他们除了在肚子里塞满埃及豆、扁豆与其他定时定量发给的食品以外，没有别的日常娱乐。我们在雨天所待的那个房间，好像单调的乡村三等候车室一样；而且那里有一些上流的精神病患者，他们总是戴着有边的帽子与眼镜，拿着手杖，罩着旅行斗篷。

从前我讨厌这些人。回想起特罗容、米歇尔、勃里翁、容特、泰斯·马里斯、蒙蒂切利这些同行，以及其他许多画家都落得这样的下场的时候，我的心里感到凄凉。

现在我想到这件事，心里一点也不害怕了；换句话说，拿它同他们受到的某种疾病的打击相比较，我感到这种病不再是恐怖的了。我发现这些艺术家都具有古人的坦然气质，这难道是一件小事吗？这是一件我深为欣慰的事。

虽然这里有一些人不断地叫喊，或者说胡话，但是人们能很好地互相了解，在发病的时候互相帮助。他们说，我们一定要对别人宽容，这样一来，别人也就能够宽容我们；在我们之间，彼此都能够很好地了解。举个例说，我能够常常与那些只能用破嗓子回答的人中的一个聊天，因为他们对我并不害怕。我也能与那些经常疯得大怒的人聊天。为了使他们互相不造成伤害，另外的人就加以干涉；如果打起架来，他们就把打架的人分开。

这里确实也有一些情况更为严重的病人，他们或者是猥琐的，或者是凶狠的；这些人在另一个院子里。

这里还有另一件使我开心的事。我从别的病人（他们在发病时像我一样听到过自己的怪嗓音）那里了解到，在他们眼中很多情况似乎都在变化。这样便减轻了我初次发病时所产生的恐惧（当疯病突然发作时，心中十分害怕）。你一旦了解这只是病所引起的现象，你就会感到无所谓了。由于我就近看到了别的疯子，所以我不能不经常谈论这种事。

说实在的，当你一旦发病的时候，痛苦绝不是开玩笑的。大多数癫痫病人咬他们的舌头，使自己负伤。雷大夫对我说，他曾经看到过一个像我这样伤了自己耳朵的病人。你一旦知道这是怎么一回事，一旦意识到你的情况与发病的原因，你就能够不被痛苦与恐怖吓得那么厉害了。五个月来我的痛苦已经减轻，我一心想克服这种痛苦，或者至少不要有那么厉害的发病。

这里有一个人，他像我一样，两个星期以来一直在叫喊与讲话。他认为他在走廊的回声中听到说话的声音，大概是由于耳朵的神经有毛病与过度敏感。雷大夫有一次对我说，我在癫痫开始时，视觉与听觉是正常的。休克甚至使我大便失禁，最使我高兴的是永远不再苏醒过来。目前这种"生之恐怖"不太强烈了，忧愁也不太厉害了。但是由此而下决心与行动，则为时尚早。

这也许有点奇怪，在最近一次剧烈的发病之后，我的心中几乎没有一点要求与希望；我怀疑，当病症消失时，病人是否不想往山上爬，而要向山下走。我没有任何要求，没有日常生活中的种种事；举个例说，尽管我想念着我的朋友们，但是我几乎没有去看他们的念头。这就是我还不能够考虑离开这里的原因。无论在什么地方我都会有这种消沉的意志。我待在这里，大夫自然能够更好地了解什么是对我有害的，我被允许作画会更加有保障。

我现在每星期洗两次澡，待在澡堂里的时间有两小时；我的胃比一年之前好得多了，因此就我所知道的来说，我只有继续进行坐浴治疗。

我也没有向别人提起到别处去的明确愿望,然而这大概是由于我们受户外生活的严重损害,所以才产生这种愿望的。我最无法理解的是这里的人非常懒惰;然而这是南方的大缺点与南方的堕落。可是这是一个多么美丽的乡村,多么美丽的蓝色,多么好的太阳啊!从我的窗口望出去,能够看到花园。我在花园里作画的时候,他们全都过来瞧,我对你说,他们与阿尔城的正常人比起来,更加有理性,更有礼貌,不打扰我工作。

我到这里已经整整一个月了。我希望在一年结束的时候,我会知道我能做什么与必须做什么。我的脑子里逐渐产生了重新开始的思想。回到巴黎,或者到随便什么地方去,现在绝不会使我发生兴趣。

大多数多年被关在这里的人,都为过度的衰弱所苦。我的工作使我在一定限度内免去这种灾难。虽然油画布与颜料很费钱,但是在这个月的月底花一点钱在这上面是有好处的;既然你必须支付我的生活费用,那么把我终于学会了的本领运用出来,要比把它丢掉来得好。这就是我要画画的理由。

绘画有没有一点美,或者有没有用处,这件事实在令人怀疑。但是怎么办呢?有些人即使精神失常了或者病了,也仍然热爱自然;这些人是画家。此外,有一些喜爱手工创造出来的东西的人,他们甚至喜欢画。

荒芜的花园里种着一些大松树,树的下面长着牧草,长得又高又乱,中间混着各种杂草;我在这里的时候,这个花园足够我画的了,然而我还没有出去作画。圣雷米周围的风景是很美的,我将要在各个地方走走与停下来画画。

我把我手头的四幅描绘花园的油画寄给你。你会发现,我生活的大部分时间都花费在大花园里,这并不是不幸的事。无论如何,我们这里有灿烂的阳光。

昨天我画了一个被称为死神之头的罕见的夜间飞蛾,它的颜色极特殊,黑色、灰色、云白色加上洋红色,并且模糊地蒙着橄榄绿色;这是一个很大的飞蛾。我把它杀死然后再画,这是很可惜的,这个飞蛾非常漂亮。

你所说的关于《摇摇篮的妇女》这幅画的问题,使我感到很有意思。一般只满足于五彩石版画的、听到便于携带的筒形风琴的声音就为之感动的人,也许是对的,他们或许比某些进出沙龙的人更加真挚。我又有一幅新的油画,像一幅普通的彩色石印版画那样,一再陈列在一些小铺子里,画的是供情人们躲藏的绿树丛;一些粗大的树身上缠着常春藤,地面上也盖着常春藤与常春藤花,树荫里有一条石凳与一棵浅色玫瑰。问题在于要画得更有特色。

今天早晨日出前,我从窗口长时间地看着乡村的景色,这时候除晨星以外,什么也没有；星星看起来非常大。杜比尼与罗梭曾经画过这种情景，他们的作品表现了极亲切、宁静、庄严的景色，但是也加上一种很有个人特点、很忧伤的感情。我对这种感情并无反感。

如果高更愿意接受，你把《摇摇篮的妇女》的一幅复制画作为友谊的纪念品送给他，把另一幅送给贝尔纳。我想，你会把我从阿尔寄给你的那一批画中一些不太好的毁掉，或者只陈列其中最好的。至于说到独立画展，请你就像我不在时那样挑选我的作品；要避免看起来太平凡，但是不要展出太怪的作品，或许可以拿《星夜》与那幅画有黄叶的风景去参加展览。因为这两幅画是用对比的颜色画成的，这些画也许可以使人感到，这样的夜景效果比我过去的画要好一些。

一想到我的作品与我所希望的是那样不一致的时候，我总是极其后悔的。我希望到末了，这种后悔的心情会引导我画出好的作品来。

明天我要出去看一下这个地方，因为这儿正是百花盛开、万紫千红的时节；给我寄来五米以上的画布也许是明智的。因为花的生命短促，接着来的便是黄色的麦田。我特别想画好这些东西，要画得比我在阿尔所画的还要好。这里的西北风似乎没有那儿的讨厌（因为这里有几座山），在那里，你总是直接受到风的袭扰。

你现在一定要对我放心。我的身体很好，即使我能够到外面去，也没有像我现在在室内画得这样高兴；我将要学会有规律地生活，到末了我的生活就会更加正常，我也不太容易激动。这样对健康很有好处。有一次我让人伴着到村子里去走走，但是光凭人们与事物的景象，却使我感到头晕与很不舒服。我的内心一定有一种强烈的感情，所以才把我搞成那个样子，我一点也不知道是什么原因。面对着自然的时候，画画的欲念油然而生。

我手头有两幅风景画，取的是山间景色。一幅画的是从卧室的窗口望出去的村景，前景是一片经过风暴破坏的、麦子倒伏的麦田，一堵界墙，墙后边是几棵橄榄树的灰色的簇叶，几幢茅屋与一些山。这是一幅色彩非常单纯的风景画。这幅画与《卧室》的习作是一对姐妹作；那幅习作已经毁坏了。所画事物的性质与表现手法完全符合，是否这就是使一件艺术品具有良好质量的因素呢？这正是单单一片面包作为一幅画的题材，当它是由夏尔丹画的时候就特别好的缘故。

由于我想保存《卧室》这幅习作，我打算重新画一画。最初我打算把坏了的画布重新绷起来，因为我以为我不可能再画了。但自从我的头脑逐渐恢复平静以来，我现在已能够很好地把画修复好。目前的情况是，在人们所画的一些作品中，总有一些是使画家自己感动的，或者画家对它有更多的感情，对于这些作品，画家一定要不顾一切地把它们保存下来。

我已经看到了印象派画家作品展览会的预告，参加展览的画家为高更、贝尔纳、安奎丹等。所以我以为一个新的团体已经形成，他们确实不比已经展览过作品的那些画家差。

当我看到一幅使我发生兴趣的画时，总要不自觉地问问自己："挂在什么样的屋子里，什么样的房间里，房间的哪个角落里；挂在谁的家里才最合适？"哈尔斯、伦勃朗、凡·德·威尔的画只适宜挂在古代荷兰人的房间里。如果一间房子里没有一件印象派的作品，是不完美的；如果一幅画与它创作的时代环境不一致，也是不完美的。我不知道印象派是不是当代最好的画派，或者并不是那么好。人与房间比画所描绘的内容更加重要吗？我倒以为是这样的。

如果印象派画家敢于称自己为原始派的画家，那么他们一定要好好地学一点原始派的意义——在人们宣布"原始派"这个词以前，"原始派"的意思是指他们对无论什么都有权力。

你叫我不要拿我的画去参加那个展览会，我认为是正确的。我还没有恢复健康，这是我不参加展览会而又不得罪他们的充分理由。但是我认为高更与贝尔纳的伟大与优秀，是没有问题的；像他们那样年轻而精力充沛的人，就该活下去，努力开辟他们的道路；把他们的画翻过来对着墙，一直等到人们乐意容许他们进入什么——进入官营妓院，这是不可能的。在咖啡馆里展览作品，只能使人起哄。我并不是说这样做不体面，但是我为这种罪过感到难过。不考虑这种展览会引起阿尔城八十一个可敬的吃人生番与他们杰出的市长烦恼，我曾在塔姆波林那里与克利齐路展览过两次。

无论如何，我这样做是不对的，引起人们起哄，我更应该负责——确实完全是无意的。贝尔纳与高更毕竟是艺术家，他们总想着悄悄地去参加展览会。

带常春藤的灌木已经完全画成，我又画了一幅有橄榄树的风景与一幅星空的新习作。虽然我没有见到高更或者贝尔纳近来所画的油画，但是我深信这些作品有着与之同样的情调。你对着这些画看一些时候，也许会得到一个比用语言叙述较为明确的好的印象。对于他们的作品，我们曾经想过很多。这不是返回想入非非的或者宗教的思想，不是。但是，只要你按照德拉克洛瓦的方法，用色彩与更加无拘束的素描，就能够表现乡下地方的自然景色；乡下比巴黎的郊区与酒馆清净。

我也应该试画人物画，要画得比杜米埃所画的更加宁静与单纯，但是要学习杜米埃的素描。当《黑猫》画报的画家用他们的方法，福仑用一种熟练的方法画妇女的时候，我们也要用我们自己的方法来画；我们不是巴黎人，然而我们喜爱巴黎与那里的美人。我们想证明，某种很不一样的艺术风格是同样存在着的。

　　高更、贝尔纳与我，也许会坚持那个立场，我们不会胜利，但是我们也不会失败；我们所企求的也许既不是前者也不是后者，而是寻求安慰，或者是为一种绘画的体裁准备道路，这样我们就可以得到极大的安慰。但是正如我曾经多次对高更说过的，我们一定不要忘记，别人早已做过这种事。

　　我很高兴，伊萨克逊已经受我的委托，找到一些使他高兴的作品。他与德汉看来非常忠实，这一点在这个时候十分罕见，是值得珍视的。我听说出现了一个别的什么人，他在那幅黑色与黄色的妇女人体上，真的发现了某种重要的东西，这件事也使我高兴。我并不感到惊奇，然而我认为功劳在于模特，而不在于我的画。

　　我放弃了常常去找模特的念头。啊！如果我时常有一个像那样的模特，或者有一个为《摇摇篮的妇女》这幅画当模特的那个模特，我一定会画出一些很好的作品。我想再次用一些单纯的色彩，举个例说，用深棕色作画。凡·戈因或者米歇尔的油画，由于它们是用很少的、不鲜明的色彩画成而不好看吗？

　　在这里乡下，有许多事物常常使你想起鲁伊斯达尔的作品，但是缺少工人的形象。在我们家乡，到处可以看到男人、妇女、儿童，以及在干活的牲口；这里的人口却不及那里的三分之一，而且他们不喜欢北方坦率的工人。他们似乎是用粗笨的双手工作的，他们干起活来没有精神。也许这是我的错误想法，而不是这个乡下地方的实际情况；我希望是这样。

　　我们曾经有过非常愉快的日子，我的手头仍然有不少油画。有十二幅在计划中，还有两幅用难画的深绿色调子画的丝柏习作。我把这两幅画的前景涂上厚厚的几层铅白，使油画的底子实在一些；在这样的底子上画上别的颜色。蒙蒂切利常常像这样准备油画底子。我已经到邻近的地方去画了几天，我的精神不大好，但是我并不担心会晕过去。

　　有时候在工作以后，我感到烦得要死。每当我要求自己对事物要有一个清醒头脑的时候，就奇怪我为什么要到这里来，这不过像其他事情一样，只是出于偶然罢了；灰心与恐怖把我抓住了，妨碍我思考。现在这种情况的确逐渐缓和下来了。但是仍然担心会发生这样的事，不可能使我安下心来。你也许认为我会重新积极起来，也许活动得更有效——至少在这一意义上，我要画出比以前更好的画来。但是如果有那么一个月，把颜料与画布寄给我成了你过重的负担，那么你就不要寄；生活过得满意要比抽象地搞艺术好，这是真的。最重要的是你的家庭绝不可以搞糟。首先是这一点，其次才是画画。

我在这里经常阅读，我非常喜欢的，是莎士比亚的一些作品。

我接到一本罗德所写的书（大概是我们的哪个姐妹寄来的），这是一本不坏的书，但是我以为书名《生活的意义》与内容比较之下，显得有些夸大。读这本书确实不是使人高兴的。我以为这个作家一定是由于吃了他的肺病的苦头，因此他便样样东西都只来一个蜻蜓点水。他终于承认，他从妻子的友谊中找到了安慰，这是唯一的优点；但是对我来说，毕竟他没有指出生活的方向，不论什么指点都没有。我发觉他有一点陈腐。对于在这个时候印出这样一本书，并且竟以三个半法郎的价钱卖掉这件事，我感到奇怪。总之，比较起来我还是喜欢阿尔封斯·卡尔、苏威斯特与德罗兹的著作，因为他们所写的书要比罗德的稍为生动些。这本书似乎对我们的姐妹们有很大的影响；维尔曾经跟我提到过这本书。然而好的女人与好的书，完全是不相干的两回事。

我怀着极大的兴趣，重读了伏尔泰著的《查狄格或者命运》。这位伟大的作家在这本书里，至少指出了生活可能是有某种方向的，虽然他承认，在这个世界上，事情总不是像最聪明的人所希望的那样发展的！

就我来说，我不知道我希望什么；在这里工作，或者到别的什么地方去工作，对我完全是一样的；在这里，待在这里，似乎是最容易办到的事。天天都一样，除了考虑一片麦田或者一棵丝柏值不值得在近处观察以外，我没有别的念头。

要学会受折磨而不抱怨，学会见痛苦而不讨厌，冒着目眩头晕的危险，确实如此；虽然如此，我们却看到了一线模糊的希望，而在生活的另一面，我们将发现痛苦存在的真正原因。从这里看，痛苦有时弥漫在地平线上，以致形成了一场绝望的大灾难。对于这种问题，我们知道得很少，最好还是低头傻看麦田，即使是画中的也好。

我已经在一天之中最热的时候画下了麦田，并没有遇到很大的困难。但是我注意到，太阳对谷物往往有很大的影响，麦子马上就要变得非常黄。

人们在这里看不到荞麦或者油菜，一般来说，这里庄稼的花样没有我们那里的多。如果我能画一幅开花的荞麦田，或者开花的油菜，或者亚麻，我一定会非常高兴的；以后在诺曼底或者布列塔尼，也许会有画这些的机会。人们也不可能在这里看到谷仓，或者茅屋上面盖着一层苔的屋顶，也看不到划着白色道道的山毛榉老树干的篱笆，也看不到灌木丛生的荒地，与荒地上长的赤杨；在奈宁，这种景色是很美的。但是在南方，美丽的却是葡萄园。我看着葡萄园，跟看着麦田一样高兴。长满了麝香草与其他刺激嗅觉的植物的群山，非常吸引人，由于空气干净，我们在山顶上往远处看，比在家乡远眺时还要看得远得多。蔚蓝色的天空永远不会使我厌倦。

我画了一幅画得很黄、很亮的麦田,也许是我所画过的最亮的一幅油画了。我脑子里老是想着丝柏,它具有类似埃及的方尖形石碑的线条与比例的美,它的绿颜色具有一种崇高的性质。这是充满阳光的风景中的一块黑斑,但是这是一种极其有意思的黑斑,是我所能设想的最难正确落笔的东西。另一方面你一定会发现,衬着蓝色背景前面的丝柏,要显得稍为蓝一些。在这儿描绘大自然,正好像在别的地方一样,你一定要住上一段较长的时间才能画得好。

我很想画一些丝柏的油画,像画向日葵那样画;在我发现丝柏以前,它始终没有被人注意过,这使我感到奇怪。

我认为在两幅描绘丝柏的油画中,现在正在画着的一幅,是最好的。在这幅画中,树画得很大,很魁伟,前景很低,画着荆棘与丛林;在一些紫色的群山后面,是一片挂着一轮新月的绿色与粉红色的天空。前景中的颜料堆得特别厚。这幅作品要画上好多天。现在最大的问题是一天到晚要有事情干。

今天我寄给你一打水彩画,这些画全是按照手头的油画画成的。现在看来,这些水彩画缺乏色彩,这与纸太光滑有关。最后画的是《麦田》,画着几个收割麦子的人与一个大太阳。我有一幅题材几乎跟它一样、色彩不同的油画,画的是灰绿色调,天空是白色与蓝色的。

我也画了一幅画着丝柏与一些麦穗、一些罂粟花的油画,天空好像一片苏格兰呢。另一幅画着丝柏的油画是像蒙蒂切利那样厚涂的;表现了极热感觉的、阳光照耀着麦田的那幅油画,颜料也堆得很厚。我相信这些画会使雷德明白,他与我们保持着友谊,不会使他损失很多东西。

当我读着莎士比亚的书时,我是多么想雷德啊!当我的情况比现在还要糟糕时,我是多么想他啊!我肯定说我对他太刻薄了,当我主张最好是多关心画家,而不要只关心画时,我是太泄气了。

我们这个时代会遇到这样的问题:一方面没有足够的钱维持生活与买颜料,另一方面却以高价去买已经死掉的画家的作品。像这样的问题我是不必去操心的。我从报纸上读到一个希腊古董收藏家给朋友写的一封信,信中有这样的句子:"你是一个热爱自然的人,我是一个热爱手工创造的一切事物的人,我们在爱好上的这种差别,归根结底是一致的。"我认为这些话要比我的论证高明。

莎士比亚的作品多么优美。我已经读了一批我不曾读过的作品;从前,由于为别的事情所分心,或者没有时间,我没有读历史剧。

我读历史剧的时候,并不怀疑那个时代的人与我们现在的人不一样。我常想,如果把他们拿来与共和党人及社会主义者的信仰做对比，结果会是什么样子？使我深为感动的，正如使我们时代的某些小说家感动的，是经过了几个世纪，通过莎士比亚的著作，传达给我们的那些人的声音——这种声音对我们来说并不生疏。他们栩栩如生，你会认为你是认识他们的。伦勃朗曾经孤立过，或者几乎在画家中间孤立过，我们在《埃末的巡礼》或者《犹太新娘》中可以看到温柔的面貌（那种伤心的温柔，那种看起来似乎很自然的、超人的目光），你在莎士比亚著作中的许多地方可以遇到。

我幸运地能够有空闲时间阅读与重读这些作品；我很想读些书，至少要读荷马的作品。

今天早上我与这里的大夫谈了一会儿话。他确切地告诉我一个我曾考虑过的问题：在我认为病好之前，我一定要等待一年，因为在这段时间也许病会复发。然后他提议把我的家具存在他那里，这样我就不必两边出钱了。

我现在有节制地过日子，因为我有可能这样做；我过去喝酒，因为我不知道不这样的话该怎么办。经过仔细考虑后，我有了这种想法：如果你有一点酒，干脆把它拿开。这好像是用灰色或者其他各种颜色画的画。事实上我将要更多地用灰色来作画。我现在有一种跟我年轻时，跟我头脑很清醒时颇为相似的感情——我相信他们以往常说的，我过于严肃了。

今天早晨佐的来信给我带来许多消息；我为你将得贵子向你祝贺。当你说到担心你们两个都没有生小孩所必需的健康的身体，并倾吐对未出世的小孩发自内心的怜悯时，我心里很难受。但是出生之前的小孩，比起父母很健康的小孩来，就不怎么可爱吗？肯定不是。鲁林家里贫困，他们也生了一个可爱而且非常健康的小孩。既来之，则安之；要有信心等待，耐心地等待，正如一句很老的古话所说的，诚之所至，金石为开。一切听其自然吧。

你把在巴黎的事业当作第二天性，商业与艺术的过分劳累，使你不如农民们健壮，然而这种我们所共有的纯真的天性，并不妨碍你同老婆孩子之间的情谊。在我作为一个画家的生活中，尤其是当我在乡下时，独自一个人对我来说并不怎么困难，因为在乡下地方，你更加容易感到把我们连在一起的那根带子。但是在城里，像你在高比尔画店连续工作十年那样，单个人生活是不可能的。

你将会对即将出世的孩子很感兴趣，我也非常高兴；我能够设想，到时候你会发现你的内心是那样平静。我将从阿尔寄给你一些油画；尽管你在城市里，只要有可能，我立刻给你一幅农民题材的画。

至于做你一个儿子的教父问题，如果头一胎是女儿，我宁愿在这里等着消息。

我们的母亲肯定会指望父亲给孩子取名。我认为这样做是很合适的。

明天我将寄给你一捆油画。我放进一些写生的习作，而不是油画创作的素材。事情总是这样的：在你能够画出一幅优秀的作品之前，一定先要画一些一般的作品。现在来谈一下这些画的题目：《鸢尾属植物》、《圣雷米精神病院风景》、《盛开的桃花》（阿尔）、《草地》（阿尔）、《橄榄树》（圣雷米）、《老柳树》（阿尔）、《开花的果树园》。

另一个包裹里的画大部分是麦田与橄榄园的风景。我最近画完一幅山景，山脚下的橄榄树丛中有一幢深色的茅屋。蝉在房子外面放声歌唱——一种刺耳的嘶鸣，比蟋蟀的声音响十倍。烧焦了的草地呈现出美丽的古金色调。南方的美丽城市，弄得与沿着祖伊德齐的没有生气的城市一样糟糕，那些城市曾经一度活跃过。在世风日下的时候，蝉与善良的苏格拉底的坚忍精神一样宝贵；它们仍然在这里歌唱古老的青春。

我已经到阿尔去取一直存在那里的油画；这里的看守陪着我去。我们到萨耶斯先生家里，他已经度假去了；我们又到医院里去找雷大夫，可是也没有找到他。我们与从前的邻居们一起度过了这一天的其余时间，我临时雇佣的老女仆也在那里。对那些曾经关心过我的病的人，我总是很有好感；重新见到一些在那时候待我很好的人，这对我大有好处。

〔他从阿尔回来后没几天，又发了一次病。——约翰娜注〕

"明年再画一年，从艺术的观点看来，我也许可以控制自己了。"

对我来说，写信是件困难的事，我的头脑是那样紊乱。许多天来我的精神像在阿尔时那样错乱，即使不比它厉害，也与它相等；我已经有四天由于咽喉发肿而不能吃饭了。

我的好兄弟，这次是在一个刮风的白天，我在田野上画着油画时发病的。我将把这幅油画寄给你。虽然发起病来，但是我还是把这幅画画完了。这幅画的确是一种更加认真的尝试，它是用杂乱的棕色、红色与铁锈似的铬黄色画成的；因为正如我曾经对你说过的，我时常感到一种以我在北方时用过的色调重新开始作画的强烈愿望。

正如你可以设想的，当我开始希望不再发病的时候，病却复发了，这使我非常苦恼；这就可以设想，在将来病还是会复发的。这是讨厌的。我把这些细节告诉你，为的是向你表明，我还处于初到巴黎与阿旺桥时的状况。如果我的病好转，或者到了两次发病中间的间歇阶段，我要尽早回到巴黎，或者暂时到布列塔尼去。但是我知道，我绝不可能再有勇气，或者抱着希望了。我们早就发现这个工作不是一种令人愉快的工作。

对于我现在的处境，我以为最好的与最简单的安排，是把我所有的家具都从这里搬到医院去，然后悄悄地走掉。但是这里的花费太大；他们不仅向与我一样的病人打听我的收入情况，而且打听你的收入情况；我现在很怕别的病人。总之，许多原因使我感到我在这里也不会有幸福。也许我对于重新被疾病打倒的悲惨情况过于夸张，然而我有些害怕。

你将会说（正像我对自己所说的那样），错误在于我自己，而不在于环境或者别人。这不是愉快的事，但是我确实不要操之过急，而要有更多的耐心。贝隆大夫对我很友好，由于他有丰富的经验，所以我并不怀疑他的话与他所做的判断是正确的。我的情绪非常低落。

我呆头呆脑地跑到大夫那里去，请求他允许我作画。画画似乎对我的身体康复至关紧要，由于最近几天没有事情干，不能够到他们分配给我作画的房间里去作画，我几乎吃不消了。工作激励了我的意志，所以我不太注意我的心智衰弱。工作比别的什么都更能使我散心。如果我能真正使自己全身心地从事画画，画画也许就是最好的药。

如果我能够待在一个农庄里，至少待一段时间，也许对我有好处；我可以在那里画出好画来。

这里的大夫与我谈起蒙蒂切利，始终认为他是一个怪人，但是他的疯狂症只是最后才有一点点。就蒙蒂切利最近几年的凄惨境遇来说，有什么理由对于他被太重的负担压倒而感到惊奇？人们有什么权利根据这一点得出结论，武断地说他的创作失败了？

毛斯竟想邀请小小的贝尔纳与我参加下一届的二十人展览会，这是一件怪事。你说毛斯曾经看过我的油画，使我想起很多关于比利时画家的事。往事的回忆像一阵雪片似的飞来，我想重新建立现代荷兰艺术家的整个画派，我一直像一个瑞士人那样害着怀乡病；这样做并没有好处，因为我们的道路要开辟出来——向前进，是被禁止的与行不通的。

虽然我在许多比利时画家的旁边感到自卑（他们有了不起的天才），但是我很愿意去参观在那里的展览。那位梅勒里现在是一个伟大的艺术家，他成为大艺术家已经有好多年了。我一定要在今年秋天尽一切力量画出一些好画来。

我经常想念在布列塔尼的朋友，他们一定在忙于创作比我画得好的画。如果我现在所得到的生活经历，已经可能使我重新开始作画，那么我就不去南方观光了；如果我能够得到自由与独立，我将仍然保持着我的热情，因为我应该画出一些漂亮的画来。

在这里，大热天蝉的歌唱对我来说，像农家炉灶上蟋蟀的鸣声一样动听。好兄弟，不要让我们忘记，微小的感情是我们生活的指挥官，我们稀里糊涂地服从它们。如果我从过去与将来的过错中取得勇气，那一定会成为我的良药，可是对我来说，这是不容易办到的；不要忘记，从今以后，既不是我们的愤怒、我们的忧愁，也不是我们的好脾气或者普通的见识，成为我们唯一的指导，尤其不可能成为我们最后的防御。如果你发现自己也面临沉重的负担，那么就让我们相互不要过于操心；当生活的条件与我们年轻时对于艺术家生活的想法相去很远的时候，就该不顾一切地使我们更密切地团结在一起，正像许多命运中结成友谊的情况一样。

事情总是互相联系的，在这里就像在巴黎一样，有时会发现食品中有油虫；当你在巴黎时，有时候会勾起一种对田野的真实感情。这虽然不是那么多，却毕竟是切实可信的。因此你要像一个来自我们古老的、灌木丛生的荒原上的好人那样，接受你做父亲的身份——这些荒原依然通过城市的吵闹、混乱与苦恼与我们在一起，虽然我们对家乡的感情是不浓的,它却总是难以形容地可爱。这就是说,像你这样一个流浪异乡的可怜人,接受你做父亲的身份;以后凭着穷人的本能,返回你的祖国的实际生活。

我们迟早总要遭遇这样的命运,但是对我来说,忘掉一切玩笑,确实会是一种伪善;我们会成为一个听天由命的可怜虫。你会有一个孩子,这将给你带来一些人生的小苦恼——但是一些更严重的苦恼将会永远消失,情况的发展一定是这样的。

我以为那种会感动家庭未来的父亲的感情,那种我们善良的父亲乐于称道的感情,你必定会像他那样具备这种强烈而且美好的感情。这样的事实毕竟像一阵无害的西北风,不是暖和的,而是清凉的。我告诉你这一点,这使我自己也感到非常高兴,大大有助于去掉我精神上的疲劳,也有助于去掉我冷漠的感觉。我要成为你妻子所向往的孩子的伯父,这毕竟是使人的生活重新变得有趣的一件事;她确信将是一个男孩,我发觉这是好笑的。

好兄弟,最重要的是你不要为我着急,或者苦恼,或者不高兴;当我需要缓慢地与有耐心地恢复健康的时候,你可能认为必须把我关起来才会对我有好处,我以为这是不怎么正当的。如果我们能理解这一点,我们就会为今年冬天保持着自己的体力。

我想这里的冬天一定比较沉闷,但是我必须使自己整个冬天不闲着。我时常考虑到,我可以润饰一批去年的习作。一幅大幅的果树园习作,给我带来极大困难,因此我最近放慢了速度,根据记忆重新画这幅画,我已经找到了很好地表现和谐调子的方法。

我抱着一种希望,在我的房间里作画;这对我很有好处,赶走了一些不正常的思想。

他们说(我很愿意相信他们所说的话),要了解自己是不容易的,但是要画你自己也不容易。我正同时画着两幅我自己的肖像——这是由于找不到模特;画自画像比画一幅小的人物画需要更多的时间。一幅是我大清早起床就动手画的;我像鬼一样瘦削而苍白。整幅画的色调是深紫蓝色,头发是带点黄色的白色,因此它颇具色彩效果。从那以后,我开始画另一幅自画像,画的是半身像,背景是明亮的色调。我全是从早画到晚,工作进行得很顺利。因此让我们用一种北方人的恬静态度来对待事物吧。那种枯萎了的艺术生活粉碎了。我的体力一天天地恢复过来,我担心我健壮得有点过头了。因为画家是没有必要成为一个大力士的。

我们这里已经是九月的气候;马上就要进入秋天,然后是冬天。

昨天我又画了一幅从窗口望出去的小幅风景画——人们正在犁留着黄色麦茬的一片地。我的手头有一幅画着田野上月亮升起的画,并且在努力画一幅我生病前几天开始画的油画——一幅《收割的人》。这幅习作全是黄色,颜料堆得很厚,但是主要的东西画得很好,很简练。这是一个画得轮廓模糊的人物,他好像一个为了要在大热天把他的工作做完而拼命干活的魔鬼;我在这个收割的人身上,看到了一个死神的形象,他在收割的也许是人类。因此这是(如果你高兴这样说)与我以前所画的播种的人相反的题材。但是在这个死神身上,没有一点悲哀味道;他在明朗的日光下干活,太阳以一种纯金的光普照着万物。

我现在又在画这幅画,此外我将开始画另一幅新的油画,我几乎相信,在我前面有一个光辉灿烂的时期。

我现在还不知道该怎么办(在这里继续住下去或者搬走)。问题在于如果危机再次发生,就不是开玩笑的了;任何人冒着类似这种病发作的危险,都是一件严重的事。我推断今年冬天大概会有一次新的发病(就是说在三个月内),那么现在就离开,是冒着太大的危险的。但是在几个月的时间之内,我会变得软弱无力与感觉迟钝;这样一次变化大概会使我画出许多画来。

我将继续努力作画。也许在圣诞节前后,我可能发几次病;病发过之后,便没有什么可以阻止我把这里的房东送进地狱,回北方去长住一个时期。这是我对于这件事的假设,当然并不是说必然如此。

我的亲兄弟,我常在作画的间隙写信;我像一个实实在在地着了迷的人那样作画。我认为这样做对我恢复健康有好处。也许会发生什么事,正像欧仁·德拉克洛瓦说过的:"当我不再有牙齿,或者不再呼吸时,我才发现绘画。"我不幸的疾病使我以一种傻劲作画,速度很慢,从早一直画到晚,不松手,它的秘密或许就在这里:长时间慢慢地画。我可以对你说什么呢?我想起我手头有一两幅不坏的油画,《收割的人》与一幅背景明亮的肖像。那是适合在二十人展览会上陈列的,要是到时候他们想到我的话;但是就另一方面来说,他们忘掉我或记住我,对我全都一样。因为我并没有忘掉比利时画家,这是绝对的,其他全是次要的。

我竭尽全力地去精画绘画,我想,要是我在绘画上赢得胜利,它就会成为我疾病的避雷针。我对自己十分小心,谨慎地把自己禁闭起来。如果你对我这样说:这是吹牛,还不如使你与你不幸的朋友们互相往来,去看看他们。但是我发觉,自己并不因此而更不好,因为我的创作是有进步的,我们需要这种进步;我必须画得比以前更好——如果停留在原来的水平上,是很不够的。

现在我的思想不再紊乱，我感到完全正常了，如果我仔细地考虑我的情况，还有头脑清醒的时候，在发病的间隙还可以作画（如果不幸时常重新发病的话），我一定要继续坚定地走着作为一个画家的可怜的道路。贝隆大夫只是说："但愿不再发病。"但是就我自己来说，我希望最好是长期不发病，至少在几年之内不再发病。

总之，我宁愿患这种突发的病，而不愿意患慢性病。如果你把我刚画完的有着亮的背景的肖像，跟我在巴黎画的肖像相比较，就会发现我现在的头脑比当时清醒得多。我甚至相信这幅肖像将会使你安心——虽然我的目光似乎不如从前有神，但是我的面部很安静。画这幅肖像使我伤了一番脑筋。如果你碰见老毕沙罗，请把这幅画给他看。

昨天我开始画看守长的肖像，也许还要画他的妻子，因为他结过婚，就住在离这儿只有几步路的一幢小房子里。这是一个非常有意思的脸孔，如果不是因为有着理智与和善的表情，会使人以为是一只真的食肉鸟。他在马赛医院工作时，经历过两次霍乱流行的时期，总之，他是一个亲眼见到许多病痛与死亡的人；他的脸上有一种沉思冥想的平静。他是一个普通的平民。他是一个极其典型的南方人。无论如何，你将会看到我是不是画好了这幅肖像。

我现在很想画一些肖像。我与高更多次谈过这个问题以及别的类似的问题，直到我们的神经弄得那样紧张，我们的心里不再留下一点激情为止。如果那样做的话，一定会产生一些优秀的作品。当我迟早再回到这里来时，肯定能够画出一幅具有某些特色的肖像，这难道不好吗？但是你一定以为我是在说傻话，你会说，我懂得如何不说一句谎话而画出一幅肖像来——而现在我只是胡思乱想而已。

我曾经收到一封高更的信。当以后有一天看到他们的作品时，我也许会感到非常惊奇。我相信他们一定会在布列塔尼画出优秀的作品。

请你小心地保存拉塞尔替我画的肖像，我很喜欢那幅画。

好啦!《收割的人》画完了。这是非常非常简练的，我认为它将成为保存在你家里的作品中的一幅。按照《圣经》中所说的，这是一个死神的形象，但是我想要表现的是接近于欢乐的气氛。除了一列紫色的群山外，这幅画上全是黄金，一种淡淡的、鲜明的黄色。我发现这幅画很奇怪，我好像是从牢房的铁栏杆里看它的。

我可以答应在月底给你十二幅油画，但是这些画实际上是画过两次的同样的东西：习作与最后完成的油画。或许我在南方的逗留，不久就会产生效果。

自从我最后一次出去以来，即使是到公园里去，也已经是六个星期前了。下个星期，当我画完手头的几幅油画后，无论如何我要出去作画。从整天在山里画画中，我会得到极大的乐趣；我希望他们让我出去作画。

一旦我能够想的时候，你知道我所想的是什么吗？对你来说，等待你的将是一个家庭，对我来说则是大自然，是土块、草地、黄色的谷物、农民；这就是说，从对普通人的爱之中，不仅找到某种可供画画的东西，而且在必要的时候，给自己以安慰并恢复元气。

住在这里，不论多长时间，我都必须与普遍存在的偏见打交道（我甚至不知道这些偏见是什么），这是一件非常讨厌与伤脑筋的事，然而迁就那些偏见，可以使我与他们融洽地相处。

我亲爱的弟弟，你知道我到南方去，千百种理由都是为了让自己努力作画：我想发现另一种不同的光，我以为在晴朗的天空下观察自然，可以使我们对于日本画家的感受方法与作画方法有较好的了解；我也想看到那种强烈的阳光，因为人们认为，如果不了解阳光的话，就不可能从制作与技术的观点去理解德拉克洛瓦的油画，而光谱的颜色在北方的雾气中是消失了的。

所有这一切仍然是千真万确的。由于这一切，再加上都德在《塔塔林》中描写过的那种对南方天生的爱好，我在各处已经找到了我所喜爱的朋友与东西。你是不是知道，当我发现这种可怕的疾病的时候，我已经与这个地方形成了一种极其牢固的联系——一种也许使我希望再在这里工作的联系？

然而不管可能发生什么事，我将在比较短的时间内回到北方。我确实不对你隐瞒，我现在急如星火，产生了一种再去看看我的朋友们与北方乡村的强烈欲望——尽管我的工作进展顺利，并且找到了我多年来所追求的东西。

当我知道我在这里的发病，倾向于采取可笑的、宗教的方式的时候，我几乎认为正是这种病逼着我回北方。

你知道，我曾经把第二次发病与第一次发病做比较，我以为我的病是由于一种外界的影响，而不是从我自己的内部产生的。我也许错了，你认为我具有一种宗教的、夸张的恐怖，是完全对的。我对于自己现在的思想，对于成为左拉与龚古尔兄弟的如此狂热的崇拜者，对于我现在这样地关心艺术感到惊异；我好像迷信的人可能发作起来那样发病，那种在北方时从来没有钻进过我头脑里的、可怕的宗教思想，使我的心中混乱。

我对周围事物非常敏感；我长期地待在那些古老的修道院里、阿尔的医院里，以及这里的房子里，单凭这一点，就足以说明这几次发病的原因了。虽然痛苦的宗教思想有时也会给我带来极大的安慰，但我确实不应该生活在那样的气氛中。我上次发病时，发生了一件不幸的事：德拉克洛瓦的石版画《哀悼基督》与其他一些版画滴上了调色油与油画颜料，给弄坏了。我的心里难过极了。但是我匆匆临摹了一幅，我相信这幅临摹的画是有某种情调的。

请你想想看，我现在是一个被管制的犯人，本来医院是治病的，现在反而促成了这几次发病！最好是离开这里，如果不到监牢里去，就到军队里去。

的确，我们一定要与这个地方断绝关系；我不能一下子同时干两件事：作画，与这些奇怪的病人生活在一起，无尽期地痛苦——这是不好办的。我想下楼去，但没有成功，我已经有将近两个月没有出去了。到末了我会丧失作画的能力，就在这里止步。

我责备自己胆小；我应该保护我的画室，应该与宪兵及邻居们战斗。这里一些人曾经使用过左轮手枪；如果他是一个艺术家，他杀死那样一些废物，肯定会被宣告无罪的。我应该做得好一些。但是事实上我曾经胆小与酗酒——两者一样坏。面对着这几次发病的痛苦，我也感到很害怕——好像一个想要自杀的人，发觉河水太冷，便竭力回到岸上去。

当我发病的时候，我在病痛前感到胆小——比我本来的样子还要胆小。也许这种在从前我不想改善的胆小，使我现在饭量增大，工作努力。由于害怕发病，在我与其他病人的关系上，我采取忍让的态度。

避免做轻率的事，或者避免表露出做任何轻率的事的样子——在你这样对我可能有的想法（这就是不管护士们有多好，我都要迁到一间没有护士监督的房间里）加以提醒以后，我有了一个非常充足的搬家的理由，我感到心平气和，有充分的信心等着瞧，今年冬天是不是会有一次突然的发病。

你也早已想到老毕沙罗，对此我感到很高兴。你知道，我在那里仍然有一个机会——如果不是在那里，就在别的地方。我很想在你的孩子出生时能回去，不是跟你在一起（肯定不是，那是不可能的），而是在巴黎与另一个画家做邻居。

贝隆大夫对我的前途不抱太大的希望，我想这是对的；他使我认识到，不论什么都是有疑问的，人们不可能在事先确信一件事。我宁愿自己再发病。

你问我迁居巴黎的事。我的答复是肯定的，我以同样平心静气的态度，为了同样的理由到那个地方去——即使巴黎的这个家是一个最后的依靠，情况很可能就是如此。如果我迟早得搬家的话，就让我们万无一失地行动起来，要十分小心，但是不要采取匆匆忙忙的、极端的办法，好像世界末日到来那样。

明年再画一年，从艺术的观点看来，我也许可以控制自己了。但是要做到这一点，一定要有某种幸运才行。

生命就像这样地过去了，时间不再返回；我埋头专心作画，只是由于我知道作画的机会不会再来——特别是由于一次更加猛烈的发病可能永远破坏我作画的能力。

昨天我当面问贝隆大夫："在你去巴黎的时候，如果我建议你把我带去，你会说什么呢？"他含糊其词地回答我——这实在太出乎意料。但是他对我很和气，宽宏大量，只要专制的院长不在这里（即使在的时候也如此），他总是给我很多的自由。

如果老毕沙罗愿意与我一起生活就好了。

到底人们不可以只作画，他应该与普通人来往、熟悉，逐渐通过与其他人的友谊来恢复自己的平衡，使自己的脑子装满思想。我对于我不再发病不抱希望了。恰恰相反，我们一定要假设，日子久了，我将会有一次发作；但是那时候就有可能进一个医院，或者进城市监狱，那里一般是单人牢房。

这个医院对待病人确实是简单化的；甚至在病人外出时，也不照料病人，医院当局根本不管；他们让我们过着懒散而单调的生活，供给我们发霉的与有点腐烂的食物。现在我要告诉你，我来的第一天就拒绝这种食物。一直到我发病，我只吃面包与一小杯汤，只要我还留在这里，我就继续这样干下去。在这次发病以后，贝隆大夫给了我一些酒与肉，这是事实，我很乐意接受这些东西；但是他不想长久破例，考虑到医院里的常规，他这样做是对的。

但是我看不出强大的体力对我有哪一点好处；因为我一心只想画出优秀的作品来，并且想成为一个艺术家，此外别无所求，这是很自然的。

这些不幸的人的单调、懒散的生活是一种灾难，这是在这里气候温暖的城乡生活中普遍存在的弊病。竭力弄清楚各种情况，是我为了抗拒它而应该做的事。

我很明白，要是人们有勇气的话，治好疾病要有赖于自己的内心，对痛苦与死亡要会容忍，你的意志与自负心要投降。但是这对我没有用处，我要作画，我要接近普通人，了解事物与构成我们生活的一切——尽管你可以说这是不切实际的胡思乱想。当然，真实的生活完全是另一回事。但是我不是那种人，他们准备活着，同时也随时准备受苦。我只不过在忧伤中保持着勇气，只不过在感到不舒服时能够忍耐，然而我在工作中有着很大的耐性。

忧伤不可以集中在我的心里，好像水集中在沼泽里一样。

我有一个强烈的愿望，想为母亲再画一次《收割的人》，因为我相信她会理解这幅画的——这幅画简单得好像一幅乡村日历的民间木刻。不然的话，我将为庆祝她的诞辰画另一幅油画。为母亲与姐姐画一些荷兰风景画，我以为这是一个很好的想法。

我还要为另一个人画一幅画。就像为二十人展览会画画那样，我将非常高兴地画这些画，并且要更加安下心来画。为那些不知道什么叫画的人作画，对自己有好处。我要画好那十二种题材，要使他们得到真正经过钻研与仔细揣摩的作品。

笔触是多么奇怪的东西！在露天，风吹太阳晒，面对着人们的好奇心，你尽可能地画，好歹填满你的画布，抓住实在的与主要的东西——这是极其困难的。但是当你经过一段时间，重新来摆弄这幅习作，并且安排你的笔触的时候，看起来就会更加和谐，更加悦目，把你所有的爽朗与欢乐都加上去了。

我画完了看守长的肖像。这幅肖像与我所画的自画像形成一种奇怪的对比，在自画像中面貌是模糊的，像盖着面纱，而在他的尖锐的黑色小眼睛里，流露出一种军人的气概。

我把这幅画送给他，如果他的妻子愿意做模特，我也将为她画一幅像；她是一个胖女人，一个被辞退的、收入很少的、不幸的女用人。我要画满是灰尘的草叶的强烈愿望，是多么微不足道啊！当我画他们的小房子后边的一些橄榄树时，我曾跟她谈过话，她对我说，她不相信我有病——如果你能够看到我作画，你也会这样说的。我的头脑很清醒，手指不发抖，我已经不用比量就临摹了德拉克洛瓦的那幅《哀悼基督》。

啊！我将永远不能表达我在这里见到的一些人物的面貌的印象。这确实是一条可以发现某种新的东西的道路，到南方去的道路。但是北方人难于透彻地看到这一点。当我获得一些成功的时候，我能够看到自己的未来；当我从牢房的铁栏杆中看到田野里收割的人的时候，我惋惜我在这里的悲惨处境。从某一点上来说，不幸的处境是好事。

你要成功，要得到永恒的幸福，一定要有一种与我不一样的气质。我永远不会完成我可以完成的与应该企望与追求的事业。自从我的头脑经常眩晕以来，我只能跻身四五等的艺术家之列。当我认识到德拉克洛瓦与米勒的价值、创造力与卓越的才能时，我有足够的勇气讲，我实在是一个有能力的人，我能够画出一些好作品。但是我必须从这些艺术家那里学习本领，并且尽量做一些与他们在同样范围内可能做的点点滴滴的努力。

我仍然这样想，高更与我可以再在一起作画。我知道高更能够画出比他过去所画的更好的作品，但愿此人能万事如意！我仍然想画他的肖像。你看过他的画有一些向日葵的我的肖像吗？从那时以后，我的脸孔显得很爽朗了，然而他所画的确实是我，非常疲乏与兴奋过度，正像我那时的样子。

如果你想理解乡村的话，一定要与穷苦人住在一起，住在小茅舍里，住在小客栈里。这是我对德·布克说过的话，他抱怨他在乡下看不到能引起他的兴趣与使他感动的事物。我与他出去转了两天，我告诉他，我怎样把三十幅油画画得与北方的，也与摩洛哥的不一样。

你知道欧仁·德拉克洛瓦的画为什么那样抓住人心吗？因为当他画《盖斯曼》的时候，他首先到那个地方观察一片橄榄树林，也观察给一阵强大的西北风吹打着的大海；因为他一定对自己说过：历史告诉我们的这些人，一定都具有相同的特点，与他们的后代有着类似的生活习惯。你将会在《摇摇篮的妇女》这幅画中看到这一点，尽管这是一幅失败的作品，尽管也许画得不对劲。等到我有力量继续作画的时候，我就要画生活中的圣人与圣女的肖像，他们看来似乎是属于另一个时代的。她们应该是今日的中产阶级的妇女，可是她们与早期的基督徒有某些共同的地方。

由此所激起的感情是十分强烈的，我应该就此而止，不要再动感情，但是过后很难说我不会改变主意。

你说得非常对：我必须画画——即使只画卷心菜与莴笋，使自己安下心来。把心安下来以后，就可以干不论什么我所能够干的事了。我再看到他们时，我将重画《塔拉斯康的四轮公共马车》的习作，以及《葡萄园》《收获》，尤其是《红色的酒馆》的习作，这幅夜间咖啡馆在色彩上最有特点。但是在画面正中的白色的人物，从色彩上看要重新画过，好好地加以塑造。我敢说，这是一幅真正的米狄所描写的景色，一幅经过精心设计的绿色与红色相综合的图画。

我的体力消耗得太快了，但是我发现将来别人可能会画出许多优秀的作品。这个事实一再使人确信：为了使其他人更加方便地旅行，最好是在这儿附近找一间画室。

现在我已经临摹了米勒的十幅《田间劳动》中的七幅画，当你看到这些画带上颜色的时候，你一定会感到惊奇的。我也将临摹德拉克洛瓦的《善良的撒玛利亚人》。临摹使我发生很大的兴趣，尽管暂时没有模特，我还老是惦记着画人物。临摹也许是个老方法，对我来说完全没有什么关系。我将要尽力对你说明，我所追求的是什么，以及临摹对我为什么有好处。

我们这些画家总是被要求由自己来构图，而不是使自己成为一架排字机器。这样也好。但是在音乐方面却不像这样，如果谁弹奏贝多芬的曲子，他在弹奏中会加进他个人的解释。在音乐方面，特别是在歌唱中，表演者的解释是很重要的。只有作曲家才能演奏自己的曲子，并不是一条不许改变的法则。我把德拉克洛瓦或者米勒的黑白版画作为题材，在上面随便涂上颜色，你知道，这不全是我自己的画，而是追忆他们的画——画出记忆中的，"至少在感觉上正确，色彩上大致和谐"，这是我根据自己的画法画的。

许多人不临摹，另一些人则爱临摹别人的作品。我只是由于偶然才动手临摹，我发现临摹使我学到一些东西。最重要的是，临摹常常给我以安慰。油画笔夹在我的手指中间，就像是摆在提琴上的弓，这确实是一件愉快的事。今天我试着用从淡紫色到黄色的色阶组成画《妇女剪羊毛》。

在这样坏的天气里，我将要临一些画，我确实应该多画人物画。真的，不幸的境遇是有某些好处的，我有了练习画画的时间。

明天我要寄给你一些油画。我相信你会喜欢《石矿的入口》这幅画。我是在感到就要发病时画这幅画的。画中的暗绿色以赭色的调子出现，合我的心意。这幅画带着一点凄惨的调子，却是健康的，这就是它为什么不使我厌烦。也许《山》这幅画的情况也是这样。他们会对你说，这幅画的群山与那一幅的不一样，在这幅画中，山只是一指宽的黑色轮廓线。

《橄榄林》这幅画中画着白云与群山的背景，与《月亮上山》中夜景的效果，从布局上来看都是夸张的，这些画中的线条像古树一样歪歪扭扭。橄榄树画得很合适，正像在别的习作中所画的那样，我想表现白天，那时候绿色的甲虫与蝉在大热天中飞翔。我在另一卷油画中加进了一幅画花的习作——这种习作非常少，但是，毕竟我不想把它撕掉。

总之，我以为除了《麦田》《山》《果树园》、画有蓝色群山的《橄榄林》与一幅肖像画以及《石矿的入口》以外，没有别的好画，其他作品没有什么了不起，因为它们的线条缺少个人的思想感情。

这些作品的线条挤成一堆，因为开头我是把它们当作油画创作来考虑的，虽然这未免有点言过其实。高更与贝尔纳完全不问一棵树的正确样子，却坚决主张人们应该说出树的样子是圆的或者方的——老实说，他们是对的，他们被某些人的照相式与空洞的完美惹恼了。他们不问群山的正确的色调，可是他们要说，群山确实是蓝色的，是不是呢？然后涂上一些蓝颜色，不告诉我们是这样的或者那样的蓝色，它只是一种蓝色，是不是呢？行了——把群山画成蓝色，这样就很好了！

当高更阐明这件事的时候，他往往真像一个天才，但是高更很怕显示他的这种天才，他宁愿做一些对年轻人真正有好处的事，这是令人感动的。他是一个多么奇怪的人！

你说我是一个工作狂，不，我不同意。我对我的工作非常不满意，唯一使我可以得到安慰的，是有经验的人对我说：你一定要不计报酬地画上十年，以后也许会出现好日子。

你知道我经常考虑的是什么吗？即使我不成功，我仍然要继续我所从事的工作，好作品不一定一下子就被人承认。然而这对我个人有什么关系呢？我是多么强烈地感到，人的情况与五谷的情况那样相似，如果不把你种在地里发芽，有什么关系呢？你可以是夹在磨石中间磨成食品的原料。幸福与不幸是两回事！两者都是需要的，都是有好处的。死亡或者失踪，有着非常密切的联系——生命也是一样。即使面对着一种把我毁掉的、使我害怕的病，这种信仰也是不会动摇的。

我就要寄给你一些小幅的油画，与四五幅我想送给母亲与姐姐的习作。这些习作现在已经干了，它们是《麦田》《丝柏》《橄榄林》《收割的人》《卧室》的小复制品，与一幅小自画像。这些画是会使她们大吃一惊的。我以为让姐姐拥有一些我的画，会使我高兴，也会使你高兴。

讲到《收割的人》这幅画，我首先想到的是画得不好。但是不，当气候变冷与变糟的时候，确实使我想起笼罩在热天麦田上火炉般的天空，所以这毕竟不是太过分的夸张。我也要为母亲与姐姐画一些优秀作品的小幅复制油画；我也希望她们拥有红色与绿色的《葡萄林》，粉红色的《栗子树林》，以及你曾经展览过的夜景。我担心这些作品会使她们失望，其中有些作品也许是没有什么可取之处的、丑陋的。但是母亲与维尔可以随意处理这些油画。如果她们送给别的姐妹一些画，我将再送给她们一些。要不要把这些画配上外框呢？它们不值得配上外框。

从我加进去的那幅自画像上，母亲将会发现，虽然许多年来我曾经到过巴黎与别的大城市，我的相貌仍然多少有点像一个宗德尔的农民，例如童恩或者皮埃·普林。我常常想，我也正像他们那样感受与思考问题。农民们是世界上最有用的人，只要他们有休息的时间，就会对图画与书本发生兴趣。我认为我自己肯定不如农民。

我在画布上犁地就好像他们在田野里犁地一样。对大自然的爱使我不断地画下去。谁要是不辞劳苦地紧握画笔，那么他的绘画肯定会有收获的。

你将会看到，我的忍耐正在取得一些小小的成就，这种不屈不挠的精神，正是我害病的结果。我现在感到十分正常，完全不去回想坏日子了。有画画，有一定的食物，大概就可以拖一段很长的时间，只要不发病，我总会继续画下去的。你在月底将会收到我的另一打习作。

这里有美丽的秋景可画，橄榄林很有特色，我正在努力把它们画下来。橄榄树是古旧的银灰色,有时近似蓝色,有时是绿色、黄铜色、白色,树下的土地则是黄色、玫瑰红色、淡紫色与橘黄色,乃至暗红棕色。难画极了,难画极了。这种景色很中我的意,引起我用金色调子或者银色调子作画。也许有一天我将表达出我对这些景色的个人印象,正像我用黄色画向日葵一样。如果我在今年秋天能够画一些秋景该多么好!但是这种半禁闭的生活,阻止我干我仍然能够干的事。

你将会对我说:要有耐心,我一定要有耐心。

我们这里将会有一些美好的秋日,我会由此得到好处。我画了一幅在石头地上涂满桑树的画,石地的轮廓衬着天空的蓝色。我希望你在这幅习作中看到我追随蒙蒂切利的线索。

听到伊萨克逊先生要写一篇关于我习作的文章的消息,我感到十分奇怪。我的作品没有什么值得一提的。当我回来的时候,无论作品怎样坏,它将形成一种完整的"普罗旺斯的印象"。但是,当我仍然抓住橄榄树、无花果树、葡萄树、丝柏以及其他独特的东西,诸如阿尔卑斯山(那一定会具有更加显著的特点)的时候,他能够说什么呢?

我应该劝他等待,他的文章绝不会因此而遭到损失,我盼望在下一年的创作中,能够让他看到另一些更加具有个人特点的作品,以及更加扎实的素描,更加丰富的普罗旺斯南方题材的知识。

现在我暂时待在这里,尽我之所能,设法待到冬天,一直到春天,我会不会也在这里待到夏天呢?这多半由我的健康情况来决定。

我画了一幅背景衬着群山的两棵黄杨树,与一幅这里公园的风景,一幅秋景,在这幅画中,素描更加自然,更加朴素。总之,在你画出一些作品,证明你已经认识与爱上一个乡村之前,要离开那个地方是困难的。因为你一定要认识一个乡村的整个面貌。这是不是塞尚的画与别的任何作品不一样的地方?

你说阿弗尔有一种十分可爱的景色,我们迟早(不会等得太久)要选定那个地方住下来。要是我到北方,要是那个加歇大夫家里没有房间,在经过你与老毕沙罗的介绍之后,他大概会介绍我住在别人家里,或者干脆就住在客栈里。最主要的是与这个大夫认识,这样一来,在我发病的时候,就不会落到警察的手里,被逮进疯人院。

我对你说,北方将会像一个新的国家那样使我发生兴趣。

如果我回来的话,我打算画许多希腊式的习作——你知道,那是只用白色、蓝色与一点橘黄色画成的,就像是在露天画的一样。我必须画素描,努力形成自己的风格,尽管你说追求风格往往损害别的品质。我很想探索自己的风格(如果你愿意这样说的话),但是我想画出一种更加有魄力的、经过细致考虑的素描。如果这样画会使我的作品更加像贝尔纳或者高更,也没有法子。居约缅的素描很有个人的风格特点。

我很想在最近离开这里到阿尔去,但是我不敢提出这一要求,尽管我并不相信贝隆大夫关于我旅行与跟着来的发病之间有联系的说法。我认为我需要拜访一些人,尽管没有像美好的普列沃(米狄书中所描写的情人,她把我俘虏了)那样的人,我却不知不觉地被这里的人与事吸引住了。

我刚才带回来一幅油画,我已经画了一些时候,画中描绘的是与《收割的人》一样的田野。这幅画中画着土块,背景是一片干焦的土地,然后是阿尔卑斯山的绝壁。前景是蓟与一些干草,中央是一个拖着一捆麦秸的农民。这是一幅粗糙的习作,我没有把整个画面全画成黄色,而是全画成紫色。但是我以为这幅习作将使《收割的人》更完美,并且更容易为人所理解,因为《收割的人》看来像是随便画出来的,这幅习作将会使别人打消这种印象。

我也画了两幅公园与疯人院的风景,在后一幅画中,疯人院看起来像是一个很舒适的地方。我努力把景物画成这样的布局:简练地、着重地描绘背后衬着蓝天的松树与杉树林的高傲、倔强的性格。除此以外,我还画了一幅雨景,与一幅有几棵大松树的夜景——你将会发现,这幅画中的松树比以前画的松树更加有性格。

但是我对这一点感到并不在乎。我关心的是一个远比我高明的人——莫尼埃,他画过描绘波里纳日的《斯克洛奈斯》。换班工人进矿井,工厂的红屋顶黑烟囱衬着美丽的灰色天空——所有我曾经想画的事物,以及我认为应该画而没有被画过的事物。画家们还有许多可画的题材,他们应该下到矿井里去,画出光的效果。

高更给我写了一封很亲切的信,兴奋地谈到德汉与他们在海边的简单的生活。但是我明显地看出,他并不总是精神十足的。我很了解情况是怎样的:他们很不容易找到模特,不能像他们最初所设想的那样节省地生活。这是印象派画家们的可怕的处境:情况的发展缓慢,被先辈画家们制服过的障碍,连年阻挡着他们。

最近我曾经看到妇女们捡橄榄,但是由于我弄不到模特,我没有画成画。

我不佩服高更的画《在橄榄园中的基督》;他曾把这幅画的草稿送给我。讲到贝尔纳的画,我认为他大概从来没有见到过橄榄树。他没有办法稍微弄清楚事物的可能性与真实性。不,我并不干预他们画宗教内容的画。如果我待在这里的话,我是不想画《在橄榄园中的基督》的。可是正像你所见到的,橄榄树的生长姿态也许会使人想起人体的正确比例。伦勃朗与德拉克洛瓦已经令人钦佩地做到了这一点,甚至比文艺复兴以前的画家做得还要好一些。

我现在不得不告诉你，我已经去过阿尔，并且见到了萨耶斯先生。贝隆大夫对我说，我的健康情况大有改进，他对我满怀希望——认为我在那时到阿尔，对我没有坏处。

我在那里待了两天，常到那里跑跑是一件好事。据我所知，眼下没有人对我怀着恶感；恰恰相反，他们对我非常友好，甚至对我表示欢迎。如果我待在乡下，就有机会一点一点地使自己适应那个环境，这对一个异乡人来说是很容易办到的事，对于在那里画画是有好处的。但是我们要稍微等待一下，首先要看看，这次旅行是不是会引起另一次发病。我几乎相信我是不会发病的。

贝隆大夫说，严格来说，我不是发疯，我想他是正确的，因为在发病的间隙，我的心境绝对正常，甚至比以前更加正常。幸亏那些讨厌的噩梦已经不再使我受折磨。而在发病的时候，噩梦是可怕的，我对一切都失去知觉。但是发病驱使我工作，认认真真地工作，像矿工那样。矿工们总是冒着危险，匆匆忙忙地干他们的工作的。严重的神经衰弱经常折腾着我。我的健康愈恢复正常，我的头脑愈冷静，画这种画看起来就愈傻。画画使我们花掉那么多的钱，而什么也得不到，甚至连本钱都捞不回来。此外，我感到十分不幸，在我这样的年纪，要重新开始干别的工作，那是非常困难的。

可是怎么办呢？如果我的健康情况仍然稳定，如果我画画，我就要重新开始试着卖画，举行展览，与别的画家交换作品，一方面也许可以减轻你的负担，另一方面也许可以恢复一点热情。我并不想对你隐瞒，由于单调的生活，我待在这里是非常无聊的；由于所有这些不幸的朋友，他们什么也不干，与他们来往消磨了我的精力。在晚上，我烦得要死。哎，冬天的景色不是十分逗人开心的。

如果我能够了解到，从这里到巴黎的火车只花二十五个法郎的话，我一定已经到那里去了。由于费用的关系，我没有去巴黎。我想，无论如何，春天到巴黎去再度观察北方的人与事，会更合适些。因为这里的生活使人精神恍惚，到末了我将会丧失我的活力。我从来不敢设想，将来我会像现在这样身体健康。然而问题在于，我到巴黎对你是否合适，我认为不要着急是明智的。如果稍微等待一下，我们也许不需要阿弗尔的大夫，也不需要毕沙罗父子了。我们不可以对我的病症乱加猜测，可是我实际上还是做了太多的猜想。无论如何，我要尽可能地把事情办好。我就要到山里做一次长途旅行，去寻找风景。现在大多数树叶已经落下来，这里乡村的景色与北方是很相似的，老是很冷，但是这里的群山挡住了一点西北风。

你寄来一包油画颜料，同时还附来一件很好的羊毛背心，我对此表示十分感谢。

你待我多么好，我多么盼望我能够画出一些优秀的作品来，以便向你证明，我是不愿意忘恩负义的！讲到我冬天穿的衣服，虽然不多，但是已经够暖和的了，我们可以一直等到春天再添置。我只有画画时才出去，所以我总是穿破烂的衣服，我有一件天鹅绒的短外衣与裤子，在这里穿用。

我画过一幅描绘阿尔医院疯人病房的习作。但是最近几天没有油画布了，我就把乡村的四面八方都踏遍。自从你说佐已经感到孩子在她的肚子里蠕动以来，你现在肯定是沉湎在大自然之中了。这甚至比风景更加有趣。你的情况起了那么大的变化，我感到十分高兴。

《小孩试步》，米勒的这幅画多么美啊！

我在与米勒的版画一起寄来的荷兰报纸上，看到一些巴黎的报道，我认为那些文章是伊萨克逊出的主意。他在一篇笔记中谈到我的时候，过于夸张了，这是我宁愿他不要谈论我的另一个理由。

这个月我曾经在橄榄林中作画，因为贝尔纳与高更的《园中基督》使我生气，在他们的画中，没有一样东西是经过对真实事物的观察而画出来的。当然，我对取材于《圣经》并没有意见——我曾经写信给贝尔纳与高更，对他们说，我认为思想而不梦想是我们的本分，因此我看到他们随随便便画成的画，心中感到惊奇。并不是由于这幅画本身使我扫兴，而是它给了我一种灰心的、痛苦的感觉，不是一种进步。

这些日子天气晴朗，阳光明媚，却寒冷，早上与傍晚我都在果树园里转，结果是画了五幅三十厘米宽的油画。你手里的他们所画的三幅习作至少是有问题的：橄榄树变成好像我们北方的柳树或者剪掉树梢的别的树。柳树在我们家乡，正像橄榄树与丝柏在这里一样，是重要的植物。

我画的只是一种比较粗糙的东西，比起贝尔纳与高更的抽象画来，这些画给人一种乡村的感受与泥土的气息。问题在于他们很少画橄榄树与丝柏。从藏画的角度来看，我的画应该运到英国去，我十分了解他们那里寻找的是什么。

不管情况如何，我几乎相信，我一定有耐心经常画出一些作品来。事情愈来愈像我对伊萨克逊所说的那样：如果你勤于写生，而不预先对自己说"我要画这个或者那个"，如果你像做一双鞋子那样作画，而没有人为的成见，那么你虽不会总是画得很好，但是在你最少盼望的日子里，你会发现一种先辈画家作品中所坚持的题材。你将学会熟悉一个乡下地方，它与最初呈现在你眼前的情况实质上是完全两样的。

正是日常的经历与平凡的劳动，在将来开花结果，使人画出一些比较完美的、真实的作品来。如果我们要继续干下去，一定要像农民那样朴实地工作。

讲到布鲁塞尔的展览会,我还是关心的,我将从这里送几幅画去参加展览,这些画虽然是在完全不同的地区画的,却仍然像是(比如说)在宗德尔画的,我相信这些画也会被所谓不懂画的人理解。

我希望我习惯于在冷天作画——在早晨,白色的霜与雾的效果十分有意思,正像我刚好画过的橄榄树一样,我很想画山。我有一幅画得比以前那一幅群山更加严谨的习作——一道有人烟的峡谷,一条小溪沿着河床的岩石弯弯曲曲地流过去。这幅画是紫色调子。说实在的,我的确能够画一整套阿尔卑斯山的风景,因为我已经观察了很长的时间,我画那里的风景更能胜任。

你对我说,有一种附有关于蒙蒂切利的文字的彩色石印出版物,这是很有意思的,我知道以后心中十分高兴。我希望他们把你手头的那一幅花束用彩色版印刷出来。

我很想有一天能够像这样把我的油画制一两块版。现在我正在画一幅妇女们收集橄榄的油画,我想,这幅画会适合于制版的。整幅画用一种非常细腻的色调画成。这是根据一幅同样大小的习作凭回忆画成的,因为我要画一些很久以前的、被时间冲淡了的记忆中的东西。

我还想画一幅有黄色与粉红色门面的书店,在傍晚,还有过路人——这是一个多么重要的现代题材。在我想象中,书店似乎是那样一种光的焦点——我是说,一种同橄榄林与麦田一样好的题材,因为书店以书籍与印刷品在人的心中进行播种。当然,要有一种使巴黎看起来同样美的方法。

尽管天气寒冷,我一直在外面作画,我相信这对于我及工作都有好处。刮了一阵西北风,但是在临近日落的时候逐渐静下来。这时天空呈现出一种淡黄色的美丽效果,悲伤的松树林的轮廓,以一种优美的黑色花边,在作为背景的天空中突现出来。

昨天我邮寄出三个包裹。其他习作——三十幅油画,还没有干,随后再寄出。这些画绝大部分是秋天画的,给我带来不少麻烦。有时我认为这些画是丑陋的,有时却认为是美的。习作有十二幅。我最近画的是一幅描绘村景的习作,有一些男人在劳动(他们在一些高大的法国梧桐下面修路),因此画中画着沙石堆,巨大的树身——树叶发黄,出现一幢幢房子的正面,有一些画得很小的人物。

自从我生病以来,已有一年了。但是从去年到现在,我确实没有想到我会这样混过。刚生病的时候,我不能够接受必须进医院的思想。现在我承认,我应该更早一些进行治疗;但是人总免不了犯错误的。

你叫我不要过于着急,我的好日子总会到来。我要对你说,当我看见使我的作品完美的某种方法的时候，这种好日子才会开始。这样一来，你便会有一批真正感动人的普罗旺斯的习作了。如果有朝一日能够证明我没有使家庭变穷的话，这就是我的最大安慰了。

我常常对于我过去的事加以过多的责备，我的病多少是由于自己的过错造成的。但是要解释与判断那些事往往是十分困难的，我的感情比以往对我施加更大的压力，我怀疑我是不是可以用任何方法弥补过失。我对过去的事想得太多了。

母亲与父亲对我比对别人更加严厉，过分的严厉，使我似乎没有一点快乐的性格。我在巴黎发现了这一点。你比起我来，在尽力从实际上帮助父亲这件事上，出了很大的力气，因此你常常忽视你自己的利益。你比我有更多的自我牺牲精神，这在你的性格中深深地扎了根。在父亲过世以后，我到巴黎去找你，你对我十分照顾，使我了解你是多么爱父亲。我现在要对你说，我没有待在巴黎是件好事，因为不如此，我们便会卷入到利害关系中。生活不是为了这种利害关系。我只能说，现在这样做，对你来说要好得多了。

〔凡·高在这时又发了一次病。〕

"在我生病的时候，降了雾，化着雪。我在夜里起床观察乡村景色。我从来没有见过像这样动人的、充满了情调的景象。"

我祝贺你与佐新年快乐。对于我也许会使你着急（虽然我非常不愿意这样），心里感到遗憾，因为贝隆大夫一定已经给你写信，说我的精神又错乱了。但是这次发病只有一个星期就过去了，想着它是否还会发作有什么用处呢？首先，你不了解，也不能够预见是怎样一种情况，或者采取什么形式；最重要的是我绝不可以浪费时间。一等到贝隆大夫答应，我就要重新作画；如果他不同意，我就与这个地方断绝关系。正是作画，使我的精神稍为能够保持平衡。

昨天萨耶斯先生来看我，使我吃了一惊。他的打扰使我心烦意乱，因而我更加希望自己能够暂时恢复平静。他来的时候，我的情况很好，所以我们能够平心静气地谈下去。

重新发起病来的时候，贝隆大夫不像从前那样敢于允许我照原来的方式生活，这是件可怕的事。但是尤其糟糕的，是要与那些成天、成月、成年什么事也不干的不幸的朋友在一起。我对萨耶斯先生也讲过一点，劝告他千万不要向人推荐这个疯人院，因为把那些精神病人集中在这里，是一件危险的事，他们有可能丧失也许还保留着清醒的头脑。

奇怪的是，你马上就会看到，我在画一些油画的时候，头脑是十分清醒的，没有任何理由认为我的错乱会突然再把我抓住。我从来不曾像最近那样用那么清醒的头脑画油画。

现在我被一种强烈的沮丧情绪压倒了。我没有一点预见性，我看不到出路。我也知道，我不能够继续无限期地待在这里。但是去年几次发病的时候，正是由于画画，才一点一点地使我恢复正常的状态，这是实实在在的。这一次的情况，大概也会是一样。在天气不冷时，我就会有出去的机会。我很想画完已经在这里开始画的作品。我已经想好我所要画的油画的题材，我已经找到几处我想要画的地方。我为什么要改变表现手段呢？如果不发生什么情况的话，让我们尽量多画些画吧。

在我生病的时候，降了雾，化着雪。我在夜里起床观察乡村景色。我从来没有见过像这样动人的、充满了情调的景象。

今天我寄出去一些油画。《峡谷》是在一个刮西北风的白天画成的习作——我用一些大石头支撑我的画架，这幅画还没有干。我为这幅画打过细致的底稿，画中有着有分寸的热情与丰富的色彩。还有《犁过的土地》《妇女们收集橄榄》《田野》《橄榄林》，与临摹米勒的《挖地的人》《通宵》这两幅画。然后是一幅描绘圣雷米的一条主要街道或者林荫道的写生习作。我还忘掉了一幅《雨》。你在欣赏的时候，一定要把这些画安上内框，配上白色的外框。

假如我离开这里，我们一定会发现，我的油画是不是没有出息。我应该有一定数量的自己的作品，一定数量的别人的作品，也许可以试着做点买卖。

在我生病时，贝隆大夫来告诉我，他已经听到你说展览我的画，并且问我是不是愿意。我对他说，我不愿意展览我的画。对于这件事没有什么可说的，我希望他们照样去进行，因为你说展览会将在一月三日开幕。

昨天我寄了三幅油画到马赛去。我给我的朋友鲁林送去一幅油画，画的是橄榄林中一幢白色的房屋，一片麦田，背景是淡紫色的群山。我给萨耶斯先生一幅小油画，画的是粉红色与红色的天竺葵，背景是全黑色，就像我以前在巴黎画过的那幅一样。

我刚刚为这里的一个仆人画了一幅小肖像。他要把这幅画送给他的母亲。这就是说，我已经重新开始作画，要是叫贝隆大夫知道，他大概不会让我这样做的。他对我说："但愿不要再发病。"他所说的确实还是老一套。他非常和气地与我谈话。他说，他让我自由地散散心，一定要尽可能地与沮丧的情绪战斗。我愉快地照办了。就他而论，这些事是不足为奇的，因为这种病没有快速的治疗法，也许时间与环境能够发生一些作用。因此，即使是半禁闭，我还是能够使自己有事情干的。

我很愿意再到阿尔去，但我并不太急，等到二月底也可以。首先要再去看看我的朋友们，他们会使我的精神振作起来。然后是看看，我到巴黎旅行是不是吃得消。当我到那里去的时候，我必须付出三个月的房租，因为我的家具放在房子里。我认为这些家具是有用的，即使不为我自己，对于别的要住在乡村里的画家也是有用的。你以为把这些家具送给高更要比送给你好？他大概会在布列塔尼再住一段时间，他没有摆家具的地方。把三个笨重的旧衣柜给了人，使我能够免掉一部分房租，也许能够免掉包装的费用。这些家具使我花费三十多个法郎。

我将要写一封短信给高更与德汉，问他们是不是想待在布列塔尼，是不是愿意我把家具运去，是不是要我也到那里去。

高更含含糊糊地想要以他的名义（其成员包括他、德汉与我）建立一个画室，这是事实。但是现在他要坚决贯彻去童庚的计划,似乎对于继续画画已经大大泄了气,我确实不知道这是为什么。他正是那种诚心想去童庚的人,他有一种云游四方的需要。他在探索(其中包含着真理)生活中的艺术财富。他非常谨慎地写信,比去年更加严肃了。你要是见到他所写的信,一定会深感他想得多么正确。一个如此坚强的人,处于几乎无人帮助的境地,是不幸的。毕沙罗与居约缅也是一样。实在麻烦,实在麻烦!

我刚才给拉塞尔也写了一封短信。由此而使我想起高更,因为我了解拉塞尔是一个很严肃、很有魄力的人。他与高更本质上都是乡下人。他们并不粗野,而有一种天生的亲切感情,大概要比你与我更强一些。他们就是这样看待我的。

我希望高更会感到你与我是他真正的朋友,但是不要太过于依赖我们。

你对于我临摹米勒的《通宵》所表示的意见,使我心里高兴。我愈想这件事,就愈认为复制一些米勒的作品是理所当然的,他自己没有时间把那些作品画成油画。拿他的素描或者木刻画成油画的时候,你所做的不是简简单单的临摹。这是翻译——翻译成另一种语言,一种色彩的语言——在黑白之中的光与影的效果。印象派画家在色彩方面所发现的东西,还会更进一步地发展。有许多人忘掉了有一根把他们与过去捆在一起的绳子,我将要尽力表明,我对于印象派画家与其他人截然无关的说法不大相信。

一目了然地画,而不用难懂的、隐晦的手法,对我来说,这是另一个教训。一幅画,一本书,都不可掉以轻心。如果画画或著书是我的职责的话,我绝不渴望得到别的东西。我们不应忘记自己的身份,因此我绝没有权利提出任何要求。

〔贝隆大夫在一月二十九日来信说,凡·高到阿尔去了一趟之后又出现了一次危机。——约翰娜注〕

"我很想到巴黎去看你,享受一下卖掉那幅画的好运气。"

我感到情况良好,但是像别的日子一样,我又有过几天不省人事,心里不舒服。

今天我知道你终于做了父亲,佐最危险的时候已经过去,小孩也很平安。这对我很有好处,我的兴奋绝非言语所能形容。好极了——母亲将会多么高兴啊!讲到小孩的问题,为什么你不为了纪念我们的父亲而称他为提奥呢?对我来说,这样取名确实会使我非常高兴的。

我马上动手替你画一幅挂在你卧室里的画——一些杏树的大树枝,背景衬着蓝天。

我读了《法国信使报》上刊载的阿尔培·奥里尔论我的画的文章以后,感到十分惊奇。我无须告诉你,我并不像他所描写的那样作画;但是我从这篇文章中发现,我应该好好地画才对。奥里尔的文章是完全正确的,文章指出了应该克服的缺点。我认为作者写这篇文章不只是指点我,而且同样指点了印象派的其他画家。

他向我,也向别人提出了一种理想的合作办法。他对我说,在我的作品里有着某种优点,而同时它们还有缺点。这是他的批评使人得到安慰的一面。对于这一点我是很感激的。我愿意表示,对于这一点感到高兴。但是我心里明白,我没有足够完成那样一种计划的力量。我认为他们应该对高更那样的人写文章加以赞扬,而我则是次要的。奥里尔的文章是专门议论我的,因此无须对你说明,他使我感到多么高兴啊!我认为这篇文章正像你说过的伊萨克逊的某一篇文章一样,是过分夸张的。现在艺术家们已经不再争吵,在蒙马特尔林荫道的小店里,悄悄地发生了一场重要的运动。

因此,如果你与我得到了某种名气,一定要保持几分冷静的头脑(如果有可能冷静的话)。你从一开始就应该注意,把你新建立的家庭尽量安排成一个充满艺术气氛的环境。

我很为这篇文章高兴,更准确地说,是"开心",像轻歌剧中所唱的那样,因为人们需要它就像需要奖章一样。而且像这样一篇文章,作为一篇艺术评论,是具有它的价值的。复写一份这篇文章,送给雷德,也送给戴尔斯蒂格一份,或者给西爱姆叔叔,好不好?这样做真正有助于那样一天的到来;到那时,我们就要像别的艺术家那样,努力收回画画所花费的钱。如果你碰见奥里尔先生,请替我为那篇文章向他道谢。我要给他写一封短信，请你转交给他，当然，也要送给他一幅习作。

我希望劳塞先生会来。他制作了临摹蒙蒂切利油画的石版画。我很想与他认识。当他提到普罗旺斯的时候，他讲到了困难，他所说的与其说是一件等着要做的事，不如说是已经做过的事。画着丝柏的风景画！啊，这不是一件容易办到的事。当奥里尔说黑色甚至也是一种颜色的时候，他也感到了这一点。讲到丝柏的好像火焰一般的外形，我想到了这一点，但是我不敢走得太远。我对慎重的伊萨克逊说过，我并不认为我们已经到了那种地步。当我画出那些向日葵的时候，我寻找相反同时又相成的东西，我说：这是丝柏。我不愿意再多说了。

总之，你给我送来的好消息、这篇文章与一大堆别的东西，使我今天感到愉快极了。如果我与你一起待一个时期，那么对于消除这里的朋友必然施加于我的影响，会很有好处的。但是我们一定要冷静地加以考虑，现在花钱出去跑是不是时候；也许在我们打消这次旅行的计划以后，我们能够为高更或者劳塞画一些画。

高更已经回到巴黎。他写信给我说，他已经在丹麦开过展览会，开得很成功。他不在这里稍微多留一阵，真是遗憾。我与他在一起作画，会比我一个人单独作画要好一些。我认为，如果高更愿意，如果他要找一个地方的计划失败了，他是能够再到这里与我一起画画的。

我们这里这几天天气很不好，今天却是一个真正的春天。长着麦苗的田野，远方是紫色的群山，非常美；杏树到处都在开花。

我时常感到，春天的景色使我非常振奋。此外，你今天来信告诉我：你已经在布鲁塞尔卖掉一幅我的油画，售价四百法郎。这个数目与别的价钱，也与在荷兰所画的作品的价钱比较，是不大的；但是我要努力多画，以便有可能少花钱而继续画下去。你是否注意到，在你寄给我的报纸上有一篇谈某些艺术家（柯罗、罗梭、杜普列）多产的文章。你还记得吗，我们曾多少次谈到同一件事（生产一批作品的必要性）。在我到巴黎以后不久，我说过一等到我有了两百幅油画，我就能够坐享其成了。

我很想到巴黎去看你，享受一下卖掉那幅画的好运气。感谢这里的医生，我现在比刚到这里时精神稳定，身体健康得多了。

〔在二月二十四日，当凡·高去阿尔住了两天回来以后，又发了一次病。他由一辆马车送回圣雷米，不知道他是在什么地方过的夜。他随身带到阿尔去的一幅描绘一个阿尔女人的油画，始终没有找到。四月一日，在贝隆大夫寄来的信中说，这一次的发病时间延续较长，它终于证明了这些旅行对他是有害的。——约翰娜注〕

"我必须再看到你，看到你的妻子与小孩。"

我重新开始试着写信。信是一点一点写成的。麻烦的是，我的头脑不好——头确实不痛，但是完全麻木了。

我的工作进行得很顺利，最近画了一幅开着花的树枝的油画——你将会发现，这也许是最好的一幅画，是我所有作品中以最大的耐心画成的一幅。我用冷静、沉着的头脑与扎实的笔触来画这幅画。在别的日子，我就像一头野兽那样倒下来。事情到了这种地步，的确是令人难以理解的；可是，唉，情况偏偏就是如此。

我不知道我该做什么，想什么，我只想离开这幢房子。我不想逐项细谈，但是请记住，我几乎在六个月之前就提出过，如果我再次发生同样性质的病症，我就要换一下病院。由于发了一次病，我耽误了太多的时间；那时我正在画画，想要完成一些在手头的油画。为了画画，我现在不应该留在这里。但是到哪儿去呢？

我认为有一些与我有着同样遭遇的人，他们在工作了半生以后，落得个走投无路的困境。关在房间里是难以学到很多东西的；这是当然的，但确实有人在处于逆境的情况下仍然顽强地工作。我对自己几乎失去希望。如果我到乡下去住一段时间，也许可以完全恢复健康。

如果我回到荷兰，难道会找不到工作单位？在荷兰找工作不难，我们有权去利用这个机会。我认为在家乡荷兰，人们是比较重视绘画的，因此在工作单位里，他们不会妨碍我画画。这里人的相当顽固的观念，常常比我对你所说的更加使人泄气，因为一个画家，作为一个人，他太专心致志于他的眼睛所看到的事物，不能够充分掌握他生活的其他方面，这也是实在的。

昨天我想读别人寄给我的一些信，但是我的脑子不清醒，不能够理解信中的意思。拉塞尔给我寄来一封信，家里也给我寄来几封信，我还没有勇气去读，这使我感到很伤心。姐姐的信写得很好，她所描述的城市景色，就像现代小说里所描写的那样。我经常督促她，与其从事家务活，不如去搞艺术创作，因为我了解她是很富于感受的；然而在她那样的年纪，要从艺术方面发展自己的才能，是困难的。我很担心她会因为搞艺术遭到挫折而受打击，但是她是精力充沛的，我认为她顶得过去。

在我生病时，我凭记忆画了一些描绘北方事物的小油画。我刚画完一幅描绘阳光照耀着的一角草地的油画，我认为这幅画是很有生气的。我想再画《就餐的农民们》，画出灯光的效果。原来那幅油画的颜色，现在一定完全变黑了；也许我能够完全凭记忆来重画。我还想重画《拾穗的妇女们》与《翻地的人》，如果你喜欢的话，我也可以重画奈宁的古塔与农民的小房。

正当我在画杏花的时候，我发病了。你将会了解，如果我能够继续作画，我将画成一些开花的树的油画。现在树木的开花期几乎结束；说实在的，我没有画花的福气。

请你告诉奥里尔先生，叫他不要再写论我的画的文章。我始终认为，他一开头就把我搞错了，因为我最怕因宣传而引起的麻烦。画画使我神经错乱，但是，如果我听见他们讲这件事，会给我造成比他所知道的更大的痛苦。

你提出要我回到北方去，我接受你的建议。几乎可以肯定，我在那里会很快地恢复健康，虽然不能担保数年之内（但是不会即刻）不重新发病。一等到我到了公园里，我就马上以清醒的头脑从事绘画。我的头脑中有着比我能够去完成的更多的计划，但是我不让它们蒙住我的心。笔触画得非常刻板。根据这一点，我敢认为，当我一旦从我所不了解的或者不想了解的环境中解放出来的时候，我就会发现我的平衡。我的生活太困难了，我可能因此而丧命，或者失掉工作能力。

我要听其自然地让我的家具留在阿尔。那些家具由朋友们保管着。我相信，当你要那些家具的时候，他们会把它送给你的，但是马车费与包装费几乎与家具本身的价值相等。我认为这次旅行就好像一次船只失事一样。算了，我们不可能做我们所喜欢做的事，也不可能做我们所应该做的事。

我认为，至多有两个星期，就可以采取搬家的必要的步骤。

如果你一定坚持，我就让人伴送到塔拉斯康，甚至再送一两个车站。我一到巴黎，你马上到里昂火车站来接我。我绝对否认你所说的我必须有人做伴的话。一旦上了火车，我就不再有危险了。我并不是一个危险的人物。即使发起病来，客车里难道没有别的旅客？在那种情况之下，他们难道不懂得在每个车站上该怎么办？你对这件事放心不下，这使我心里难过。我敢于相信，我不会失去平衡的。要像你所说的那样离开，会使我感到多么痛苦，我的痛苦将赛过我的疯病；所以我认为，我会保持住我的平衡。贝隆大夫刚才对我指出，在我这样刚刚发病之后，总会有三四个月平安无事。因此我要抓紧这个时期搬家。无论如何要搬家。我非离开这里不可。

如果我现在离开这里，我就会有必要的时间与别的大夫认识。如果今后什么时候再发病，我们就能够预防它。应该按照我发病的严重程度，来考虑我是继续自由还是被关进疯人院。如果是后一种情况，我应该住到一家让病人在田野里或者工场里工作的疯人院。我以为我会在那里找到画画的对象。

请你给我们未来的朋友与大夫写一封信，对他说："我的哥哥很想与你认识。他愿意在他长期待在巴黎之前请你看病，所以我希望你同意他在你的村子里住上几个星期。他要在村子里画一些写生。他相信他会与你交上朋友的。他相信在他回一次北方以后，他的病就会减轻；如果他较长期地待在南方，病就会变得更加严重。"我相信你立刻可以办到。

等到有可能的时候，我就到乡下去看那位加歇大夫；最好马上就去。我将向他担保，我仍然能够头脑清醒地作画。他将会给我进行适当的治疗。由于他喜欢画，这是一个很好的机会，我们会结下永恒的友谊。我不会与你一起待上多于两三天的时间，然后我就到大夫所在的村子里去。最初我将住在客店里。我将高高兴兴地从那里出去画画。我相信对工作的渴望将要毁掉我，使我对别的任何事都不关心。我的好兄弟，我再也熬不住了。我不能够再待在这里，我一定要走，即使是搬最后一次家。这里的周围环境使我感到无法形容的烦恼，我已经忍受不止一年了——我需要空气，我感到我被无聊与沮丧压得出不了气。我对你说，要我在别人的监视下生活，牺牲我的自由，不参加社会活动，是没有道理的，尽管这是出于同情心。生活已经使我的脸上出现皱纹，它们是不会马上消失的。眼下对我所施加的压力才开始，这种压力将会结束，我认为是有希望的。只要我愿意，我有权利改变住的地方；这并不是我所要求的全部自由。改变住处对我有好处，这是一个好机会。

塔塞寄来的颜料与画布已经收到，我不能不为这些东西对你表示感谢。如果我不画画的话，我早就心灰意懒了。近来情况一直很好，我的身体也很好，可怕的病况就像一阵风暴，已经过去了。我并不认为贝隆大夫会反对我马上离开。

到巴黎以后，如果我的身体足够健康，我将立刻画一幅黄颜色的书店的油画。我很早就想画这幅画了。你将发现，在我到达巴黎的第二天，我就可以画画的。我告诉你，我的头脑十分清醒，适于作画，我落笔的时候，笔笔都将是有条理的。

我迫切盼望再看到日本版画展览会。我不再瞧不起沙龙了，我认为那里一定有一些有意思的作品，尽管《费加罗报》的报告书给我留下了一个非常冷淡的印象。

正像那一天修拉的油画使我们大为震惊一样，最近几天对我来说，这里好似一次色彩的新启示。这是一件怪事。至于我的作品，我的好兄弟，在我离开时我会有更多的信心。我说法国南方的坏话，是使人不愉快的。我把内心的话告诉你，我是怀着极大的痛苦离开这里的。

等我包扎好油画以后，我就离开这里；我怀着强烈的热情进行包扎工作，以至于包扎油画似乎比画油画还要困难。无论如何，时间不会久了。

我画了两幅描绘公园里新长出来的花草的油画，其中的一幅画得非常简单，长着白花的草、蒲公英与一些玫瑰树。我刚才还画完了另一幅衬着黄色背景、插在绿色花瓶中的蔷薇的油画，一幅衬着淡蓝色背景的玫瑰花的油画，两幅画着大束紫色的鸢尾花的油画——其中一堆花衬着一个粉红色的背景，画的色调柔和谐调，因为它们是由各种绿色、粉红色、紫色综合起来的；在另一幅画中，紫色的花束衬着惊人的柠檬黄色的背景，插花的花瓶与花瓶架子是另一些黄色调子，因此这是一种由各种极其不同的补色组成的色彩效果，这些色彩由于互相对立的性质而彼此加强了。这些油画几乎要一个月才能干透，这里的看守人答应我，在我离开以后把画寄给我。我希望这些画能够弥补旅行所花掉的钱。

今天早晨，在下雨以后，我又看了看乡村的景色，一切都很清新，百花争艳——唉，如果我没有这种倒霉的病，离开别的画家，把乡村对我所叙述的一切都反映出来，我该会画出什么样的作品来啊！我们始终能够注意的一件事，是你与我像别人那样向着同一个方向努力；在这里的那些人不为人所了解，他们的境遇使他们伤心断肠。总之，我必须再看到你，看到你的妻子与小孩，以及知道我的不幸、想念着我的许多朋友，我确实也想念着他们；这种热烈的愿望安慰着我。

我想在星期日以前到巴黎，因为那样我便能够与你度过一个可以由你完全自由支配的日子。

说实在的，从我们在车站分别以后，直到现在，我感到这是一段非常长的时间。

"老加歇非常喜欢你与我。"

1890 年 5 月于沃阿塞河畔的阿弗尔

我用法文写信，因为在法国南方住了两年以后，我认为这样做，我便能够说好我必须说的话。

阿弗尔的景色非常美。除了其他东西以外，这里还有一些古旧的茅草屋顶，这种屋顶现在逐渐少见了。由于巴黎的地道的乡村景色，人们是会感到满足的，可是从杜比尼以来，巴黎的景色有很大的改变，但它并不是按照不愉快的方式改变的——这里有许多别墅与资产阶级的各式各样的住宅，非常漂亮，充满阳光，铺满了花朵。我发现这些建筑物几乎与古老的茅草屋顶的农舍一样美丽，现在那种草房都成为废墟了。

这里是一个草木繁生的乡村。当一个新社会从旧社会中发展出来的时候，它并不总是令人不快的；这里充满着宁静的气氛。我在这里见到或者我认为见到像在一幅普维·德·夏凡的画中所呈现出来的那种宁静；没有工厂，只有保护得很好的许多美丽的绿树。这里有许多可以入画的事物，有着丰富的色彩——我已经感到，到南方对我有好处，见到北方就更加好了。像我所设想的那样，在紫罗兰开花的时节，我看到很多紫罗兰。你会清楚地发现，在你理解一个地区，理解那里人们的生活方式以后，再去看另一些地区，就很好了。

杜比尼夫人与杜米埃夫人仍然住在这里，至少可以肯定地说，杜比尼夫人是在这里。

我见到了加歇大夫，他给我的印象是一个古怪人，但是他那作为一个大夫的经验，使他有足够的能力去跟精神病做斗争；在我看来，他所受的痛苦并不比我少。我从他那里得到的印象不坏。当他谈到比利时，谈到古代画家时，他的愁眉苦脸就化为笑容。我认为最终我要与他交上朋友的。

他把我带进一家每天要六法郎的客店里。我自己找到了一家每天只要三法郎五十五生丁的客店，可是我白花力气了，他说，我必须安心住在那家客店里——我只好听他的了。

我的通讯处是马利场，在雷伏家，直到有新的安排之前，我必须待在这里。在我画完一些习作以后，我就会知道搬家是不是有好处；但是，当我像别的工人那样支付生活费用与工作，而必须付出几乎双倍的费用（因为要画画）的时候，我以为这是不公平的。

加歇大夫说，我必须大胆地画下去，根本不要考虑会有什么不好的后果。我希望，如果我在阿弗尔定居下来，画一些描绘当地生活的画，就能够有一个补偿我在这里所花费用的机会——因为这里实在是一个十分美的地方；这是一个地地道道的乡村，景色美丽如画，美得使我心里想，尽管我的画卖不出去，但是画它总比不画好。

不画画，或者少画一些画，将会造成加倍的浪费，我所能体会的就是如此。我们除了正常的道路以外，不能找别的成功道路。好兄弟，我仔细地考虑了这个问题，并不是说，我的画都是好的，问题在于我要少画一些坏画。有一些油画会在某一天找到它们的买主。别的一切（与别人的关系）是次要的，因为我没有那种天才。对于这一点，我是根本无能为力的。你瞧着吧，如果我画画，这里的人不等我有意去找，他们自己就会到我的家里来，正像是我设法去跟他们熟悉一样。在工作中与人认识，这是最好的。

请在什么时候告诉我，德·布克夫人买去的是哪一幅油画。我一定要写信给她的兄弟，感谢他们。我还要向他们建议，把我的两幅习作与他们各自的一幅进行交换。我认为他们买这幅画确实付出了较高的价钱。他们是朋友。

我已经画了一幅有古老的茅草屋顶的习作，前景是一块开花的豌豆地与麦田，背景是群山——我相信这是一幅你会喜爱的习作。

昨天与今天这里下雨又刮风，但是重新看到雨天的效果并不是不愉快的。

今天我看见加歇大夫，我将在星期二早晨到他的家里画画，与他一起吃饭；然后，他就来看我的画。他的样子看来很通情达理，但是他对自己的大夫工作泄气，正像我对画画的工作泄气一样；然而他是一个很好的大夫，他始终忠于他的职业。他看起来就像你或者我那样有病态，心神错乱。他是上了年纪的。他在几年前失去了妻子。我们已经交上了朋友。偏巧他认识蒙特贝耶的勃里阿斯，他与我对勃里阿斯的印象是一样的。你在加歇的身上，可以感到他是现代美术史上有影响的一个人。我将要画他的肖像。我也要画他的十九岁女儿的肖像。

我对我的病束手无策。我刚才难受了一阵——在经过长期的隔离生活以后，我感到度日如年。我觉得在巴黎很不对劲，那里的一切吵闹声我都适应不了；而当我的工作取得一点成就时，平静就会到来。无论如何，我对于回来并不后悔。对于离开你们

351

俩与我们的朋友们,我不再感到那么不高兴。如果在你休假的时候,我们能够在一起度过一个星期的话,有许多理由可以说明这是很好的。

加歇大夫对我说,如果神经衰弱或者别的什么使我忍受不了,他有把握设法使它减轻一些。我不应该对他说老实话感到不好意思。我需要他的时刻大概就要到来;然而直到现在为止,一切都很好,以后的情况可能还要好些。我认为这多半是我从南方感染到的一种病,回到这里就足以使它一扫而光。

加歇大夫收藏了一幅毕沙罗的很好的作品,两幅塞尚画得很好的花枝,还有另一幅塞尚的村景。我为能够在这里画一点画而高兴。我的脑子里隐隐约约地呈现出一些画面,这些构思会逐渐明确起来,但是它们是一点一点明确起来的。我有一幅老葡萄树的素描,我想把它画成一幅油画。我还有一幅粉红色的栗子与一幅白色栗子的习作。如果环境容许,我想画一点人物画。我必须给你送去一些买颜料的订单。

我在画室里还没有找到一点有意思的东西。在这儿的村子里花钱不少,运气真不好,但是加歇对我说,在邻近的所有村子里物价都是一样贵的,他自己也因此而受苦。以后有些时候,我必须留在我认识的一个医生所住的邻村。我可以用我的画支付费用,但在其他任何情况下,对别人是不能这样做的。

总之,我现在整天干活。天气非常好。我专心致志地画画。我的情况良好。我每天晚上九点睡觉,多数情况是在五点起床。我希望在经过长期的病痛折磨以后,重新恢复健康,不产生不愉快。我也希望,对我现在的落笔比我到阿尔之前更加有把握,会保持下去。加歇大夫说,他认为这是很可能的。

我在你的床下放着的一大堆油画中间,发现了一些我能够有效地改好的作品。我在加歇大夫家里已经画了两幅习作,上星期我把它们送给了他,画的是一棵芦荟与金盏草及一些丝柏;随后在上个星期天,画了一些白色的蔷薇、葡萄树与一个白色的人。我每次到他家里去时,总可以画出一幅不太坏的画;他继续要我在每个星期日或者星期一到他那里去吃饭。在那里画画虽然是令人高兴的事,但是在那里吃饭成了负担,因为这个好人不厌其烦地吃下有四五道菜的正餐;吃这么多的菜对于他正好像对于我一样,是可怕的,因为他确实没有很强的消化力。我之所以不反对这件事,是因为这能够使他回想起过去的日子,那时候有那种你与我都十分熟悉的家庭聚餐。

总之,老加歇非常喜欢你与我。

我正在画他的肖像:他的戴着一顶白色便帽的头很干净,很亮,他的双手是淡肉色的。他的身上穿着一件蓝色的、长及两膝的大礼服,衬着一块钴蓝色的背景。他靠在一张红色的桌子上,桌上放着一本黄色的书,与一盆开着紫色花朵的凤仙花。这幅肖像与我到这里时带来的我的自画像有着相同的情调，加歇非常崇拜这幅肖像，他要我画一幅送给他，与这一幅完全一样；我愿意替他画一幅。他能够恰当地理解最后画成的一幅阿尔人的肖像。当他来看这些习作的时候，总要提起这两幅肖像，他完全理解这些画，的确，他是完全确切地理解这些画的。他对我说，如果我替他临摹德拉克洛瓦的《哀悼基督》(他很早就想要这幅画)，他会感到非常高兴的。

他将来可能会帮助我找模特。我认为他对我们是十分了解的，他将跟你与我一起工作，而不会有别的念头，因为他全力以赴地为艺术而爱艺术。他可能叫我画一些肖像。我替他画这些习作，为的是向他表明，即使不是他付钱，我们仍然要酬谢他为我们所做的事。

他的房子挤极了，挤得就像一家枯燥无味的古董铺，除了一些印象派画家的油画以外，尽是黑色的古董。但是也有方便之处，因为那里有许多可以插花的瓶瓶罐罐，这些玩意儿可以用来画静物。有一幅他画的居约缅的肖像，很旧了，色彩变得很暗，却很有趣味；另外一幅是居约缅画的床上的裸女，我认为是一幅很好的作品。

我急于想再临摹巴格画的那些炭画习作——裸体人物。我能够比较快地临摹这些画——也就是一个月画六十幅。如果我不再重视研究比例与裸体人物，那么我就画不好了。不要认为这是可笑的或者无用的。

再见到你，并与佐（我感到她是通情达理的、诚恳的、直率的）以及我的同名小家伙认识，而且回到画家们中间，参加一切斗争与辩论，尤其是在画家们的小天地里工作——所有这些开心的事都在起作用，我认为这是好事；这些日子，我的病症已经完全消失了（虽然我知道，对于这件事也许不要有过多的指望）。

〔提奥与他的一家人离开巴黎去看望凡·高。〕

"我能够做些你所喜欢的什么事呢？"

星期日给我留下了一个非常愉快的印象，我希望我们能够经常见面。从那时以来，我已经画了两幅树丛中的房子的习作。至于租这幢房子或者另一幢房子，这要看房子的价钱而定。我在这里光住宿的租金，每天要一个法郎，如果有家具的话，三百六十五法郎与五百法郎之间的差别不会是什么大问题。我很希望你们俩与我一起在乡下待一段时间。

但是我开始考虑，我必须把家具当作已经丢掉的东西。据我所知，我不在那里时，我的朋友是不会把家具寄给我的。把临时的家具留给过路的旅客，这多半是传统的惰性与老习惯。我一旦在巴黎，就等于在另一个世界里。他们尤其不想把自己纠缠在我在阿尔谈过多次的事情中。

我画了一幅新的习作，是按照你的房间里钢琴上边挂的《收割》一画的风格画成的。从高处看下来的田野上，有一条小路，路上有一辆小马车。我正在画一幅描绘鲁色纳的罂粟田的画。

我住的房子旁边刚刚住下一些美国人。他们画画，但是我还没有看到他们所画的东西。那个在"练兵场"画店里拥有一些日本画的德莫林，已经回到这里。我想去看他。总有一天我会找到一家咖啡馆展出我自己的作品。要是能够与歇列一起展览也不坏。他确实也会有这种想法的。我很想在稍晚一些时候到巴黎去几天，看一看科斯特、杰宁与一两个别的朋友。

我听到高更与德汉一起出去的消息，非常高兴。我对他说，他最好到布列塔尼去；你认为他最好不要待在巴黎，我感到是很正确的。

绘画的未来是在热带地方，或者在爪哇，或者在马提尼克、巴西，或者在澳大利亚，而不在这里；但是你了解，我不相信你、高更或者我是那种未来的人物。我们却相信，大约在遥远的某个时候，印象派画家们会在那些地方，而不在这里画画的，他们将像米勒及毕沙罗一样坚持他们自己的阵地。

严格地按照高更的素描画成的阿尔人的肖像，合乎他的意思，这使我高兴极了。我尽力使自己忠实于高更的素描，同时冒昧地用色彩的手段、朴素的性质与素描的风格把它表现出来。

你高兴的话，可以说这幅肖像是阿尔人的综合肖像。由于阿尔人的综合肖像是少见的，把这幅画作为属于我们俩的、纪念我们俩在一起工作几个月的记录保存起来吧。为了作这幅画，我害了一个月的病。但是我知道，这是一幅被高更与别的很少几个人所理解（像我们所希望的那样被人理解）的油画。加歇大夫经过短暂的犹豫之后，满意与喜欢这幅画了；他说："画得这样简练，多么不容易啊！"

好极了。我想把这幅画制成铜版画，再次表示对这幅作品的重视；然后就不管它了。

我写信告诉高更，我在巴黎只待三天，城市的喧闹声对我的影响太严重了，为了我的脑子，最好还是到乡下去；但是，那样的话，我就要兜着圈儿去看他了。他知道，如果我到那里时没有看到他的油画，心里会有点乱糟糟的。如果他答应，我一定到布列塔尼住上一个月，与他们一起画画，画上一两幅海景；特别是要再看一看他，并且与德汉认识一下。然后，要是我们的作品在南方销得出去，我们就努力画一些有分量的画。

我希望他制作一些南方题材的铜版画，因为我可以不花钱，在加歇大夫那里把它们印出来。这是肯定应该做的事情，如果你赞同，我们就用劳塞——蒙蒂切利出版社连续出版的形式来搞。劳塞喜欢阿尔人的头像。高更大概会与我一起把他的一些油画刻成版画的。加歇要来巴黎看我的油画，那时我们就可以选一些油画来制作版画。

现在我手头有两幅习作，一幅画的是一束野生植物、蓟、玉米、各种叶子的枝条（一种叶子几乎是红色的，另一种是油绿色的，再一种是变黄了的）；另一幅画的是树丛中的一幢白房子，夜间的天空，窗子里透出橘黄色的灯光，深色的绿树，背景是一片不鲜明的玫瑰色的调子。我有一个重要的计划，打算画一幅描绘杜比尼的住宅与花园的油画。我的手头已经有一幅小的习作。

我终于了解到我的家具的下落了。在那儿的那个人在那期间一直生着病，他给一头牛用角撞伤了，因此他妻子给我写信，由于这个，他们把运家具的事耽搁了；但是他们将在星期天，也就是今天，把家具寄出去。他们的运气很不好，他的妻子也病了。但是他们在信中没有一句责备我的话，只是说，我在离开之前没有去看他们，使他们感到痛苦。这件事也使我感到痛苦。

油画已经从圣雷米运来。画着鸢尾花的油画已经完全干了，我希望你在这幅画中看出一些道理来。运来的画中还有一幅玫瑰，一幅田野，一幅画着群山的小油画。最后是一幅有一颗星星的丝柏，这是一次最新的尝试（夜空中有一个没有光辉的月亮，细条的新月好不容易才从地球所投射的暗影中显露出来）。一颗星星发出被夸张了的光彩（如果你高兴这样说的话），在群青色的天空中，呈现出玫瑰色与绿色的柔和的光辉，一些云朵匆匆地驰过天际；天空下面有一条边上插着一些黄色长棍子的道路，黄棍子的后边是蓝色的、在画面上显得比较低的阿尔卑斯山；一家古老的客店的窗户里透出黄光；一株很高的、笔直的、黑黝黝的丝柏；路上有一辆由一匹带着挽具的白马拉着的黄色二轮马车，与两个晚上行走的路人。如果你高兴，可以说这是非常富于浪漫情调的；但是我认为，普罗旺斯也是很浪漫的。我大概会把这幅画与其他记忆中的普罗旺斯的风景刻成版画。我很想送给高更一张。同时我还画了一幅加歇大夫的肖像，他的脸上带着一种我们时代的伤心表情——好像高更在他的《橄榄园中的基督》中所表现的某种东西。这并不说明我们理解他；但无论如何，我们是跟着他跑的。

　　我在昨天与前天画加歇女儿的肖像，我希望你很快就会见到这幅画。她的衣服是红色的，背景中的墙是绿色带橘黄色点子的，地毯是红色带绿色点子的，钢琴是深紫色的。这是一幅我高高兴兴地画的人物画——但是不容易画。

　　我注意到，这幅油画与另一幅横幅的麦田很配得上来，但是它们距离人们所理解的存在于自然的一个片段与另一个片段之间的奇怪关系，还远得很；虽然如此，它们彼此仍然互相解释，互相区别。有些人对此默不作声，那是有道理的。你在服装上可以看到各种很漂亮的浅颜色的配合，这便是一种进步；如果你能够抓住所见到的过路人，画下他们的肖像，这些肖像就会同过去不论什么时期的肖像一样出色。我甚至想，在自然中往往存在着一种普维的画中所表现出来的魅力——介于艺术与自然之间的美。

　　加歇大夫已经允许，让他的女儿在另一个时间伴着那架小风琴供我画像。也许还会有一个乡下姑娘来给我当模特。

　　我试着画一些习作——长着蓝绿色秆子的玉米，长长的叶子好像是绿里透红的带子，穗子刚刚变黄，由于花粉的关系，周围呈现出淡的玫瑰红色——一条玫瑰红色的葛藤盘绕着一根玉米秆。这是一幅由各种不同的绿色画成的画，色彩十分协调，这样就形成了一整片绿色，绿的色彩的跳动，使你想起穗子在微风中摆动的温柔的沙沙声。我想在这个鲜艳却是平静的背景上画上几个人物。

　　我还画了一幅麦田，以及一幅与它做伴的乱树丛，紫色的白杨树干，树干下面开着玫瑰色的、黄色的、白色的与绿色的花。最后是一幅傍晚的景色——深黑色的梨树，背后衬着一片黄色的天空，有一些谷物，在紫色的背景里，是围着黑压压的绿树的住宅。

刚才我收到你的信，信中说，你的小孩病了。我很想去看你。但是我考虑到，在你目前焦急的情况下，我甚至比你还要更加没有办法，因此我在犹豫。我怕增加紊乱。

在没有布索的情况下，我对于前途能够说什么呢？我的意见是，我们全都过分疲劳，没有必要明确肯定我们的职位。你似乎想强使自己放弃职位，这个念头使我感到意外。

关于这一点，我究竟能够做些什么呢？至少，我能够做些你所喜欢的什么事呢？

〔提奥曾经谈到一个放弃他的职位独立经营的计划。人力、物力都十分缺乏。几天以后，凡·高到了巴黎。〕

"我仍然十分喜爱艺术与生活。"

我常常想念我的小侄子。他好吗？

佐与我们一样，也太疲劳了。要操心的事太大太多，你是在荆棘丛中播种。

我远远没有平静下来。我要尽可能地努力去做，但是我不对你隐瞒，我几乎不敢指望始终有着所需要的清醒的头脑。如果我的毛病重新发作，你会原谅我的。我十分担心我会精神失常，我对于一点也不知道自己处在什么情况之下（希望像从前一样，每月一百五十法郎）感到奇怪。我还是那样混乱。有没有一种使我们更加平静地再见面的方法？我希望如此。

我相信我们全都想念小家伙。自从你照我的名字给他取名以来，我愿意他有一个比我（我是倒霉的）平静的灵魂。

我认为我们丝毫不要依赖加歇大夫。首先是因为他的病比我还重，或者说是一样重。让一个瞎子带着另一个瞎子，他们俩会不会一同掉进沟里去呢？我不知道该怎么说。可以肯定地说，我最近的一次发病（那是可怕的）在很大程度上是受到其他病人的影响。监狱把我整惨了，但是老贝隆一点也不注意这件事，让我跟那些不可救药的人一起过单调的生活。

我可以弄到一个住宿的地方，三个小房间，一年一百五十五法郎。虽然我看不出有什么好处，但是无论如何，它要比汤基大爷的尽是虱子的破房子好一些。我将会找到一个贮藏我自己的与我所收藏的画的地方，把它们好好地保存着，这些画中存在着一个获得一些利益的机会。我不是说我自己的画，而是指贝尔纳、普列伏、居约缅与杰宁的画。这些画放在那里将要被毁坏。这些画（我再次声明，不是说我自己的画）都是商品，有一定的价值，轻视这一点，是我们穷困的原因之一。

但是，撇开一切野心，我们还有一个能够一起住上几年而不互相毁灭的理由。与仍然存放在圣雷米的画布加在一起，我至少还有八幅画布；我要尽力不丢掉画油画的技术。在制作油画的时候，要学到一种灵巧的本领是困难的，而在停止工作以后，就会很快地失去这种本领，比为了得到这种本领所遭受的痛苦，消失得还要容易些。这是绝对的真理。前途变得更加黑暗了。我一点也看不到幸福的未来。我在目前只能够说，我们全都需要休息——我感到不行了。我的事不必再讲下去了——这是我们所承受的命运,是不会改变的。

我正在努力作画,已经画了四幅油画习作与两幅素描。你将会看到一幅画着一个古老的葡萄园与一个农妇的素描。我想画一幅这个场面的大油画。我有一幅三十厘米宽的油画,画的是一个农妇,她的头上戴着一顶黄色的帽子,帽子上有一个天蓝色带子打成的结。她的脸孔绯红。她的鲜蓝色的大衣上有着橘黄色的点子。画的背景是玉米地。我担心这幅画画得稍微粗糙了一些。此外还有一幅画着田野的横幅风景,这是一个米歇尔可能会画的题材,但是我用的是柔和的绿色、黄色与绿调子的蓝色。

我收到一封高更写来的相当悲观的信。他笼统地谈到他要到马达加斯加去,但是可以隐约地发现,他只是在心里想这件事,因为他实在不知道去想别的事。我刚才收到佐的一封信。对我来说,这实在是一个福音,它把我从痛苦中解救出来。这种痛苦是由时间造成的。我已经与你分担了这种痛苦。这种痛苦有点不好受,它考验了我们。我们全都感到天天都有断炊的可能,这不是一件小事。我们感到我们的生命是脆弱的,与别的事比起来,这不是一件小事。

回到这里,我感到很凄凉,并且始终感到威胁着你,也压迫着我的那种风暴。怎么办呢?你知道,我通常总是尽力显出高高兴兴的样子的,但是我的生命受到了根本的威胁,我的脚步也在摇晃。我担心(不完全,但有一点),我对你会成为一个负担,你会感到我是一个可怕的东西,但是佐的来信向我清清楚楚地证明,你了解我的陷阱和麻烦像你的一样多。

我一回到这里,马上又开始画画。画笔几乎从我的手指中间滑出去,我确实知道我缺乏什么。从那时以来,我已经画了三幅以上的大油画。画的是不安的天空下面大片延伸的麦田,我不需要故意表达凄凉与极端孤独的心情。我希望你能够马上看到这些画——我认为这些画会把我无法用言语表达的话告诉给你,把我在乡下见到的生机勃勃的景象告诉给你。正是为了自己的健康,我十分有必要在花园中作画,观察花朵的生长。

第三幅油画是杜比尼的花园,这是一幅自从我到这里来以后一直计划要作的画。

我现在完全被衬着群山的广大无边的麦田吸引了。平原辽阔如海洋,美妙的黄色,美妙的、温柔的绿色,一小片犁过与播下种子的土地的美妙的紫色——这片土地被开了花的土豆画上了绿色的格子;在这一切的上面,是带着美妙的蓝色、白色、粉红色、紫色调子的天空。

我的心情非常平静了,我想要画下这种景色。

我很想给你写信,对你谈许多事,但是一开始写的时候,写信的欲望就完全离开了我，我又感到这是没有用的。

我仍然十分喜爱艺术与生活，但是正好像对自己要有一个妻子缺乏信心一样，我对此是缺乏信心的。我是（至少我感到）太老了，我不能凭自己的双腿走回头路，或者对另外的事物发生兴趣。那种欲望已经离我而去，但是由它而造成的精神的痛苦仍然存在。我害怕说出我快到四十岁了，我什么也不知道。对于情况的变化可能怎样，我确实什么也不知道。我专心致志地画画，就像我所热爱与敬仰的一些画家那样努力地干。

画家们愈来愈走投无路。但是设法使他们懂得组成一个团体的好处的时机，是不是已经过去了呢？你或许会说，某些画商将会为印象派画家而联合起来。那只是暂时的。总而言之，我认为单靠个人的主动精神仍然是无力的。为了取得这一方面的经验，我们应不应该重新开始做团结画家的工作呢？

我画了一幅描绘一些古旧的茅草屋顶的新的习作，与两幅描绘雨后广阔的麦田的油画。最要紧的事情都很顺利，我为什么要唠叨无关紧要的小事呢？在我们有可能冷静地商谈事务之前，说不定还要走一段很长的路。别的画家不论怎么想，他们本能地避开对卖画问题的讨论。实际情况是，我们只能够让我们的画说话。

可是，我的好兄弟，我经常对你说，我一再真心地重复说，一个尽其所能勤勤恳恳地努力干的人，总会成功的。我要再次对你说，我始终认为，你不同于一个专门经营柯罗的画的平凡的画商，经过我的从中介绍，你对于一些画的实际生产过程出过力气，使那些油画即使在风暴中仍然没有损坏。

我们后来的情况就是这样。这就是在比较紧要的关头我必须对你说的全部问题，或者是主要的问题——这是一个经营已故画家作品的画商，与经营活着的画家作品的画商之间的关系十分紧张的时期。

我的作品是冒着生命危险画的，我的理智已经垮掉了一半。这都没有什么——可惜你不是一个大画商。你可以仍然按照你自己的路子走，怀着仁慈的心行动，但是有什么用呢？

衷心地握你的手！

凡·高
van Gogh

☆ 由于时代的不同，本书中一些人名、地名的译法已与当今有所差别。为尊重译者，大部分人名、地名保留了原译法。

译者记

一

　　文森特·凡·高（1853—1890）是十九世纪末欧洲后期印象派绘画的一个主要画家。他是荷兰人，早年做过店员、教师与传教士，对穷人十分同情。二十七岁开始作画，其人物画也多描绘劳动人民。他一生饱受贫困和疾病的折磨，最后发疯自杀，死时才三十七岁。凡·高在十年的艺术生涯中，作了大量油画、素描和版画，这些画正如他的性格一样，对生活充满了热情。他以强烈而鲜亮的色彩、刚劲而跃动的笔触，来表现他的追求、他的希望和对生活的无比热爱。可以这样说，凡·高是西方美术史上最同情穷人的一个画家，是在艺术上最不墨守成规而勇于探索的一个画家。然而，他的遗产并不止于绘画。他的几千封书信，尤其是他写给弟弟文森特·提奥的信，为后人提供了研究凡·高、研究凡·高艺术的极为宝贵的资料。

　　凡·高生前，他的画不为社会所重视，也卖不出去，他一生靠弟弟提奥供给生活费用。他写给提奥的信，不仅真实地记述了他贫困孤独的生活，突出地反映了他艺术上艰苦卓绝的探索，以及他独到的艺术见解，还充分反映出他和提奥之间深厚真挚的手足之情。读来深切感人，甚至催人泪下。

　　凡·高自杀后，提奥也于半年后去世。凡·高写给提奥的数百封书信，由提奥的妻子约翰娜整理并交付出版。但由于卷帙浩繁，一般读者不便阅读。一九三〇年，美国美术史论家欧文·斯东夫妇按照传记体例，将这些书信缩编成一本"流畅的、连贯的、分量适中的书"，即这本《亲爱的提奥》。该书于次年出版，受到读者的广泛欢迎。

二

　　欧洲美术史上得到后世承认的大画家中，有两个农民画家，即十六世纪尼德兰的勃鲁盖尔与十九世纪法国的米勒，他们都出身农村。凡·高也出身农村，他学习米勒，立志要做一个农民画家。他早期的以《吃土豆的人》为代表的一些画，就是描绘农民的贫困生活的；后来他离开农村到煤矿去工作，所以便画起工人来了；往后他到了巴黎，接触了印象派，便又画起风景画与城市下层人民的生活。不论画农民、工人、还是城市贫民，凡·高同勃鲁盖尔与米勒一样，是从人道主义精神出发的。他的父亲与几个叔父都是传教士，他自己也笃信宗教，只是后来在矿山担任工人代表被革职后，才对上帝的存在产生怀疑。凡·高从耶稣的泛爱出发同情穷人，但他也只能以自己可怜的一点食物去接济穷人，与他们共享一片黑面包；此外，便是用画来描绘穷人的贫困生活和艰苦劳动。他画这些画，与其说是搞意识形态的宣传，不如说是为了表达他心中想要表达的东西而已；因为他自己还没有搞革命宣传的愿望，而且他的画，一生只卖掉一幅，能见到他的画的人，在当时为数寥寥。

前面讲的，是凡·高其人与他的早期作品的性质。凡·高对于西方美术做出伟大贡献，却是在他作为后期印象派大师的时候。

西方绘画到了文艺复兴时期，掌握了明暗法、透视学与解剖学，使传真写实达到了很高的水平。到了十九世纪末，由于照相技术的发明，以印象派画家为首的西方画家，开始对东方绘画发生兴趣，最后发展到抛弃传统的写真画法，而向东方绘画的平涂、写意画法学习，借绘画表达画家的思想感情。这种东西方绘画的合流，彻底改变了油画主流发展的方向。凡·高正是在学习了东方绘画特别是日本"浮世绘"之后改变他的画风的。他用浓重的色彩、跳动的笔触，表达他内心的感情，正如他自己所说，是用他的心来画画的。因此他的画有强烈的感染力，他笔下的树像在挣扎，土地像在翻腾，给人以生气勃勃的印象，而那些像燃烧着的向日葵，则高唱着对生命的赞歌。

三

我之所以喜欢凡·高，是在知道他是一个热爱穷人的画家之前，被他的画感动；在了解他的身世之后，我对这位大师的画更为喜爱了。我不知道别的画家的事，但是凡·高其人其画确实使我感动，所以我最乐意介绍的画家，首先便是凡·高。

《亲爱的提奥》虽然是一本书信集，但它的字字句句都是凡·高亲自写下的，所以真实可靠；凡·高有较高的艺术修养与文字表达能力，他的书信也生动感人，而不显得枯燥。对我国读者来说，它不仅为美术工作者提供了艺术创作的借鉴，也为文艺理论工作者提供了内容翔实的研究资料，而一般读者也可以从中得到"同样多的美、幻想和丰富的感情"。读者从这本书中可以了解到，真正的天才如果没有财产，是无法生存的，更谈不上发展；而天才如果没有生活在所描绘的人中间，没有对人民的真诚的爱心，也是不可能画出感人的画的；天才的创造，是艰苦探索的结果，是内心感情的自然流露，而不是故意标新立异，耍弄手法，把画画当作儿戏。所有这些，对于我们都是有借鉴意义的。

最后，让我引用凡·高的一位崇拜者加歇医生的一句话，作为本文的结束语吧：

"……他的爱，他的天才，他所创造的伟大的美，永远存在，丰富着我们的世界。"

平野

1983 年 8 月

【附录】
关于文森特·凡·高

1853—1873：少年文森特

文森特·凡·高的童年，以及他与弟弟提奥深厚友谊的开始……

津德尔特

文森特·凡·高于1853年3月30日出生在布拉班特的津德尔特村。他不是家里第一个起名"文森特"的孩子——一年前的同一天，他的父亲提奥多洛斯和母亲安娜的第一个孩子（也被命名为"文森特"）出生便夭折了。

令人高兴的是，第二个文森特顺利出生并长大，随后，凡·高家族又迎来了三个女孩和两个男孩：安娜、提奥、威尔、利斯和科尔。凡·高一家经常在津德尔特周边地区散步，这有助于培养这位未来艺术家对自然的热爱。

文森特的出生地

小学生

11 岁时，文森特从津德尔特的乡村学校转学到泽文伯根的一所寄宿学校。他在那里非常不开心。他偶尔画画，但没有展现出什么特别的艺术天赋。

13 岁时，文森特去了蒂尔堡的中学，在那里他取得了很好的成绩。尽管如此，他还是在第二学年（1867—1868）中途辍学。从那以后，文森特再也没回过学校。

艺术品经销商店中最年轻的店员

文森特的叔叔为 16 岁的文森特在国际艺术品经销商"古皮尔"找到了一份实习生的工作。叔叔负责在海牙设立的古皮尔公司的分支机构工作。1872 年 9 月，文森特开始和弟弟提奥通信，这一习惯伴随了他的终生。同年，文森特被调到了古皮尔的伦敦分公司。

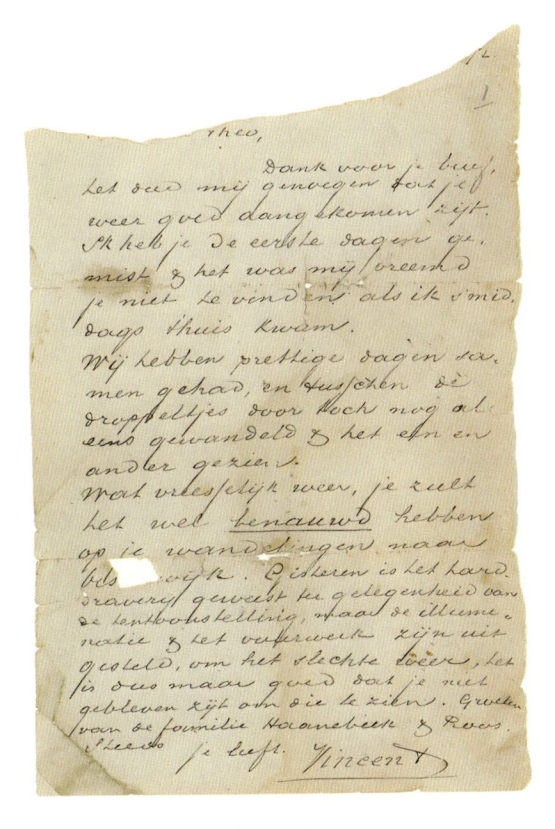

文森特写给弟弟提奥的第一封信：
海牙，1872 年 9 月 29 日

1873—1881：寻找方向

从艺术品经销商到学校的非专业牧师，他尝试了不同的工作。文森特27岁那年，他终于在弟弟提奥的建议下找到了自己的人生方向。

艺术与宗教

在伦敦生活的那段日子里，文森特参观了大英博物馆和英国国家美术馆，他欣赏弗朗索瓦·米勒和朱尔斯·布雷顿等"农民画家"的作品，还阅读了各类文学杂志和诗歌等内容。

1875年，文森特被调到巴黎，在此期间他变得越来越虔诚。他在这个时候写给提奥的信中充满了《圣经》引文和对教会服务的描述。

尽管文森特越来越热爱艺术，但他对艺术公司的工作却越来越不感兴趣。终于，文森特和古皮尔公司相看两厌——1876年，古皮尔解雇了他。

19岁的文森特

教师

被古皮尔解雇后，文森特回到英国，在拉姆斯盖特的一所寄宿男校担任无薪助理教师。后来，他在伦敦附近一所由牧师经营的私立学校里找到了一份带薪工作。他被允许在学校和周围的村庄传教，但这份工作几乎没有前途。1876年圣诞节，文森特和父母在布拉班特度过，他的父亲建议他不要再回英国。文森特决定听从他的建议。

文森特手绘，
拉姆斯盖特路上的风景

书店店员

1877年1月，文森特的叔叔再次出手相助，为文森特在鹿特丹附近的一家书店找到了一份工作。他的父母对他非常担心——文森特已经24岁了，仍然没有明确的人生目标。几个月后，他们同意了文森特学习神学的计划。然而，因为文森特还没有完成学业，所以他首先不得不参加入学考试。

学生

文森特在阿姆斯特丹待了一年，和一个叔叔住在一起。另一位身为牧师的叔叔帮他准备神学入学考试。然而，由于文森特缺乏学习纪律，所有这些家庭支持都化为泡影。他更喜欢在城市里闲逛，在周围的乡村散步。没过多久，他的牧师叔叔就劝他忘掉学业。

非专业牧师

尽管放弃了系统学习神学的计划，文森特仍然渴望在宗教中找到自己。他离开阿姆斯特丹，前往比利时执行新的使命——在那里的矿区担任非专业传教士。他教书，看望病人，给人们读《圣经》。

煤矿的基督

文森特与博里纳日的矿工及其家人住在一起。他睡在地板上，把所有的东西都捐了出去。他的奉献精神使他被称为"煤矿的基督"。然而，文森特未能建立一个紧密的信徒社区，他的工作也没能继续下去。

转折点

文森特经常在寄给弟弟提奥的信中附上一些他自己画的小速写，或是一张风景画。这最终帮他迎来了他人生中的一个转折点：提奥建议他更加专注于绘画事业。文森特现在确信，他也可以成为一名艺术家。1880年10月，他搬到布鲁塞尔，开始研究绘画技巧，并与其他艺术家接触。他不再有带薪的工作，所以只能让提奥时不时地给他寄钱。

提奥·凡·高

1881—1883：成为艺术家的第一步

对于文森特想成为画家的梦想，他的父母并不满意。但幸运的是，这并没有阻止文森特继续努力提高自己的绘画技巧。在海牙，他与他的叔叔，还有画家安东·毛威一起学习素描。热爱让他拥有了越来越多的灵感。

从埃顿到海牙

1881年春天，文森特搬回了位于布拉班特的埃顿的父母家。为了锻炼画技，他经常在户外写生。与此同时，提奥被任命为巴黎古皮尔分店的经理，于是，他开始在经济上支持文森特专心画画。

相比之下，他们的父母对于长子文森特选择画家这条路感到非常失望，在他们看来，这是失败的代名词。更让父母头疼的是，文森特还爱上了他的表姐。表姐是一名孀妇，也不想和文森特有任何关系。1881年圣诞节，文森特和父亲吵架后，走出了父母家。他在海牙找到了新家。

毛威

来到海牙后，文森特在他的表兄、著名艺术家安东·毛威那里学习绘画。后来，西爱姆叔叔给了他第一笔订单：在海牙绘制十二幅城市景观图。这项任务帮助文森特提高了自己对景观的观察能力。毛威还教了文森特水彩画和油画的基础知识，文森特几乎每天都去他的工作室。

安东·毛威

痛苦的事情

文森特在1882年初遇到了西恩，西恩成了他的模特和情人。文森特的朋友和家人（包括毛威）都感到震惊，因为西恩曾是一名风尘女子。更重要的是，她还怀着孕，而且已经有了一个五岁的女儿。可文森特怜悯西恩，并决心照顾她。他租了一间工作室，让西恩和女儿、新生婴儿一起住在里面。提奥虽然不赞成文森特的选择，但继续在经济为他提供援助。文森特和西恩的关系持续了一年半的时间，最终还是分手了。

《女人和她腿上的孩子》1883

德伦特

在与西恩分手后，文森特前往德伦特的乡村，为石南地和荒野画画。他觉得风景很美，便兴致勃勃地开始工作。然而，这里不仅给他带来了平和的心境和新的灵感，也让他感受到了前所未有的孤独。

不到三个月后，雨水、寒冷和孤独将文森特从德伦特赶到了他父母在布拉班特纽恩南村的新家。

《沼泽地里的两个女人》1883

1883—1885：农民画家

文森特搬回纽南与父母同住了一段时间。在这里，文森特·凡·高为农民、织布工和工人画画。

农民的生活

文森特于1883年12月搬回父母家。他最初在房子后面的一个小工作室工作，但几个月后，他又在村里的其他地方租了一个更大的房子。

纽南是"农民画家"的理想场所。这里是许多农民、农村工人和织布工的家园，文森特抓住每一个机会进行素描和绘画。1884年初，他提议向提奥赠送他创作的作品，以换取他兄弟提供的津贴。他希望提奥在巴黎艺术品市场上出售这些画作，但这个计划没有实现：法国人更偏向于色彩丰富的画作，而当时文森特的作品色调明显更暗。

纽南的牧师花园实景。文森特的工作室就在隔壁。

《纽南的牧师花园》1885

《吃土豆的人》

文森特的父母发现很难和他们的长子和平共处——文森特不仅固执己见，衣着也不整洁。1885 年 3 月下旬，父亲去世后不久，文森特离开了家，搬进了他的工作室，在那里他开始创作《吃土豆的人》。

文森特做了很多研究，准备"晚上和农民一起吃一盘土豆"。他的大部分钱都花在了买绘画原料上。那年的晚些时候，他决定进入安特卫普艺术学院学习。于是他离开了荷兰，再也没有回来。

《吃土豆的人》1885

安特卫普

安特卫普为文森特提供了很多东西：好的材料、有模特的绘画俱乐部、塞满艺术品的教堂、博物馆和画廊。然而，学院的绘画课对他来说太老套了。

文森特的习作

373

巴黎

文森特没有在佛兰德市待太久。他和提奥商量着，想去巴黎，去费尔南德·科尔蒙的工作室上课。科尔蒙当时是一位深受外国学生欢迎的艺术家。提奥开始为他和他的兄弟寻找一套足够大的住处。

文森特写给提奥的信，信中提到自己已经到达巴黎

1886—1888：从黑暗到光明

在巴黎，文森特用鲜艳的色彩发展出了自己的风格。

灵感来源

提奥是巴黎蒙马特大道上古皮尔艺术品经销商（后来的 Boussod，Valadon&Cie）的经理。他向他的哥哥介绍了克劳德·莫奈等著名现代艺术家的丰富多彩的作品。文森特·凡·高在费尔南·科尔蒙的工作室结识了新一代艺术家，包括亨利·德·图卢兹·劳特累克和埃米尔·伯纳德。在这些画家及其画作的影响下，类似《吃土豆的人》那种深色调的作品风格很快就被更亮的、更鲜艳的作品风格取代了，就像《蒙马特山与采石场》一样。

《蒙马特山与采石场》1886

光线、颜色、轮廓

在现代艺术的影响下，文森特的作品在巴黎变得越来越明亮。他使用了更明亮的颜色，并发展了自己的绘画风格。他画的主题也发生了变化，农村劳动者让位给了咖啡馆和林荫大道、塞纳河沿岸的乡村和花卉静物画。他还尝试了更多的"商业"主题，如肖像画。然而，文森特只能自己给自己当模特，因为请模特太贵了。

与此同时，他在日本木刻作品中发现了新的灵感来源，这些木刻在巴黎大量销售。文森特和提奥开始收集它们。这些版画中大胆的轮廓、裁剪和色彩对比的影响立即体现在他自己的作品中。

普罗旺斯

两年后，文森特开始厌倦巴黎狂热的城市生活。他渴望乡村的宁静，渴望阳光，渴望"日式"风景的光线和色彩，他希望在法国南部的普罗旺斯找到这些。经过一天一夜的火车之旅，他于1888年2月20日抵达罗讷河畔的小镇阿尔勒。

1888—1889：法国南部

文森特在法国南部的那段时间是他一生中动荡的时期。他病得越来越重，还割掉了自己的耳朵，但他还在继续画画。在此期间，他甚至创作了一些最著名的艺术品。

阿尔勒的黄房子

文森特喜欢阿尔勒明亮的灯光和色彩，并开始热情地为之工作，为盛开的果园和丰收的工人画画。他还去了海岸，画了船。

他的风格变得更松散，更有表现力。文森特与提奥通信，谈到他计划在阿尔勒为一群艺术家建立一个"南方工作室"。

《收获》1888

保罗·高更

考虑到这个"艺术家群体"，文森特在拉马丁广场的"黄屋"租了四个房间。保罗·高更是第一个——也是最后一个——搬来和他一起住的艺术家。

高更于1888年10月下旬抵达，提奥不得不承担他的旅行费用。但为了文森特，他很乐意这样做：

"高更来了的话，会给你的生活带来很大的改变。我希望你的努力能够成功地让你的房子成为艺术家们感到宾至如归的地方。"

——提奥致文森特

保罗·高更

文森特在法国阿尔勒住过的"黄屋"

携手合作

凡·高和高更一起努力工作,他们的合作产生了一些非凡的画作。然而,与此同时,两人对艺术有着截然不同的看法,这导致了频繁而激烈的争论。

文森特笔下的
保罗·高更

文森特的心理健康状况

高更主要靠记忆和想象力创作,而文森特则更喜欢画他眼前看到的东西。他们截然不同的性格导致他们之间的关系愈发紧张。

当高更威胁要离开时,文森特压力变得太大了,他变得心烦意乱,以至于用剃刀威胁了他的朋友。当晚,他在工作室割下了自己的耳朵,用报纸包好,送给了附近红灯区的一名风尘女子。

梦的终结

文森特割掉耳朵后的第二天早上,住进了阿尔勒的医院。提奥一听到这个消息就冲上火车:

"我在阿尔勒的医院里找到了文森特。他周围的人从他的激动状态中意识到,在过去的几天里,他一直表现出了最可怕的疾病的症状,疯狂的症状,被刀割伤后,他被送进了医院。他会继续精神错乱吗?医生们认为这是可能的,但还不敢肯定。"

——提奥·凡·高致乔·邦格

提奥在医院探视后立即返回巴黎,高更也回去了。文森特共享工作室的梦想结束了。

他对耳朵事件几乎不记得了,1889年1月初出院后,他又开始画画了。然而,在接下来的几个月里,他的心理健康状况急剧波动。由于担心再次生病,他于5月自愿住进了圣雷米的圣保罗德莫索尔精神病院。

报纸对于文森特"耳朵事件"的报道。1888年12月30日

Chronique locale

— Dimanche dernier, à 11 heures 1|2 du soir, le nommé Vincent Vaugogh, peintre, originaire de Hollande, s'est présenté à la maison de tolérance n° 1, a demandé la nommée Rachel, et lui a remis ... son oreille en lui disant : « Gardez cet objet précieusement. Puis il a disparu. Informée de ce fait qui ne pouvait être que celui d'un pauvre aliéné, la police s'est rendue le lendemain matin chez cet individu qu'elle a trouvé couché dans son lit, ne donnant presque plus signe de vie.

Ce malheureux a été admis d'urgence à l'hospice.

1889—1890：住院治疗

文森特·凡·高在普罗旺斯圣雷米的精神病院住了一年。尽管他的心理健康状况不稳定，但他的工作非常富有成效：他一年创作了大约150幅画作，其中包括《盛开的杏树》。

室内和室外

文森特一到圣雷米的医院，就立刻重新开始工作。在他状态好的日子里，他经常在医院的围墙花园里画画，后来他也被允许在医院外工作。

他还在医院内获得了一个额外的房间作为工作室，在那里他创作了一系列作品，包括伦勃朗和米勒等艺术家的版画复制品。

文森特的心理健康状况持续波动。在一段状态极度混乱的时期，他吃了一些油画，之后的一段时间他被限制画画。然而，文森特在圣雷米的工作效率非常高，他在一年内完成了大约150幅画作。

圣雷米精神病医院的广告

《盛开的杏树》

1889年4月，提奥在阿姆斯特丹与约翰娜·邦格结婚。1890年1月，文森特在圣雷米收到了一封出生通知。提奥和乔以他的名字给他们的儿子命名：文森特·威廉·凡·高。文森特从医院送给他们一幅特别的画：《盛开的杏树》。

"我宁愿他用爸爸的名字称呼他的儿子——这些天我经常想起他——也不愿用我的名字,但无论如何,就像现在这样,我马上开始为他画一幅画,挂在他们的卧室里。在蓝天的映衬下,白色杏花的大枝绽放。"

——文森特给他的母亲,1890年2月19日

《盛开的杏树》1890

提奥的妻子和孩子

欣赏

1890 年初，文森特的六幅画作在比利时艺术家协会"Les Vingt"（"二十"）的群展上在布鲁塞尔展出。

艺术评论家 Albert Aurier 已经发表了一篇关于凡·高作品的正面文章，其中一幅展出的画作《红葡萄园》在展览期间售出：文森特的作品开始受到欣赏。然而，这已经不是第一次展出了：自 1888 年以来，提奥一直在向巴黎一年一度的"独立沙龙"提交他的画作。1890 年 3 月，文森特的十幅作品被选中，反响非常积极：

"如果你参加了独立人士的展览，我会多么高兴……你的画摆放得很好，看起来也很好看。许多人走过来请我向你致意。高更说你的画是这次展览的关键。"

——提奥给文森特的信，1890 年 3 月 19 日

《红色的葡萄园》1888

1890：最后的时光

文森特在瓦兹河畔奥维尔——巴黎附近的一个艺术家村度过了他生命的最后几个月。他交了新朋友，全身心投入绘画。1890 年 7 月，文森特结束了他的生命。

一天一幅画

文森特于 1890 年 5 月离开圣雷米的精神病院，前往瓦兹河畔奥维尔，那里已有几位艺术家居住。

奥维尔为文森特提供了他所需要的宁静，同时离巴黎足够近，让他可以去看望他的兄弟提奥。奥维尔也有一位医生，保罗·加歇——他还是一名业余画家，可以照顾文森特。文森特很快与加歇交上了朋友，加歇建议他全身心投入艺术。他正是这样做的，以狂热的速度为村庄周围的花园和麦田作画。

在此期间，文森特全身心投入绘画中，几乎每天完成一件作品。他的健康状况似乎也在改善。

《加歇医生》1890

金钱担忧

1890 年 7 月初,文森特在巴黎拜访了提奥和他的家人,在那里他得知他的兄弟正考虑辞去他多年来的艺术品经销商的工作。

提奥想建立自己的企业,这不可避免地代表着一定的财务风险。文森特忧心忡忡地回到奥维尔——因为这意味着,他从提奥这里得到经济支持的风险也在增加。

提奥和他的妻子乔都写信给文森特,让他放心。但对财务上的不确定性的担心,对他的神经造成了严重的损害,他无法摆脱对未来的悲观情绪。

自杀

1890 年 7 月 27 日,他走进一片麦田,用手枪射中了自己的胸膛。得知此事后,提奥立刻从巴黎赶往奥维尔。文森特于 7 月 29 日重伤不治去世。直到最后一刻,提奥都陪伴在他身边。

纪念展览

文森特去世六周后,提奥组织了一场纪念他兄弟的作品展览。同时,他自己的健康也在逐步恶化。半年后,提奥也去世了。提奥的妻子知道他们兄弟之间深厚的情谊,因此安排提奥安葬在文森特旁边。

文森特和提奥的墓碑

《亲爱的提奥》后记
——我的父亲平野

二十世纪九十年代，我留学后定居德国，便接父母去欧洲游历。我知道，这将是一趟不同寻常的旅行。

作为北京人民美术出版社外国美术编辑室的首创编辑和编审，我的父亲平野主要负责外国美术论著以及画册的出版与翻译工作。在他四十余年的职业生涯中，他出版的书籍有三百余种，英俄译著二十余种，其中一些数次再版，在我国美术界影响甚广，也深受大众读者的喜爱，《亲爱的提奥》便是其中之一。自我父亲翻译的《亲爱的提奥》出版以后，全国介绍凡·高的风气大盛，有一些媒体称我父亲为"第一个把凡·高介绍给中国的人"。然而，他毕生致力于介绍欧洲美术，自己却一直没有机会亲眼看到艺术家们的原画、原作。所以，请父亲去欧洲，便成为我在异乡安定下来后的第一件大事。

父亲最喜欢的一张"自画像"，
是我妹妹用美术滤镜处理过的一张照片，
风格色彩很有特点。

刚到德国不久，我们便驱车开始了欧洲之行。我们的第一站就是位于荷兰阿姆斯特丹的凡·高博物馆。一路上，沉默寡言的父亲竟变得兴高采烈，像个孩子一样痴痴地望着窗外雨后的田园风光，并告诉我，这正是能在荷兰古典风景画上看到的"典型的光线"。看着一幕幕"熟悉的"景色，他兴奋不已。在凡·高博物馆的展厅里，他驻足于每幅原作前，目不转睛地观察每个细节，不断给我讲解。他还向博物馆赠送了特意从北京带去的一九八三年版《亲爱的提奥》。听说这是馆内收藏的各国语言译著中的第一部中文版本，他露出极为欣慰的表情。

一九八三年版《亲爱的提奥》

在欧洲的艺术中心巴黎，博物馆中的大量宝贵藏品让父亲目不暇接、激动不已，我也为此感到高兴——因为他终于终于亲眼看到了经他手出版的众多画册里的原作！那些天，我们往返于各个博物馆之间，和母亲一起陪着他整天整天地徜徉在艺术的海洋里，我们都能感受到他心中的喜悦和满足。

参观完大部分能找到的博物馆和展览馆，我和母亲已是精疲力竭了，可七十岁的父亲心中仍然惦念着几张四处都没看见的法国印象派画家莫奈的作品，他看上去意犹未尽，还在兴致勃勃地东张西望。我们正准备离开巴黎时，父亲忽然指着远处一座建筑说："那个会不会也是博物馆呀？"我问他为什么这么说，他告诉我，那处建筑的顶部是玻璃做的，有利于采光，只有博物馆有可能这么设计。我半信半疑地陪着他过去看，果然！那栋建筑竟真的是鼎鼎有名的奥赛博物馆。这时我才意识到，四十年如一日的阅读、鉴赏、研究，这些画、这些画家，早已成为他生命的一部分，流淌在他的灵魂里。

陪伴父亲走完一生的《向日葵》

在巴黎塞纳河边,他购买了一张凡·高《向日葵》的印刷品。他说,这是凡·高向日葵系列里画得最好的,印刷质量也是一流的。后来,他一路小心翼翼把这张印刷品带回了北京。直到父亲年迈,住进了护理院,我把这张画带过去挂在床头,那是他每天醒来后第一眼就能看见的位置。这幅《向日葵》陪伴着他走完了丰富多彩的人生。

父亲在南京中央大学艺术系

父亲对于印象派及其之后的欧洲现代画派的钟爱由来已久。早在二十世纪四十年代,父亲在南京中央大学艺术系学习期间,就开始从事相关研究。在人民美术出版社负责外国美术工作时,尤其是改革开放以后,他主持出版和翻译了许多介绍欧洲艺术的好书，不仅包括这本凡·高的书信体自传《亲爱的提奥》，还有《印象画派史》《致命的百合花：切利尼自传》《德拉克洛瓦论美术和美术家》《罗丹艺术论》《德拉克洛瓦日记》等。除此之外，他还是《简明不列颠百科全书》的译审，也是《中国大百科全书》美术卷中西方美术部分的副主编，由他负责出版的书籍多次荣获国家图书奖。他说，印象派是欧洲美术界真正的革命，而不是改良。它彻底改变了之前的传统观念和绘画技法，而不断创新、突破固守和彰显独特，才正是艺术的本质。

父亲闲暇时的画作

离休以后，父亲终于有暇重归绘画事业。尤其是结束欧洲美术考察之行以后，他的画兴更浓了。他创作了大量充满个人特色、具有现代气息、中西合流的彩墨画，融入了漫画、版画、水彩画、钢笔画等诸多特点。他认为，放手创新，才是现代国画的坦途。从美术史的角度来看，每一代后人都应对文化遗产做出新的贡献。

父亲的晚年生活

父亲一九二四年出生于浙江温州，是中国美术家协会会员，也是中国编辑理事会理事和人民美术出版社第一批国务院特殊贡献专家津贴获得者。他家乡的温州博物馆和温州图书馆分别为他举办过个人画展，他也把自己出版的书和画赠送给了温州档案馆，作为自己给家乡的回报。他回忆说，小学时在美术老师家看到过的许多优秀的美术作品，尤其是日文版的世界美术画册，始终令他念念不忘。他的美术之路，也是由此开始的。

温州市图书馆举办的平野个人画展

我父亲说，自己翻译的外国美术书中，最重要的就是这本《亲爱的提奥》。今年是父亲百岁诞辰，感谢新流文化再版他这本最受欢迎的译著，纪念他为我国读者、为我国的外国美术事业做出的贡献。

张唯

二〇二四年九月于中国香港

平野画作

海底世界（现代墨彩抽象国画）

她在丛中笑（现代走彩抽象国画）

升华

新
流
xinliu

产品经理_王曼卿　特约编辑_王静
封面设计_人马艺术设计·储平　内文制作_山吹
营销编辑_郭玟杉　出版监制_吴高林

鸣谢：肖瑶团队

流动的智慧　永恒的经典

图书在版编目（ＣＩＰ）数据

亲爱的提奥 /（荷）文森特·威廉·凡·高著；平野译. -- 南京：江苏凤凰文艺出版社，2025.3.
ISBN 978-7-5594-7921-1

I. K835.635.72

中国国家版本馆CIP数据核字第2024BJ5562号

亲爱的提奥

[荷] 文森特·威廉·凡·高 著　平野 译

责任编辑	白　涵
特约编辑	王　静
装帧设计	人马艺术设计·储平
责任印制	杨　丹
出版发行	江苏凤凰文艺出版社
	南京市中央路165号，邮编：210009
网　址	http://www.jswenyi.com
印　刷	天津盛辉印刷有限公司
开　本	710毫米×1000毫米　1/16
印　张	25
字　数	460千字
版　次	2025年3月第1版
印　次	2025年3月第1次印刷
书　号	ISBN 978-7-5594-7921-1
定　价	108.00元

江苏凤凰文艺版图书凡印刷、装订错误，可向出版社调换，联系电话：025-83280257